学道德经的第一本书

杨鹏 著

湖南文艺出版社
HUNAN LITERATURE AND ART PUBLISHING HOUSE

博集天卷
CS-BOOKY

目 录

道 德 经

悟道的人，
都通达人性

  杨鹏已经在新东方工作了二十多年，可以说把人生最好的岁月，都贡献给新东方了。

  他是我在新东方亲自面试的最后一批老师之一，也是教授GRE等高难度课程的名师之一，后来又成为新东方优秀的管理者。

  我在脱离教学岗位之后，一头扎到新东方的管理之中，远离了课堂，在管理中摸爬滚打，经历了不少生死考验，到今天也没有达到老子所说的境界——"功遂身退，天之道"，还在老子批判的"五色令人目盲，五音令人耳聋，五味令人口爽"的低境界徘徊。

  我很少把杨鹏看作我的部下，更多地看作我的朋友，一是因为他来新东方比较早，尽管不算创业元老，但绝对是资深老师，后来又成为了资深管理者；二是因为我们俩能够做比较深度的交流，不仅在教学和管理方面交流，而且可以谈论很多个人的事情，对酒当歌，人生几何。

  很多老师在新东方的舞台上来来去去，其中有一些成了新东方的管理者。老师要成为管理者，要经过很多考验，首先要过自己这一关。老师的特点是个性鲜明、性格张扬、言辞锐利，很多是孔雀型的人格特征，喜欢展示自己，很像老子所说的"如享太牢，如春登台"的状态；但一旦成为管理者，就需要学会以他人为中心，尽量让自己成为众人背后的服务者，要善于吃亏低调，荣誉归于别人，责任留给自己，要让自己进入"俗人昭昭，我独昏昏；俗人察察，我独闷闷"的状态。这是一个巨大的转折，很多人是不容易做到的。所以，新东方有些老师转型管理者，做了一段时间管理工作后，终于发现不能胜任，最后只能重新回到教学岗位上或者遗憾地离开。

杨鹏也经历了从老师到管理者的转型。他的转型在我看来，也并不是那么顺利，也经历了"如享太牢"到"昏昏闷闷"的考验。但从他的职业发展，可以看出来他经受住了考验，并且转型取得了很好的成功。从普通老师到著名老师，后来成为帮助新东方开拓全国市场的老师（他是首批被我派到上海、广州去上大课的老师），紧接着进入管理岗位，成为新东方学校的校长，成为领导新东方创建学校的助理副总裁，又成为新东方的区域总裁，最终以集团副总裁身份，去兼任上海新东方学校校长，为新东方的发展做出了很大的贡献。这一发展路径，可以明显看出来他从老师转型到管理者的成功！后来我才知道，他的这一成功背后，是付出了很多自我修炼的功夫的。

我并不知道杨鹏在研究《道德经》，直到他把这本书的打印稿给我快递过来。我自己读过《道德经》，但并没有像他那样，能够把《道德经》背到滚瓜烂熟。而且他还能够和自己的孩子一起背，让孩子也在中国文化的熏陶中长大。其实，《道德经》总共就几千字，要说背也不算很难背，但更加难的是理解，充分理解，并能够用其中的道理来指导人生和事业。这是特别不容易的事情，要有很高的悟性和觉悟，要时时能够在实践中去体悟。如果要真正做到融会贯通，还需要有把儒释道融为一体来对照领悟的能力。也许是因为杨鹏的精进能力，加上他机缘巧合在新东方管理岗位上历练了十几年的岁月，他自然而然对《道德经》中的哲学深意和对于人生、事业的指导意义，真的能够做到举一反三了。学者对《道德经》的解读容易拘泥于文字，甚至进入故弄玄虚的状态。但我读完杨鹏的这本对《道德经》的解读，一下子进入了一种非常通透的状态。

解读一本古代文献，尤其是要通过解读让读者喜欢，是一件不容易的事情。首先，作者必须对原文有深刻的了解，这一了解不是字面上的了解，而是对文字背后深刻含义以及思想的领悟和体会；第二，要能够用现代人喜闻乐见的语言简单明了地表达出来，而且语言文字还不能枯燥，必须生动有趣，有比喻、有解释、有故事、有案例，还必须做到旁征博引、触类旁通；第三，个人色彩不能太浓，但又不能离开个人。一本书中的观点其实就是个人思想和价值观的体现，如果没有个人的感受、个人的事例，就不会生动，也不会让人感觉到贴近生活，但如果到处都是个人，和卖狗皮膏药就没什么两样。以上三点，杨鹏在书中都做得恰到好处，整本书读起来轻松愉悦，但掩卷却能够拥有深刻的思索。杨鹏对儒释道三家也有很好的领悟，所以在几千年来影响了我们生存和发展的文化上，给人一种融会贯通，以不同路径抵达智慧之巅的豁达。

总之，这是我读过的解读《道德经》的文本中，比较优秀的一本。我不敢说最优秀，一是，我并没有读过解读《道德经》的所有文本，二是，根据老子的说法，世界上就没有最优秀这一说。"企者不立，跨者不行"，既然杨鹏深得《道德经》精髓，也就不方便他老王卖瓜自卖自夸了。"生而不有，为而不恃，功成而弗居"，那就只能我在这里夸奖几句了，我就用"上士闻道，勤而行之"的期许，来向大家推荐一下这本书吧。

不管杨鹏悟道境界如何，他还是我的部下和朋友，依然食着人间烟火。我也期待着在这波疫情过后，2023年我们一起踏上新的旅程，一起红泥小火炉，能饮一杯无。悟道的人，都是通达人性的人。有人性的温暖，世界才有味道！

是为序！

俞敏洪

2023年1月13日　星期五

前 言

历经三十年的解读

　　写书原不是我的本职工作，尽管过去在做老师的时候写过两本书卖得不错，但毕竟那是帮助要出国的学生考试的应用类工具书，从来没有想过真的写一本关于《道德经》这类严肃主题的书——印象中干这事的应该是泰斗级的人物。可是人生真是难以逆料，往往"有心栽花花不开，无心插柳柳成荫"。一系列巧合的开始是这样的：

　　第一次读到《道德经》，是1990年我读大学三年级的时候，一位叫郭扣保的学长毕业回家时，因为行李太沉，留给我一本岳麓书社1989年出版的《老子·庄子·列子》。为了写这个《前言》我找了一下，发现历经11次搬家后，那本书竟然奇迹般地还在我的书架上，尽管书页泛黄，但不缺页、无破损，这已经不能用我对《道德经》的喜爱来解释了，也许冥冥之中我真的与老子有缘吧！

　　不过那本书的问题是既没有注解，也没有翻译，所以那时候我真是当天书来读的：不但看不懂意思，很多字也都不认识，似懂非懂之下，一方面觉得文义深远精辟，另一方面觉得天书也许本不是我这样的凡人能读懂的，也就心安理得了。有趣的是，我没事就拿出这本书翻翻，看着那些看不懂的文字，居然有气定神闲、望峰息心之感。老子就这样陪伴我度过了大学的青涩年华。

　　再一次密集地阅读《道德经》，是在12年以后，大概在2002年，我开始教家里的小孩子背《论语》，结果孩子背下了文字，我背下了意思，才发现背书竟是成年人理解古文的好方法，这时我又想起篇幅只有《论语》三分之一的《道德经》，为什么不背一下呢？于是祭出我教学生背单词时背诵和复习的周期表，于2004年暑假期间，利用每天去给学生上课的通勤时间把《道德经》背了下来。这回真的感觉不同，因为在每一章背诵和复习的过程中，都要几十遍地读诵原文，再加上《道德经》很多章都会讲同一个主题，在反复比较对同一对象不同的描述当中，对很多艰涩难懂像"天书"一样的文字自然就融会贯通了。

我教学生记忆单词的方法的精髓，就是多复习。所以从2004年开始，我差不多每过半年就重新背诵一遍《道德经》，至今已经15年的时间，背诵了几十遍《道德经》，每次都有新的收获和不同的理解。名著就是这样，需要我们用生活的体验来诠释。2006年我又逼着孩子把《道德经》背下来，后来很多年，我在陪伴孩子时会一句《论语》、一句《道德经》地引经据典，孩子也一句《道德经》、一句《论语》地回应我，真是非常醉人的画风。

下一次对《道德经》理解的飞跃，则是在2008年我开始认真研究佛学之后。尽管不能说《道德经》和佛学是完全相同的理论体系，但两者之间的确有非常多的共通之处，尤其是老子对"道"的本体的描述，几乎完全等同于佛学对"佛性"或者"真如"的描述。所谓"他山之石，可以攻玉"，在本书很多章节当中，我还站在儒家的角度来解说老子的《道德经》，这是背诵《论语》等儒家经典带给我的意外收获。

如果说上述对《道德经》一步步加深理解的过程是可以复制的，那么我2005年以后作为新东方学校的校长、集团副总裁，分管过二十几所学校的14年管理经验，可能是对我理解《道德经》来说最重要、最不可复制的部分。中国哲学与西方哲学最大的不同，就是西方哲学以理论为主，而中国哲学是拿来用的。《道德经》全书的特点，就是前面三十七章的《道经》讲"道"的本体，而后四十四章的《德经》讲"道"怎么应用。其实《道经》也是这样，前面十章左右纯讲"道"本身，而十章以后讲一个人怎样做才是得道之人，二十章以后讲作为社会成员的人应该施道于天下；《德经》类似，先讲德的本质，再讲人怎样做才算有德，五十四章以后讲的就是管理的事了，而七十章以后讲的完全是治理国家的道理。我从2003年在新东方做管理岗位开始，就有意识地在工作中实践《道德经》当中的道理，尤其在新东方集团做高管之后，更是非常多地应用《道德经》作为企业管理的参考，反过来这些实践的经验让我更深刻地理解了这本经典的道理，并且体会到，这本流传近2500年的古书在今天依然能够发挥出伟大的力量。

说来有趣，对我理解《道德经》最有用的，居然是2014—2016年我在芝加哥大学攻读MBA学位时学到的东西：不管是经济学还是博弈论，都在验证老子的正确性。都说科学是没有国界的，由《道德经》我体会到，哲学也是没有国界的，智慧更是不分国界、古今、学科和领域的，2500年前老子的智慧，今天用来指导我们的生活、思想、学习和企业管理，居然仍是最先进的！

因此2017年我在亲自指导新东方的管理培训生时，想到将《道德经》作为管理培训的一个部分，从《道德经》第一章开始，每章都写了简短的提纲，文件名就叫《道德经讲义》。这样编写了十章以后，我突然意识到，我自己的经历和独特的知识体系，也许能够给《道德经》一个不同于历史上任何一种，尤其能为当代读者所接受的解读版本。古人解读《道德经》的文献虽然汗牛充栋，但是今天的人看着古文未免气闷不已；其他现代人的解读，却不一定有我这样的视野。可以想象，也许其他解读《道德经》的人和我一样，能把《道德经》倒背如流，并且在15年里背诵过几十遍；也许有人能够将儒释道打通来解读《道德经》；也许有人会用古典经济学自由市场理论和博弈论的模型来解释《道德经》；也许有人曾经系统运用《道德经》来管理企业——但同时做到上面四点的人，恐怕就不多了。如果有读者对这样几个角度感兴趣，这本书也许是理解《道德经》的一个好帮手。

我本想在2017年写完这本书，因为开始只想写个小册子。没想到越写篇幅越长，毕竟《道德经》不是一言半语能说透的，所以一直写到2019年1月才写完对第八十一章的解读。这样看来，这本书完全是个意外——从大学时代捡旧书而读到《道德经》开始就是意外，背诵《道德经》也是灵机一动，应用《道德经》来做企业管理同样是意外的收获，直到最后写这本书的动机更是意外——居然把笔记写成了教材。但谁又知道，这是不是冥冥之中自有天意呢？在今天这个激荡、巨变的时代，人人都需要内心的定海神针，不夸张地说，老子的《道德经》不愧为这样的上古神器。笔者水平有限，错漏不可避免，希望广大读者多多批评；但是本书的目标并非卖弄愚见，而是给大家一个了解、学习《道德经》的踏板，希望本书能够将老子历久弥新的智慧引入各位读者的心中，让你对人生自信，对荣辱豁达，勇立潮头却不受风浪左右，那么笔者将近三十年的学习体会倾囊相赠，在繁忙工作中历经两年辛苦写作，就得到了充分的回报。

最后，请认为本书有可商榷之处的读者不吝指教，发邮件至complex_sentence@21cn.com，让我也有机会进步提高，谢谢！

2019年1月17日于上海寓所

第一章
玄之又玄

大道难言，要想把"道"是什么讲明白，就要从"有"和"无"之间相互对立又相互转化的关系讲起。

道可道，非常道。名可名，非常名。无，名天地之始。有，名万物之母。故常无，欲以观其妙。常有，欲以观其徼。此两者同出而异名，同谓之玄。玄之又玄，众妙之门。

‖ 翻译 ‖

"道"是能够表述的，但无法用普通的方法来表述。"道的名相"是可以描述的，但无法用一般的方法来描述。"无"形容的是天地万物还没有开始的状态，"有"描述的是后来万物生发的状态。所以经常处在"无"的状态，就能观察事物潜在的规律性。同时常常从"有"的状态，来观察事物的来龙去脉。"有"和"无"，两者的名称不同，但是来源相同，我们把这两者都叫作"玄"。"玄之又玄"，是开启所有宇宙人生奥妙的大门。

‖ 解释 ‖

因为"道"很不容易讲明白，所以没法用一般的方法来讲。"名可名，非常名"，还是在说"道"不容易用外在的形象或者表现来讲（刚刚翻译作"道的名相"），因为本来大道无形。就像上量子物理学的课，谁能用一句话描述宇宙吗？或者讲宏观经济学，谁能用一句话讲清楚未来二十年的宏观经济呢？大的概念和整体性的概念都不容易讲。所以老子和读者都面对一个两难问题："道"实在是太重要了，老子一定要讲，读者一定要读，因为这个概念是解决宇宙人生问题的金钥匙；"道"却又太玄妙了，老子实在不太容易表述，读者也真的不容易读懂，因为这样含义深邃的概念无法一言以蔽之。难道老子就不讲了，读者就不学了？如果老子这么容易被难倒，老子就不是老子了。

◎ 三教的共同选择：有和无

老子深谙"道"的精髓，所以马上就运用了"道"的一个原理：不是直击目标，而是通过迂回包抄、各个击破的方法来解决问题——既然没法直接讲，老子选择用"道"的两种状态来形容："无"与"有"。这个表述和佛教的《心经》非常像。为什么讲《道德经》要扯上佛法呢？因为大道都是相通的，佛家的宇宙真理同样难以表述，所以《心经》讲佛法，也从"色不异空"开始。《心经》里的"色"，翻译成现代汉语就是"物质，或者有形象的事物"，相当于《道德经》里的"有"，《心经》里的"空"就是"没有形象的事物或者规律"，相当于《道德经》里的"无"。在不懂"道"的人看来，有和无是对立的，而《道德经》和《心经》的观点一样，认为这两者只是"道"的不同状态而已，并且二者可以互相转化。无独有偶，《易经》的主题也是日月之间、阴阳之间的转化。看来道家、佛家、儒家的经典，都会从"有无""色空""阴阳"的关系这同一个点来切入，其中有什么玄机呢？后面我们会逐步深入来讨论其中的原理。

这里来看老子怎么说："无"形容的是天地万物还没有开始的状态，"有"描述的是后来万物生发的状态。所以经常处在"无"的状态，就能观察事物潜在的规律性。同时常常从"有"的状态，来观察事物的来龙去脉。

中国人一说起传统文化，很容易提到四个字：博大精深。其实换个说法，就是"晦涩难懂"。不幸的是，大家第一次接触《道德经》正文，就遭遇了最难理解的一个概念："无"。不学《道德经》的人就比较省事，直接把"无"当作"没有"就行了。但我们要学《道德经》，就要费一点劲，在老子这儿"无"有好多种含义，其反义词"有"也有对应的多种意思。本书的使命之一，就是把古人的无价之宝，用通俗的语言和现代人的思维介绍给读者。为什么说《道德经》是无价之宝呢？

因为在普通人那里"无"就是没有，但是在老子这里，"无"中可以产生万物。就好比在普通人眼中，股市大跌是一种灾难，但它在股神眼中，是千载难逢的赚钱机会一样。所以老子就像孙悟空会七十二变一样，拥有无边的"法力"。在《道德经》的世界里，没有任何事是绝对的坏事，没有任何情况不可以利用，甚至坏事就是好事，逆境就是顺境。如果本书的读者能坚持把八十一章看完，一定能最大限度地解放自己的思想，以老子异于常人、充满智慧的视角，体察一个全新的世界。

那么老子用一个"无"，能折腾出什么名堂呢？

◎ "无"的六重玄义

通过第一章的这几句话，读者可以大概懂得老子的大意，是说"无"和"有"是两种对立的状态，"无"是最初的，"有"是后来出现的；"无"是虚的、无形的，"有"是实的、有形的；"无"代表不确定和变化，"有"代表确定和不变；"无"代表规律，"有"代表应用。以上四种"无"的状态，就是《道德经》中"无"引申出的四层含义，加上本义"一无所有"和最后的"至有为无"，共有六种不同含义，分别列举如下：

一、代表一无所有。这个容易理解。

二、代表宇宙和万物的初始状态。这时虽然没有形态，但不能说万事万物没有开始酝酿。

三、代表没有具体形态或形象的状态。例如空气是无色、无臭、无味、无形的，但不能说空气不存在。

四、代表计划没有确定，事情还没有结果，或者评价没有定论，事情还有很多变数，一切皆有可能。所以没有方案，不一定真的没有一个候选方案，也许是候选方案太多，不知道哪一个会胜出。

五、代表"无为"，指符合自然规律的做法，不人为、不短视、不妄为，看上去好像什么都没有做，实际上已是最好的做法。应用在生活中，比如对一件做不好的事情，不做就是做到最好。

六、代表无所不有、无所不包、无所不在。这种无，是当一切都有了之后的那种无：比如，当我们有了面对一切的勇气，就无所畏惧；当我们拥有了世间一切，就无所欲求；当我们拥有解决一切问题的智慧，就无所疑惑。这种无，就是"至有为无"。

以上六种无，在整本《道德经》中都会用到。大家现在刚刚读第一章，记不住这么多也没关系，老子后面慢慢都会讲到。初学者只要知道两点即可：

1."无"不是没有，而是与"有"相对的一种状态。就好比《易经》中"阴"和"阳"的概念，可以把"无"当作"阴"，"有"当作"阳"，基本就能理解两者相对的意思。

2.不要认为"有"和"无"只有对立的关系，其实在中国文化中，矛盾双方都是你中有我，我中有你。宇宙万物的起源是"无"，其逐渐演变的结果，必然为一个包罗万象的宇宙，变成"有"的状态；但一切事物经过生老病死，最终消于无形，最后又归于"无"。所以中国哲学当中的"有"和"无"，并不是真正的对立。什么是真正的对立呢？在西方文化中，如果某种事物是一块百炼钢，它就不可能是绕指柔。但在中国文化中，百炼钢就可以是绕指柔——我们的文化就是一柄柔韧的宝剑，可以摧锋陷坚，也能够以柔克刚，可以根据我们的需要随意而变。所以不夸张地说，掌握了中国传统文化的核心，我们就掌握了改造人生和社会的秘密武器。

《道德经》里的"无"和"有"是互相转化、互相依存的。可以将两者的关系比喻为开关。"开"和"关"虽然是对立的状态，但两者不是有我没你、彼此排斥的，而是和谐共存的：选择了其中一个状态，另一个状态虽然被暂时关闭，但随时处于候选中。实际上，用不了多久，就一定会变成另一种状态，所以两种状态没有高下之分，完全平等，互为条件，互相转化。

◎ "常无"与"常有"的妙用

老子为什么要用"无"和"有"将宇宙人生的状态分成两类呢？他认为，一切人类活动都可以应用这种分类法来找到解决的方案。具体怎么去做呢？我们来举个例子。

比如牛顿，要研究物体运动的基本规律，应该怎么办呢？当然不是去买一本《道德经》，老子不会说出牛顿定律的，不过牛顿定律的发现过程，却完全符合《道德经》的规律。因为要发现物质运动的力学原理，牛顿肯定需要站在"常无"的角度来观察规律性，站在"常有"的状态来验证结论。打个比方，"常无"的状态就像物理定律，而"常有"的状态就像科学实验。比如F=ma，作用力等于质量乘以加速度，这个规律是从"无"的角度提出来的，这里并没有说是张三用力还是张飞用力，质量是勺子的质量还是锤子的质量，加速度是4米每平方秒还是4千米每平方秒，这里"常无"提出的是一种不涉及任何具体情况的规律性，是否正确、怎样应用、有什么特殊情况通通不管，就是一个提法、一个定律、一个假说、一个设想、一种理论，怎样才知道这个"常无"得到的妙理对不对？必须靠"常有"来检验，必须找张三或者张飞过来，把勺子或者锤子的加速度设定为4米每平方秒或者4千米每平方秒，通过做实验，才能证明"常无"提出的定律是否真的有效。

这就是"常无"和"常有"的辩证关系：没"无"就没"有"，没有定律被提出来，实验就没有方法和预期目标，做不出事情来；同样，没"有"的话，"无"也就没有了意义，好比只有理论而没有实验的证明和应用，理论只是空中楼阁，是自作多情。

有读者会想，老子这种"有"和"无"的讨论，和我有什么关系呢？不但有关系，而且还有莫大的关系，甚至可能影响到你的命运前途，究竟是狼狈丧气，还是万事顺意。如果掌握了"常无"和"常有"的方法，可以解决很多管理问题。我们举个例子：一个企业的服务水平不高，如果你是这家公司新任的客服总监，怎样去解决这个问题呢？如果没有正确的方法论，只是一味多雇人来增加服务人手，多花钱来提高服务水平，早晚会造成企业入不敷出、亏损严重，最后自己落得个被炒鱿鱼的悲惨结局。反过来，如果你懂得《道德经》"故常无，欲以观其妙。常有，欲以观其徼"的道理，先从"无"的方面来梳理清楚：该企业是什么性质的企业，这种类型企业的服务水平应该达到什么要求，成本要控制在什么范围以内，服务的效果要达到什么标准。这些框架确定好了以后，就进入"有"的层面来实施了：具体的服务流程、人员安排、操作手册SOP、关键绩效指标KPI、检查标准、客户反馈等等。这样做出的改进方案一定让领导满意、客户开心，有实有虚、目标准确、兼顾效率。有理论有实践，你的事业自然前景光明，越干越有信心。

◎ 为什么复盘很重要

因此"无"并非空中楼阁，只有定下"无"的这一类原则性问题，才能够解决"有"的这一类具体问题。同样，"有"也极其重要，通过研究事情的真实情况和具体的工作场景，我们才能更好地摸清事物的规律，提高"无"这个层面的理论水平。举个例子，在管理上我们要懂得复盘：比如上文那个提升服务水平的项目，我们做了一个周期以后，要总结一下哪些地方改进明显，效率提升，哪些方面效果不佳、成本过高，这样把事情整个来龙去脉研究一遍，叫作"有"，目的是发现问题，从而修正下一轮的实施方案，反作用于"无"。通过复盘，我们可以找出当初制定方案的问题、对因果关系的错误假设，从而拿出更符合实际的一套方案。

有读者可能会问，"无"和"有"哪个更重要呢？实际上两者缺一不可，各有妙用。为什么"无"很重要？因为只有无形无相的道理可以用在其他事情上，一个有具象的东西，不能用在其他事情上。正因为只有这个"无"可以用在所有的事情上，所以才说"常无，欲以观其妙"啊！但是"有"也同样重要，如果只有"无"的理论而不能应用于实践，属于"空谈误国"。实践是检验真理的唯一标准，如果不能应用，"无"不就成了假货吗？所以要经常应用，在实践中提升理论水平，也就是"常有，欲以观其徼"。所以"无"和"有"同样重要，就像老子下面紧接着说的一样。

◎ "无"和"有"的玄机

老子下面说："有"和"无"，两者的名称不同，但是来源相同，我们把这两者都叫作"玄"。"玄之又玄"，是开启所有宇宙人生奥妙的大门。

老子在《道德经》里，反复讲"无"和"有"之间的关系，其实整部书的核心，就是讲两者的关系，以及两者之间相互转化的规律，尽管不同章节用的是不同的语词。比如第一章用的是"无"和"有"，第二章是"长"和"短"、"高"和"下"等等，第七十一章是"不知"和"知"，第七十八章用的是"柔"和"刚"，其实都在说一个事物之中的两个方面，即原文所说"同出而异名"，本质上是对立统一的。为什么呢？没有丑，就没有美；没有"无"，就没有"有"。每一对矛盾中一方的存在，都以另一方的存在为条件，这一点我们在中学的辩证法中已经学过了。但是老子为什么把"无"和"有"都叫作"玄"呢？为什么又说"玄之又玄，众妙之门"呢？不好理解。"无"听上去有点玄，"有"怎么也是玄？那么我们要先知道"玄"的字面意思。

"玄"的本意是黑色，引申义是深奥、微妙、看不透，这都是黑色的特征。就是好像知道，但又说不清的东西叫作"玄"。我们说这件事玄了，是说不会发生吗？其实是说我们看不透。完全不理解的事也不是玄，而是"你疯了吧？"玄，是说里面玄机、道理很深的意思。老子为什么说"无"和"有"都很深奥呢？

因为"无"不是简单的没有，"无"中可以生"有"。"有"也不是一成不变，"有"到了最兴旺的时候就开始化"无"，万事万物都是这样的，只不过没有智慧的人看不懂。《道德经》是一部帮助我们开发智慧的书，我们也不必急着在第一章就看得很透彻，还有八十章会反复讲这个道理。也许老子想，既然后面还有很多笔墨，这里就不多做解释，只用一句"玄之又玄，众妙之门"简单粗暴地结束了第一章。有心人可以看明白老子的潜台词。

注意：老子的"玄之又玄"，讲的是无中生有、化有为无这两种意思。为什么呢？老子说了，"有"和"无"都叫作"玄"，所以"玄之又玄"中的两个"玄"必然是不同的意思，一个是"无"，另一个是"有"。如果第一个"玄"是"无"，那么"玄之又玄"就是指"无中生有"；如果第一个"玄"是"有"，"玄之又玄"就是指"化有为无"。"无中生有"和"化有为无"这两件事反复交替作用，就是一切宇宙现象的根源，所以老子说是"众妙之门"。有人也许觉得老子这话有些言过其实，事实上一点都不夸张。有道行的人就是知道怎么无中生有，也知道怎么举重若轻、消弭灾祸于无形之中。

◎ "无中生有"与"化有为无"

什么是"无中生有""化有为无"？用金融行业来举例。

先说无中生有。比如风险投资，其实赚钱的逻辑很简单，首先找到一个好的创意，然后成立一家企业，如果赚到钱就一起笑，赔了钱则一起死。但是有钱的人没有创意，有创意的人没有钱，怎么办？假设这个生意需要1000万，三年能赚一个亿，我们就把三年以后的1个亿中的1300万拿出来（假设年化资金成本10%的话，三年后的1300万贴现到现在刚好值1000万），兑换成现在的1000万借给创业者，三年后大家一起分剩下的8700万（10000万–1300万=8700万）。未来的钱换算成现在的钱，这不就是"无中生有"吗？这种把金钱从未来搬运到现在的思路，不是无中生有，又是什么呢？

那化有为无呢？我们知道金融行业的投资到时间一定要退出的，不退出就不是你的钱，股票或者房价涨了三倍，算是赚到了吗？除非变现，否则再值钱的财产的价格也可能会跌下来。有了也会没有，所以懂得《道德经》的人头脑一直是清醒的，知道第三十章说的"物壮则老，是谓不道，不道早已"的道理，翻译成白话就是：一切都会完蛋，困难也会消失，不利会变成有利，好事会没，坏事也会没，然后好事还会变坏事，坏事还会变好事，这样生生化化的规律，不是"玄之又玄"吗？掌握了这套理论，对四两拨千斤的太极功夫，也就懂了。当然，明白字面意思容易，熟练运用这个道理可并不简单！

比如我管理新东方学校，就是无中生有。钱能生钱、时间管理、客户预期管理、调动干部的积极性、预算管理、流程管理、签字授权管理、组织架构管理、会议流程管理、人力效率的提升、班容量扩展，都可以运用"无中生有"的道理。至于如何把"化有为无"应用到管理当中，则是更加高级的学问，要研究怎样做事可以达到目的，表面却好像什么事都没有做一样，这需要管理者做决策时特别有分寸，做到凡事不过度、人力不透支、做事不过分，组织里的每个人工作起来都觉得特别舒服和愉快，也就是孔子所谓"导千乘之国，敬事而信，节用而爱人，使民以时"。这是"化有为无"在日常工作中的应用。

这一章的难懂，在于大家很难理解"有"和"无"之间的互相转化，这也是《道德经》最深奥难懂的地方。老子当然懂得循序渐进的学习规律，所以第二章就由比较容易理解的地方来讲：美丑和善恶都不是绝对的，也是可以互相转化的！

『提炼要点』

　　大道无法简单地表述，要从"无"和"有"的关系说起。"无"是天地的开始，"有"是万物的起源。无中生有，化有为无，这两种现象的无穷作用，就是宇宙万有的奥妙所在。

第二章

美丑善恶

美与丑，善和恶，都是人为对比出来的。所以圣人既不会偏执于好好坏坏，也不会去追求那些财色名利——越不去追求，反而越能够得到。

天下皆知美之为美，斯恶已；皆知善之为善，斯不善已。故有无相生，难易相成，长短相较，高下相倾，音声相和，前后相随。是以圣人处无为之事，行不言之教。万物作焉而不辞，生而不有，为而不恃，功成而弗居。夫唯弗居，是以不去。

〃名词〃

辞，推托、拒绝。

〃翻译〃

天下都以某一标准为美，这就是坏事了；都以某一标准为善，这就不好了。所以说，"有"和"无"是相对产生的，"难"和"易"是对比而成的，"长"和"短"是比较而来的，"高"和"低"是区分出来的，"音"和"声"是对比出现的，"前"和"后"是用位置分辨的。所以圣人用"无为"的方法来做事，用"不言"的方法来教导。万物生发而不抗拒，养育而不据为己有，做事而不自恃己能，成功而不居功自傲。正是因为不把功劳归于自己，所以功绩才不会被人们忘记。

〃解释〃

有人会奇怪，怎么第二章开篇一棒，一下子毁三观？说"天下皆知美之为美"，这就是恶！其实这就是《道德经》的固有风格：天下人！你们都错啦！再看后来的章节，大家就会习惯。

◎ 绝对不能搞绝对

有人会问：难道美的东西不是天下皆知吗？这又是一个非常微妙的问题，可以说《道德经》的价值就在这里；微妙的地方，《道德经》里叫作"微明"，是粗心的人体会不到的地方，也是我们可以进步的地方。

那么微妙在哪里呢？"爱美之心，人皆有之"，这话错了吗？我认为没错。但如果说"萝卜青菜，天下皆爱猪头肉"，我就不同意了。正确的说法是"萝卜青菜，各有所爱"，这才是人性，怎么能给美丑善恶制定唯一标准呢？

比如现在很流行的两个美的标准：

标准一：美的脸是锥子脸。就是说脸长得不像锥子，就不美。

标准二：长得白就美，长得黑就丑。

如果这两个关于美的标准真的成立，那就出大问题了。关于第一个标准，估计95%以上的人都无法达到，剩下的5%有多少是通过手术达到的，也未可知。难道95%的人就不活了？第二个标准更是可笑。尽管有些黄种人努力让自己变白，可有些白人却喜欢到海边拼命把自己晒黑。所以，每个人的年龄、性别、职业、想法、爱好、习惯、籍贯都不同，天下怎么会有统一的美的标准呢？

除了长相以外，其他凡是统一的标准，也都一样行不通。我曾经到一个朋友家里，看到屋顶刷成了黑色，觉得自己要是住在这里非崩溃不可；可是人家两口子都是搞艺术的，就觉得这样特别美。如果我强迫全世界的人和我都是一个标准，其实是最可怕的事情。比如某个时代中国人穿的衣服几乎都一个样，纳粹德国每个人都得行纳粹礼，我国清代写文章犯了忌讳要被杀头，现在想起来都是特别恐怖的事情。

所以如果天下只有一种标准，对不同的人其实是灾难；而合乎人性，让每个人有选择的自由，才是人类幸福的源泉——世界的多样性本身才是美的，世界大同绝对不是大家都一样，而是大家都可以不一样。孔子说："君子和而不同，小人同而不和。"（君子可以接受彼此多种多样的观点，而小人只有一种标准，却相互争斗。）多精辟呀！中国古人在2500多年前就提出这么先进的观念，真值得我们骄傲。钱锺书在《管锥编》里写道：千万别以为"天下皆知丑之为丑，斯善已"，皆知丑之为丑，也是恶！为什么？一样的道理，对天下人强制用同一种观点，不是正常的社会。

老子的论据很充分：一切标准都是相对的。多少叫作有？多少叫作无？多难叫作难？多简单叫作容易？不都是相对的吗？比如我们说某事是小儿科，是说那件事在成年人看来是小儿科，对小孩子来讲可不是小儿科哟！所以难和易是相对的，快乐和痛苦更是相对的！

佛教在这方面的研究最透彻。佛家致力于"了生死"，所以学佛的入手点就是搞清楚快乐和痛苦是咋回事。佛法说快乐是假象，是与欲望相对才成立的，比如你吃饭不一定快乐，如果当时很饿，吃饭就快乐；但吃饱以后，再吃就痛苦了。所以，欲望满足不了，你就痛苦；满足欲望的瞬间，会快乐一小会儿，但是没过多久就又痛苦了，何以故？新的欲望又来了，吃饱了要去洗手间，找不着洗手间就又痛苦。所以我们讽刺有些人吃饱了睡、睡醒了玩、玩饿了吃、吃饱了上厕所，活得像猪一样——其实哪个人不是这样呢？所以佛教讲，幸福是相对的，而痛苦是绝对的，四圣谛第一条就说：人生是苦。为什么苦？一比较美丑、善恶、富穷、饱饥，就不满足吧？不满足就追求，追求又得不到，得到了还要追求下一样更好的，不是永无出头之日吗？那么佛法怎么解决这种痛苦呢？很简单很直接，就是不去妄加比较，用佛教的术语讲，就是要有一颗"平常心"，这样才能放下欲望、去除贪婪，回归内心的纯真本性。

《道德经》的逻辑和佛法略有不同，解决方法却是类似的：既然美丑、苦乐都是相对而非绝对的，人们又有什么可执着的呢？如果能够放下这些执念，无论美丑苦乐，皆可以为我所用，岂不快哉！为了消除大众的执着，老子一气呵成，排比句讲下来：有无相生、难易相成、长短相较、高下相顷、音声相和、前后相随。这些不都是相对的概念，不可执着的吗？

这里想分享一下我的心得，学习《道德经》的两大好处：首先，里面有很多成语、古语，所以第一个好处就是轻松掌握中国古典文化的精髓。《道德经》共5284个字，使用了801个汉字，有人专门统计过，居然有57个成语，其中43个一字不差出自原文，14个在后世演变中稍有改动，但熟悉《道德经》的人一眼就能发现出处。

更重要的是，也需要注意，我们学习《道德经》，增长的是智慧而不是智力。学校里有些死记硬背的知识，帮助提高的是智力，智力高的人往往不知变通，自以为是，学问很大，能力很差，因为缺少智慧。智力和智慧的差别在哪里呢？智力如果是刀，智慧就是用刀的手，知道拔刀往哪里劈；智力如果是石头，智慧就像水，知道怎样以柔克刚，巧妙地达到目的。比如这一章，老子告诉我们所有的标准和概念都是相对的，不是为了把我们搞迷糊，而是帮助我们摆脱矛盾痛苦，给我们指出一条光明大道：有智慧的人不会在矛盾对立中无所适从，而会跳出相对境界，直接进入绝对境界！那么绝对境界又是怎样的呢？就是下一段描述的圣人境界。

◎ 管理的最高智慧

老子说："是以圣人处无为之事，行不言之教。"所以圣人用"无为"的方法来做事，用"不言"的方法来教导。"圣人处无为之事，行不言之教"，这是最高级的智慧，整本《道德经》都在讲这个高级智慧。其实"不言之教"和"无为之事"是一类玩法，"不言之教"更容易理解一些。

举个例子，我们知道，在管理中让下级做新的事情是比较难的，因为他们不见得认同这个事情。领导怎么做最有效呢？是发文件、定制度、罚款更加有效，还是领导层自己先做到比较有效呢？爱因斯坦说："以身作则不是影响别人最好的方法，而是唯一的方法。"孔子说："为政以德，譬如北辰，居其所而众星拱之。"领导做得好，下面就会自发地学，这种学不是强制的，却比强制的学有效十倍。《论语·子路篇》孔子又说："其身正，不令而行；其身不正，虽令不从。"讲的都是如何"行不言之教"。

行不言之教的逻辑是：与其明确了性质、确定了标准、做出了计划、实行了奖惩，来强制所有人做同一件事，不如让大家自己有动力来做，也就是"从要你做变成你要做"。为什么说榜样的力量是无穷的？因为不管你费多大力气去说服别人，也不如你自己的选择有说服力！自己认同这件事，自己做到了，大家会赞叹羡慕，产生的动力就完全不一样了。比如我一向号召管理干部要学习工商管理的课程，但不论怎么说都没人听；直到自己去读了芝加哥大学的MBA，拿了Honors（荣誉毕业生），很快就有两位总监也去读在职研究生，没开始学习的人也到处找培训机会。这就是"行不言之教"的力量。

理解了"行不言之教"，再讨论"处无为之事"就容易了，因为实际上前者是后者的一种方式。处无为之事，不是不做事，而是特别巧妙地做事，巧妙到令人无法察觉的程度，用一个成语来讲，叫作"妙到毫巅"。《道德经》对"处无为之事"的功效极尽赞扬之能事，第三章说"为无为，则无不治"，意思是，如果能做到无为，就没有什么管不好的事情——厉害吧！不过到底什么是无为，先不细讲，一是因为后面有很多章专门讲无为，二是因为刚刚接触《道德经》，不容易理解这一最高管理智慧。

老子接下来讲："万物作焉而不辞，生而不有，为而不恃，功成而弗居。夫唯弗居，是以不去。"万物生发而不抗拒，养育而不据为己有，做事而不自恃己能，成功而不居功自傲。正是因为不把功劳归于自己，所以功绩才不会被人们忘记。

先讲"为而不恃，功成而弗居"两句，这两句懂了，其他的也就懂了。

中国古代的很多将军喜欢揽功，并且居功自傲，所以皇帝会针对他们干一件事：杀功臣。那时是集权专治社会，这种社会的一大特点就是权力是绝对的，民主是相对的，那么权力的拥有者特别爽，另一方面被统治者特别不爽，对当权者极度羡慕嫉妒恨，可能在田埂上种地的时候常常从牙缝里挤出一句"王侯将相宁有种乎！"然后揭竿而起。所以当权者不只是要自己集权，同时还要一天到晚防备那些对他的权力产生威胁的人，所以那时做出成绩是一件既光荣又危险的事，如果某个人功绩大到功高震主，要他人头落地就不需要什么理由了，这就是"莫须有"三个字的由来。那么人们就不要立功了吗？不立功哪来的地位？《道德经》的妙处就来了，做一个成功的中国人，必须会"生而不有，为而不恃，功成而弗居"这套神功。

比如，立功后上级给你升官，会有一大套戏来演，熟悉历史的人都见怪不怪了：先是谦虚自己何德何能；然后推让功劳，哪些人起到了关键的作用，互相送高帽戴，这样升官就升一大片。更有无耻的，上来就说都是因为有英明的领导，伟大的舵手，这样老板会很开心。然后再三推辞，反复谦让，达到别人都觉得恶心的程度，最后不得已接受了奖赏。这不就没事了？其他人自然不会再羡慕嫉妒恨，这就叫作"夫唯弗居，是以不去"。

有人说中国人矫情，外国人就不来这一套，这说明他不太懂外国人。比如奥斯卡奖颁奖，那么多候选电影和候选人，幕后人员也那么多，凭什么就你拿奖呢？所以上台领奖时，不要忘了感谢Channel V（星空音乐台），感谢MTV（音乐电视网），感谢导演、爹妈、摄影、化妆、朋友等等，反正所有想起来的人要一同感谢，一样的！好事要懂得分享，坏事要知道担责，这才是有前途的年轻人嘛。

第二章讲的是一个人不应该一刀切、绝对化、走极端。下面第三章讲的是怎样引导群众，让大家都不走极端的方法。

‖ 提炼要点 ‖

第二章将第一章"有"和"无"的对立，扩展到天下的一切标准，如美丑、善恶、长短、高下等，都是相对而论的。圣人不应该在这些相对的名相当中纠结，而应以身作则，少说话多做事，不耀武扬威，不居功自傲，这样才能获得全社会真正的认可。

第三章
人才的培养

有智慧的领导人，应该引导民众追求正确的人生目标：提升能力，降低欲望。

不尚贤，使民不争。不贵难得之货，使民不为盗。不见（xiàn）可欲，使民心不乱。是以圣人之治，虚其心，实其腹，弱其志，强其骨。常使民无知无欲，使夫智者不敢为也。为无为，则无不治。

‖ 翻译 ‖

不表彰先进，人民就不会争抢荣誉。不以珍稀的物品为贵，老百姓就不会偷盗。不拿欲望来诱惑，民心就不会乱。所以圣人对民众的治理，是降低百姓的预期，增强他们的实力，减弱他们的妄想，增强他们的本领，让人民常常处在无知无欲的状态，让那些自以为聪明的人不敢胆大妄为。如果能以不妄为的姿态去做事，一切事都能做好。

‖ 解释 ‖

第三章，老子就开始讲怎么来管理了。作为国家的官员（老子是周朝的国家图书馆馆长兼档案馆馆长），老子讲的是怎么管理国家和人民，其实道理在企业管理中一样可以使用。

◎ 管理的道理

老子说不要表彰先进，这套路和我们今天的做法恰恰相反，我们是表彰先进的。问题是，我们决定要表彰的时候很爽，真要选候选人的时候又很矛盾，选谁不选谁呢？候选人也很纠结，都想争名额，结果是先进选完了，梁子也结下了。同样的道理，难得之货非常珍贵，我们说物以稀为贵——比如爱马仕的限量版，女生都想弄一个挎着，有人为了那个包包什么都可以付出，假货生产商开始仿造，贼开始惦记，一切开始乱套了。先进是名誉，难得之货是利益，不管是名誉还是利益，都属于令人心神狂乱、非常想要的东西。管理层该怎样做呢？

老子说：不要拿这些来刺激老百姓。是不是说拒绝给大家分利呢？不要误解，当然不是，否则队伍怎么带？好员工为什么努力？但是激励员工不能拼命刺激大家的欲望，否则工作还没做好，大家就打成了一团，团队瞬间在利益面前变成了团伙。那么到底怎样平衡分利和不能刺激之间的关系呢？

记得第二章说过，万事万物之间的相对关系吗？中国人早就明白贫富善恶都是相对的，没有绝对的好坏，拿捏一个合适的"度"才是最重要的。"圣人处无为之事，行不言之教"，过分强调利益就成了坏事，所以激励这件事做到无为，才是道的境界。

◎ 恩人与仇人

老子讲的表面上与我们现在说的管理不一致，本质上却是一样的。我们日常管理中有一句话：一碗米养恩人，一缸米养仇人。我们做个试验，如果给一个人每月一缸米，坚持三年，突然有一个月只给了一碗米，这人说不定会跟你拼命，因为他已经习惯了每月一缸米，觉得你亏欠了他。反过来有个人我们不理他，他自己找米吃，有一天他断了粮，快要饿死的时候来到你的门前，你只给了他一碗米，这就是救命之恩。同样给米，给得少效果更好，给得多效果更差，是什么道理呢？这就是有无相生的道理：一碗米和一缸米比起来是微不足道的，但是和什么都没有相比就是无穷大。对快饿死的人来说，一口米也能救命。所以中国老话讲：救急不救穷。穷人要变富每月一缸米也没有效果，救急一碗米就解决问题了。

应用在管理上，一个领导不要一天到晚把物质刺激挂在嘴上，要想刺激有效，平时就要弱化，奖励时超出预期，这样有无相生、无中生有的效果有了。比如想给管理团队每人一个小礼物，如果前面保密，大家到时候惊讶之下，就会很happy（开心）。可是常见到领导人犯的错误，就是嘴上说得很好，结果是过度承诺，根本做不到——资源就那么点，给谁不给谁呢？方案做得好，预算批不下来怎么办？上级不同意怎么办？只要有几次刺激不能兑现，队伍就泄了气。

那么正确的管理方法是怎样的呢？

◎ 幸福公式

老子说："是以圣人之治，虚其心，实其腹，弱其志，强其骨。常使民无知无欲，使夫智者不敢为也。为无为，则无不治。"所以圣人对民众的治理，是降低百姓的预期，增强他们的实力，减弱他们的妄想，增强他们的本领，让人民常常处在无知无欲的状态，让那些自以为聪明的人不敢胆大妄为。如果能以不妄为的姿态去做事，一切事都能做好。

怎样才能做好管理呢？老子教给我们一个妙法：降低群众的心理预期，增强他们的能力，可以更加长远地提高他们的满意度和幸福感。这个结论和现代经济学研究结果是一致的。1970年的诺贝尔经济学奖获得者，我的芝加哥大学校友保罗·萨缪尔森提出一个著名的幸福公式，其实跟本章老子提出的模型一样，只不过老子比萨缪尔森早了近2500年而已。这个公式就是：

"幸福=效用／欲望"或"幸福=能力／欲望"

也就是说，幸福是"单位欲望所实现的效用"，幸福的大小与欲望成反比，或与能力成正比。从幸福公式来看，提高幸福感有两个方法：第一要降低欲望；第二要提高能力。

根据这个公式，提高幸福感有两个办法，一个是提高utility（效用），比如把一碗米增加到一缸；第二是降低预期，把想要一缸米变成只想要一碗米。增加米没那么容易，而降低预期就看我们怎么向别人许诺。所以老子说高手的管理（圣人之治），"虚其心"就是降低预期，"实其腹"就是满足他们的基本生活需要，"弱其志"就是让他们不要天天想着当大官，"强其骨"就是把他们培训好。这样能力提高很多，欲望下降不少，幸福感不就爆棚吗？

　　一个明智的人要懂得，人生最重要的事，莫过于管理自己的欲望！我们说最差劲的人是男盗女娼那种，最伟大的人高风亮节，其实这两种人的区别就在于对欲望的管理。高风亮节的人必然是这样一类人：他们有本事没脾气，不邀功请赏，但最后得到的声誉最高。男盗女娼的必然是这样一类人：他们能力不行，欲壑难填，凭自己的能力不能满足欲望，就会不择手段，但是偷来、抢来的东西根本无法长久拥有，最终既没有成就，又落得千载骂名，悲哀到了极点！所以老子说"使夫智者不敢为也"，这里的智者不是指有大智慧的人，而是指爱耍小聪明、总想投机取巧的凡夫俗子。事实上，年轻人只要踏实稳重，厚积薄发，虽然等待成功的时间会长一点，但是必然能成长为更加优秀的人才。所以《道德经》在第四十一章讲到大器晚成。

　　人才培养，就是要让平淡中出玄妙。就像《再回首》歌词中的：曾经在幽幽暗暗反反复复中追问，才知道平平淡淡从从容容才是真。老子说，以"无为"的方法来做事，就可以搞定一切。平淡从容的境界，便是"为无为"的境界；而幽幽暗暗的境界，接近"道"的境界。请看第四章："道"的描述。

∥提炼要点∥

　　1.管理下级，要培训下级的能力，管理下级的预期；

　　2.自我修炼，则要在提升自己本领的同时，控制自己的欲望，不至于过度膨胀。

第四章
"道"的描述

"道"是微妙的状态，可以用少、缺乏、不足、若有若无这样的词来描述。

道冲，而用之或不盈。渊兮，似万物之宗。【挫其锐，解其纷，和其光，同其尘。】湛兮，似或存。吾不知谁之子，象帝之先。

翻译

"道"的本体就是虚空，"道"的用法就是不要满。"道"真是深邃啊！好像万物的起源。（不露锋芒，消解纷扰，包容各色光芒，混同各种尘埃。）"道"深沉啊，微妙得既好像存在、又好像不存在一样。我不知"道"是谁的儿子，但是我知道"道"是天帝的祖宗。

◎ 说不清道不明

第四章要描述"道"的本体是个什么东西。初学者看到四章只有些模糊的认识，释读的人也会感觉到巨大的困难，实在讲不明白。其实佛教的老法师们也遇到这个问题，讲佛性也没法讲，因为不存在一个有形的物体叫作"佛性"，同样没有一个有形的东西叫作"道"。所以《心经》这么讲：不生不灭、不垢不净、不增不减。这里说的"道"，其实就是佛教的"佛性"，两者都是指宇宙间万事万物的规律，也都遇到表述上的困难。

这种对抽象概念的描述困难是不可避免的，比如我想用一个词涵盖天下所有女人，怎么命名呢？只能用抽象的词——"女人"，不能加入任何高矮胖瘦的具体描述，比如"白富美女人"，尽管这样描述比较通俗易懂，却不能涵盖原本的范围。同理，"道"无所不包、无所不在，又没有具体形象，怎么清晰地表达呢？老子只好用了个抽象的字眼，叫作"道"，我们如果真想给"道"找个同义词，那就选"规律"好了。严格说来，"规律"一词也不能完全涵盖。比如某人做事高明，我们会说这人是有道之人，却不能说是有规律之人。

从老百姓常用"道行""得道""有道"这样的词语来看，说大家不懂得"道"的意思也不够准确，但要说大家都懂得"道"，却也言过其实。因为"道"的境界深远幽邃，没有人能够真正穷尽，就算科学家也只能通晓一门或几门科学，要穷尽万事万物的规律，并非一生的时间和精力所能及。可是不能穷尽科学的世界，就不去研究科学了吗？同样，不能完全驾驭大道，就不去了解了吗？正因为大道高深，才应该努力学习和体会，就算不能通达"道"的道理，学些皮毛也足够一生受用！

把道翻译成"规律"是不准确的，再加一个修饰词可能更接近道的本义，比如"微妙的规律"。了解这些之后，再来学习第四章会更容易，不过要理解对"道"本体的描述，还是需要有一定的抽象思维能力。

来看老子原话："道冲，而用之或不盈。渊兮，似万物之宗。""道"的本体就是虚空，"道"的用法就是不要满。"道"真是深邃啊！好像万物的起源。

"冲"即是虚，指没有达到满的状态，而"盈"就是满。老子的意思是，"道"这样一种微妙的规律，它的本体是一种不满足的状态，它只有在"不满"的时候才能用。也就是说，"道"的规律是要少不要多，多了就没用了！这和大家的直觉相反，我们都觉得什么东西多了才能用，少的时候没法用，何以"道"的规律相反呢？

举几个中国成语的例子。比如"强弩之末"，"强弩"是力量很大的弓箭，"之末"是说箭射出去快到最大射程了。这个成语不是形容有力量，而是突出没有力量。我们知道，刚离弦的箭是最有力量的，其次是没有到最大射程的箭，而达到最大射程的箭呢，就该掉地上了。再比如月盈则亏，胜极则衰，物极必反，满招损、谦受益……都在讲同一个道理，即"道冲，而用之或不盈"。

"渊兮，似万物之宗"，"道"真是深邃啊！好像万物的起源。跟前一句一联系，我们就明白了道是什么。"道"就是事物刚刚孕育时的那种微妙所在啊！所以才能化生万物。比如我有一块地，没有播种的时候，可以有无数种选择。一旦洒满了种子，也就没有什么改变的余地了。人生也一样，年轻人为什么朝气蓬勃？因为无知，因为好奇，因为有太多还没去过的地方，因为人生有无数可能性。什么是真正的老呢？就是什么都不想去做了，无所事事，饱食终日。现在有些宅男宅女，还没有开始职业生涯就好像退休了，怎么谈得上有积极正面的人生？与之相比，我见过一位94岁的老人，临终前两周还亲口跟我说，他最好的人生在未来，他仍然每天都拥有梦想，每天都在为梦想努力。所以判断一个人老不老，更重要的是心态，而不是年龄。这位老人就是以色列前总理、诺贝尔和平奖获得者西蒙·佩雷斯。这个例子告诉我们，得"道"的老人可以有年轻人的活力。

老子后面接着说："（挫其锐，解其纷，和其光，同其尘。）湛兮，似或存。吾不知谁之子，象帝之先。"（不露锋芒，消解纷扰，包容各色光芒，混同各种尘埃。）"道"深沉啊，微妙得既好像存在、又好像不存在一样。我不知"道"是谁的儿子，但是我知道"道"是天帝的祖宗。

此处"挫其锐，解其纷，和其光，同其尘"与第五十六章重复，怀疑是错简重出，留到后面再释读。"湛兮，似或存"中的"湛"是深的意思，"似或存"是说好像存在、又好像不存在，这是什么状态呢？了解《易经》的人可以理解为无极生太极的状态。

举个例子：小说和电影，最妙的地方不在于写出来的东西，而在于没有写出来的东西，这个叫作悬念。恐怖电影往往安排在黑漆漆的夜里，为的是让观众看不清环境；再有一个穿着大衣戴墨镜的人，为的是看不清楚脸；搞一段节奏感很强却没有旋律的音乐，为的是让观众心跳加快；这么一通渲染之下，虽然什么明确信息都没给，却比直接拿刀子杀人可怕一百倍。为什么呢？因为"湛兮，似或存"，好像有又好像没有的东西才是妙的东西，大家才有兴趣看。一旦案情明了，观众兴味索然，电影也就结束了。

"吾不知谁之子，象帝之先"，其实是用言外之意，说明"道"是万事万物的起源。"道"不是谁的儿子，却是天帝的祖先，就是说"道"才是开天辟地的老祖宗。

这一章读下来，我们记不住老子的意思也没关系，你只要知道他是告诉我们，在"道"的世界"少"比"多"更有用，万事万物越在萌芽状态，越接近无限可能的状态，也就越处于微妙的状态。至于原因，后面会反复、深入地讲解。我们没必要通过一章就把所有道理学会，因为最符合"道"的学习，就是潜移默化、循序渐进的学习，多了反而不好——老子本章不是说过"道冲，而用之或不盈"吗？也有懂得少反而好的意思。《道德经》第二十二章还讲到"少则得，多则惑"，是说学得少还能得到，一旦多了就迷惑了，就会陷入选择困难症，这也是"少比多好"微妙道理的运用。

※ 提炼要点 ※

　　1.道是不足，而不是满；

　　2.道是万物的起源。

第五章
大鸡小鸡

我们人类要向天地学习，学习天地之间的平等和平衡。

天地不仁，以万物为刍（chú）狗。圣人不仁，以百姓为刍狗。天地之间，其犹橐龠（tuó yuè）乎？虚而不屈，动而愈出。多言数（shuò）穷，不如守中。

〃翻译〃

天地无所偏爱，对万物一视同仁。有道的人无所偏爱，把百姓平等对待。天地之间的状态，是不是很像风箱？中空但是不会坍塌，在动态中生生不息。所以提出很多极端的目标，不如守住平衡的中道。

〃解释〃

有人把首句翻译成：天地都不怎么仁慈，把万物当成畜生和猪狗。这是不对的。"刍狗"是古代人求雨时用草扎成的狗，老子的意思是，天地对万物一视同仁，像对待草狗一样。这里把天地理解成残忍的是不对的，应该是平等的。不过，对平等的正确理解，其实也是非常之难的。

◎ 大鸡小鸡

说实在话，每个人对于"平等"，其实都有一些"不平等"：比如在涨工资的时候，也许会觉得每个人涨一样多是不平等的，而认为自己应该多涨一些；如果自己涨得多，别人涨得少，那就非常平等，因为自己更加优秀。你这么想当然舒服，问题是人人这样想，人人觉得不公平。所以柳传志先生有个很妙的比喻。企业好比一个大院子，员工就是院子里养的鸡，如果两只鸡的大小差不多，那么两只鸡都会觉得自己是那只"大鸡"，比对方大一些。柳先生对员工说：你只有把自己锻炼成火鸡那么大，小鸡才肯承认你比较大；当你真像鸵鸟那么大时，小鸡才会心服。只有赢得这种"心服"，才具备在同代人中做核心的条件。

这么想的小鸡一定会长大，而大多数鸡想的是另外一条路：最好是我不用付出额外的努力，就有人把我当成一只大鸡，所谓时来运转，领导对我青眼有加，我处处得贵人相助！这么想的人不懂，每个人最靠得住的贵人其实是自己！这样的人（比如叫他张三）跑去找菩萨拜一拜，祈求菩萨保佑，涨工资的时候比别的员工（比如李四）多涨1000块。没想到李四也去拜菩萨，要涨得比张三多1000块。那么菩萨如果想要两个都满足，岂不是左右为难？实际的情况，可能不仅仅张三李四来求，初一、十五一来就是几万人，所求之事千奇百怪、互相矛盾，换谁来当菩萨，如果按我们通常理解的"仁"的标准，要满足所有人的心愿，自己都非精神分裂了不可。所以什么才是真正的平等呢？符合自然规律，按照大道来行事。"天地不仁，以万物为刍狗。圣人不仁，以百姓为刍狗。"

做管理干部，要懂得用标准进行管理。在笔者管理企业的实践中，选拔管理干部一律竞聘，成立竞聘委员会，按照程序来，这样员工就不会说你不公平。企业的公平只能做到过程公平，无法做到结果公平，因为企业认为公平的结果，个人仍然会感觉不够公平，当事人仍然认为自己是那只大一些的鸡。程序公平的好处是，经过竞聘而落选的人知道，至少自己没有长成火鸡或者鸵鸟。用制度和程序来管理的一个好处，就是可以达到程序公平或者过程公平的目标。

◎ 平衡之道

老子接着说："天地之间，其犹橐龠乎？虚而不屈，动而愈出。多言数穷，不如守中。"天地之间的状态，是不是很像风箱？中空但是不会坍塌，在动态中生生不息。所以提出很多极端的目标，不如守住平衡的中道。

看古文有时候很麻烦，会遇到一些不认识的字，再加上橐龠这种东西现在没人用了，其实就是打铁时用的风箱。过去没有高炉，打铁时温度很难达到，所以要用风箱加大火力。注意风箱的样子，外面的空气进去，里面的空气出来，内外平衡：你说里面没有东西是不对的，因为有空气；说里面有很多东西也不对，因为只有空气；说里面有支撑吧，其实空空如也；说没有支撑吧，它又柔中带刚，嘘风炽火，滔滔不绝。《道德经》说，天地之间的状态，就像风箱一样，是动态的平衡。所以"多言数穷，不如守中"，你搞得鸡飞狗跳，不如把握一种平衡状态，不然怎么持续呢？日子还要过下去啊！

历史上有些改革家不懂得日子还要过下去，改革的时候轰轰烈烈，"多言数穷"，放一些狠话出来，最后人亡政息，还要改回原来的平衡状态——"不如守中"啊！

我们现在说"可持续发展"，是说改嘛还是要改，但要看改了以后日子还能不能过下去。只有能够持续下去的政策，才是好政策，否则口号喊得很好，激动人心，却在实践当中脱离了平衡的状态，必然出大问题。

李亚平先生的《帝国政界往事》讲王安石变法的时候提出一个规律：改革要慢才能成功。凡是迅速改革的都失败了，往往改革家也死得很惨，为什么呢？改革是变化，需要所有人的接受和支持。但是社会改革涉及方方面面的利益，如果变革过于迅速，社会根本无法消化这当中产生的巨大矛盾，从过去的平衡状态变成了失衡状态，就会动荡，带来的损害比改革的利益要大得多，弊大于利，结果就是改革失败，再改回原来的平衡状态。而成功的改革是不断地试错，从原来的平衡状态，慢慢过渡到一个试验状态，总结了经验之后再渐次推广，条件成熟的地方就快一些，条件不成熟的地方就先等等看，用时间换取空间，大家能够渐渐接受，就形成了新的平衡状态。所以慢慢改，效果反而更好，速度反而更快。邓小平的改革之所以成功，就是摸着石头过河，一步一个脚印慢慢来的结果。

◎ 身体健康也有均衡

因此天地之间的状态，是我们每个普通人都要琢磨的。"虚而不屈，动而愈出。多言说穷，不如守中"，多么高明的至理名言，如果能够保持这样的状态，不但做事情会更加成功，身体也会更加健康。我们来看看《黄帝内经》里讲的：

> ……虚邪贼风，避之有时，恬淡虚无，真气从之，精神内守，病安从来？

这一段说人不生病的方法，其实与《道德经》"虚而不屈，动而愈出。多言数穷，不如守中"，是一样的道理。《道德经》是对《易经》的通俗解释，而祖国的传统医学，就是对《易经》理论的深层次运用。中医认为，人的五行不乱、生克有序、阴阳平衡就是最好的状态。西方人最不理解的就是这个，他们认为均衡不应该是追求的目标，他们追求的是"更高更快更强"。其实若没有老子提点，可能中国人也会这样想。据说当年30多岁的孔子去向六七十岁的老子问道，老子说你小子太愣头青，给你打个哑谜吧。于是张开嘴指了指舌头，又指了指牙床。孔子生平第一次遇到圣贤这样对待他，也是醉了（更可能是被老子的口臭熏晕了）。回去一通参悟，方晓老子是告诉他，柔软的舌头不会损坏，坚硬的牙齿不能持久。

我们读到后面，会看到《道德经》反复讲"强大处下，柔弱处上"的道理，和这里说的"多言数穷，不如守中"，其实是一个方向的道理，只不过讲法不同。这里说的是强大也不好，柔弱也不好，中和平衡最好，那为什么后面《道德经》又反复讲弱小最好呢？有两个原因：一个是矫枉必须过正，因为大家过于追求强大了，所以要特别强调柔弱的妙处。另一个原因是《道德经》不仅仅着眼于现在，更着眼于未来，站在未来的角度讲，现在弱小简陋的新事物才是最强大的。尤其我们处于这个一日千里的年代，优秀的领导人一定是有远见的领导人，能够通观全局、预见未来的领导，才是当代的精英。

∥提炼要点∥

1.管理的最高境界是平等。管理者对员工讲平等，要通过制度来保障；

2.天地之间的规律是平衡，做人的最高境界也是平衡。平衡做得好，国家持续发展，改革不断深化，身体获得健康。

第六章
悠着点

福如东海长流水，寿比南山不老松。

谷神不死，是谓玄牝（pìn）。玄牝之门，是谓天地根。绵绵若存，用之不勤。

『翻译』

虚空的变化无穷无尽，这就是万物之源。万物起源之处，即是天地之根。不透支力量而保养元气，就能够绵长恒久、生生不息。

『解释』

这一章的古文很难懂，因为用了意象来比喻，直接翻译很难。首先，对于"谷神"是个什么神，"玄牝"是个什么东西，严复和朱熹就观点不一，其实我们不搞学术的话也不必太在意；如果较真一点，只要知道"玄牝"是生殖的部位就好，所以这一章是讲天地和人类生生不息的功能，而《道德经》的论述重点，就是"绵绵若存，用之不勤"。

◎ 控制欲望，方能"用之不勤"

有人到此要问：啥叫"绵绵若存，用之不勤"？而且，老子拿出天地的生殖器的用意到底何在？且待笔者道来：天地生育万物叫生化，父母生育孩子叫生殖，所以老子这么讲，是希望人类向天地之道学习。人体和天地都是很复杂精密的系统，人类生存于天地之间，既要与大自然和谐共处，还要把自己的生活搞得好一点，不能不说是需要些智慧的。在人类演化的历史长河之中，很多民族由于不能正确处理自身与环境之间的关系，慢慢衰落，进而被淘汰了。其中最常见的情况，就是人类在自然环境很好的情况下拼命繁殖，为了支撑人口不断增长的需要，对环境疯狂掠夺，最终导致环境恶化，人类的生存受到威胁，饥馑灾荒不断，幸存者为了争夺最后一点资源刀兵相见，落得同归于尽的结局。这在历史上并不少见。即便在科技极大发展的近现代，两次世界大战，工业污染导致雾霾不散……这些已司空见惯。为什么会这样呢？因为繁殖和扩张的贪欲是人类的本性，如果不用"绵绵若存，用之不勤"的箴言时刻警示自己，人类的欲望很容易打破世界的平衡，最终倒霉的还是人类自己。

控制欲望很难啊！比如你看这本书看上了瘾，不想睡觉，熬一次夜还行，两夜三夜就病恹恹了，常年熬夜的人气色更是可想而知。熬夜不能节制的结果如此，赌、毒之瘾，就更不用提了。所以关于欲望，要时刻记得"绵绵若存，用之不勤"的原则；如果是难以控制的欲望，最好离得远一些！

◎ 企业增长之"绵绵若存"

同样的道理，企业的发展也会有过度的情况，比如增长好的时候，放开了发展，一旦增速过快，人才和质量跟不上，又会掉下来。所以晓得"绵绵若存，用之不勤"的道理，时刻储备充分的人才和产能，不让员工日夜加班，不过度透支企业潜力，才能够保持业绩的长期增长，保留余力。

按照《道德经》的观点，所谓增长快慢，也是相对的。比如我们准备了增长20%的资源，实际增长了60%，这就是过度增长；反之，我们准备了增长200%的资源，完成100%的增长也是小意思。有本事的领导就是能够料敌先机，未雨绸缪，"运筹帷幄，决胜千里"。反之，能力不足的时候停下来充充电，累的时候休息一下，能够更好地出发，也是很明智的。

段位高的围棋高手都知道，对手会在什么时候进攻呢？就是没事补了一手弱棋的时候。因为一旦开始进攻，就容易顾不上，自己的弱点就可能被对手抓住，因此先自补一手，才能无后顾之忧。所以诸葛亮在《后出师表》中讲：思惟北征，宜先入南。他七擒七纵孟获，平定了云南蛮族叛乱，才挥师北上，跟曹魏的主力决战。

强弱总是相对的，要想生生不息，最好"绵绵若存"，保持实力。那么想要天长地久，又该如何？请看第七章：无私的私欲。

〃提炼要点〃

想要长远发展、拥有未来，就要控制欲望、不可透支，应该"绵绵若存，用之不勤"。

第七章
无私的私欲

无私，才可能有最大的成就。

天长地久。天地所以能长且久者，以其不自生，故能长生。是以圣人后其身而身先，外其身而身存。非以其无私邪？故能成其私。

∥ 翻译 ∥

天地可以长久。天地所以能长久，是因为所做的一切都不是为了自己，所以才能长久存在。所以有道的人退让，却往往能占得先机；有道的人置身世外，自身却得到保全。正因为其不追求私欲，却能够获得自身的成就。

∥ 解释 ∥

本章的文字很简单，翻译一看就懂，其中的道理却值得玩味。中国人有句话说得特别好，"进一步山穷水尽，退一步海阔天空"。凡事急不来，一急就出错。张艺谋拍过一部电影叫《满城尽带黄金甲》，有一个镜头是皇帝老爹一边殴打想当继承人的儿子，一边咬牙切齿地咆哮："天地万物，朕赐给你，才是你的；朕不给，你不能抢。"这话说得很无奈，要知道古代的皇帝，拥有天下的一切，却没有一个知心亲友，是十分悲惨的。皇帝一定要把自己拥有的最好的东西（就是天下）留给孩子，因为他爱孩子；但是皇帝一定要干掉那个最想要这个好东西的孩子，因为这个孩子等不及了，要动手抢。虎毒不食子，皇帝却经常杀儿子。中国重孝道，王子却经常弑君篡位。所以近年来宫廷剧很多，大家看得如醉如痴，为什么呢？这种激烈的矛盾和戏剧性的冲突实在太扣人心弦啦！英文叫dramatic（戏剧性）。帝王在前呼后拥之下，自谓孤家寡人；父慈子孝背后，时刻剑拔弩张。宫廷里春花秋月之美，难掩阴森恐怖；今日权倾天下，明日废为庶人。皇家的工作实在是高危职业啊！读《道德经》后我们会越来越明白，天下不是用来拥有的，而是用来服务的。企业不是用来领导的，而是用来贡献的。如果你直接占有，天下都成了你的敌人。如果你去奉献、去服务，天下人都会感念你的恩德。

◎ 中国人的规矩

中国人有一个独特的逻辑：越是要什么，越不能直接奔那个东西去。前面说过了，中国人获了奖，要特别谦虚客气，功成而弗居。凡事不宜直接，最好一切绕圈。表现这种间接或者绕圈子做事的语言和文字，在中国文化里俯拾即是：汝果欲学诗，工夫在诗外；踏破铁鞋无觅处，得来全不费工夫；山重水复疑无路，柳暗花明又一村；不识庐山真面目，只缘身在此山中……如此这般，让人觉得高深莫测。那么中国人是不是吃饱了撑得没事干，一味复杂、拖沓而做无用功呢？其实这么做的玄机，就在《道德经》第七章里。

"天长地久。天地所以能长且久者，以其不自生，故能长生。"意思是，天地为什么能够长久啊？因为天地一切的运作，都不是为了自己，所以能够长久。不为自己，不管做得好坏，都没有人会批评你，一旦做得好呢，众人不就会推举你吗？所以大禹治水成功，天下皆推举他为王。所以圣人自己退在后面，反而他在人们心目中是在前面。名将带兵，冲锋在前，撤退断后，令兵士信服。领导吃苦在前，享受在后，令员工佩服。一个管理者做决策的时候，一定要以全体利益为重，而不是事事考虑个人利益，这样才会得到大家的信任，在下级心目中不是越来越弱势，而是形象越来越高大，这叫作"外其身而身存"。诸葛亮的《后出师表》感天动地，他讲："受命之日，寝不安席，食不甘味；思惟北征，宜先入南。故五月渡泸，深入不毛，并日而食。——臣非不自惜也……臣鞠躬尽瘁，死而后已。"老百姓纪念他，不是因为他赢了战争，而是因为他为国家将生死置之度外，是"后其身而身先，外其身而身存"的代表人物。后人感动之下，不断神化诸葛亮，以至使他"多智而近妖"，其实他真要那么神，早就赢了。这个例子可以说明，有道者满足最大"私欲"的方法，就是大公无私！

◎ 偷国家的贼

古人说，"窃钩者诛，窃国者为诸侯"。偷珠宝你就是盗贼，偷国家你就是诸侯。那怎么偷国家呢？（这是曲解）正确的方法是，你要倡导"天下为公"，并且以身作则，你就有可能成为国父。所以大公无私，就是最大的"私"，管理者不能不懂其中的道理。反过来，有的管理干部，几年下来从不加班，工资要得最高，专挑最讨巧的工作来干，有便宜就上，有困难就躲。这样的干部最后真的占到了便宜吗？他们带领的团队一定士气低落，人心不齐，业绩差，软懒散。所有人心里都明白，一旦业绩不好了，第一个被拿下的就是这种领导。

因此，人的功利心往往是有害的，而公益心是特别有利的。功利和公益发音差不多，意思的差别何止千里？

所以，"遇到困难要上，遇到利益要让"，这才是好领导的做派。那么做一个领导，需不需要强势？新任管理者尤其担心，如果自己没有脾气，是不是会在组织中变成弱势一方呢？我们来看第八章：上善若水。

‖ 提炼要点 ‖

越是谦虚低调，越能够天长地久；越是不居功自傲、不贪图功劳，越能得到人民的爱戴和大家的支持。

第八章
上善若水

越低调，越能接近事物的本质，就越容易成功。

上善若水。水善利万物而不争，处众人之所恶（wù），故几（jī）于道。居善地，心善渊，与善仁，言善信，正善治，事善能，动善时。夫唯不争，故无尤。

∥翻译∥

最高的智慧，就像水那样。水善于利于万物而不争名位，处于大家都讨厌的低位，所以几乎达到"道"的境界。居住，还是在地面上好；用心，还是深远好；施与，应该怀仁爱之心；说话，应该言而有信；行政，要治理得井井有条；事业，要发挥效能；行动，要抓准时机。因为顺势而为，不去争功夺利，所以不会犯错误。

∥解释∥

我2004年背完《道德经》以后，在和朋友们谈话的时候经常引用这部书，很多人都说自己特别喜欢《上善若水》这一章，几乎每一个认真读过《道德经》的人，都对这一章有深刻的印象，这固然说明本章在《道德经》中的重要性，但也是因为很多人本来就喜欢水。比如孔子曾经说"智者乐水，仁者乐山"，他老人家明显是乐水的，我们都记得那句画面感超强的"子在川上曰：逝者如斯夫！不舍昼夜"：一位得道的尊者在水一方，衣袂飘举，感叹人生短暂，闻耳边水声潺潺，看川上光影交错，令人遐想。不过我对"智者乐水，仁者乐山"一直不感冒，因为我确确实实更喜欢山一些，而有些怕水，不但绝不游泳，而且下雨即逃，难道我不是智者吗？直到研究《易经》和八字才明白，按照古典的《易经》和八字理论，水代表智慧，所以孔子讲"智者乐水"，老子讲"上善若水"，其实有深刻的原因。

◎ 不争如水领导力

水具备的特点如下：无色、无味、无形，周流不滞，滋养万物，能载舟覆舟，人往高处走，水却往低处流。人往高处走的结果，是一代一代走向死亡；水往低处流的结果，是永不消亡。也许你不知道，地球上的水在大约46亿年前地球刚刚诞生时就已经存在了，这一点从地球上最古老的岩石中存有堆积岩，就能得到证实。神奇的水，是生命的象征，所以人类使用外星生命探测器，判断某个行星上是否有生命，第一标准就是看上面有没有水。

《道德经》说，"上善若水"，为什么呢？"水善利万物而不争"，就是说水只是利于万物，不去争功，就好像公司里的优秀员工，默默地做事情，不会总是跳出来摆功劳。这是《道德经》里第二次提到"不争"，后面又六次提到"不争"。现代人提倡竞争，老子提倡"不争"，是老子错了吗？难道他不知道争可以带来利益吗？他当然知道！争可以得些蝇头小利，但是老子更知道合作共赢才是天下的大利益。

水的个性就在于往低处流，"处众人之所恶"，众人都是喜欢往高处走的。老子说"故几于道"，水第一不争，第二处在下方，几乎达到"道"的标准。现代人一听就蒙了，这不是不思进取、堕落消极吗？怎么就是道的高度呢？"道"就是不作为吗？

为什么说《道德经》是人类的救星？我们知道大科学家都预言人类必将毁灭自己，因为人类一直追求更高更快更强，民族和国家之间谁也不服谁，穷奢极欲，穷兵黩武，斗富、斗智、好勇斗狠。有的国家想做世界领袖，却被讥讽为世界警察，因为武力并不能带来一个更美好的世界。再说凭什么你来做世界领袖呢？你要做，我也要做，都要做领袖，就得先干掉竞争对手。这样一来，世界领袖先成为一个世界杀手，谁不服就打谁，这是领导力吗？这是暴力。领导应是像水那样，善利万物而不争，群众自然跟着你走。水往低处流又如何？只要有滋养万物的价值，即使是往高处走的最骄傲的人类，也不得不住在水源旁边，这不就是水的魅力所在吗？

老子接着讲了："居住，还是在地面上好；用心，还是深远好；施与，应该怀仁爱之心；说话，应该言而有信；行政，要治理得井井有条；事业，要发挥效能；行动，要抓准时机。因为顺势而为，不去争功夺利，所以不会犯错误。"

高超的领导不图名利，就可以像水那样顺势而为，只做有价值的事。他的关注点不在于怎样获得虚名浮利，而在于怎样把事情做到最好、最恰当、最有效。中国的传统智慧是什么？"居善地"，居住，最好在地面上，而现代人住在高楼里；"心善渊"，心思，最好深远悠长，现代人却崇尚心直口快；"与善仁"，给予，最好怀仁爱之心，而现代人想得更多的是怎么获利；"言善信"，说话，最好有信用，现代人多是说过就忘了；"正善治"，一定要把单位治理好，而现代人是结果导向，对过程完全不在乎；"事善能"，做事要发挥特长、做出效果，而现代人随便跨界，质量糟、效果差；"动善时"，春种秋收，晨钟暮鼓，而现代人熬夜熬得生物钟都乱了。"夫唯不争，故无尤"，不要争抢，不可以硬来，争抢和硬来的结果，不是善，不是恰到好处，不是上善若水的境界，注定要吞下失败的苦果。

◎ 高处不胜寒

《道德经》一向倡导符合规律、循序渐进、水到渠成的境界，极其反对通过强硬的手段，用暴力迅速达到目标。前者是智慧，后者是危险。

比如，现代人崇尚登山，这在老子眼里就是疯子的举动。登山成为一项体育项目，一般被认为源于18世纪后半叶的阿尔卑斯山区。1786年8月8日一名医生M. G. 帕卡尔和一名水晶石匠人J. 巴尔玛首次登上了阿尔卑斯山脉的最高峰——海拔超过4800米的勃朗峰。后来，人们把登山运动称为"阿尔卑斯运动"。随着经验的积累和登山装备器材的改进，到了19世纪末、20世纪初，人类开始向高峰群聚的亚洲喜马拉雅和喀喇昆仑山区进军。首先向世界最高峰珠穆朗玛峰挑战的是英国登山队。他们从1921年至1938年沿中国一侧对珠穆朗玛峰进行了七次攀登未果，最后改走尼泊尔王国一侧，并于1953年5月29日登顶成功。20世纪50年代，在上述亚洲高大山峰地区，人类登山探险运动掀起热潮。十年间，相继有法国、英国、奥地利、意大利、瑞士、日本、美国、波兰等国的登山队或运动员登上了世界14座8000米以上高峰中的12座。

直到今天，珠峰登顶的死亡率仍有8%—9%。为了攀登珠峰，登山者往往需要训练三年以上，登山的直接费用高达7万美元。在7000米以上高点，登山者的身体开始受到严峻的考验，很多人会遇到天气、身体、交通等问题，那是决定生死的时刻。其实这时只要登山者放弃登顶的计划，就能够保住性命。

但是绝大多数人不肯放弃几年的准备、几个月的训练和几十万的费用，决定用生命来做一次冒险。人往高处走，有的死在了登顶的路上。如果登山者学过《道德经》的"上善若水"，懂得"夫唯不争，故无尤"的道理，能在这个生死关头勇敢地选择放弃，那才是真的大智慧啊！读到后面第五十章，你会发现老子根本就是觉得登山这种事，明摆着是去找死的行为。世界上很多优秀的登山家，最后都死在山上。就算这次不死，只要登山的次数足够多，不知道见好就收，早晚也是个死。这个道理，我们在第九章"功遂身退"中可以看得更清楚。

‖提炼要点‖

1.有智慧的人要学习水的低调；

2.说话做事扎扎实实，做好细节，不争名夺利，就不会遭遇失败；

3.学会放弃，是最高的智慧。

第九章
功遂身退

好事也要适可而止。

持而盈之，不如其已；揣而锐之，不可长保；金玉满堂，莫之能守；富贵而骄，自遗其咎。功遂身退，天之道。

〝名词〞

持：抓住。盈：满。已：停止。揣而锐之：锤击使它尖锐，即铁匠锻造刀刃的环节。遂：成就。

〝翻译〞

抓东西多到快要抓不住了，就不如停止；锻造得锋芒毕露，就难保长久；满屋子都是金银财宝，谁都难以守卫；富贵的人骄傲狂妄，自己招来祸患。事情成功了，自己就应该退下来，这是天之道。

〝解释〞

人来到世上就握住双拳，而且力量很大。如果父母把手指伸入几个月大的婴儿掌中，婴儿攥住拳时，可以被整个悬空拎起来。而人离开这个世界的最后一个动作都是放手，即俗话说的"撒手人寰"，电影中往往用这个动作表示人已经走了。抓就是"持"，抓的目的就是得到更多，多就是"盈"。"持而盈之"就是抓住不放，越多越好。大多数人的一生就是不停索取，目标甚至是金山银山，自己一生用不完留给子孙也好。而道德经讲"不如其已"，不如停止。为什么呢？其实前面说了，"道冲，而用之或不盈"，"道"追求的境界不是多，而是少，是不满，多了反而累赘。

尽管人的本能之一就是对物质的追求，通常认为越多越好，但凡事都有个度，人们现在已经开始反思，追求物质带来的到底是什么？今天流行轻断食、极简主义，其实就是对生活本真的回归。比方我自己，在新东方做过5所城市分校的校长，搬过11次家，总是努力控制家中物品的数量和体积，越少越好，越小越好，每次买东西，先考虑将来是否会丢掉。同样的变化发生在人们对食物的态度上。在食物匮乏的古代，往往以胖为美；今天中外精英无不努力健身，keep fit（保持健康），为了减掉赘肉想尽办法。比如天津的三大美食，桂发祥麻花、耳朵眼炸糕和狗不理包子，现在远不如当年风光，为什么呢？它们的共同特点是油水多、热量高。狗不理包子出名，就因为皮薄馅大，咬一口满嘴流油！现在年轻人偶尔尝一下都觉得油腻，当年却是顶级的美食！因为物以稀为贵，越是物质匮乏，就越以物质财富为贵；食品越匮乏，人们就越喜欢热量高的食物。东西一旦变得不再稀缺了，人们还会去追逐吗？

所以老子讲"持而盈之，不如其已"，物质多到快要溢出，就不如停止抓取。"揣而锐之，不可长保"，兵器应该磨得锋利，可是太锋利也容易折断。"金玉满堂，莫之能守"，搞那么多财宝摆在大厅里，不是等着别人来抢吗？"富贵而骄，自遗其咎"，富贵而骄是非常普遍的，富贵而谦虚有礼是非常少见的。所以老子在后面讲"功遂身退，天之道"，是说物质多了，就应该放下；人越是成功，就越要知道低调，把自己藏起来。这道理是十分深刻的，不仅老子强调，佛家和儒家也大讲特讲。

佛家讲，物质不应该是人类追求的目标，因为世界上的一草一木都不是你的，财富再多终归是身外之物，生不带来，死不带去，所以与其为财富而烦恼、为名誉所累，不如放下一切，回归生命的本源，达到明心见性的境界，自然平安喜乐。儒家讲，人对物质财富要有正确的态度。孔子说："富与贵，是人之所欲也，不以其道得之，不处也；贫与贱，是人之所恶也，不以其道得之，不去也。君子去仁，恶乎成名？君子无终食之间违仁，造次必于是，颠沛必于是。"孔子说的"仁"，我们可以理解为接近老子说的"道"。孔子是说，君子当然也想发达，但如果富贵不是通过符合"道"的手段得来的，我宁愿不要。君子没有想要贫贱的，但如果摆脱贫贱不是通过符合"道"的手段达到的，我宁愿贫贱。离开"仁"和"道"，怎么能称为君子呢？君子的行为片刻不能违背"仁"和"道"，即使这样做的代价是颠沛流离、历尽坎坷，君子仍矢志不渝。孔子说的君子达到了多么坦荡的境界！一件事情要不要去做，评判标准不是名利得失，而是这么做对不对。比如往婴儿奶粉中掺入三聚氰胺，或者用地沟油炒菜，都可以带来更高的利润，难道就应该这样赚钱吗？虽然企业是以赢利为目的，也要看钱赚得有没有品位，自己提供的服务能否给客户带来价值。好企业一定能兼顾经济效益和社会效益，损人利己、不择手段的企业，是不可能走得远的。

再说"富贵而骄"。孔子的一位高徒叫子贡，是当时鲁国的首富，有一天他自己悟出一个道理，喜不自胜，跑来找孔子印证，问："贫而无谄，富而无骄，何如？"子曰："可也，未若贫而乐，富而好礼者也。"子贡曰："《诗》云：'如切如磋，如琢如磨。'其斯之谓与？"子曰："赐也，始可与言《诗》已矣！告诸往而知来者。"翻译过来就是子贡来问孔子："老师，如果一个人穷的时候不去谄媚权贵，富的时候不骄傲狂妄，这境界够牛了吧？"子贡是首富，他肯定是觉得自己达到了"富而无骄"的境界，才跑来向老师验证，否则不是自找批评吗？实际上子贡真的做到了，我们在《论语》中经常看到子贡谦虚地向老师发问，这对一个富可敌国的大富翁来说，确实不容易。不过他有钱也有火气，当有贵族讥讽孔子的时候，他就勃然而起，把孔子比作天上的日月，把对方数落一顿。熟悉《论语》的读者知道，孔子很喜欢子贡，作为老师，有品德这样好又有本事的弟子，多么幸福啊！

孔子一听就知道这个徒弟的确有心得，但是也有些骄傲，就对他讲："你这个境界还行，但还不是最高境界。最高境界是虽然穷，但是自得其乐；虽然富，不但不骄傲，还能够谦逊有礼，那不是更好吗！"有道理哟，孔子的另一个弟子颜回，不就做到"贫而乐"了吗？子贡你"富而无骄"是做到了，但是好礼还做不到吧？孔子的教育方法，是因材施教，对不同的弟子有不同的要求，子贡是尖子班的，所以一对一辅导。子贡确实好学，一经老师启发，立即想起《诗经》里的话，对老师说，您说的这就是《诗经》里的"如切如磋，如琢如磨"吧？学问真是没有止境啊！孔子乐了，赞叹说，你这家伙悟性太强了！告诉你一个道理，你马上能想到下一个知识点。

古代的圣贤师生之间的对话是多么生动有趣啊，喜欢对知识和人生道理做深入的探求，不像现在很多学生只想着考试，老师只想着完成教学任务，追求知识和真理变成次要的目标，而成绩和学位成了硬通货。

◎ 退一步海阔天空

读过《论语》就知道，孔子那个年代的"知"和"学"，不是指科学技术、知识学问，而是指人应该怎样对待父母、朋友和领导，怎样对待自己的生活。今天社会、科技更加发达，可大家只顾着赚钱，却忘了思考人生应该怎样度过。今天读《道德经》和《论语》，是非常好的反求诸己的机会。这一章是讲，放下财富名利，放下贪欲野心，功成身退，才是符合大道的做法。比如《史记》中《越王勾践世家》里的范蠡，帮助勾践成为春秋霸主之后，他辞官不做，泛舟江湖之上，居于陶丘，三次成为巨富又三次散尽家财。我每每思及范大夫，都是心驰神往。现在有人花钱和巴菲特吃饭，如果可能，我宁愿花钱得到与范蠡共进晚餐的机会，听他聊聊人生和西施。

范蠡的作为，正是老子讲的"功遂身退，天之道"的最好注解。

功成为什么要身退呢？范大夫理解得最透彻。他告诉好朋友文种十二个字，听起来令人不寒而栗：飞鸟尽，良弓藏；狡兔死，走兔烹。①功成后还不身退，你就成了一种威胁。射鸟的，如果鸟射光了，弓箭不就只能藏起来了吗？自古名将和大臣，一旦功高震主，最好自己能够明智地谢幕，不然往往为皇帝所杀害，因为他们对皇帝来说就是巨大的威胁。比如文种的下场很惨，但范蠡提醒他也没用，不是因为他不够聪明，而是因为"持而盈之"，对高官厚禄舍不得放手！所以凡事应该恰到好处，不要"金玉满堂""富贵而骄"，而要功成身退，否则就不符合道的真谛。

我们凡人总想留住辉煌，其实所有美好的事物都是留不住的。李煜有词："雕栏玉砌应犹在，只是朱颜改。问君能有几多愁？恰似一江春水向东流。"王国维有词："最是人间留不住，朱颜辞镜花辞树。"与其悲哀叹息，何如一切放下，纵横四海，游戏人间，岂不逍遥？

人们奔波追求，烦愁抑郁，执着妄想，不安躁动，都是为了名利得失。有几个人真的能够放下执着，回归本原？大多是不愿意，即使偶有

---

①范蠡遂去，自齐遗大夫种书曰："蜚鸟尽，良弓藏；狡兔死，走狗烹。越王为人长颈鸟喙，可与共患难，不可与共乐，子何不去？"种见书，称病不朝。人或谗种且作乱，越王乃赐种剑曰："子教寡人伐吴七术，寡人用其三而败吴，其四在子，子为我从先王试之。"种遂自杀。

所悟，也难以真正做到，因为不知道如何放下，如何回归。《道德经》不仅是一套哲学体系，也有关于武术、养生的指导。请看第十章：如何放下。

〖提炼要点〗

好事不要满，便宜不能贪。适可而止，功成身退，才符合天道。

第十章
如何放下

只明白应该放下，是不够的，要想真正放下，需要在日常生活和工作中不断修炼。

载营魄抱一，能无离乎？专气致柔，能婴儿乎？涤除玄览，能无疵（cī）乎？爱民治国，能无为乎？天门开阖，能为雌乎？明白四达，能无知（zhì）乎？【生之畜之。生而不有，为而不恃，长而不宰，是谓玄德。】（疑为第五十一章错简重出）

// **翻译** //

身体和精神统一，能不分离吗？专心一致，心平气和，能像婴儿那样柔软吗？荡涤杂念而了了分明，能够没有瑕疵吗？爱民治国，能不能顺其自然，无为而治？感官与外界沟通，能不能一心不乱，守静自在？洞晓天下一切，能不能不动心机？

// **解释** //

魂魄和身体能合而为一吗？不能的人，力不从心，过劳死。听说有大学生在网吧奋战三天三夜无眠无休，出来就一头栽倒在地上死掉的；听说有年轻人拼命加班，几年后突然发现得白血病的，为什么？就是精神和心念超过身体的极限了。现代科技带来的效率提升和商业社会带来的对财富的追求，往往让人忘掉生命能量的极限，尤其会忘掉老祖宗的教诲，忘掉身体需要精神的滋养，精神需要身体的支撑。身心分离的结果，必然是魂销魄散，身心两灭。

◎ 人生是一场修炼

其实中国人早就创造出很多让人"载营魄抱一"的锻炼方法，比如六合拳、形意拳中的三体式站桩，这些武术都是基于这句"载营魄抱一，能无离乎"，以身心统一为训练的基本要求和最高境界。比如六合拳，六合分内三合和外三合。"内三合"指心、意、气三者相合，即"心与意合，意与气合，气与力合"；"外三合"指手脚、肘膝、肩胯三者相合，即"手与脚合，肘与膝合，肩与胯合"。内外合一，即为六合。

我们如果经常这样锻炼，自然身轻体健、精力充沛。有时候不想运动，怎么办？老子的第二个锻炼法更妙：能不能专心于气息上，使自己身心柔顺，就像婴儿那样？练过瑜伽、打坐、数息、睡功、胎息功的人，应该懂得这句话的意思。现代人休息不好，是因为白天事务繁杂，晚上回到家仍然在头脑里盘算不休，心烦的人一定气躁，所以"专气致柔"的修炼方法就十分有效。练习者首先身体放松，听着舒缓的音乐，放下一切杂念，将注意力集中在一件事上——呼吸。用一念取代万念，是一种重要的修炼方法，《道德经》后面多次谈到"一"的伟大功能。一念专注于呼吸之上，身体和意念都会柔软下来，慢慢恢复到婴儿的状态，这就是最好的休息。"婴儿"在这里是一个意象，代表人生最初始、最先天自然的状态。

更高的修炼功夫，在第三句话：能不能让心明如镜，朗照大千，毫无瑕疵？深入学习佛学的人，知道这是悟道的境界。这比"专气致柔，能婴儿乎"又进了一层。刚刚讲的万念归于一念的训练方法，万千杂念汇成一念，万法归一，那么一归何处？修行人达到摒除一切杂念的境界之后，待时机成熟，将这最后一念也放下，当下回光一照，看到自性光明朗照大千，包罗万象，容纳宇宙一切。

有人会说，《道德经》是道家的经典，怎么说出了佛家的修行方法和修为境界呢？这是因为一般人有误解，把《道德经》和道家混为一谈。《道德经》是讲宇宙大道的，八十一章中的前三十七章是讲"道"的本体，古称《道经》，后四十四章讲"道"的用法，古称《德经》，合起来叫作《道德经》。佛家也是讲"道"的，过去佛教徒把修行成功叫作"成道"。《道德经》和佛学研究的对象都是宇宙中最根本的规律，并把这个规律叫作"道"，因此对"道"有相似的认知和表达并不奇怪。至于后来道家的吐纳、导引、炼丹、符箓等等，就算有些《道德经》的影子，已不是严格意义上的一回事了。

◎ 从小我的修炼到大我的修炼

老子又进一步讲："爱民治国，能无为乎？天门开阖，能为雌乎？明白四达，能无知乎？"爱民治国，能不能顺其自然，无为而治？感官与外界沟通，能不能一心不乱，守静自在？洞晓天下一切，能不能不动心机？

从这里开始，老子对我们提高了要求。中国人的个人发展，都是按格物、致知、诚意、正心、修身、齐家、治国、平天下的顺序来的，如果一个人做不好自己，根本没有资格来管理别人；管不好自己的地盘，就没有资格来管理国家。所以儒家也讲"穷则独善其身，达则兼济天下"。那么一个有修为的人，自己修得无为之道，能不能用这种无为的大道来治国呢？

这是个大问题。中国社会上下五千年，只有圣君才能无为而治。人民的安居乐业，社会的蓬勃发展，都不是靠武力镇压、严刑峻法，而是靠顺应民心、顺应时势。圣君与暴君的区别，不在于有没有把事情做好的美好愿望，而在于有没有把事情做好的功夫和水平，其中关键在于懂不懂"道"的原理，并应用于治国——如果能够做到，就叫作"无为而治"。比如文景之治，因为汉文帝、汉景帝都是通晓《道德经》的大家，以"道"治国，使得汉朝的国力从开国战争和七国之乱的衰退中迅速恢复，奠定了后来汉武帝驱逐匈奴的经济基础。

"天门开阖，能为雌乎"，是问能不能做到感官与外界沟通，而一心不乱，守静自在。

这又讲到了修行的方法。心乱就是因为外界信息通过感官进入意识，从而引起思维不停活动，进而七情六欲混杂于心。因此佛家也讲"眼耳鼻舌身意"这些感官为"六门"，产生的"色声香味触法"为六尘，还有个难听的叫法——"六贼"，为什么呢？因为这些感受如果处理不好，就会带来妄心烦恼。有一个俄罗斯笑话，一个男人对另一个男人抱怨说，刚刚去医院破了财，因为一粒沙子进了妻子的眼睛。对方也抱怨说，你这算什么呀，我刚刚在大街上破了财，因为一件裘皮大衣进了妻子的眼睛。可见因为感官时刻与外界沟通，人们要保持心情的安定（即原文讲的"能为雌乎"），很不容易啊！

老子的下一个问题是：能不能洞晓天下一切，而不动心机？《道德经》讲的"无知"，是"无智"的通假，不是说没有知觉，也不是说没有智慧，而是说不玩小聪明！很多人习惯乱动心思，缺乏大智慧，美其名曰"关心国家大事"，自己的工作和生活却一塌糊涂，这种人很可惜，修身齐家都做不到，总想着去平天下，怎么可能做到呢？管理别人要从管理自己开始，管理自己要从管理自己的时间开始。这是中国先贤的观点，也是现代管理学大师德鲁克说的（参见《卓有成效的管理者》）。时间管理上有一个诀窍，就是对材料的精心选择，必须先对信息来源做过滤，摒除无用信息之后，再对筛选后的信息做研究，才可以"闻一而知十"。要知道很多信息是以讹传讹而来，有智慧的人经过筛选思考，会发现驴唇不对马嘴，才不会上当。

《道德经》这里讲的就是最高明的时间管理方法。第四十七章说："不需要出门，就能够了知天下事……；不需要向窗外看，就能够认知天道。越是向外驰求，对真理的认知反而越少。所以有智慧的人不出行，却能知道事情的本质……"不是用眼睛看，而是用心去看，才是大智慧。不动小脑筋，不用小聪明，本身就是一种智慧！可现实中很多人听风就是雨，乱动小聪明，孔子就很无奈地说："群居终日，言不及义，好行小惠，难矣哉！"大意是，一群人整天聚在一起，说起话来，不讲道义原则，胡吹乱侃，漫无边际，好逞能耍小聪明，对这种人很难进行教化！有人说孔子批评的其实是现代的头脑风暴，其实算不上，因为头脑风暴要求参与者挖空心思、殚精竭虑，而不是浮皮潦草、穷聊一通。当然如果这是以释放压力、消磨时间为目的，也没什么，不过按照孔子的标准，这种行为意义真的不大。人生有涯，哪有那么多时间可以浪费啊！

总结一下。看本章的几个重点：无离、如婴儿、无疵、无为、为雌、无知，是否会觉得《道德经》软绵绵的，没有力气呢？难道我们不要做英雄吗？不要坚强吗？难道应该不思进取吗？如果这么问，就是还没有懂得"道"的原理。在"道"的世界，不是看谁胳膊粗力气大，而是看谁能笑到最后。不是"有"才有用，"无"在很多情况下，比"有"还有用。一般人只知道坚强伟大的意义，不懂得一无所有的妙处，下一章老子就做了绝妙的比喻，请看：空的妙用。

〖提炼要点〗

要注意保持身体健康，心思安定，气定神闲，精神旺足，智慧自然，无为而治，这才是有道者日常的修行功夫。

第十一章
空的妙用

一般人只知道"有"的好处，不知道"无"的用处。

三十辐共一毂（gǔ），当其无，有车之用。埏（shān）埴以为器，当其无，有器之用。凿户牖（yǒu）以为室，当其无，有室之用。故有之以为利，无之以为用。

∥名词∥

辐：辐条，车轮中连接车毂和轮辋的木条。毂：车轮中心有圆孔的圆木，可以插入车轴。埏埴：用水和土和成泥巴；其中埏为和，埴为土。牖：窗户。

∥翻译∥

三十根辐条共同撑起一个车毂，因为轮子中间是空的，才有了车的作用。和土成泥，制成器皿，因为器皿中间是空的，才有了器皿的作用。开凿门窗造成房屋，因为房子中间是空的，才有了房屋的作用。所以"有"能够带给人便利，"无"才能发挥作用。

∥解释∥

轮子是人类的一个伟大发明，没有轮子，当代人类的交通速度和生产力都无法想象。然而当欧洲人在15世纪第一次来到美洲，发现印第安人居然不会使用轮子来运输的时候，立即明白这个地方的文明程度之低下，于是开始了疯狂的掠夺和征服。这些按下不表，《道德经》提出一个哲学问题：为什么这么伟大的发明中间却是空的？

老子说，不只是轮子，像容器、房间都是同样的道理，正因为中间是空的，才能发挥作用，如果中间是满的，反而没法用了。"有"只是有利，"无"才是有用。所以中国文字中的"利用"一词，是《道德经》深刻影响中国文化的一个例证。

关于"利"和"用"的关系，再来举个例子。比如纸张本是用来写字的，如果上面已经写满了字，就不能继续写了，必须是白纸才能写字。一张白纸，如果我们不拿来写字，就只是一张纸而已；当王羲之在纸上写了《兰亭集序》，这张纸便成了天下至宝，所以说"有之以为利"；但这张纸成为至宝之后，还能拿来写字、吸水、印书吗？不能了。所以"有了"以后，往往也就没了用处，纸上"无"字，才是有用的。

再如我们搬进新居时，往往会纠结一个问题，房子里摆多少家具合适呢？有家具才叫家，没有只能叫作空间，但是家具堆得多了就成了仓库，我们会说都没有下脚的地方。所以"无立锥之地"，既可以说地方小，也可以说地方虽大，却没有可用的空间。所以我们既要有家具来利用，又要有空间来使用，找到这个平衡并不容易。刚搬进新房子时，总觉得空空荡荡，家具不足，缺少人气；后来家具堆积，添丁进口，又觉得空间狭小，行动局促。所以"有之以为利"，与"无之以为用"之间要达到平衡，真的需要一点智慧。

再比如一个人完全不读书学习，在今天肯定很难找到工作——社会需要的人才是要有一定的知识储备，受过一定的技能训练的，这就是"有之以为利"。但有的时候，我们又不希望新员工已经有太多工作经验和固定的工作习惯，因为这样的员工比较难培训，他需要很长时间才能把原来的习惯改过来；反而是没有经验的新员工更加善于学习，适应性更强。所以说"一张白纸"最大的好处，就是有无数的可能性，这就是"无之以为用"。

我们还看到一些名牌大学毕业的学霸级人物，在大学里顺风顺水，到了职场却不见得有多成功，往往是因为他学到的知识太多了，总觉得这些知识能解决一切问题，放不下身段来解决工作中的实际问题，表现出理论水平高、实践能力低的问题。这种状态就叫作"自满"。对于知识，尽管"有之以为利"，还要懂得"无之以为用"，要能够将书本上学来的死知识，灵活地运用在在工作中。不管你的知识有多丰富，运用时要先让自己的内心放空，这种状态叫作"虚心"；知识先放到一边，而去悉心考察实际情况，深入问题的方方面面，抓住核心，再去思考应用哪些知识来解决这个具体问题。我们有一句名言，叫作"虚心使人进步，骄傲使人落后"，就是因为"有之以为利，无之以为用"。再如单位在招聘的时候，对学历越高的应聘者，越要考察他是否虚心低调，头脑灵活；如果他表现得自信满满，自以为是，大言不惭，这样的同学应该多读读《道德经》。

一切知识都是死的，只有运用知识的人是活的，怕就怕死知识不能活用，知识与人就会两失其用，相当于都死掉了。苏格拉底一直讲自己的无知，他有一句名言，"我只知道一件事，就是我一无所知"，后人大多不理解，其实只有以《道德经》的视角才能勘破其中玄机：他说的是从学霸变成哲人的关键心法。学富五车的学霸，必须把心空掉，在任何问题面前处于"什么都不知道"的状态，才能深入问题的本质，以"无之"的角度，才能运用所有的知识，即"无之以为用"。就如《倚天屠龙记》里的张无忌学太极拳，必须先把学过的招式全部忘掉，在与敌人对战时才能够发挥太极的精髓。可惜大多数人没有老子的思维方式，很难理解其中的哲理。《道德经》第七十一章有与苏格拉底很近似的话，到时可以再来分析。

《道德经》前面一直在讲有、无相互转化：有无相生。这一章教我们如何看待这个世界。不是有就好，无就不好。"有"有其利，"无"有其用，在有和无的转化之间，我们要时刻把握合适的度——进退有度，才能善于利用，达到物尽其利、人尽其用的境界。

这是一个人应该掌握的大智慧。大多数人认为越多越好，越少越不好。而《道德经》让人类多了一个看待世界的角度：也要看到越多越不好，越少越好。人类观察世界的角度增加了，其智慧自然会上升一个层级。下一章会讲到《道德经》乃至中国古典文化对人类自我修养的一个很有特点的要求：简单。

〃提炼要点〃

"空"和"无"也许看上去没有用，其实它们最有用。"有"和"多"看上去是最好的，实际上可能是有害的。人们懂了"空"和"无"的用处，就会更有智慧。

第十二章
简单的智慧

感官的刺激勾起人的欲望，令人心神狂乱，必须加以控制。

五色令人目盲，五音令人耳聋，五味令人口爽，驰骋畋猎令人心发狂，难得之货令人行妨。是以圣人，为腹不为目，故去彼取此。

《名词》

妨：害，伤。行妨，伤害操行。口爽：味觉受伤。

《翻译》

看太多颜色容易让人眼花缭乱，听太多音调容易使人听力下降，尝太多味道容易令人口舌无味，沉溺于野外打猎容易引起心思放荡，追求珍稀的货品使人行为不端。因此圣人但求温饱而不求声色犬马，所以有意识地克制欲望，过着低调踏实的生活。

《解释》

记得大学时的一个女同学说她不听流行歌曲，原因是如果连续听上一天，便会情绪低落，抑郁愤懑。当年流行歌曲的目录如下：

《失恋》	草蜢
《再会了》	刘德华
《前尘》	林忆莲
《相逢何必曾相识》	蒋志光、韦绮姗

《爱恨缠绵》	关淑怡
《只愿一生爱一人》	张学友
《焚心以火》	叶蒨文
《眷恋》	李克勤
《光辉岁月》	Beyond
《心仍是冷》	梅艳芳、伦永亮

除了《光辉岁月》的歌名阳光一些，其他歌名都透着莫名的霉运。歌名如此，歌词之悲凉、曲调之悱恻，听久了难免怀疑人生。受她启发，我后来尽量听一些古典音乐，感觉就好一些，而且是小调多一些，交响乐少一些。想象一下，如果一天听了十个小时的贝多芬的《命运交响曲》、柴可夫斯基的《悲怆交响曲》，日子还过不过了？大作品固然场面宏大，长时间的倾听和欣赏也会让人受不了。所以"五音令人耳聋"，完全没错。

再如，我过去以为苹果产品显示屏的视网膜显示技术对缓解视疲劳有好处，用上了才知道恰恰相反，因为分辨率和色彩更加精细逼真，让人更加长时间地使用眼睛，结果不是保护眼睛，而是伤害更大！这就是"五色令人目盲"！同样的道理，天天吃山珍海味，味觉就会严重退化。相比之下，如果我们先徒步十公里、登山五小时，在又累又饿之时，会发现西红柿鸡蛋面是天下美食中的极品。

感官欲望都有这个特点，我们越去满足这些欲望，越是发现这些欲望难以满足；不但如此，我们自身的感觉器官都会受到伤害。个人追求欲望满足会纵欲伤身，国家的统治者和企业的管理者追求欲望满足又会怎样呢？"驰骋畋猎令人心发狂，难得之货令人行妨"，纵情游猎，心思就狂乱放逸，不能自拔；追求奇珍异宝，令人节操碎一地。

◎ 欲望是亡国之君的真爱

我们都知道历史上喜欢"驰骋畋猎"的亡国之君不少，据说商纣王可以徒手和野兽搏斗，每到秋高气爽之时，纣王便带着妲己到西山一带打猎，有时到更远的辉县一带，甚至十天半月也不回来，最后国家灭亡了，追求这一爱好的代价也是蛮大的。辽国最后一代皇帝天祚帝耶律延禧也是畋猎爱好者，在位25年之后，被金兵俘虏，终年54岁。这人不修政事，打猎的快马和鹰犬倒是养了不少。辽国之前因为向女真人征集猎鹰海东青，惹得女真人造反建国，最后又灭亡在打猎爱好者手上，可以说全是打猎惹的祸。无独有偶，同时代的另一个皇帝应验了"难得之货令人行妨"，那就是以瘦金体独步天下、书画双绝的宋徽宗。我曾在纽约大都会博物馆见过他的花鸟画真迹，真是才华横溢，只可惜他入错行了，不应该当皇帝的。宋徽宗追求登峰造极的艺术，追求极端奢侈的生活，大肆修建园林宫殿，据说当时全国为了给他送太湖石，拆掉了不少桥梁和城墙。《水浒传》里的"智取生辰纲"之前的"失陷花石纲"，就是他搜罗财富珍宝的艺术反映。老百姓没那么高的艺术修养，他们思考得更多的是明天的早餐在哪里，于是宋江、方腊带人揭竿而起，北宋国力大损；之后金军南下攻宋，宋徽宗和宋钦宗为金国所俘获，这就是历史上的"靖康之变"，后来宋徽宗不堪折磨，死于五国城，和天祚帝一样终年也是54岁。他们在被俘之后应该见过面，两位亡国之君的命运如此相似，如果不是因为欲望太多而荒废朝政，恐怕下场不至于如此。

所以老子说，"是以圣人，为腹不为目，故去彼取此"，什么意思呢？就是第三章说过的"虚其心，实其腹，弱其志，强其骨"，当领导的人不要一天到晚想着没边的欲望，而要踏踏实实解决老百姓肚子里没有粮食的问题，去掉不切实际的幻想，着眼于当下。

◎ 无欲则刚

现代的读者可能会觉得不适应，觉得《道德经》怎么这么无聊，不让干这个、不让干那个，尤其是五官的感受，现代社会都用3D眼镜看立体电影了，老百姓已经有条件夜夜笙歌了，怎么还在那里喋喋不休地说要放弃欲望呢？这种质疑看上去很有道理，但是经不起推敲。

首先我们承认，《道德经》成书的年代，人类的生产能力远远达不到支撑奢侈欲望的程度，主要目标还是生产粮食。而现在农业产值占GDP的比例不足10%，温饱已经不成问题，重点是满足人民广泛的物质文化需要。现代人每天花大量时间在五音、五色、五味上，还有"驰骋畋猎"或者旅游的需要，包括追求"难得之货"，也就是名牌奢侈品，这些已经成为生活的重要组成部分。不过，这并不意味着老子的话失去了时代意义。

人之为人，必须要有人的生活和快乐，不管人们在生活中怎么追求物质，最终目标仍是内心深处的快乐以及满足感。有人以为买到名牌就会快乐，不断追求更多的名牌，然而体验到的却是揪心的焦虑和更大的不满足。一切欲望都起于贪婪，止于毁灭。人在追求物欲的过程中，每一次得到都会带来暂时的满足，但这只能维持一段时间，之后会陷入更大的痛苦。因为只有得不到的东西才是最好的，再好的东西在得到之后也会失去价值，人们总是在瞬间的满足之后，很快又产生更多的欲望，这种对欲望不断的徒劳追求，会带来更大的痛苦。人类就像推着石头上山的西西弗斯，永远在欲望的诅咒下，周而复始地努力，又周而复始地徒劳无功。这样的怪圈如何才能打破呢？

老子直截了当指出一条路：去彼取此。放弃眼耳鼻舌身意的感官欲望，放弃玩乐，摒弃奢侈的妄念，没有欲望就不会有痛苦。就如佛家所言，放下屠刀立地成佛。对人而言，物欲的折磨，甚于屠刀。

而人的痛苦，又岂止物质欲望？很多人不重利而重名，把名声看得比什么都重要，甚至不惜杀身成仁。所以老子说，名望也一样要放下。请看下一章：宠辱不惊。

▌提炼要点▐

欲壑难填，人心不足；一切放下，当下解脱。只有控制住欲望，人心才能恢复到纯真自然的状态。

第十三章
宠辱不惊

放下小我，收获大我。

宠辱若惊，贵大患若身。何谓宠辱若惊？宠为下，得之若惊，失之若惊，是谓宠辱若惊。何谓贵大患若身？吾所以有大患者，为吾有身，及吾无身，吾有何患？故贵以身为天下，若可寄天下；爱以身为天下，若可托天下。

‖翻译‖

受宠和受辱，都令人惊慌失措；爱惜身体，也带来极大的烦恼。"宠辱若惊"是什么意思？受宠并不是啥好事，得到宠爱令人惊慌，失去宠爱更令人惊慌，这就是"宠辱若惊"。"贵大患若身"是什么意思？我们之所以有烦恼，是因为时刻顾及自身；假如不考虑自身，我们还有什么可担心的呢？所以最能体现生命价值的，就是把自己看成天下的一部分，以天下为寄托；对生命最大的热爱，就是把自己作为天下的担当，以天下为己任。

◎ 声名所累

上一章讲，放下财富不容易，放下名声更加困难。古人大多把名声看得特别重，尤其是读书人，往往梦想"了却君王天下事，赢得生前身后名"。更有甚者，若不能留好名，也要留恶名，比如东晋大司马桓温独揽朝权，野心勃勃，说出一句千古名言："既不能流芳百世，亦不足复遗臭万载耶？"后来金庸借慕容复之口，用白话文又说了一遍："即使不能青史留名，我也要遗臭万年，我慕容复绝不做默默无名的人。"正如中国人有句俗语，"雁过留声，人过留名"，上至王公贵族，下至黎民百姓，无不希望青史留名，哪怕为此付出生命的代价也在所不惜。文天祥有两句诗很有名："人生自古谁无死，留取丹心照汗青。"

在追求物质财富之外，人类为什么还追求"名誉"呢？有人说是因为名声可以带来财富，还是从财富角度来讲的。另一种观点是人有物质和精神的追求，物质求利，精神求名，物质多叫作富，名气大叫作贵，汉语用一个词概括物质和名声两方面的优越，叫作"富贵"，而英语必须用"rich"和"famous"两个词，这也体现出汉语的文化成熟度更高。

世俗中很多人对富贵孜孜以求。那么中国先哲怎样看待富贵呢？孔子说："饭疏食饮水，曲肱而枕之，乐亦在其中矣。不义而富且贵，于我如浮云。"吃粗粮，喝冷水，弯着胳膊当枕头，乐趣就在其中。以不正当的手段得来的富贵，对我来讲就像天上的浮云一样。体会孔子的意思，并不是说吃粗粮喝冷水就会快乐，而是由于心安理得，即便生活条件很差也是快乐的。反过来，为了追求富贵做了亏心事，财富名誉再多也是浮云。如果内心不安，要财富和名利做甚？

大家看，咱们的老祖宗觉悟高吧！孔子这段话，文字优美如行云流水，微言大义，振聋发聩。中国人是老子、孔子的后人，所以我们总是有民族自豪感。孔子和老子据说也是佛教的菩萨。据史料记载，佛陀于周昭王二十四年降生，周穆王五十三年入灭。而佛教正式传入中国，是在千年后的汉明帝时期。传说公元67年，摄摩腾和竺法兰驮经书来到洛阳，次年汉明帝为他们建造了白马寺，之后他问了一个问题：佛教既然如此殊胜，怎么这么晚才传到中国呢？摄摩腾尊者回答：其实在佛法传入中国之前，佛陀早已派遣三位菩萨来到中国，结合此方众生的根基喜好做善巧度化，为将来佛法正式传播与弘扬尊定了基础。这三位大菩萨就是：迦叶菩萨化现的老子，儒童菩萨化现的孔子，光净菩萨化现的颜回。传说且放一边，儒家也好，佛家也好，道家也罢，其价值观颇有互通之处，所以中国人将儒释道三教归一，共同作为中华文化的根底。

来看老子怎么说，"宠辱若惊，贵大患若身。何谓宠辱若惊？宠为下，得之若惊，失之若惊，是谓宠辱若惊。"受宠和受辱，都令人惊慌失措；爱惜身体，也带来极大的烦恼。"宠辱若惊"是什么意思？受宠并不是啥好事，得到宠爱令人惊慌，失去宠爱更令人惊慌，这就是"宠辱若惊"。

老子这段话，在某种程度上与孔子的观点契合。老子说，"宠为下，得之若惊，失之若惊"，我们知道很多人一生只知道追求财富名利，重视"得"与"失"，但不论得还是失，统统令人心神狂乱，因为得了怕失，失了苦痛，心里永远七上八下，这叫作"宠辱若惊"。如果人一辈子都不得心安，会是值得过的人生吗？在《肖申克的救赎》里，老戏骨摩根·弗里曼扮演的角色数次争取减刑而不可得，直到他说出那句经典台词："There's not a day goes by I don't feel regret."（没有一天我不是在悔恨当中度过的）。想象一下，三十年来每天在悔恨当中度过，不仅高墙是监狱，心也成了监狱，该是多么痛苦啊！那么生活中面对宠与辱时，应该怎么看待呢？"辱"固然不是好事，"宠"也未必是好事，因为得到了就害怕失去，要付出心神不安的代价。所以范仲淹在《岳阳楼记》中讲"宠辱皆忘"，是多么潇洒啊！

老子接着讲："何谓贵大患若身？吾所以有大患者，为吾有身，及吾无身，吾有何患？故贵以身为天下，若可寄天下；爱以身为天下，若可托天下。""贵大患若身"，这是个倒装句，以使"惊"和"身"押韵，正常语序是"贵身若大患"。意思是，人类最大的祸患，就是一切为了这个身体，如果没了身体，我还有什么可担心的？想想也是，吃喝是为了身体，穿着打扮是为了身体，整天要拼命维护身体，但是身体最后还是会老去、生病乃至消亡，这难道不是我们最大的拖累吗？那么该怎么办呢？

老子的解决方案是天人合一。把天下当作自己，把自己当作天下；爱自己就像爱天下，爱天下就像爱自己。怎么理解呢？举几个例子来看。

从小处说，如果一个人在单位评选先进的时候输给另一个同事，这人自己觉得有损失，但对单位来说有损失吗？没有。因为名额就那么多，总有人评不上。何况就算今年评了先进，明年很可能就轮到别人，只要干得好，早晚能评上。个人和环境之间的关系很奇妙，个人的荣辱得失，放到更大的环境当中，就变得没有任何意义。我丢了50块钱很沮丧，那个捡到50块钱的人会很高兴。对我来说钱少了，对那个人来说钱多了，对全社会来说钱没有变。如果我把自己当作天下，所有的得失荣辱都没有意义。

西方人也有类似看法。很多富豪拿出一生的积蓄来做慈善，就是把自己当作天下，把天下当作自己。因为根据宗教的观点，人活着不仅仅在于肉体，更在于灵魂。肉体终有灭，灵魂方升华。只有经过一生的奋斗，灵魂得到升华，这辈子才算没有白活。荣辱得失只是过眼烟云。

在佛家看来，三千大千世界无不是我的佛性的体现，都是我自己。我和世界，本来就是一体，我会有什么得失荣辱呢？再如颠倒梦想，是佛教的一个核心概念，是说人类往往有颠倒迷惑的认知，不知道什么才是真正的自己。大多数人认为身体才是真正的自己，其实不然，因为即使缺胳膊少腿，我还是我，所以身体只是假的我，而能够认知规律、洞见一切的灵性智慧，虽然没有形象，却是真实的自我。同样，人们通常认为这个身体是我，世界在身体的外部，所以不是我；而佛法认为世界就是我，山河大地无不是我的认知，声色光影都是我佛性光明的体现，所以佛法要求我们把一切放下，回归自性本原，从而识心达本，解脱自在。

◎ 中国式加塞

这一章对我们有什么指导意义呢？我认为有两个方面。

首先，对个人来说，可以指导我们调整自己的心态。一个人如果把视线集中在个人的名利得失上，宠辱和大患可以说无穷无尽；如果认识到"宠为下"，知道得宠不见得是好事，受辱也不见得是坏事，能够看开荣辱，人生的快乐会增加很多。

其次，我们活在社会当中，对小到自己所在的部门，大到生活的这个世界，都要有一种包容的态度，有一种系统性的思维。我们要知道，自己和单位、社区、社会、世界之间都是不可分割的。当一个人不仅能站在个人的角度上，还能站在团队或者社会的角度来思考名利得失的时候，他就会有一个公允的态度，更会有一种智慧，可以超越短期利益和个人功利，从而取得共赢的效果。中国人在共赢上面做得非常糟，而老外在这一点上做得好，所以有种说法是，中国人每个人都是一条龙，聚在一起变成了虫。

举个例子，中国式加塞，在南方又叫作"插队"。

大家正在排队，忽然来了几个不排队的，直接跑到前面去，这几个人自己是节省了时间，却带来了三个后果：第一，原有的秩序被打破，其他人也不排队了，都拼命往前挤，有人说外国人的队是前后排，中国人的是横着排，都在前面挤着；第二，本来很轻松的事情，现在要挤出一头包，甚至恶语相向、拳脚相加，每个人都没有占到便宜，全吃了亏；第三，所有人都弄得一肚子气、一身臭汗、一脑袋包，整体上根本没有节省时间，没有取得什么效果，还要付出额外的努力，带来的收益总和却是负值。

再来看看老外。我们在商店和游乐场经常看到很多人在排队，井然有序，谦让有礼，轻轻松松就能配合好。在大学里做小组任务，老外善于分工协作，效率非常高。西方人有一门科学是中国人应该认真研究的，叫作"博弈论"。

这一学问是通过研究参与游戏各方的行为，计算后得出对各方来讲最好的策略，有助于制定最合理有效的制度。比如排队线路的设计，交通路口红绿灯的设计，比赛规则的设计，这些规则或制度的设计有一个共同点，即不能只考虑其中一方的得失，而应将全体的行为和利益综合起来考虑。单位的管理者发布一项制度或规定很容易，要执行到位却没那么简单，为什么呢？因为上有政策，下有对策，如果下面不支持，总是钻政策的空子，上面的出发点再好，最后效果也会为零。所以有智慧的领导不是拍拍脑门做决策，而会先做调查研究，组织相关人员讨论，拿出意见之后，再运用博弈论，考虑清楚：这个制度是否对各方都有好处？颁布后下面会否愿意执行？如果不执行，领导有什么对策？会不会有空子可钻？有没有防范的手段？将来这些政策过时了，有没有办法调整？这些都想到了，政策才是有效的。

在这里，老子谈到《道德经》里一个重要的方法论：不要只站在自己的角度看待自己，要站在集体、社会、天下的角度来看待自己的得失。这一角度在第七章出现过，叫作"圣人后其身而身先，外其身而身存。非以其无私邪？故能成其私"，因为放弃了自身私利，所以得到了最大的利益；正因为无私，所以得到最大的私。同样，本章讲了一样的逻辑：因为放弃了自身荣辱，以天下为己身，所以能够与天下共赢，人生的目标从一己之私扩展到天下之美，岂不是人生境界的灿烂升华！

罗素有一篇美文，叫作《如何变老》（"How to Grow Old"），文中写道：个体生命的存在应当像一条河流，刚开始很窄小，狭隘地局限于自己的堤岸，富有激情地冲过岩石和瀑布。渐渐河流变得宽阔，堤岸在消退，水流也变得平缓，最后，没有明显的征兆，河流汇入了大海，毫无痛苦地失去自己个体的存在。那么如果我们把河流比作自身，把大海比作天下，不就是老子说的"故贵以身为天下，若可寄天下；爱以身为天下，若可托天下"吗？

《道德经》中类似的逻辑还有很多。比如在战争中不敢进寸而退尺（第六十九章）；比如竞争中为了得到先要放弃（第三十六章）；想领导众人先要放低姿态（第六十六章）；对抗之中不做强者而做弱者（第七十八章）……因为开篇第一章谈到"道"的规律，是有无相生的，得道之人能看透万物生命弱能转强、物极必反的道理，人生与社会相辅相成的原理。我们要了解宇宙人生的真相，必须深入体会和了解"道"的属性和原理，才能有效应用在自己的生活中。这个道理非常微妙，下一章会更深入地探讨"道"的深奥之处，请看第十四章：不可名状。

〖提炼要点〗

人们所爱的名利、躯体，都只能给人带来负担和压力。不如放下名利，以己身为天下、以天下为己任，自身价值才能得到最大的实现。

第十四章
不可名状

"道"尽管看不见、听不到、摸不着，却是宇宙的本原、万物的规律。

视之不见名曰夷，听之不闻名曰希，搏（bó）之不得名曰微。此三者不可致诘，故混而为一。其上不曒（jiǎo），其下不昧，绳绳不可名，复归于无物，是谓无状之状，无物之象。是谓惚恍。迎之不见其首，随之不见其后。执古之道，以御今之有，能知古始，是谓道纪。

翻译

我们把"视之不见"叫作夷，"听之不闻"叫作希，"搏之不得"（意思就是摸不着）叫作微。这三样东西没办法分离辨析，所以放在一起来讨论（因为它们都是"道"的性质）。在上面也不光亮，在下面也不会黑暗，它延绵不绝却又不可名状，最终归于一无所有。就叫作没有形状的形状，没有物体的形象，这就叫作"惚恍"。看不到它的开始，也找不到它的结尾。大道从古至今一直发挥着作用，能够了解宇宙的缘起，叫作"道"的规律。

解释

原文晦涩难懂，但是笔者不需要大家去死抠古文，而是希望大家看看笔者的翻译和讲解，能够掌握老子的大意。本章主要讲"道"的本体。

◎ "道"的三个特点

我们思考下，是否存在一条宇宙中的共同规律？如果存在，想一想这个适用于万物的规律是否可用同一角度来观察，可否用同一种语言来描述？答案是：一定不可能。为什么呢？因为宇宙万物各有规律，不同规律不可能通用。比如，俗话说打铁还须自身硬，刘秀说娶妻当娶阴丽华。我们绝不能将这两个规律通用甚至调换，而说成打铁还须阴丽华，娶妻还须自身硬，那就完全乱套了。

宇宙万物的共同规律，就是本书主题——"道"。通过上面的论证我们知道，这个"道"必然极难描述，所以佛家干脆以"不可说"来代替。但是老子知难而上，努力通过《道德经》一书，对"道"的本体进行了描述，分别见于第一章、第四章、第十四章、第二十一章、第二十五章等。如果把这些章节放一起来看，可以总结出"道"的共同点：

1.没有形象，没法测量。不仅无色无臭，而且无体积无重量；

2.是一种真实的存在，而不是臆想出来的；

3.按照"道"的规律，可以认识宇宙万物，洞晓过去未来的规律，成就一切事业。

如果依据上面的标准，"道"这样一种宇宙的基本规律，既神奇又不可捉摸，实在太难用语言阐述了。好在佛家也遇到同样的困难，《心经》也要阐述这个"道"，只不过《心经》将"道"叫作"般若波罗蜜多"，这两种表述都是指宇宙的规律。只要知道这点意思，本章的学习目标就达到了，本书后面很多内容就好理解了。

◎ 用"道"来管理看不见的地方

《道德经》对看不见、非常微小的事物，极度敏感和重视。因为现在的微末之处，往往是道起作用的地方，也是管理者可以下手的地方；如果等到事情成形，就没办法调整了。所以人们常说：防微杜渐，防患于未然，把问题扼杀在摇篮里。一个好的管理者要善于在"视之不见""听之不闻""搏之不得"之处看到、听到、感知到。怎样才能感知到呢？不是通过感官，而是通过推理和直觉，通过思考和判断。

比如，一个新入职的员工能不能干，我们怎样观察呢？很多人喜欢让他畅谈未来，听其滔滔不绝，这个方法容易操作，但是只能判断他口才怎么样，对于他真正做起事来是否靠谱，则完全无法判断。更加有效的方法是，趁着某领导不在办公室的时候，让新员工去申请文件签字，看他怎么处理。这时，我们可以通过细节来推断这个人的能力。最普通的员工看到办公室没人，就会回工位做别的事，甚至把这个事忘了，那么可以判断他的责任心、沟通能力、记忆力、自控力等都不算强，属于50分员工。稍微好一点的表现是，发现领导不在，他过一段时间就去看一眼，如果过了很久领导还没回来，他就会告诉你人不在。从这些细节可以推断，这个员工的责任心比较强，但是头脑的灵活性不够，只可以交给他简单的工作，想要他完成复杂的、需要动脑筋的工作，就要多一些锻炼和培训了，这属于70分员工。更好的员工是，他一看到领导不在，马上回来告诉你，并问你这个文件急不急，如果着急他会主动去找领导。这样的员工，你基本可以放心地把一些工作交给他去做，可以打80分。当然这还不是顶级员工。顶级员工呢？他会自己分析这个签字是不是紧急；当他看到门锁着，马上去找领导的助理，问清楚领导去了哪里、什么时候回来；如果文件非常紧急，或者把文件送过去签字，或者通过邮件、微信拍照做电子签名；如果不紧急，就会把文件留给工作人员，以便领导回来后第一时间办理，并礼貌地表示感谢；当他回到办公室，会主动向你汇报这件事的处理过程，主要说明文件签字后拿回来的时间。这样的员工，你知道他是个可用之才，至少可以打90分——勤快、会思考、善于沟通、能够建立关系，同时能够保持本部门的良好形象。

看，通过一件小事，通过一些可能被忽略的细节，我们就可以分析透彻员工的能力和优缺点。这当中靠的是什么呢？我们并不需要看到、听到、感受到明确的概念，而是借助微妙的道理和经验，用心推理，自然能够小处见大，从现在判断过去、推断未来，做出眼下的明智决策，这不就是"执古之道，以御今之有"吗？

所以说，《道德经》蕴含的规律和方法绝不只是哲学思想而已，其实中国人的哲学都是可以实际应用的，《道德经》为历代有识之士所推崇，正因为其有着广泛的实用价值。

无论哪个行业的顶尖人物，必定都能做到从"视之不见""听之不闻""搏之不得"当中来看、来听、来感知，因为高手都是用心、用脑来做事，而不会道听途说，被事物形形色色的外表所蒙蔽。

下一章，我们就来看看老子眼中的顶尖人物是什么样的。请看第十五章：如临深渊、如履薄冰。

提炼要点

大道无形无相，却蕴含宇宙的一切规律。得道的管理者能够见微知著，以小见大，从细微处管好大事。

第十五章
如临深渊、如履薄冰

得道的人，深藏不露。

古之善为士者，微妙玄通，深不可识。夫唯不可识，故强（qiǎng）为之容。豫兮若冬涉川；犹兮若畏四邻；俨兮其若客；涣兮若冰之将释；敦兮其若朴；旷兮其若谷；混兮其若浊。孰能浊以静之徐清？孰能安以久动之徐生？保此道者不欲盈。夫唯不盈，故能蔽而新成。

翻译

古代的那些牛人，处事微妙、通达大道、深不可测。正因为这些人深不可测，所以只能用下面的比喻来描述：谨慎啊，就像冬天踩冰过河那样；警惕啊，就好像害怕四面的围攻；表情端正庄严啊，好像在别人那里做客一样；亲和力强大啊，能够让冰雪消融；淳朴啊，就像璞玉未雕琢的时候；心胸宽广啊，就像深山的幽谷；深奥啊，像浊水一样看不清。谁能让浑浊的变成清净的呢？只要安静地放一段时间，慢慢就清净了。谁能让安静的一直安静不动呢？时间久了，安静的必然会动起来。明白这个道理的人，就不追求盈满了，因为只有不自满，才能不断抛弃缺点和过时的东西，获取新的成就。

◎ 牛人的世界你不懂

《道德经》里的"古"，不能理解成"过时的""古老的"，而要通通理解为"过去的高手""大咖"，比如"古人"要理解为"过去的牛人"，"古之善为士者"可理解为"过去得道的牛人"。老子和孔子的文章谈到古人，一般都是指古代的贤人、牛人，就像我们现在，负面的例子一般和朋友私下讲讲，正面的例子拿出来教育下一代。

老子在本章说，这些牛人有什么特点呢？那就是看不懂——"微妙玄通，深不可识"。你不觉得这些人太无趣了吗？其实不见得是这些人无趣，也许是你无趣呢？就好比一个教授和一个小学生也可以谈话，但两个人谈的根本就不是一样东西。我有时遇见一些刚毕业的大学生，聊天时经常不知道该怎么说，因为对方口无遮拦、漏洞百出、毫无逻辑，还觉得自己挺对。我自己呢？不懂的东西不敢说，拿不准的不敢讲，说出来对第三方有影响的不敢讲，担心影响面比较大，因此经常被人家说得哑口无言，最后只能笑一笑，拍拍对方的肩膀，说："你还挺有思想的啊。"我知道这样别人看来也许很无趣，但不这样又能怎样呢？

◎ 懂得敬畏，是牛人的共性

老子说，正是因为这些人你看不懂，所以我一定要给你们描述一下（其实老子也是觉得这些人你看不懂，所以很高明），他们是什么样呢？谨慎的样子，好像冬天要在冰上走过大河；警惕的样子，好像在提防四面的围攻。在老子的描述下，我们仿佛看到一个在冰天雪地中踏冰渡河之人，此时两岸林中埋伏着千军万马，时刻可能杀出来。有这么可怕吗？其实上了档次的人，都是这样生活的。约1200年后，李白写下《行路难》，一样的可怜相："欲渡黄河冰塞川，将登太行雪满山……行路难，行路难，多歧路，今安在？"我们知道李白不仅诗酒双绝，还是相当强大的剑客，少年时就仗剑天涯，笑傲江湖，哪想到他也会犹犹豫豫、不知所往呢？李白还算潇洒的，《史记》记载的孔子更惨，说孔子"累累若丧家之狗"。其实真正的牛人都这样。因为没头脑的人根本不知道害怕，那叫作"无知者无畏"，而有心、有头脑的人什么样呢？就是什么都怕。用今天的话说是"敬畏"。因为智者心怀天下，所以敬畏就多；同时智慧的人懂得选择，知道条条大路通罗马，知道每一种选择都会带来不同的人生，所以更加敬畏；更因为成熟的人经过历练，知道成功很难、失败容易，所以更得小心应对。为了说明牛人的这种战战兢兢的心态，来看另外一个牛人：孔子。

孔子曰："君子有三畏：畏天命，畏大人，畏圣人之言。小人不知天命而不畏也，狎（xiá）大人，侮圣人之言。"南怀瑾这样解释这一段话："这里所谓畏就是敬，人生无所畏，实在很危险……人生如果没有可怕的，无所畏惧就完了……人生要找一个所怕的。孔子教我们要找畏惧，没有畏惧不行。""狎大人，侮圣人之言"，指的是那种轻狂、满不在乎的状态，说得好听点是敢于挑战权威，说得不好听，就是因为无知，所以无畏。

这里讲下古文和现代文中的一个不同点，《论语》中的"小人"并不是坏人，只是比不上"君子"而已，而"君子"的境界非常高，以当代人的修为，恐怕还是以"小人"为多。孔子曾经感叹："圣人，吾不得而见之矣；得见君子者，斯可矣。"什么意思呢？圣人，我这辈子是看不到了，能看到君子就不错。想想孔子眼中有几个君子呢？为什么孔子觉得君子难得一见呢？因为在他老人家眼中，君子的标准实在是不低。有一次孔子对学生们说："君子道者三，我无能焉：仁者不忧，知者不惑，勇者不惧。"子贡曰："夫子自道也。"翻译过来就是，孔子说，君子的标准有三条，我自己也做不到：仁爱的人心无忧虑，智慧的人心无疑惑，勇敢的人心无恐惧。子贡马上说，师父说的不就是您自己吗！想想这是多么高的标准啊！在孔子的时代，尽管天下王公贵族、饱学之士不可计数，然而真能做到这三条的又有谁呢？恐怕只有孔子本人了。

◎ 敬畏命运

不仅如此，孔子还说："不知命无以为君子。"以这个为标准又要淘汰99%的君子候选人。我们想想，谁做到了"知命"？孔子在自己50岁的时候，韦编三绝，整理了《周易》，并写了《易传》，才敢说自己"五十而知天命"。几个人能有这个本事呢？

有一个重要问题，为什么中国人认为知天命那么重要？为什么天命值得敬畏？为什么不知天命就不叫君子？不畏天命就是小人？天命，其实就是我们通常说的命运。中国人讲命运，是把命和运分开来看的。"命"是自身的属性，比如男女、胖瘦、高矮、愚智、强弱、快慢等；

而运则是环境和机遇。如果说生为姚明是命的话，活在今天的世界就是运。姚明能够成为篮球明星，这是命和运结合共同起作用的结果。如果姚明只有1.5米，那么他即使赶上体育商业化大潮也不可能成为篮球明星，却可能是一位体操运动员。如果2.26米的姚明生在忽必烈时代的蒙古草原，他也不可能是篮球运动员，应该会是个著名的巴图鲁（蒙古勇士的称谓）。再比如，高俅的球踢得特别好，靠这个技术他在宋代引起了皇帝的重视，官至太尉，也就是全国的最高军事长官，放在今天他最多得个中超联赛"最佳球员"。所以说，一个人不管他有什么能力和特点，这只是命运当中的"命"，假如得不到适合发展的时机和环境，也就是"运"不好，就无法发挥作用。

明白了这一点，我们就知道天命的重要性了。因为天命是"命"和"运"的结合，这就需要每个人充分认识自己的特长和短处，结合社会对人才的需求，加上对未来发展的判断，为自己选择一个合适的定位，然后朝着这个方向努力发展，以期人生价值得以实现。这就相当于今天的年轻人选择大学专业，以及毕业后的择业。所以不只古人需要知天命，今天的人一样需要知天命，方可不虚度此生。俗话说：男怕入错行，女怕嫁错郎。不知道什么适合自己，不能选择适合自己发展的平台，怎么能够成为君子呢？这样重大的人生问题，难道不值得敬畏吗？

那么为什么不畏天命的就是"小人"呢？反过来想想，对自己的人生价值都不重视的人，怎么可能是个优秀的人呢？这样的人不尊重自己，也一定不会尊重别人。我有一个经验：凡是自己的时间管理有问题的管理者，部门的效率一定低，下面员工的抱怨之声一定很大，为什么呢？一个人对待别人的方式，其实与他对待自己的方式是差不多的。不尊重自己的人，不会尊重别人，那么不尊重自己时间的人，怎么可能尊重别人的时间？这样的人做领导，对部门工作没有轻重缓急的规划，不清楚什么事情今天做，什么事情明天做，而是眉毛胡子一把抓，每个员工都是救火队员，到处起火，到处救火，处理工作没有提前量，没有计划，没有预判，对危机没有防范措施，所以整天瞎忙，徒劳无功。

看来，想做一个高标准的人，并没有那么容易，要知天命，要懂得敬畏，要无忧无惑无惧，而现代科学是帮不了我们的，只有像《道德经》《论语》这样历经两千年而不朽的传世经典，才能给我们指出一条希望之路。遗憾的是，现代人天天忙着赚钱和享乐，既不知道反观内省，好好体察自身的"命"，也不知道仰望天空，思考一下天下的

"运"，因为不知天命，人生很难有所成就。

回到《道德经》的原文，再次细读。懂得敬畏的牛人总是一副怂样，在世间行走，却摆出一副踩在薄冰上渡河的姿态，真是智慧越高越无用啊！"俨兮其若客"，是说牛人的表情永远是端正庄严的，好像在别人那里做客一样；"涣兮若冰之将释"，这人的亲和力强大啊，能够让冰雪消融；"敦兮其若朴"，这人很淳朴，就像璞玉未经雕琢之时；"旷兮其若谷"，这人心胸宽广，就像深山的幽谷。

这几句话好像都挺好听的，可下一句就有问题了——"混兮其若浊"，这人像浊水一样看不清。难道是说这个牛人脏？该怎么理解呢？有句话叫作"水至清则无鱼"，说明水浑浊有浑浊的妙处。以上对牛人的描述，有一个共同特征，牛人并不表现出很牛的样子，并不是毫无顾忌的、张扬的、兴奋的、昂扬的、志得意满的、大言不惭的、自恃清高的，而是小心翼翼的、谦虚的、有所保留的、亲和的、朴素的、有所欠缺的——有点像《论语》记载孔子的样子："子温而厉，威而不猛，恭而安。""温"就是"涣兮若冰之将释"，"厉"就是"俨兮其若客"，"恭而安"与"敦兮其若朴""旷兮其若谷"是同一类描述，都是指人朴实和谦虚的状态。为什么牛人都这么低调呢？老子马上就给出了原理。

◎ 静极则动，物极必反

老子说："孰能浊以静之徐清？孰能安以久动之徐生？保此道者不欲盈。夫唯不盈，故能蔽而新成。"谁能让浑浊的变成清净的呢？只要安静地放一段时间，慢慢就清净了。谁能让安静的一直安静不动呢？时间久了，安静的必然会动起来。明白这个道理的人，就不追求盈满了，因为只有不自满，才能不断抛弃缺点和过时的东西，获取新的成就。

不要小看这几句话。现代哲学家海德格尔认为老子与自己的思想很吻合，他将"孰能浊以静之徐清，孰能安以动之徐生"的字幅挂于墙悬于壁，一派老子忠实信徒的模样。动的会静，静的会动，相当于道的"有"和"无"这两种状态互相转化。中国人说"分久必合，合久必分"，事物每个瞬间的状态都是静止的，但加之时间的维度，就会发现每种状态都会朝相反的状态转化。所以说"保此道者不欲盈"，明白这个道理的人不会追求"自满"的状态，不会张扬跋扈，而是虚怀若谷。为什么？很简单，满了就会向着不满的状态转化，俗话说"人无千日好，花无百日红"，物极必反嘛！"夫唯不盈，故能蔽而新成"：只有不"自满"，才能不断抛弃缺点和过时的东西，获取新的成就。这道理与第四章的"道冲，而用之或不盈"是完全一致的。

◎ 牛人的启示

这一段虽然说的是"得道"的牛人，我们普通人也要重视其中的一个道理：事物是不断在对立的两极之间相互转化的。清能变浊，浊能变清；动极思静，静极思动。万事万物，莫不如此。牛人懂得凡事不要满，满了以后就是亏，就像月盈则亏；我们要懂得时刻看到事物的反面，情况糟时应看到将来翻身的机会，业绩好时必须警惕崩盘的风险，这才是"道"的境界。佛家有一个修为方法，就是用心眼去看反面：美女看成骷髅，粪坑看成净土；落难时做富贵想，得意时做困苦想，这样才能保持平常心。反过来，只知看正面和目前的状态，看不到反面和未来，就只是俗人一个，远远达不到道的高度。

得道之人是如此与众不同，他们是怎么修炼而成的呢？下面要讲他们的内功心法，请看第十六章：幸福是修炼出来的。

‖ 提炼要点 ‖

1. 小心翼翼、懂得敬畏，才是得道之人；
2. 物极必反，月盈则亏，所以要永保谦虚，才能立于不败之地。

第十六章
幸福是修炼出来的

定下心来，才能通过不断修行，而体悟宇宙人生的道理。

致虚极，守静笃。万物并作，吾以观复。夫物芸芸，各复归其根。归根曰静，是谓复命；复命曰常，知常曰明。不知常，妄作凶。知常容，容乃公，公乃王，王乃天，天乃道，道乃久，没身不殆。

名词

笃，一心一意，专心致志。

翻译

做修炼的功夫，要达到意念中极度的空明，要守住心中一念不生的安静。天下万物虽然纷纷纭纭、品类众多，却都可以回归它们的本源。回归本源叫"静"，静下来就叫"复命"（回归万物的本质），"复命"叫作"常道"（永恒的规律），认知永恒的规律叫作明智。不能认知规律，肆意妄为，就会带来灾祸。而能够认知常道的人就能大度包容，包容的人就能大公无私，大公无私的人就能高屋建瓴，高屋建瓴的人就能遵循自然规律，遵循自然规律的人就符合"大道"，符合"大道"的人就能长久，这样的人能终身免于灾祸。

解释

根据这一章可以想象一幅画面：一个白须道长登上万仞绝顶，于石上晏坐，目光收敛，屏息静气，心意相守，摒除杂念，渐渐地，世界乱象在感官中消失，而万物生老病死、万事新旧交替的宇宙规律浮现于心中。这画面的主人公是道翁，十分合乎逻辑，因为我们在解释《道德经》。如果解释《心经》，可以换成释迦牟尼；如果解释瑜伽，可以换成瑜伽师；如果解释《旧约》，可以换成摩西；如果解释《古兰经》，可以换成穆罕默德；如果解释儒学，可以换成孔子；如果解释《太玄经》，可以换成石破天（《太玄经》是金庸小说《侠客行》中的武功天书，为主人公石破天所悟，后练成绝世武功）……

这里讲一个不传之秘：无论是气功，还是道家、佛家、儒家，乃至一切宗教，基本的修行方法是一样的，就是"致虚极，守静笃。万物并作，吾以观复"。通俗讲，就是让头脑空出来，让心静下来，尽管宇宙万物有无穷的运作，但在我的心眼之中，万物都复归其本源。注意：修炼的第一步，永远是自己先静下来。为什么呢？因为尽管千人千面，却是千人一愿：但求内心的安宁。这一点很多人不明白，觉得人不开心不幸福，完全是外界环境导致的，所以不是想着向内求心安，而是向外求富贵，觉得富贵了就幸福了。真的是这样吗？

要知道，富贵分成很多等级，求富贵的人每到一个阶段，会觉得还不够富贵，于是继续追求下一个更富贵的境界。做了首富后，还要和次富来回争夺排行榜的第一，争到第一还要保持第一；财富多了，还要为保值增值操心劳神，遇到乱世又要防刀兵盗贼，永无安心之日。正如列夫·托尔斯泰所说："在富有、权力、荣誉和独占的爱当中去探求幸福，不但不会得到幸福，而且还一定会失去幸福。"所以，追求物质财富，不但不能获取幸福，反而是烦恼之源。

◎ 幸福在哪里

明白这一点后，有人就认为追求精神的富足才是正路，于是每天去寻找幸福，却发现幸福就像那只小猫的尾巴，永远也追不到（小猫问母猫："妈妈，幸福在哪里？"母猫说："幸福就在你的尾巴上。"于是小猫不断追着尾巴跑，但始终咬不到。母猫笑道："幸福不是这样得到的。只要你向前走，幸福就会一直跟随着你。"）。年轻的朋友们可能对这一点没有经验，为什么幸福不能追求，越追越追不上？我可以讲一点个人的切身体会。

幸福问题，是人生最重要的话题之一，所以我决定多用些笔墨来写。一个人如果不关心自己的幸福，很难想象他是个正常人。我就曾苦苦追问"幸福在哪里"。有几年我一直顺风顺水，业绩欣欣向荣，按说应该快乐万分，谁知恰恰相反，心中失落莫名，为什么呢？因为我问了自己一个错误的问题："我一切这么顺利，为什么没有感到幸福呢？按说我应该非常幸福啊，我怎么觉得很平常呢？"

现在，我完全不会去想"我为什么没感觉到幸福"这么无聊的问题，可那时根本不知道幸福是什么，所以那几年一直在追求幸福的过程中体验满满的痛苦。那个阶段的痛苦有两种。第一种是事情不顺的时候，因为事与愿违而痛苦，这个大家都明白。第二种是事情顺利的时候，我就会马上问自己，这就是幸福吗？越想越觉得不是幸福，因为幸福应该让我忘乎所以、晕头转向、乐不思蜀，从此不思进取才对，可我还在想自己幸不幸福，明明就是还不幸福嘛。寻找幸福而遍寻不着，便成了刻骨铭心的痛苦。直到有一天我幡然醒悟，寻找和追求幸福，不仅找不到幸福，还注定带来痛苦，为什么？找幸福的人，已经否定了自己的幸福。没有才找嘛，有了还找什么？赶不上才追嘛！如果幸福就在自己的步伐当中，还需要追吗？所以我们记住，想得到幸福，前提就是不要去追求幸福！因为幸福本就不在外部世界，本就在我们的心中。我悟到这一点后，想起奥古斯特·罗丹有一句话：生活中从不缺少美，缺少的是能发现美的眼睛。我的感悟可作为这句话的绝配：生命里从不缺少幸福，缺少的是能感受幸福的心灵。如果连身边的美好都无法欣赏，连心中的幸福都不能体会，到外面去追能够追得到吗？

懂得了幸福只在内心，关于幸福只算了解了三分之一。幸福还有另外两个重要的原则。

原则一，幸福不是快感，因为快感是瞬间的，并不持久，而幸福是持久的心安。这一点我们分成两部分来理解。

首先，为什么快感不能带来幸福？我们都体会过曲终人散的落寞，也都经历过繁华褪去后的寂寥。快感消退后并没有快乐，往往带来苦痛。这样的感觉不是幸福，而是一种负担，正如烟瘾满足后，等待着下一次烟瘾的发作，然后才有再一次的满足：满足的快感是与发作时的痛苦相对应的，很难说总的体验是快乐还是痛苦。

其次，心安才是幸福。这个观点其实前面反复讲过了，第三章"不尚贤"里讲过，第九章"功遂身退"里讲过，第十二章"五色令人目盲"里讲过，第十三章"宠辱若惊"里讲过，《道德经》后面还会反复讲。财富名权都是有得有失，物欲膨胀皆为利令智昏，这里面会有幸福吗？真正的幸福，必定是心安理得的状态，是在其中生活自由、心灵愉悦的状态，是平淡而不是激动，是舒服而不是兴奋，是愉悦而不是痴迷，是开心而不是狂喜。幸福是自己能够把握的状态，而不是依赖天时地利人和，排除万难才能达到的惊世骇俗的境界。

原则二，幸福不在过去，也不在未来，只在当下。当下感到幸福，就是幸福的。对幸福而言，除了当下，过去和未来都没有任何意义。回忆过去的幸福，往往引来现在的痛苦感；想象未来的幸福，如果将来无法得到，会给我们带来更大的失落。实际上，真正懂得幸福的人能够随时随刻感知幸福，佛法里叫作"活在当下"，因为他有一颗善于体会幸福的心，心常常安于它本该在的地方，我们说这种人是有大智慧的。因为有智慧，所以不会痛苦，不会牵挂，不会追求不该追求的东西，不会因为别人的错误而惩罚自己，所以不管人事纷乱，无论世事变迁，可以一直幸福下去。这种人，佛家叫作菩萨，道家叫作有道者，儒家叫作君子。这种境界当然不是一下就能达到的，但也不是不可能达到的：这一章里讲的方法，就是通向这种境界的路径。

◎ 功夫的修炼

"夫物芸芸，各复归其根"，万物纷纷纭纭啊，我们不要为其表象所迷惑，而要顺藤摸瓜，找到它们的本源。"归根曰静，是谓复命"，顺藤摸瓜这件事，就叫静，通过静这个动作才能恢复事物的本来面目。"复命曰常，知常曰明"，恢复了本来面目，我们才能看到其中常起作用的规律，知道规律才称得上活得明白。"不知常，妄作凶"，不了解规律，人们就会盲目妄动，带来祸患。"知常容，容乃公，公乃王，王乃天，天乃道，道乃久，没身不殆"，有了对规律的掌握，就能够容纳一切，就能够为天下所用，就能够成就领导力，就能够符合天理、达于大道，就能够长久，可以终身受用无穷。

这段话怎么用于修炼内功呢？大脑把杂念放空，气息逐渐沉稳。虽然万念纷纭，我用心去看这些念头的起处，看到这些妄念本来的根都是不存在的，心就真正静了下来。而且妄念消除了，真心就出现了，就可

第十六章　幸福是修炼出来的

073

以看到真心是不生不灭、妙用常在、光明朗照的。如果不知道这颗常在真心才是自身的本体、幸福的来源，就会向外驰求，妄做恶事，造业受报。知道真心常在、法性永恒，就可以"大肚能容，容天下难容之事；笑口常开，笑天下可笑之人"；天下宇宙，万物皆同我身，三千世界，法性为无冕之王。我的真心法性，自能与天地同寿，与日月同辉。

◎ 管理的修炼

对这一章，修道者固然可以作为内功心法来修炼，中国文化的学习者可以作为中国哲学的核心来掌握，管理者甚至可以作为管理思想来运用。那么怎样用到管理上去呢？比如：遇到问题的时候，首先虚心研究问题，头脑要冷静。问题纷繁复杂，而我们并不害怕，可以先把问题归类，然后一步步剖析问题，直到找到问题发生的关键和根源。找到根源，问题就具备了解决的条件，最终真正拿出解决方案，这件事就搞定了。这还不够，我们还要对整件事复盘，这个问题为什么会发生？怎样来避免这类问题？找到其中的规律，这样才能找到预防的方法，将其通过制度和流程固化到管理体系当中，这是我们真正的收获。反过来，如果只是解决问题本身，而不去探索问题发生的规律，之后还会发生类似问题而带来祸患；而找到了规律，不仅可以解决这个问题，还能将规律应用到更多管理问题上，从而使企业百尺竿头更进一步，在竞争中获得成功。企业的生命周期得以延长，企业不断随着环境变化而自我成长，达到可持续发展的目标。

如果读者还有继续思考的兴趣，可能会问：一部《道德经》，修道的人当作心法，治国的人当作政论，带兵的人当作兵书，企业家当作管理教材，为什么它具备这么普遍的指导意义呢？其实第一章就讲了：《道德经》是讲"道"的，"道"即规律；"大道"是可以应用于一切事物的规律，无论哪个行业，无论工农学商，皆可取此道而用之，否则怎么是宇宙万物的"道"呢？

我们每个人认真读一读《道德经》，一定会有自己的收获。下一章，老子会教我们一种轻松又有效的思维方式和管理方法，请看第十七章：最高的管理技巧。

〝提炼要点〞

修炼的本质是让心静下来，幸福的本质是让心安稳下来。让一切恢复到本源的状态，人可以得到健康和幸福，企业可以解除问题而恢复正常的运营，天下万事万物都能回到自然长久的状态。

第十七章
最高的管理技巧

最高的管理技巧，是顺应管理的规律和基层的心理，把成绩归功于下属和基层。

太上，下知有之。其次，亲而誉之。其次，畏之。其次，侮之。信不足焉，有不信焉。悠兮其贵言，功成事遂，百姓皆谓：我自然。

《名词》
太上：最高。

《翻译》
最高水平的管理者，下面仅仅知道有这么个人而已。第二等的，下级亲近他、赞誉他。第三等的，下级害怕他。第四等的，下级骂他。做领导的不能取信于民，人们就不相信领导了。最可贵的是能让老百姓自己说：做事成功，都是我们自己的功劳，水到渠成，顺应自然。

《解释》
这一章的确讲出了最高的管理技巧，没有深厚管理素养的管理者是无法理解的，没有长期实践经验的管理者即使想象出最高的管理境界，自己也是无法做到的。这一段话，综合了管理技巧、人生经验、人际智慧、哲学思想、个人修养、心理学，这些道理，没有经过长期实践的人是悟不出来的，没有智慧的人是讲不出来的，没有广大胸怀的人是应用不了的。我们一点一点地讲，读者眼前能够理解的就理解，理解不了的先记着，留待将来理解。

◎ 管理效率不是宣传出来的

第一句"太上，下知有之"，最高的管理（者），下面仅仅知道有而已，不知老子指的是"知道有这个管理"，还是指"知道有这个管理的人"，不过这不是重点，重点是"仅仅知道而已"。意思是，好的管理者不在于名气有多大、声望有多高，只要有管理技能，任何人都可以去做，做好管理工作是一个管理者的本分，而管理者借职位的便利来宣传自己，就有以权谋私之嫌。有一些管理者会借自己的职位权力，狂拉个人关系，希望人人对自己感恩，其实这与个人崇拜是同样性质，既是无聊的，也是无用的，一旦下台，难免人走茶凉。

还有的领导喜欢宣传自己有多优秀、多明智，认为这样有助于树立个人威信，有利于管理工作的开展，可是往往事与愿违。因为如果领导喜欢吹捧自己，整个组织都在想办法投领导所好，只提优点不提缺点，只能歌功颂德，不能居安思危。用不了多久，组织里就充斥着无能而喜欢溜须拍马的平庸之辈，官僚主义盛行，组织的战斗力上不去，组织面临的问题和危机不能传递到决策层，不知不觉中，组织就会陷入重重的困境，逐渐失去生机和活力。

相反，如果做领导的人谦虚低调，懂得把功劳和荣誉让给下属，会不会让自己名声受损，让组织士气低落呢？恰恰相反，这样的领导才是激发团队活力的高手。试想你如果是一个团队的中坚力量，你是希望自己做出成绩、获得奖励，还是希望自己永远徒劳无功、为他人做嫁衣裳？你遇到哪种领导会更加拼搏进取地工作？是把所有下级的功劳都归于自己的领导呢，还是把所有功劳都无私地归于一线干将的领导？答案不言而喻。明智的管理者明白，只有完美的团队，没有完美的个人，所以放下身段、激发团队潜能，才是管理的最高境界。

因此请大家记住，真正优秀的领导不是一天到晚强调自己有多优秀，而是小心翼翼地把自己藏起来，突出一线的干将和核心的业务，让其成为众人瞩目的焦点。这是因为管理的效率高低，取决于组织的效率高低。我们知道，任何组织的资源和能力都是有限的，一个组织要想高效运作，必须剔除消耗组织资源的因素。管理高手在发起一个管理动作之前，都会问自己和管理层其他成员几个至关重要的问题：这么做有效吗？能提高管理效率吗？有没有更好的方案呢？这样看来，让每个员工记住领导是个伟人，实在浪费效率到了极点。工作的时间是有限的，员工的精力是有限的，大家脑子里能记住的东西是有限的，让大家研究、讨论、描述、背诵领导的光荣事迹，赞叹领导的光辉形象，固然可以让领导开心，但问题是，工资已经发了，该干的活还没有干，该生产的产品还在原料车间没有成形，赚不来钱企业就亏损，组织就没有存在意义了，最后大家一起失业。

明智的管理者会让管理层把有限的时间用在讨论业绩的提升、政策的制定上，让员工把有限的精力放到对业务的精益求精上，尽量不拿没有实际意义的事来打扰他们，真有空闲的话，让他们去学习充个电，哪怕放几天假休息一下，也比占用时间来讨论领导有多英明更有意义。如果领导人能够创造一个高效、轻松的工作环境，员工们自然心情舒畅，会发自内心地拥护他们的领导。站在人民群众的角度，大家心里想的恐怕只是干活赚钱，过上好日子，只要企业激励制度到位，大家自然会努力工作，至于领导伟大与否，除了领导自己觉得重要，下级未必觉得那么重要。

所以，管理的最高境界，是管理层定好制度规范，准备好资源，制定清晰的发展战略，管理层分工合作，配合默契，秩序井然，为员工把负担降到最低，没事不去打扰员工，开展自由而高效的工作。员工甚至感觉不到自己在接受管理，因为每件事都在计划当中，每个问题都以最合理的方式得到解决，每个成员都知道的确有个管理层，但基本上不需要找他们，每件工作就都可以做好了，这就叫作"功成事遂，百姓皆谓：我自然"。

这一章所讲的最高境界，不就是第二章的"圣人处无为之事，行不言之教。万物作焉而不辞。生而不有，为而不恃，功成而弗居。夫唯弗居，是以不去"吗？业绩做好了，领导出来和下级争功，又算什么好领导呢？第九章的结尾句说"功遂身退，天之道"！领导做好规划，下面做好执行，而好的领导会把功劳归于下级，因为基层最辛苦，领导已经有很多名誉和很高地位了，如果还去跟下级抢这点名望，不是很low（低级）吗？所以真正牛的领导，遇到困难会冲在前面，"十步杀一人，千里不留行"，到了论功行赏的时候，则要"事了拂衣去，深藏身与名"。一个真正优秀的管理者，不会在意有多少人传颂他的伟大故事，只在意自己的管理是否达到了最高境界。

◎ 个人崇拜的七宗罪

那么管理的次一等境界呢？"其次，亲而誉之"，有一批人对管理者歌功颂德。一般人认为这个境界是最高的，其实行家一看就知道，其中问题很多，至少有七宗罪：

1.领导一定是个骄傲的人。记住，即使下级是自发地歌颂领导，领导也不见得是伟人，一般来说，是下级看出来领导喜欢被人歌颂，才会去干这么肉麻的事。古人说："上有所好，下必甚焉。"如果领导不喜欢被人吹捧，哪会有人费力不讨好地"亲而誉之"？

2.领导一定占用了下属的时间，给他们讲自己的伟大事迹，否则上面的事情下面怎么那么清楚？

3.领导一定给下级很多机会来表达崇拜之情，并给予他们很多暗示，自己欢迎他们的赞颂。

4.最要命的是，领导一定把下级的功劳据为己有了，因为领导就算有三头六臂，也不可能自己去执行每一项决策。

5.被抢了功劳的下级有口难辩，积极性受到打击，要么心生不满而跳槽，要么从此消极怠工而颓废。

6.管理层其他成员一样得不到荣誉和功劳，对领导心生羡慕嫉妒恨——既然他一个人牛，干脆大家就袖手旁观，这样民主决策的团队变成了一言堂，决策能力大大下降。

7.盛名之下，其实难副。中国人常常盖棺论定，因为活人一息尚存，必然要犯错误。所以通常不会给活人以太高评价。管理者一旦被神化，其犯错误的平台往往迅速提高，犯错误的影响力——不，破坏力——迅速变大，一个人的错误决策可能会酿成大错，造成不可挽回的灾难。

"其次，畏之"。能够让人"亲而誉之"的领导还得有点小能力呢，这种令人"畏之"的领导，恐怕个人能力也成问题了。以我所见，喜欢吓唬人的领导，无非这几种：

1.能力弱，所以摆出一副拒人于千里之外的架子来吓唬人，其实是怕人接近，被人揭了老底。

2.自己都想不明白有什么本事来做领导，所以要装成一个狠角色，就是成语"色厉内荏"形容的那类人。

3.经常做出错误决策，自然失败多、成功少，每次失败都要找替罪羊帮他背黑锅，下级也明白，早晚轮到自己倒霉，随时准备慷慨就义，摊上这种上级谁不怕呀？

4.做工作不知道因势利导、循序渐进、因人而异，只知道蛮干硬上，遇到阻力就拼命压迫下级，这种人我们叫作"任务型领导"，往往大家累得要死，业绩也不好。员工看到这种领导就双腿战栗，不是不想努力，而是任务永远完不成，实在是"臣妾做不到啊！"。这样的领导，在任何一个时代、任何一个地方，都不在少数。

"其次，侮之"。再次一点的领导，要被下属欺负或者谩骂了。唉，真是凄惨啊！当个领导被下属欺负谩骂，不能说是下属太坏，实在是领导无能啊！大家想，在我们这样尊重领导的社会，一个领导但凡有点本领，有点关怀下属之心，也不至于挨打受骂啊。下属多数属于息事宁人的类型，让下面这样反对，说明这个领导完全不能控制局面了："信不足焉，有不信焉。"简单说，下面已经不信任这个领导了，因为他说话不算数。朝令夕改，下面怎么做呢？轻诺寡信，必然众叛亲离。一个单位的领导若是这样的能力和人品，我们就知道选拔和任命的程序已经出了问题，这种人是不应该被放到领导岗位上的。

◎ 领导力的分层规律

想提升领导力的读者要注意了，这一章谈了四类领导风格，水平从高到低，回顾一下找找规律：越是牛的领导，越是淡化自己，注重实效，不给下级增加负担，分享功劳和名誉，功遂身退，这几条不正是《道德经》反复强调的"道"的原则吗！而越是没本事的领导，越是好大喜功，刷存在感，强制下级，独吞荣誉，言行不一，不正是《道德经》最反对的"道"的反面吗！《道德经》就是这么犀利透彻的一部书，像一面照妖镜，把任何一种人、任何一类事情放到"道"的原则下来观察，高下立判，无所遁形。管理者本来就是为众人服务的，如果这个岗位上的人管理的目的只是自己出名得利，众人凭什么要追随他呢？一个优秀的管理者，必须同时具备高超的管理技能和优秀领导者的品质，前者叫作"道"，后者叫作"德"。这是《道德经》中较为清晰地论述管理素质的一章，希望读者认真体会，有所收获。

本章还有一个启示：一般人会认为，那些"亲而誉之"的领导要比"下知有之"的领导优秀得多，而站在"道"的高度上看却恰恰相反。普通人只能看到表面现象，而表面现象与事情真相往往大相径庭。我们要"得道"，必须经历这种观念被颠覆的过程。下一章又是震撼我们三观的一章，请看第十八章：不仁不义。

‖ 提炼要点 ‖

越是高超的管理者，越能够用"道"来管理，润物细无声，下级有成就感；越是不会管的管理者，越是搞个人崇拜，劳民伤财，遭到下级的反对和唾弃。是否懂得管理之"道"，是其中的关键。

第十八章
不仁不义

用到仁义、智慧、孝慈、忠臣这些褒义词，说明危机已经出现了。

大道废，有仁义；慧智出，有大伪；六亲不和，有孝慈；国家昏乱，有忠臣。

翻译

"仁义"的存在，说明大道的废弛；智慧的出现，标志着有大的虚伪；人们崇尚"孝慈"，是因为六亲不和；"忠臣"被纪念，说明国家昏乱。

解释

是否还记得《道德经》前四章的大意，第一章说，有无是相互转化的；第二章说，好坏是彼此相对的；第三章说，表彰是危险的；第四章说，空虚是最好的——都在讲什么道理呢？好的背后，其实是不好。本章四个好词——仁义、慧智、孝慈、忠臣，它们的背景分别是什么呢？

◎ 想做贤妻嫁穷人

先从容易理解的"忠臣"谈起。一说忠臣，我们常常想起那些星光下狂奔暴走的人物，比如"三千里路云和月"的岳飞、"零丁洋里叹零丁"的文天祥、"千里走单骑"的关羽，这类人大都是在山河破碎的当口，带领残兵剩勇，屡败屡战，最后落得慷慨赴死的结局。忠臣名垂青史，代表的却是昏乱崩溃社会的最强音。不当乱世，何需忠臣？所以李世民说，"疾风知劲草，板荡识诚臣"；毛泽东说，"国乱思良将，家贫念贤妻"。同样的道理，一个真正和睦有爱的家庭看上去一定是安适融洽的，但如果有一个出名的孝子贤孙出现，往往暗示着其他家庭成员不负责任。所以不要以为出了忠臣、孝子是好事，不是说忠臣孝子本身不好，只是他们的出现，常常说明大环境出了问题。所以说"六亲不和，有孝慈；国家昏乱，有忠臣"。

"大道废，有仁义；慧智出，有大伪"相对费解。仁义和智慧都是大大的褒义词，怎么与"废""大伪"联系在一起呢？《道德经》的很多注解本这样解释：如果人人按照大道来行事，自然就有仁义，不须提倡仁义，所以仁义成了"大道"的反面；慧智的出现往往使人能够出奸使诈，智慧就成了诚信的反面。这种解释从《道德经》"有无相生"的角度来讲，的确说得通，但是从《道德经》全篇的角度来看，还需要向深层次引申。

《道德经》是从"道"的角度看待世间万法的，从"道"的角度看，"仁义""慧智""孝慈""忠臣"这些都没必要——换句话说，这些词本就不该存在！举两个例子来看。第一个例子，妈妈给孩子喂奶或者买玩具，妈妈会不会觉得对孩子的照顾和慈爱是一种付出，要孩子说声谢谢？做过父母的人都知道，看着自己的孩子吃东西，心情无比愉悦，那种快乐足以补偿所有的付出，怎会要求其他回报呢？同样，真正孝敬老人的人知道，尽孝当中有无穷的幸福，还需要外界的赞扬、老人的感激吗？正如大恩不言谢，家人之间如果还要客气，关系已经显得远了。"道"即规律，就是应该这样。孔子说的"君君、臣臣、父父、子子"最为直接。领导有领导的工作，下级有下级的原则，父亲做父亲的事情，孩子做好孩子的本分，这才是第一等的"道"；如果出现了忠诚和背叛的区分、孝慈和狠戾的不同，说明问题已很严重，那是第二等的弥补手段，亡羊补牢而已。

第二个例子，说起最有智慧的人，没几个人敢说自己比老子和释迦牟尼佛更有智慧吧？那么问题来了：老子和释迦牟尼佛谁更有智慧？真不好回答。智慧到了最高处，其实没有高下。老子和释迦牟尼佛认识的规律都是同一个规律，同一个规律怎么会有高下、好坏之分呢？这说明，真正的智慧是没办法分好坏的。同样，真正的大道，也就是绝对的真理，不会有相对的善恶比较。因为"道"是绝对真理的高度，所以从"道"的本位来看一切相对的"好"，都能够直截了当地切中"好"背面的"坏"。"道"永远不适用好与坏的二分法，因为"道"是好坏、强弱、是非、美丑等的统一体，是"玄之又玄"的对立统一。

◎ 老子牌照妖镜

如果没办法一下明白也没关系，越是不懂，越可以从学习《道德经》当中大获裨益。只要我们养成一种思维习惯，看到"仁义"的名号，立马会思考是不是"大道废了"？遇到"慧智"的人物，想到考察这人是否"有大伪"？见到一个"孝慈"的人，立即怀疑是否"六亲不和"？听到"忠臣"，条件反射般意识到是否可能"国家昏乱"？老子强大的逻辑绝对是一切阴谋诡计、骗子假货的照妖镜，各类妖魔鬼怪自然远离。《道德经》就是这么神奇、有用，值得世代流传，代代传颂！

这一章在管理上有用吗？当然有，提醒我们不要相信名声和印象，而要看本质。我用人有个坚定的原则：不出业绩的人，不管人缘多好、名气多大，都不会用。为什么？出业绩需要能力和实干，好名声却往往是着意经营的结果。有名无实的人和事太多了，有实无名的人才也不胜枚举，一个领导如何看人、用人，是极其重要的管理技能；是用能干的人，还是用喜欢的人，每个领导的做法不同，产生的结果也不一样。希望我们对此都能够有所思考、明智选择。

既然名实不副的情况广泛存在，我们又该怎样做呢？请看第十九章：不功利，最有利。

⟦提炼要点⟧

仁、智、孝、忠等词的出现，说明重大的危机已经出现。我们要能看到好词背后的危险，发现表面的"善"之后实质的恶。能够透过现象看到本质，是学习《道德经》的重大意义。

第十九章
不功利，最有利

追名逐利，是上当的表现；踏实行去，方能回归本心。

绝圣弃智，民利百倍；绝仁弃义，民复孝慈；绝巧弃利，盗贼无有；此三者，以为文不足，故令有所属：见素抱朴，少私寡欲。

∥ 翻译 ∥

抛开那些"圣"和"智"的枷锁，百姓获得百倍的好处；不再表面上搞"仁义"的名堂，人民才能真心地回到孝慈的状态；人们不再追求取巧牟利，就不会有盗贼见财起意。以上的三个好词（圣智、仁义、巧利），都是虚名，体现了人类的贪心不足，所以要让心定下来：保持质朴，减少私欲。

∥ 解释 ∥

根据前面总结的学习技巧，不管前两句是什么，我们都能从第三句后了解老子真正想说的是什么。"此三者，以为文不足，故令有所属：见素抱朴，少私寡欲。"没有利益机巧的诱惑，便不会有人为此不择手段。"圣智"令人轻举妄动，"仁义"令人沽名钓誉，"巧利"令人见利忘义。这三个词听上去像是好东西，其实都是"文"，即巧饰的文字，说白了，就是这些名称只是说来好听而已，实质上隐藏着祸患。所以老子说："故令有所属：见素抱朴，少私寡欲。"啥叫心有所属呢？就是把心定下来！——心不要去追求那些名闻利养啦，让心安住在朴素之地，远离私欲的诱惑吧！

◎ 学习《道德经》的诀窍

台湾的老子研究专家陈鼓应先生对《道德经》的多种版本做了考据，认为本章前两句应是"绝智弃辩，民利百倍；绝伪弃诈，民复孝慈"，认为这一版本出现得更早，意思更加通顺。笔者认为老子研究专家的水平都比自己高，面对哪种阐释，我都抱着学习的态度，并且这也不影响我对《道德经》的理解。其实这一章的道理在第五章已经讲过了，就是"多言数穷，不如守中"；第十二章也说过，"是以圣人，为腹不为目，故去彼取此"。

这里想说的是，学习古典文献既困难也不困难。困难在于语言文字难懂，历史文化难通，版本真伪难辨；不困难在于，如果我们想通了，学习古文重在得意忘言，大家都不是训诂专家，也不想做哲学家，对艰涩难懂的文字干脆只要懂得大意就行，反而轻松。我当年背诵《道德经》，根本不去理会懂不懂，背一遍懂了1%，背十遍懂了20%，后来前后打通，就理解得越来越多。因为《道德经》讲了八十一章都在说同一个"道"，某一章看不懂没关系啊，还有八十章在讲这个"道"；说得极端点，假使有七十一章看不懂，只有十章真正看懂了，不也就知"道"了？知"道"容易，得"道"不易，需要逐步在生活和工作中实践。学习《道德经》的读者千万不要钻牛角尖，否则根本推进不下去：每个字都要考证，每个版本都要研究，每句话都要寻找最正确的含义，最后没有学到哲学的精华、生活的智慧和管理的经验，却学了很多古文字学和考古学知识，那不就违背我们读《道德经》的初衷了吗？所以会学习的人，必然懂得学什么不学什么，如何学到"神"抛弃"形"，学到"义"忘掉"言"。

◎ 此心安处即吾乡

又谈到心安和心不安的问题了。一个社会中，各种媒体天天评富豪榜，一批人到处炫富，是不是好现象？我们承认凡事都有正反两面，一批人先富起来对整个社会的经济发展的确能起到带动作用，但是必须知道，极其富有的人和非常穷的人是社会的两极。2017年中国统计的千万富翁占比不到千分之一，亿万富翁连万分之一都不到，其中很多人的主要资产还是难以变现的房子，而我们媒体中却充斥着对亿万富翁的报道，这能让大众的心安吗？天天梦想成为亿万富翁，人人想成为亿万富翁，会带来什么后果呢？大多数人会为一个错误的目标奋斗一生，最后一万个人当中9999个成为失败者。最可怜的是那些天赋异禀之人，他们本该成为伟大的摄影家、舞蹈家、画家、诗人、医师、教授、军事家、小说家、艺术家，偏偏要去当亿万富翁，这不是彻底搞错了吗？本应是善于经商者经商，善于舞蹈者舞蹈，善于悟道者悟道，世界本应多姿多彩，众人自该八仙过海各显神通，何苦都去拼命赚钱呢？

我小的时候，经历了很多风潮。气功热的时候，大家都去练气功，结果大多数人没练出神功，却练出来一小批精神病人，其中很多人神经类型本来就不太稳定，不应该去玩意念。还有很多更坑人的风潮，改变了无数人的命运：学习数理化的风潮，让该学文科的人学了理科；中科大少年班引发的风潮，让一大批人提早上学，身体发育不良，体育总也无法达标；奥数的风潮，让一批人学了不少当时没用后来也用不上的知识；计算机的风潮、商科金融的风潮、房地产的风潮、学外语的风潮等等，不一而足，给我们这个民族带来了很多问题，也值得我们认真思考：我们是不是太功利了？太容易被风潮牵着鼻子走了？今年种大蒜赚钱，明年所有人都种大蒜，结果多数人赔死，反倒种大葱的赚了钱；再后一年就是所有人都种大葱，有些反应慢的原来种大蒜的，没来得及改种大葱，不想又赚了钱。前几年的"大众创业""万众创新"又是一股风潮，难道不管你是不是创业家，都要去创业吗？

◎ 定下心来做正确的事

不论是对仁义的喜好，还是对圣智的追求，抑或是对巧利的贪图，都不应该成为我们做事的出发点。我们要知道自己要什么，擅长什么，环境允许我们做什么，我们要用自己的脑子来思考，用心去判断。不是怎样能够名利双收就怎样做，而是把心定下来，该怎样做，就怎样做；Follow your heart（跟随你的内心），想怎样做，就怎样做——这就叫作"做正确的事"，这就叫作"见素抱朴，少私寡欲"。这就是"道"的要求，"守中"的要求，"无为"的要求。大家都这样做了，这个世界就有了足够的趣味和多样性，种大葱的和种大蒜的都能赚到钱，人生充满了成就感和新鲜感。

学了这一章的管理者，要懂得不要随便去激发人的欲望，尤其不要引导员工冲着名利去，因为名利诱惑，带来的往往不是正确的人生目标，而是问题的开端、毁灭的开始。

如果《道德经》认为名利不是正确的人生目标，追求名利不是正常的人生状态，那么理想的人生目标和生活状态又是怎样的呢？请看第二十章：绝学无忧。

❙ 提炼要点 ❙

不可以被虚名牵着鼻子走，而要回归内心，明确自我认知，踏实行去，做正确的事。

第二十章
绝学无忧

绝学之士与俗人不同：说得好听，绝学之士是大智若愚；说得不好听，他们就是揣着明白装糊涂。

绝学无忧。唯之与阿（ē），相去几何？善之与恶，相去若何？人之所畏，不可不畏。荒兮其未央哉！众人熙熙，如享太牢，如春登台。我独泊兮其未兆，如婴儿之未孩；儽儽兮若无所归。众人皆有余，而我独若遗。我愚人之心也哉！沌沌兮！俗人昭昭，我独昏昏；俗人察察，我独闷闷。澹兮其若海，飂（liáo）兮若无止。众人皆有以，而我独顽似鄙。我独异于人，而贵食母。

翻译

"绝学"是不会有忧虑的。如果要分辨"答应"与"应付"，差别是多么大啊？分别"美好"和"丑恶"，差距是多么大啊！如果这样想的话，众人害怕的，我也不能免俗。但是宇宙洪荒如此广大，世上道理没有定数。比如众人都高高兴兴，好像参加盛大的宴会，或者像春日登台观景，而我可以选择独自淡泊宁静，像尚未被世俗污染的婴孩；我落落不群，像是无家可归。大家好像都很富有，而我就像缺了些什么似的，你说我像个傻子吧？我是不是活得混混沌沌呢？俗人都光鲜亮丽，只有我浑浑噩噩；俗人都精明算计，唯独我不起心机。我心宁静，好像深沉的大海；我心飞扬，像宇宙般辽阔。每个人都钻营名利，只有我固执地不思进取——我和世人不同，珍视恢复生命本源的修行生活。

这一章看上去十分难懂，不会发音的字一堆堆的，我们也没必要扣那些古文字眼，读者知道个大意就好了。这一章说的是真正得道之人，比如老子本人的处世态度和人生观。

◎ 绝学之士的酒后真言

假设你和老子喝啤酒，他用现代语言和你侃大山，老子会这么说："人有了真正牛的学问，就没有忧虑！换句话说，真正牛的学问是让人没有忧虑的学问！你说世界上怎么有那么多无聊的学者，一天到晚纠结郁闷，扯来扯去，都是些鸡毛蒜皮的破事，弄得自己睡不好、吃不香，研究的都是类似'恭敬'和'傲慢'有多大差别，'善良'和'邪恶'有多少差距这样的问题。我老早不就告诉他们了吗，这些差异全是相对的，讨论这些相对差异有什么意义啊？像这类学问，都不是绝学，都不是无忧的学问，而是矫情的学问。绝学是把复杂的事情变得简单，而这类学问都是画蛇添足，把简单的事情变得复杂。但是也要注意啊，不要因为有了绝学就什么都不在乎，其实恰恰相反，我们有绝学的人都是一副敬天畏地的可怜相，因为'人之所畏，不可不畏'。我们比这个还谨慎呢，第十五章不是说了嘛，'犹兮若畏四邻'，你们也别笑话我们胆小，我们这种人活得才久呢，呵呵。敬畏你们懂不懂！现代人都不懂了，不懂的死得早一些而已。

"你看世界多么广阔啊！天地这么大，真是什么人都有，林子大了还什么鸟都有呢。世界这么大，我不想去看看，也知道我们绝学之士是极少数、极少数。这也没什么奇怪，牛的人多了也就不牛了。据说牛的人在统计学里，按照两倍的标准方差来计算，不会超过2.5%。剩下的97.5%的人什么样呢？闹闹哄哄的，今天聚餐，明天聚会，后天K歌，大后天春游，心都玩疯了。我自己独处守道，淡泊明志，宁静致远，就像婴儿那样心神纯净，气定神闲，精力充盈。我和那帮俗人真的搞不到一起去，所以牛的人少，只能自己在那里绽放了，那句诗怎么说的？什么'驿外断桥边，寂寞开无主……无意苦争春，一任群芳妒'？我实在没法隐藏自己的牛啊！不不不，我不是张扬，我是说心里话。你看那97.5%的人，天天在那里显摆自己多牛，房子多大，名牌多贵，车有多好；你看我啥也不图、什么也没有，我是不是显得很傻？你点什么头？点你个头！我就知道你们不懂我的世界。哎，也没有办法，牛人总是这么孤独的。接着说吧。"

老子擦干嘴边的唾沫，喝了啤酒润润嗓子，接着说："那97.5%的人明白着呢，什么都能讲出是是非非、评个头头是道，我们这2.5%的道兄就是说不明白，没办法，我们这里所有的对立都能统一，也没有好坏之别；那97.5%的人啥都知道，眼光锐利，耳音灵敏，天下事没有他们不知道的，我们这2.5%的道友对这些都没有去关注，没办法，我们没工夫也没兴趣去留心那些无聊的事情，我们六识如一，心神融会，大道当前，感而遂通；道即我心，世界消融，真性现前：道心无边若海，法性永恒无尽。哎呀呀，我说这些你们没有证"道"的人怎么能理解呢？我们得道的人和你们虽然在同一个世界，但是眼睛看到的世界，和你们的完全是不一样的啊！你们追求的是物质财富、权力地位、才艺技能，而我们修道之人，在你们眼中又臭又硬、又穷又傻，因为我们根本就不是一类人嘛！告诉你们，你们追求的那些，在我们眼中如同粪土。我们这一生只追求一物，也只拥有一物，那就是'道'。"

◎ 绝学之士与武林高手

绝学之士的生存状态是不是不好理解呢？不理解没关系，想象一下也好。想象不出来也没关系，说这种人占到2.5%的比例还是乐观的，实际上一万个人里恐怕都没有一个。我想一般人无论如何也看不出，"得道"之人状态这么浑浑噩噩，怎么能够叫作"绝学"呢？大家印象中的绝学，得是独孤九剑那类足以笑傲江湖的武功吧？你可能想，老子这种人也就是清高而已，最多加上自命不凡，有什么武功？其实得道的人都是功夫高手，只不过世人不知而已。《史记》记载，老子退休后去旅游，欲出函谷关，守关令尹喜见紫气东来，知道有圣人要出关，果然见老子骑青牛而来，便求老子留下内功秘籍，"于是老子乃著书上下篇，言道德之意五千余言而去，莫知其所终"。我们去旅游，没有人把我们拦下来写书，为啥？我们没有功夫，哪里有"紫气东来"？

老子的年代距离我们太远，举一个明代牛人的例子，看看绝学究竟是什么超级功夫。中国五千年历史，儒家关于最牛的人有三个最高标准，叫"三不朽"，分别是立功、立言、立德。集"三不朽"于一身的人，叫作"真三不朽"。中国同时达到这三个标准的，自古以来只有两个半人，两个分别是孔子和王阳明，半个是曾国藩，而诸葛亮、岳飞、郭靖、风清扬等人连半个都算不上（郭靖、风清扬是笑谈）。前面说了不少孔子的言论事迹，这里说说王阳明。此人武功盖世，文胆超绝，独创心学，深不可测。他一生征战无数，从来未尝败绩；据金庸先生在《神雕侠侣》一书中写道，王守仁在军中练气，忽有所地，不禁发声长啸，十万军马皆惊。这是真是假暂且不论，有一件事可是真的，那就是他内功确实深厚。徐梵澄在《陆王学述》一书里说到王阳明在山上打坐，吩咐童子到山下去接客，人问你怎么知道有客人来，王阳明说，山下气息甚大。这么看王阳明就算不能声震十里，声闻十里总是能做到的，这份功夫不浅吧？他的文学、哲学、军事、政治成就更不得了，关于他的研究文章可谓汗牛充栋，本书不再赘述。

从一个穷酸的儒士，成长为一位内功高深的武林高手，一位震古烁今的大圣人，王阳明靠的是什么？是和《道德经》同源的《易经》。李贽在《阳明先生道学钞序》中说："……先生之书为足继夫子之后，盖逆知其从读《易》来也。"王阳明的诗中也多处提到"玩易"，如"瞑坐玩羲易""玩易探玄微""相携玩羲易""灯窗玩古易"等等，他在《传习录》中说："良知即是《易》，'其为道也屡迁，变动不居，周流六虚，上下无常，刚柔相易，不可为典要，惟变所适'。此知如何捉摸得？见得透时便是圣人。"感觉熟悉吗？这不就是《道德经》里的"道"吗？

王阳明平时的做派，自然和常人不同。据说他在行军打仗的路上也"致虚极，守静笃"。每天再忙，也要打坐修行。他提倡的"知行合一"，如果没有平时的修为基础，每日热衷于酒肉聚会、放纵娱乐，是根本不可能做到的。按照王阳明的说法，"良知就是独知"时，静夜慎独，做足内圣功夫，才能有超拔于众人的心智。静功是动功的本钱，在纷扰混乱中"不动心"；每临大事有静气，不随境转，不为气乱，是王阳明得以建成事功的心诀。读到这里想一想，王阳明的内功心法与《道德经》中的哪一段类似？不就是"我独泊兮其未兆，如婴儿之未孩；……众人皆有余，而我独若遗。……我独异于人，而贵食母"吗？

修身、修心的事情后面再说，有兴趣的也不妨打坐冥想，不过本书没奢望包罗一切，只希望本书的读者至少知道，"绝学"是一种什么样的功夫修为，"绝学无忧"的人是多么潇洒超绝，知道中国历史上确实有一些"绝学无忧"的牛人，在历史的天空中寂寞骄傲地闪亮，照耀着、鼓励着后学前行的道路。

要承认，对没有基础的读者来说，了解什么是"道"，什么是"得道"，有非常大的困难，对"道"的认知和体察，是学习《道德经》的一个重点和难点。善良的老子在写《道德经》时，也知道大道玄妙，我们凡人难以体道，所以从不同角度反反复复描述"道"到底是个什么东西。下一章，即老子在第一章、第四章、第十四章之后，再一次描述"道"的本体，请看第二十一章：空即是色。

‖提炼要点‖

俗人感兴趣的热闹好玩，追求的名利地位，追捧的精明能干，在大智慧的人眼中其实都是浅薄轻浮的而已；真正的智慧是安心守静，放下贪欲，心量广大，深藏不露，专心学习和追求"道"的智慧。

第二十一章
空即是色

道具有无形无相、包罗万象、永恒不变的属性，是宇宙万物的起源。

孔德之容，惟道是从。道之为物，惟恍惟惚。惚兮恍兮，其中有象；恍兮惚兮，其中有物。窈兮冥兮，其中有精；其精甚真，其中有信。自古及今，其名不去，以阅众甫。吾何以知众甫之状哉？以此。

〖名词〗

孔：大。容：形态、样子。

惚恍、恍惚：似有非有的样子，与本章之前讲的玄、湛、渊、无状之状、无物之象，以及本章的"窈兮冥兮"，意思都相同。

众甫：帛书甲乙本均作"众父"，万物的起源。

〖翻译〗

大德的样貌，完全遵循"道"的规律。而"道"的形态，是似有非有、似无非无的。在这似有非有、似无非无当中，却有形象，有实体，有宇宙本源。这种本源是真实存在的，包含着无尽的信息。从古到今，"道"的名字恒久流传，凭借"道"才能知晓宇宙本源。我是怎样了解万物起源的呢？就是这样了解的。

◎ "道"与"德"

这一章，是《道德经》中第一次正式提到"德"。古本《道德经》分为《道经》和《德经》，《道经》是今本《道德经》的第一章到第三十七章，《德经》是第三十八章到第八十一章。道是本体，德是道的作用，如果太阳是"道体"，光芒万丈就是"道用"，没有太阳，哪有光芒？没有光芒，太阳有何作用？人类认识"道"、了解"道"，毕竟是为了应用的，所以《道德经》后面以很大的篇幅，非常透彻地讲述人类社会该如何应用"道"。不过这一章虽然谈到了德，目的仍是进一步阐述"道"。

◎ 对比学习法

本章可与第十四章对照着看，从写作的笔法，到描述的语言，都有共通之处。如果没有看懂第十四章，可以参照本章；如果看不懂本章的解释，也可以参照第十四章的解释来看。读《道德经》的一个窍门，就是把全书打通来看，互相印证，更容易融会贯通。现在将这两章对应如下，宋体是第二十一章，楷体是第十四章：

第二十一章：孔德之容，惟道是从。道之为物，惟恍惟惚。

第十四章：视之不见名曰夷，听之不闻名曰希，搏之不得名曰微。此三者不可致诘，故混而为一。其上不皦，其下不昧，绳绳不可名，复归于无物。

第二十一章：惚兮恍兮，其中有象；恍兮惚兮，其中有物。窈兮冥兮，其中有精；其精甚真，其中有信。

第十四章：是谓无状之状，无物之象。是谓惚恍。迎之不见其首，随之不见其后。

第二十一章：自古及今，其名不去，以阅众甫。吾何以知众甫之状哉！以此。

第十四章：执古之道，以御今之有。能知古始，是谓道纪。

后面第二十五章又谈到"道",与这两章又可以对照着看,会发现内容惊人地相似——第二十五章开头就说:"有物混成,先天地生。寂兮廖兮,独立不改,周行而不殆,可以为天下母。"看看,这三章都在讲三件事:

一、道为万物之始,为天下之母;

二、道无形象而言,却包罗万象;

三、道不可捉摸,却可以博古通今。

前两个好理解,前面解释得很多了。第三点看上去费解,其实也容易理解:今天的道就是自古以来的道,所以执古之道,可以应用于现在;凭借今天之道,可以了解上古。尽管世界在变化,世界的规律何曾有所动摇?这样前后对照着来读《道德经》,找到不同章节中共有的规律,之前一些看不懂的地方,自然可以看懂了。

◎ 空即是色

尽管这三章说得差不多,但每一章都有侧重点和新的信息。比如本章谈到的"惚兮恍兮,其中有象;恍兮惚兮,其中有物。窈兮冥兮,其中有精;其精甚真,其中有信",说道的表象是"恍惚",这是老相识,第十四章就出现过。而说"恍惚"中有象、有物、有精、有信,在第十四章和第二十五章没有提到,在第四章提到了,说的是"渊兮似万物之宗""湛兮似或存"。"渊"和"湛"是描述"道"深远的样子,这是说"其中有相";"似或存",好像有东西存在,是说"其中有物"。承认了有物,我们就得承认"其中有精""其中有信",因为任何物,都是有实体、有能量、有信息的。那么第二十一章的核心是突出"道"的哪一种特性呢?

本章的核心,是强调"道"就是有和无的统一体!就是佛家《心经》里说的"色不异空,空不异色;色即是空,空即是色"!记住,"道"既不是空,也不是有,而是即空即有、非空非有、空有并存的对立统一!就是第一章说的道"常无,欲以观其妙;常有,欲以观其徼"

的对立统一！

◎ 色空不二与员工薪酬

为了进一步理解，举个管理上的例子。比如新进的员工问你："公司明年会不会给我涨工资？"你回答是涨还是不涨呢？"涨"是有，"不涨"是空，答"涨"或"不涨"都不对，都不符合企业的实际，也不符合员工的情况，因为不知道未来员工会表现得怎么样，企业运作得怎么样，所以答有答空都是错。标准答案是"那要看情况而定"，这才是"道"的答法。应该说：如果你达到了公司的试用期标准，几个月后转正会有加薪；年终根据绩效考核，有三种不同的加薪标准；如果不能达标，就要接受辅导和调岗，再不能达标会要求员工离职。所以加不加薪，是看员工和企业两方面来决定的。

这个例子说明，不懂得"道"的应用的人，怎么做都做不对。真正高明的管理者，一定是其专业领域的"得道"之士，能够看到错综复杂的现象背后，隐藏的巨大机会和可能性，而这种机会和可能性，外行是感知不到的，只有真正知"道"的人，才能够敏感地意识到，机智地把握住，巧妙地利用好。

有人可能怀疑，这个管理方面的例子，能说明"道"的本体特征吗？当然可以。根据"道"的定义，它涵盖了宇宙间的一切规律，就意味着"道"也必然涵盖管理规律，也就意味着如果"道"有某一个特征甲，管理也必然拥有特征甲，否则就说明"道"不能涵盖天下万事万物。这里说的管理的"道"，即"道"在管理上的应用。同样的道理，任何人吃透了"道"的原则，都可以将其不仅仅应用到企业管理上，也可以应用到军事、技术、科研、医疗、公共管理、文化艺术等等社会生活的各个方面。

◎ 真空妙有，妙有真空

回到道的本体。本章说的道当中同时包含着"有"和"无"的成分，有人可能难以理解，会问"一件事物中可以同时有两种对立的成分存在吗？有和无不是相反的吗？"要知道，道作为宇宙的本源，作为万事万物最根本的规律，必然同时拥有"有"和"无"这两种属性。我们可以这样论证：如果道只是"有"，而没有"无"的成分，那么道可以成为宇宙的共同规律吗？明显不行，因为土豆和牛肉各有规律，土豆、牛肉和飞机大炮更是驴唇不对马嘴。宇宙的根本规律必然不是一个固定形态，必然是包罗万象的，所以这种"什么都有"就不是一种固定的有。中国古人给"什么都有"起了个名字，叫作"妙有"，而"妙有"就是没有一样具体的东西，就化成了无，中国古人叫作"妙有真空"，不是一无所有的空，而是什么都有的空。举个例子，点菜的时候你问我吃什么，我如果说"什么都吃"，是不是等于没说？一样的道理，什么都有，就等于什么都没有。

反过来，如果"道"原本就真的什么都没有，而这种"没有"不能够产生"有"，我们还研究"道"干什么？没有用嘛！只有"无中生有"，"道"才有意义。所以"道"是"有"和"无"的综合体，是"色"和"空"的集合，能够诞生万物，可以通达古今。我们读完本书，千万不要再说"道"就是空无所有，更不要说"道"是有非空，要知道，"空"和"有"两边都是错，"有"和"无"对立都是病。只有悟到"空有不二""有无相生"，并能够运用这个原理来工作和生活的，才算得上真正懂得《道德经》的人。

本章的道理，完全可以用在佛、道的修行上面，而且在哲学意义上，这也是非常重要的一章。不过修行和哲学与大多数人的关系不大，对这两方面的应用，这里点到即止；本书的重点，还是希望大多数人看懂《道德经》在说什么，如果能够在工作和生活中，多少运用一下其中的道理，目的就达到了。相比之下，第二十二章的内容，对所有人都是超级有用的。

提炼要点

大道无形无相，却又包罗万象，是宇宙的起源。能够了解"道"的这种"空有不二""有无相生"的属性，才算入了"道"的门。

第二十二章
低调得胜

谦虚低调，深藏不露，不用争，也可以取胜。

曲则全，枉则直，洼则盈，敝则新，少则得，多则惑。是以圣人抱一为天下式。不自见故明，不自是故彰，不自伐故有功，不自矜故长。夫唯不争，故天下莫能与之争。古之所谓："曲则全"者，岂虚言哉！诚全而归之。

翻译

弯曲更能够保全，绕路的距离最短，低洼的地方能够积满水，老旧能带来创新的动力，拥有的少更能够得到，拥有的多反而会出现选择困难症。所以圣人守住唯一的原则作为天下的模式：不自我表现，所以明智；不自我肯定，反而能够彰显；不自我表扬，所以有功劳；不自我满足，所以能够成长。正是因为我不争，所以天下没谁可以与我争。古人所说的"弯曲能够保全"的话，难道是假话吗？这是我们应该遵循的真理啊！

◎ 枪不打出头鸟打什么？

《道德经》的文字，经常没有主语。看这句"曲则全"，没有说主语是人、是物还是事，我的理解是，不论人、物，抑或是事，都可以涵盖，因为"道"是可以普遍应用的。这一章讲的是现代人和西方人不太理解的一种活法，就是"弯曲反而能够保全"，或者更甚，"委屈能够保全"。中国人围绕着这个逻辑留下很多俗语和诗句，我小的时候听不太懂，比如"木秀于林，风必摧之""枪打出头鸟""舞榭歌台，风流总被雨打风吹去"等等。我不理解的不是这些话的逻辑，因为逻辑很清楚：枪不打出头鸟，难道去打藏起来的鸟？藏起来就打不着了嘛。不理解的是，鸟的特长就是在天空中飞，难道因为怕枪来打，鸟就不出头了？那样做鸟还有什么快乐？再说不飞出去，吃的东西也不够喂养孩子啊，我们小时候都听过鸟妈妈带吃的回家喂鸟宝宝呀。今天明白，小时候的理解只是停留在表面的意思上。

所以理解《道德经》也好，理解一切知识和言论也好，切莫走极端。大家知道，"道"的内涵之一，就是任何一件事物都是正反两面的对立统一，就是一种妥协，而且正反两面都有朝其对立面转化的可能性。"有"中就包含着"无"，"无"中可以生"有"。同样的道理，高是和下对比出来的，没有下，哪里有高？既然有高，就一定会有更高。《道德经》让我们懂得任何事物没有绝对的好坏，从而不去走极端；对《道德经》里任何一章的道理，我们也不要极端化地来理解，"多言数穷，不如守中"，要站在一个合理的角度，不要钻牛角尖。比如《道德经》说："宠辱若惊，贵大患若身……及吾无身，吾有何患？"那么是不是就辞掉一切职务，隐居山林，甚至厌食、厌世，自杀算了？其实那一章是针对世人过于好名好利、自私贪得而说的，目的是矫正我们对名利的过度追求，如果矫枉过正，说干脆啥也不要了，连命也不要了，不仅老子不是那个意思，心智正常的人都会说，这很有些抬杠的嫌疑。

前面讲的"枪打出头鸟"，什么叫出头？鸟儿飞出去觅食，甚至吃饱了在天上转两个圈，消化一下食物，锻炼一下身体，都是合理的要求和自然的动作，按照"道"的标准，恐怕算不上出头。但是如果鸟儿对着手拿猎枪的射手一阵搅扰，并口出狂言："你有种打我试试！"我想就算最保守的人也会同意，这绝对是只出头鸟，而且只要不违反动物保护法，就绝对该打。

本章讲"曲则全"，是不是每个人都要卑躬屈膝，面带谄媚，自己作践自己？《道德经》绝对没有那么低俗。这部书的妙处在于，时时刻刻提醒我们，永远保持逆向的思维，"好"不是绝对的好，"糟"的时候，往往有意想不到的好处。以人类的直觉，追求的都是"全""直""盈""新""得""多"这类词，看到这些词的时候不禁神清气爽，觉得生命都充满了希望。而《道德经》告诉我们，这些往往不是好词，真正好的是它们的反义词：

"曲""枉""洼""敝""少""惑"。这好像与常理不符，与直觉相悖。正因如此，老子才专门写了本章。别忘了第四章讲的"道冲，而用之或不盈"——就是要少，就是要不足，就是要欠缺，才是"道"的高明之处；满了，就没有变化了，就没有余地了，就没有用处了。第十一章不是说过嘛，"故有之以为利，无之以为用"。

"曲则全"，是说有弯曲的韧性，则容易保全，这个不难理解。反过来，第九章讲"揣而锐之，不可长保"，锋利尖锐的难以保全，这也是常理。现代国家和企业都在研究如何"可持续发展"，可见无论材料、企业或是国家，尖锐、锋利不如柔韧有弹性。热血青年喜欢逞一时之快，风光过后，发现明天还需要继续，但是弹药都打光了，底牌已经亮出来，强弩已经到了该落地的射程之末，只有缴枪投降的份儿了。

"枉则直"，是说绕个圈子反而是直路。这听上去深奥一些，但是搞建筑的人一定懂。比如修高速公路，尽管都知道两点间直线最短，筑路的成本最低，却没有哪条高速公路修得一点弧度没有，这有三个原因：第一，据说如果一点弯都没有，司机开一个小时都不动一下方向盘，一定会睡着，那样不如把路直接修到殡仪馆更便捷；第二，道路的地基也没有完全水平的，总要爬坡下沟，那就少不了架桥挖洞，修路的费用和时间就不知要增加多少倍了，最好的办法还是借地势而行，需要转弯的时候就转弯，需要直行的时候就直行；第三，特别是遇到障碍物的时候，大山大河，硬要撞山溺水的修路方法等同于寻死，司机同志们是万万不肯上这种路的，有时绕个弯倒是到达目的地最快的方法。

◎ 高明的管理者要懂得绕弯子

修路如此，工作又何尝不是。让团队前进最直接的方法，就是下个命令，拿着冲锋枪在后面督战，谁不守规矩就军法从事，只不过实践证明，这种队伍更容易应付了事，做不出精品来，更谈不到创新。所以不讲究领导艺术的管理者总是徒劳无功的，因为不懂工作方法。"情商"一词的发明者，哈佛大学博士丹尼尔·戈尔曼在《高情商领导力》一书中揭示，任务型和带头型的直截了当的领导带领的团队，工作效果往往比较差，而更好的教练式领导、民主型领导、亲和型领导、愿景型领导，看上去绕了很大的圈子，效果却往往立竿见影，堪称"枉则直"的

第二十二章 低调得胜

101

活例子。

"洼则盈"，是说低洼的地势容易充满水。想一想大海就好了，那就是地球上最低洼的地方。人的本能是往高处走，但是地球上最高的地方是什么样子？喜马拉雅山、珠穆朗玛峰，每年都会吞噬不少生命：高处不胜寒，上山人不还。我们说大海是人类的宝藏，好像没人说珠穆朗玛峰也是人类的宝藏：上去实在太危险了。所以我们尽管"高山仰止，景行行止，虽不能至，心向往之"，但读完《道德经》，还是不要去爬珠峰了，因为《道德经》第五十章说得很清楚："盖闻善摄生者……以其无死地"，是说有智慧的人不去那种危险的地方。所以我们按照《道德经》的原则，还是做个洼地吧，这样朋友愿意结交你，人才会来投奔你，生意会跑来找你，生机盎然，乐在其中。

"敝则新"更好理解，我们扔东西都是从老旧的东西开始扔，所以老旧会带来更新。

"少则得"和"多则惑"就更加精辟，正因为少，所以有所得，多了反而和没有一样。前文说过，"什么都有"叫作妙有，妙有相当于没有，"妙有之为无"。举例，你去饭店吃饭，如果菜单上只有三种选择，人就能吃得很饱；如果有3000种选择，估计还没看完菜单人就饿晕了。如果什么都有，意味着不止3000种、3万种，是有无穷多种选择的，那岂不跟没有菜单一样？遇到这种无穷多和无穷大，正常人的选择，就是干脆不看菜谱，直接告诉厨子我就吃鸡蛋西红柿和扬州炒饭，这样起码不会饿晕。西方人起了个名字，叫作"allodoxaphobia"（选择恐惧症），看来这种现象全世界都存在。现代社会物质极大丰富，人类更要学会选择，要懂得"少则得"的道理，否则朝秦暮楚，处处留心，不但不能成为博学的通才，反而可能变成一事无成的庸才。

◎ 大智若愚

"圣人抱一为天下式"，就是说圣人以不变应万变，"抱一"，就是守住那个"一"。"一"是什么？《道德经》里的"无"是无极，"一"就是太极，无极生太极，这就是"道"的无中生有的过程。看过太极图，可知太极由阴鱼和阳鱼构成，阴鱼里有一个阳的小点，阳鱼里有一个阴的小点，其实没有什么玄妙，就是象征着一个道理：任何事物都是由对立双方构成的，就像太极由阴阳构成一样；阴阳鱼里各有一个代表相反属性的小点，意味着对立双方可以向对方转化。圣人抱着的这个太极，既不是纯阴，也不是纯阳，而是两者对立统一的一个状态，这就是"守中"。有了"守中"的出发点，自然进可攻退可守，不变应万变。

所以说，不管遇到什么，都可以用这四句话心法："不自见故明，不自是故彰，不自伐故有功，不自矜故长"。一定要记住这四句，真的是至理名言！翻译过来就是："一个人不自我表现，所以明智；不自我肯定，反而能够彰显；不自我表扬，所以有功劳；不自我满足，所以能够成长。"注意，不是说谦虚低调就不会倒霉，而是说这种心态会带来莫大的好处。中国人有两句话，一句是"谦受益"，一句是"满招损"，这里说的是"谦受益"，后面第二十四章专门讲"满招损"。

谦虚低调，就是"曲则全""洼则盈""敝则新""少则得"，不居功而有功，不满足而进步。为什么呢？因为一个人太自恋了，就看不到自己的缺点，怎么能明智呢？把自己吹得太过了，一定会露出狐狸尾巴，怎么能不暴露缺点呢？居功自傲，总要把别人都比下去，那别人还敢归功于他吗？自己太骄傲就不会再学习了，怎么能够进步呢？我们的工作做得好不好，自己说了不算，群众的眼睛是雪亮的，自己吹到天上也没用，反倒惹人反感，招致批评。有智慧的人朴实低调，"夫唯不争，故天下莫能与之争"，是你的，别人自然夺不去。《道德经》已经是第三次讲这个意思了，第二章有说，"夫唯弗居，是以不去"；第八章说，"夫唯不争，故无尤"。

◎ 不作就不会死

有人说《道德经》太消极，又是"无为"又是"不争"，而我觉得不但不消极，而且很积极。《道德经》从来不图虚名，只图实惠，因为"道"是实实在在的。无为，说的是不作死，现在流行的一句话超有道理——不作就不会死。不争，是不要把别人的功劳说成自己的，也不要干了点小事就天天念叨，就算你是大功臣大英雄，天天念叨也招人烦吧？别人一定会怀疑你的目的：究竟是想自己多捞些好处呢，还是想让我们看到他就感激涕零呢？不管出于哪种目的，都不招人待见。反之，低调一些，别人也都知道你的价值和贡献，也会给你应有的评价，而且觉得你这人谦虚踏实，更加值得信任；你不觉得自己是个了不起的大人物，认为自己还有进步空间，就会不断学习进步，自己心安理得，人缘也好得很，如此有什么不好呢？

人生处世，最好的姿态就是自然舒展，就是"圣人抱一为天下式"。很多人拼命努力，却不知道天命和大道，不知道顺势而为，再努力也好像以卵击石，起不到任何作用。反过来，如果用心体会这个亘古不变的"道"，做事合乎自然规律，就能收到事半功倍的效果。人类社会有人类社会的道，自然界有自然界的道，那么自然界之道又是什么？和人类社会的道有什么共通之处呢？请看第二十三章：暴风骤雨。

∥提炼要点∥

弯曲能够保全，低调最有智慧，不争反而能赢，大道胜在自然。

第二十三章
暴风骤雨

合乎自然之道，才能够长久。

希言自然。故飘风不终朝，骤雨不终日。孰为此者？天地。天地尚不能久，而况于人乎？故从事于道者，同于道；德者，同于德；失者，同于失。同于道者，道亦乐得之；同于德者，德亦乐得之；同于失者，失亦乐得之。信不足焉，有不信焉。

〖翻译〗

大自然不会蛮干。所以狂风不能整天地刮，暴雨没法整日地下。谁在刮风下雨？天和地。天地都不能持久发飙，何况人呢？所以从事于道的人，就被道所同化；从事于德的人，就被德所同化；不讲道德的人，就失去道德。被道同化的人，道就容易与之在一起；被德同化的人，德就容易与之同行；丧失道德的人，道德就会抛弃他。不能取信于人，就不能得到别人的信任。

〖解释〗

希言自然，就是"自然希言"的倒装：表面上，这句话是"自然很少说话"的意思，实际上老子是说，自然不会勉强，不会蛮干。为什么是这个意思呢？还记得第五章的"多言数穷，不如守中"吗？这里的"希言"与那里的"多言"是相对而言的。多言数穷，是指用尽一切方法，瞎折腾一气；希言，就是该怎样就怎样，不乱发指令，不瞎指挥，不去勉强，相当于"守中"。自然之道，当然是守中了，因为自然是长久之道，而极端的事物是不能长久的。

◎ 老子的天气预报

老子举了大自然中的两个例子。"故飘风不终朝，骤雨不终日。"大风和暴雨有一个共同特点，就是无法持久。记得第一次看到这两句话，是大学时代在图书馆里，看完书出来就赶上大雨滂沱，我抬头看天上的云不厚，而雨势倾盆，想起老子说的"骤雨不终日"的话，心想如果老子是对的，就没必要冲到雨里去，雨可能一会儿就停。果然，不到半小时就变成毛毛雨了。看，《道德经》就是这么灵，智能手机即时的天气预报也是这几年才有的，而我用《道德经》判断天气已经二十多年了。

这里说的是极端天气不可持久。老子这个例子举得精妙，逻辑也很强大，后面马上来了个自问自答："孰为此者？天地。天地尚不能久，而况于人乎？"刮风下雨这事是谁干的？是天地。天地瞎折腾都不能持久，何况你们这些凡人呢？一句话问得众生哑口无言。对啊，天地都折腾不起，我们折腾什么劲呢？还是自然的好，该干吗干吗去。

有聪明的读者想到一个严重问题：天地既不能久，人亦不能久，岂不是一切终归毁灭，我们还不如瞎折腾一下呢。这其实误解了《道德经》，这段说的是不能瞎折腾，不是说不能长久，折腾后才不能长久。你看天长地久，就是因为天地较少搞极端天气。人也不能一直折腾下去，古人有言："天作孽犹可恕，自作孽不可活。"这些年我们有个大省折腾钢材产量，搞得整个北方乌烟瘴气，肺癌发病率飙升，我想头脑正常的人都不希望落得这种结局吧？

◎ 修炼成二手圣人

还有聪明人想到另一个问题：人不能长久，是否也不能长久坚持"正道"呢？问得好！确实不容易！但也不是没有办法。《资治通鉴》记载了一个故事，魏安釐王问大臣："天下有没有得道的高人？"大臣说："真正的高人没有，第二等的高人还是有的，就是鲁仲连。"魏王说："鲁仲连是强迫自己这样做的，而不是本性的自然流露。"大臣回答说："人都是强迫自己去做一些事情的。假如不停地这样做下去，就会成为君子；始终不变地这样做，习惯与本性渐渐融为一体，就成为自然了。"这段话说得非常对。没人生来就是高人，高人都是学习和锻炼出来的。

再举个例子，孔子他老人家也是这样的：

太宰问于子贡曰："夫子圣者与？何其多能也？"子贡曰："固天纵之将圣，又多能也。"子闻之，曰："太宰知我乎？吾少也贱，故多能鄙事。君子多乎哉？不多也。"（《论语·子罕》）

太宰问子贡："孔夫子是位圣人吧？为什么这样多才多艺呢？"子贡替老师做广告说："这本是上天让他成为圣人，而且使他多才多艺。"孔子听到后说："太宰怎么会了解我呢？我因为少年时地位低贱，所以会许多卑贱的技艺。君子会有这么多的技艺吗？不会多的。"孔子当然是谦虚，说自己不但称不上圣人，连君子也谈不上，但有一点说得很清楚，圣人也好，高人也罢，没有人生来就是，都要靠长时间努力，通过不断学习和锻炼。

◎ 合于道德，就是不瞎折腾

这两个例子所验证的，就是下面老子说的话："所以从事于道的人，就被道所同化；从事于德的人，就被德所同化；不讲道德的人，就失去道德。被道同化的人，道就容易与之在一起；被德同化的人，德就容易与之同行；丧失道德的人，道德就会抛弃他。不能取信于人，就不能得到别人的信任。"

这段话中，老子的重点是什么？就是说你要"从事于"！你要坚持走在符合"道"的要求的路上，你就会渐渐认同大道；坚持做事符合"德"的标准，就会认同"德"；坚持瞎折腾，坚持违反"道""德"的规律，内心自然认同这种瞎胡搞的做法。如果你是认同大道的人，"道"就站在你这一边，你就得了道；如果你是认同"德"的人，"德"就会找上你，你就有了德；如果你是喜欢瞎折腾的人，"失道寡助"就会成为你的标签，你就悬了。因为你不能取信于民，也没有人会信任你。

这是老子第二次讲"信不足焉，有不信焉"，第一次在第十七章，

第二十三章 暴风骤雨

107

即开头是"太上，下知有之"，符合道的做法，自然而合理，下面甚至感觉不到有领导；上面瞎折腾，下面苦不堪言，"其次，畏之。其次，侮之"，怕领导，骂上级；再有就是"信不足焉，有不信焉"，领导没有威信，没办法管了。不论是第十七章描述的问题，还是本章谈的"失者，同于失"，共同的毛病是什么？不符合自然规律，不学习大道，没有领导大众的德行，坚持瞎折腾、乱搞，导致天怒人怨。共同的病根，就是觉得自己什么都对，心高气傲，自傲导致自负。普通人如果这样，没人理他，也不会造成什么危害；如果这类人当了领导，喜欢搞些大手笔，老百姓就倒霉了。我们不论目前在管理岗位的，还是未来有志于从事管理工作的，都要慎重思考，自己的领导风格和领导力，应该向哪个方向发展。此事影响深远，做得对利人利己，做得不对害人害己。

有人说，我愿意折腾怎么啦？谁说这样就不会成功呢？现在不是创新创业的年代吗？都互联网时代了，我想要吸引眼球，就必须折腾，越疯狂越好！我且不和持这种观点的读者辩论，老子自有评论。请看第二十四章：减肥有理。

《提炼要点》

合于自然之道，方是得道之人；不顾民意地瞎折腾，必然天怒人怨，权威尽失。

第二十四章
减肥有理

自己表现和夸耀，不但对自己的名声没有好处，还往往给名誉带来损失。

企者不立，跨者不行。自见（xiàn）者不明，自是者不彰，自伐者无功，自矜者不长。其在道也，曰余食赘形。物或恶之，故有道者不处。

‖ 翻译 ‖

跷着脚就站立不稳，步子跨得太大就无法行走。自我表现的人不明智，自以为是的人得不到彰显的机会，自我夸耀的人显不出功劳，自己很骄傲的人无法成长。从"道"的角度来看，这类行为就好像暴饮暴食导致的肥胖一样，令人厌烦，所以有道的人尽量避免这样做。

◎ 越表现越倒霉

本章是第二十二章的姊妹篇。开头就举了个精妙的例子，实在形象生动！老子说：跷着脚站立不稳，劈着叉没法行走。这是特指哪些人呢？做事特别过分的人。都知道站着比坐着高，但还有比站着更高的，就是跷着脚站着，问题是，保持这样的姿态，早晚会腿部肌肉抽筋的。我们还知道，走路迈大步走得比较快，但是有比迈大步还大的，就是劈叉，问题是，两腿真跨那么大，是没有办法走路的，我们又不是芭蕾舞演员，动不动就能跳起来劈个叉在空中跨越，我们在平地上劈开两腿后，全身重心基本就接近地面了，往往还伴随着"咔嚓"一声和"哎呦"一声，两腿就再也站不起来了。这说明什么？想要站得高和走得快是人之常情，但如果追求过度，做事走极端，不但达不到目的，反而弄巧成拙，与孔子说的"欲速则不达"是同一个道理。

老子接着举了四个做事过分的例子，前面也说过，不过当时举的是正面例子——"不自见故明，不自是故彰，不自伐故有功，不自矜故长。夫唯不争，故天下莫能与之争"。因为做事谦虚谨慎，收到的都是好效果。本章说了相反的情况：居功自傲，争名夺利，会有什么结果呢？自我表现的人不明智，自以为是的人得不到彰显的机会，自我夸耀的人显不出功劳，自己很骄傲的人无法成长。这个道理在第二十二章讲过，有人可能不理解，要么理解了做不到，再深入讲一下。

人有很多类型，其中有一类，特别喜欢表现，有的确实还非常有才华，读书读得特别好、知识丰富，往往有发明的天才和文艺的才能，他们做学问时，或能力得到发挥的时候，表现出特别优秀的一面，出口成章，下笔千言，但往往喜欢自我表现，恃才傲物，言语刻薄，打击异己，所以经常"怀才不遇"。例如，以李白之才，竟不为朝廷所用，他不但"天子呼来不上船"，和同僚也搞不到一块去，动不动就"安能摧眉折腰事权贵，使我不得开心颜"，于是"人生在世不称意，明朝散发弄扁舟"。李白最终能够全身而退、泛舟江湖，还算幸运，很多古代知识分子会招来杀身之祸，命运极为惨烈，诚然，这与社会的大环境有关系，可与他们的个性也有莫大的关系。这类人一旦与同级或者上级意见不同，往往不能心平气和地解决问题，更少主动让步以换取对方的合作，而是难以控制自己的脾气，以对抗或消极的手段来应对，最后带来更大的矛盾冲突。本文不是要否定这类人，而是希望大家，尤其知识分子能够体会其中的道理，从而更好地发挥自己的能力。

◎ 最好的表现是不主动表现

《道德经》告诉我们，最好的表现方式，就是不主动表现，或者表现出自己的谦虚；而最糟的表现，就是争名逐利，突出自己的才华。为什么呢？过分了就一定出问题，《道德经》讲的一个核心规律就是"物极必反"。人有才华，本就鹤立鸡群了，何须再把脚尖踮起来？功勋卓越，自然会大步前行了，还需要劈着叉飞行吗？一搞这些动作，好的也成不好的了。例如，我们合影时，站在后排的人被前面的人挡住了脸，跷一下脚露出脸来，没人会笑话他，因为这是自然的动作。而前排的小个子为了装高个子，在脚底垫一块砖头，大家看到照片里的砖头都会笑，本来小个子自有可爱之处，这样垫高反而怪怪的。就如能力、才华、功劳、成绩都是自然存在的，如果自己还要炫耀，相当于照片里露出来脚下的砖头，弄巧成拙。

再举一个例子，是关于孔子的大弟子子路的故事，记录于《论语·子罕第九》。子路字仲由，跟随孔子最久，为人豪爽，武功高强，有侠客风范。有一天孔子说："穿着破烂的袍子，和穿着裘皮的人站在一起，而不觉得羞愧的，恐怕只有仲由了吧！《诗经》里说，不嫉妒、不贪求，这种人又有什么不好的呢？"摆明了这是夸子路人格高尚。子路自然乐得不得了，《论语》里讲"子路终生诵之"，子路居然把《诗经》里那句话念叨了一辈子，可见别提有多得意了。孔子听说了，叹息说："是道也，何足以臧？"意思是，他这点道行，怎么能算得上好呢！这段故事起码说明两个问题：第一，《道德经》里的道理容易懂，做起来难，所以老子在第七十章叹息说："吾言甚易知，甚易行。天下莫能知，莫能行。"能做到的人实在太少了！所以学道之人要时刻提醒自己，才能不落俗套。第二，孔子能这样教育子路，说明他深谙道家的思想精华，在孔子的儒家思想背后，其实有《道德经》深厚的思想基础作为支撑。历史上，孔子在三十多岁的时候专门向老子学习过一段时间，虽然孔子后来自成一家，但真正懂得中国文化的人，都可以在《论语》中看到老子思想的很多影子。

◎ 恰到好处即中道

子路的表现，其实常人都难免。谁不喜欢记住表扬自己的话呢？和子路不同，另有一种完美主义者，喜欢把一切做到极致，想着我这么优秀，炒作一下岂不更完美？学过《道德经》就知道，极致并不一定好，恰到好处才是最好的。一个人有本事，其实别人都看得见，如果没人赞扬，很可能是因为别人嫉妒得要命；一个人有本事，要明白自己已经非常幸运了，这时候谦虚一点才是恰到好处，非要拼命表现，不是找揍吗？如果这人很谦虚，别人觉得他有本事还很低调，顿时心生好感，就会肯定他；如果这人本就优秀得遭人妒忌，再做出一番高调表现，那些本就看他不顺眼的人，会咬着后槽牙挤出一句："真的这么优秀吗？不见得吧！"如果在网上，经过一通"人肉搜索"，这个高士很快就成烈士了。

还是《道德经》说得精辟："其在道也，曰余食赘形。物或恶之，故有道者不处。"懂得道的人把这叫作"吃撑着了长肥肉"。连自然界的动物都讨厌这样，有道之人是不会这样处世的。这里有个常识，自然界的动物尽管有胖有瘦，但那是品种的差异，比如河马虽然体形胖，但是那个物种都胖。没有哪个物种像人类这么过分，有吃的拼命吃，吃饱了还接着吃，最后吃出一身病——三高、过度肥胖等等。这是人类社会独有的现象，就连跟人类一起混的宠物猫狗，也会出现过度肥胖的问题，不能不说这和人类过度追求物质享受、穷奢极欲有比较大的关系。

这样看来，大自然也是推崇减肥的。我们人类要时时记住"余食赘形。物或恶之，故有道者不处"这一金句，经常提醒自己要"见素抱朴，少私寡欲"，谦虚低调，踏实守中，才能远离累赘，人生更加精彩，事业更加成功。

连续三章都是讲"道"的应用，下一章又要描述"道"的本体了，而且比第一、四、十四、二十一章更加直截了当，更接近天体物理学对宇宙起源的描述，也更像各种宗教对世界之初的描述。我们来看《道德经》的第二十五章：道法自然。

《提炼要点》

不足是错，过度也是错。过度表现、自吹自擂、骄傲自满、自我肯定等恶习，就像身上多余的肥肉一样，应该减掉。

第二十五章
道法自然

道是宇宙诞生至今恒久不变的规律，而人类既是大道的产物，也要符合道的规律。

有物混成，先天地生。寂兮寥兮，独立不改，周行而不殆，可以为天下母。吾不知其名，字之曰道，强（qiǎng）为之名曰大。大曰逝，逝曰远，远曰反。故道大，天大，地大，人亦大。域中有四大，而人居其一焉。人法地，地法天，天法道，道法自然。

《翻译》

有一种浑然天成的存在，在宇宙形成之前就有了。它无声寂寥，如如不动，流转无穷，是天下万物的起源。我不知道它的名字，给它起名叫"道"，勉强称之为"大"。"道"之大，大到无有边际，因广大无边所以源远流长，因源远流长所以返回本源。所以说，道大，天大，地大，人也大。宇宙间的四大当中，人占据其一。人取法于地，地取法于天，天取法于道，而道则取法于自然。

◎ 宇宙起源

这一章谈到道的起源，说"有物混成，先天地生"，这里的"物"，是具体的物质，还是泛指的东西，比如"道"呢？在古代，即使受过最好教育的人也说不出所以然。唐玄宗说"将欲明道立名之由，故云有物"，说这里的"物"就是"道"。清顺治帝说"妙理长存，故曰有物"，说这里的"物"是"道理"。

要感谢现代科学，让现代人能明白老子在说什么。《人类简史》开篇就讲，大约135亿年前，于大爆炸中产生了最初的物质、能量、时间和空间；在它们出现30万年之后，逐渐形成叫作原子的复杂结构，又联结成分子；大约45亿年前地球形成，38亿年前分子在地球上形成生物组织。这么一对照，我们就很清楚老子说的"有物混成，先天地生"，就是135亿年前大爆炸之后的初始世界。这种构成宇宙的原始物质，是什么样子呢？"寂兮寥兮，独立不改，周行而不殆"，想象一下宇宙之初的太空，不就是这样的吗？没有声音，没有形象，永恒存在，循环运行，周流不滞。"可以为天下母"，天下就是地球，地球不就是从初始宇宙当中诞生的吗？

老子把这个初始宇宙的物质、能量、时间、空间叫作"道"，起了个名字叫"大"。今天我们换个名字叫宇宙，而且我们想起宇宙来，第一印象就是大。"大曰逝，逝曰远，远曰反"，"曰"是而、则的意思，大所以可以扩散消逝，扩散消逝就会到达远的地方，到远的地方就会返回本源。

这一段是本章的重点，谈到了宇宙、人生和道的共同规律。

◎ 天大地大不如人心大

第一，是大。道大，天地大，人生大。正因为我们的心小，眼界不够，不知道自己的人生大，所以古人才说"登泰山而小天下"。其实人是万物之灵，是宇宙、天地生成之物，完全符合宇宙天地的规律，具备"道"的一切特点，根本不需要登泰山才小天下。因此，哲学和宗教各派都提出通过修行、参悟来了知自身，达于天道；佛家更是说"心外无法"，此心即是宇宙的缩影。每个人都可以通过认知宇宙天地的规律，提升自己的人生境界。"人法地，地法天，天法道，道法自然"，自然即规律，人要按照自然行事，才是正道。

第二，是远，或者说，是可以触类旁通、推而广之。道的一个特点，是具备全息的规律性。比如说坚强的容易折断，这个规律可以推广到一切自然形成的事物上；比如说月盈则亏，那么一切满盈的都会向相反方向发展。可见，人类可以总结出某一个事物的规律，推而广之，扩而远之，用在这一类事物上，从而认识世界的规律，认识"道"的运作，达到"道"的高度。

第三，是反。这里反有两个意思：一是相反，即前面反复讲过的"道"的对立统一，相反相成；二是返回，学道的人一定要记得，一个方向一直走，那不叫"道"，走到一定程度，就要回归，那才叫道。以《道德经》推崇的水为例，流入小溪汇入大海，蒸发到蓝天上变成白云，随风雨飘散人间，周而复始。而日月交替，白昼黑夜，春夏秋冬，寒来暑往，宇宙自然一定是循环不息的，人类也必然经历生老病死，前仆后继，生生不息才是平衡之道。总有人妄想强了还要更强，富了还要更富，天天念叨着"我真的还想再活五百年"，只能是痴心妄想而已。所以一个人不论事业多么成功，都应该想将来怎么退下来；企业发展到一定规模，就要思考怎么应对产品老化、业务过时的问题。没有不散的宴席，也没有无尽的噩运，天道循环，人生起伏，都是自然之道。

第四，人是"道"的体现。老子说：天大，地大，道大，人亦大；人法地，地法天，天法道，道法自然。注意，老子把人放在与"道"同等的高度，说明人类的特殊性。佛家也讲，其实每个人都具备一切智慧的基础，只不过自己迷惑了，如果能够得到正确的教导，就能发现自身的全部智慧，达到佛的高度。佛陀的说法，和老子的说法是一模一样的，都是说人类的智慧不是从外界学习得来的，而是自身本来就具备的，我们学习也好、修炼也好，都只是恢复自身本来智慧的一个过程。无独有偶，苏格拉底也认为人类的知识和智慧本来就在灵魂中，学习只不过是帮助我们忆起这些知识来（见柏拉图对话录《裴多》）。老子、释迦牟尼、苏格拉底在这一问题上居然有完全相同的观点，颇值得我们注意。如果他们的观点正确，那么我们学习《道德经》，就是挖掘自身的智慧、破除自身迷惑的极其有意义的过程。

第五，道的原则，是符合自然规律。这一道理在前面反复讲过，不过"道法自然"在《道德经》里这是第一次出现，也是唯一一次出现。虽然只出现一次，但是这句话闻名遐迩，很多人把这句话看作对《道德经》全书最好的概括。"道"听起来如此深奥，"道"的本身却是非常朴实、简单的，合理就是道，平常就是道，因为"道"是规律，规律不就是合理、平常的吗？自然界每件事都合理平常，人类则不然，由于利欲熏心，总是搞出很多奇怪的事。比如有人想改变自己的容貌，就去割肉、抽脂、磨骨；还有人想要改造社会、国家、地球甚至宇宙，所以过去出现过很多狂人，未来这类人也不会少。对于这种强行改造世界的做法，老子在第二十九章给予了无情的抨击。

那么，人类要符合"道法自然"的要求，具体应该怎么做呢？请看第二十六章：把根留住。

〖提炼要点〗

宇宙不是万物的起源，道才是。人类不应当是"道"的破坏者，而应当成为"道"的载体。想成为得道之人，就要符合自然规律。

第二十六章
把根留住

越是做大事的人，越需要有定力。

重为轻根，静为躁君。是以圣人终日行不离辎重。虽有荣观，燕处超然。奈何万乘（shèng）之主，而以身轻天下？轻则失本，躁则失君。

‖翻译‖

"重"是轻浮的根本，"静"是躁动的君主。所以圣人不论走到哪里，都不会离开其安身立命之本，虽然阅尽荣华，但心态超然安稳。身为大国之主，怎能以轻率躁动君临天下呢？轻率就会迷失根本，躁动就会丧失决断力。

‖解释‖

这一章看上去是专为国君写的，因为有"万乘之主"的字眼，但是请读者打消这种误解，注意：《道德经》是写给人类的，在老子这样通达宇宙人生境界的人看来，人就是宇宙中最大的奇迹，所以他把人放在与"道""天地"同等的高度。真正提到国君的时候，他都是用"侯王"来称呼的，并在第三十九章明确指出，"侯王"总是自称"孤、寡、不谷"，可见不是啥好词。我们在反复阅读《道德经》当中，可以体会到老子对社会各个阶层的态度，并没有好坏、荣辱、高下、尊卑的观念，更多的是从治国、爱民、管理的角度来思考，体现了高度的智慧、朴素的思想以及跨越时代的人格魅力。

◎ 君子不重则学问不成

既然是写给每个人的，老子认为每个人应该怎样处事，怎样保持心态呢？应该重，应该静，而不是轻不是躁。孔子也说，"君子不重则不威，学则不固，主忠信"，可见，孔子和老子不但观点相同，用词也差不多，不得不怀疑孔子而立之年去见老子，不仅仅是会面而已，而是参加了老子的培训班，认真系统地学习过老子的哲学体系。试想，二三十岁的孔子从鲁国跑到周去留学，去找老子学习，可知老子的声名已超出国界，属于世界级名教授，而孔子就是一个研究生，以孔子之好学，怎能不珍惜这宝贵的学习机会，废寝忘食地研究老子的思想？何况《道德经》篇幅短小精悍，背下来并不费什么劲，所以孔子能够对老子的体系融会贯通，并在《论语》中多次运用老子的思想，这不足为奇。

为什么要"重"而不要"轻"？因为重是轻的根，有了重，才能够有轻有重，随意发挥；只有轻，则没有厚积薄发的物质基础。所以接着说，"是以圣人终日行不离辎重"，有的书解释成圣人一天到晚出行都坐着马车，简直是胡翻乱讲，圣人上厕所也坐着马车去吗？这里是说，有道之人时时刻刻都处于有准备的状态，有备所以无患。

举两个例子。古人学习四书五经，首先是通过背诵，清朝的康熙帝读《论语》，据说每一章读120遍，背120遍，所以他学到的知识扎实无比。直到民国初期，中国的读书人很多都能做到"腹有诗书气自华"，钱锺书在"文化大革命"期间写《管锥编》，引用了七种文字，其间无外文资料可查，引用的大量外文资料全凭回忆青年时代留学时看到的原文。待"文化大革命"结束后有弟子出国留学，钱先生委托弟子核对引用文字的正误，弟子发现错误极少。钱先生这种记忆力和知识储备在当年的知识分子中不是绝无仅有的，当时的学问大家当中，很多人都可以抛开参考资料和文献，旁征博引、侃侃而谈，因为他们的知识都装在肚子中。据说鲁迅、周作人、沈从文、胡适等人讲课，都是从来不带讲义、不拿课本的，着一袭长衫、持一支教鞭踏上讲台，开口讲起课来舌灿莲花、妙语连珠，大教室里座无虚席，连过道和窗外都站满了旁听的学生，三个小时不停讲下来，没有一人离席去上厕所；讲的人举重若轻、谈笑风生，听的人如醉如痴、如沐春风。试想，如果教授们没有扎扎实实的积累，怎能达到如此自如的境界？这就是"重为轻根"，这就是"君子不重则不威，学则不固"的例子。所以中国人在教学当中，要求学生遇到重要的地方就背诵下来，其实是一个特别好的传统；尽管如今互联网令知识随手可得，但如果每个人大脑空空，相当于计算机的所有信息都在硬盘里，内存空空如也，仍然是没法运行的。

再举个"静为躁君"的例子，是诺贝尔奖获得者、行为心理学家丹尼尔·卡尼曼在名著《思考，快与慢》一书中讲的。我们知道，人类躁动的情况很多，最简单的就是在运动的时候。卡尼曼通过实验证明，我们如果慢速步行，是可以进行思考的；但如果加快步行速度，会发现思考变得越来越困难；如果跑起来，会发现无法进行深度思考。这是因为深度思考最好的姿态既不是步行，也不是跑步，而是坐下来。作者十分风趣地说，如果我们在开车，尤其是在闹市区左转弯的时候，最好不要做"24乘以17等于多少"这样的数学心算题。

这个道理，佛陀早就知道了。佛家认为，戒能生定、定能生慧，人不瞎折腾才能静下来，静下来才能思考，才可以运用智慧。经营之神稻盛和夫在《活法》一书中反复讲打坐的好处，还提到日俄战争时期，日本海军司令在海战之前打坐，悟出了与俄军交战的最佳队形，是把军舰一字排开，以舰腹部对敌，最后以这种创新战法大胜俄军。我们普通人，即使没有经过佛法学习或者打坐训练，也知道遇到重大事件要静下来想一想，不过《道德经》这里提出的做法——终日保持"重"和"静"的状态，明显要高于普通人平时做到的程度。

◎ 定能生慧

为什么普通人很难一直保持"重"和"静"呢？因为不容易做到"虽有荣观，燕处超然"。比如参加年会的时候，你抽奖中了个最高配置的苹果手机，能不跳起来尖叫吗？回乡过年，下了飞机突然发现托运的行李不见了，里面有给父母的过年礼物，你能不惊慌转而愤怒吗？不论顺境逆境，没有经过修炼的人大多是跟着环境跑的，有荣观则喜，有悲观则怒，所以范仲淹才说，古仁人之心能够"不以物喜，不以己悲"，不容易啊！这是需要足够的功夫和修养才能做到的。前面说的打坐、冥想，都是系统的训练心态的方法，属于静中修炼；真正懂得修炼的人，还会在动中修炼，比如发现行李不见了或者抽中大奖或者心跳加速的时候，会马上问自己一个问题：我"归根曰静"了吗？"燕处超然"了吗？只有做到宠辱不惊，对自己才算有所把握，才可以说能在生活和工作中实际运用《道德经》的道理了。

本章最后说："奈何万乘之主，而以身轻天下？轻则失本，躁则失君。"我们讲过这句话并非只针对国君，而是对所有人说的，如果《道德经》只是给帝王将相写的，就不会成为世界上除《圣经》以外印刷最多的一本书了。老子的本意是，人是万物之灵，人的头脑和思维又是人的主宰，人的灵魂之于身体，就好像万乘之主之于天下，不应该轻浮而迷失，焦躁而混乱。"轻"的代价是失去基础和根本，"躁"的代价是失去内心的安定。

通过这么多章的阅读，我们就算记不住具体文字，也能发现《道德经》对"归根""观复""复命""复归于婴儿""本"这样的主题一再重复，这正是上一章说的"道"的一个重要特性——"反"，返回事物的本质，返回原始的状态。只有回复本源，万物的规律性才有所体现，我们才能举重若轻，找到一切事物的原理，发现一切事物的规律性，才能够解决一切难题。要知道怎样才能最有效地解决难题，请看第二十七章：虽智大迷。

∥提炼要点∥

轻浮不如庄重，躁动不如安定。治学也好，治国也罢，都需要我们把心思安定下来，这样才会思路清晰、决策明智、神清气爽、岁月静好。

第二十七章
虽智大迷

做事最高的境界，就是"处无为之事，行不言之教"。

善行无辙迹，善言无瑕谪，善数不用筹策，善闭无关楗而不可开，善结无绳约而不可解。是以圣人常善救人，故无弃人；常善救物，故无弃物，是谓袭明。故善人者，不善人之师；不善人者，善人之资。不贵其师，不爱其资，虽智大迷，是谓要妙。

名词 ∥

袭：保持、承接的意思。

翻译 ∥

合于"道"的行为不留痕迹；合于"道"言谈没有瑕疵；最好的计算不需要筹码；善于关闭的不用栓销，却没有人能够打开；善于捆扎的不用绳子，人们却解不开。所以圣人常常善于挽救人，而不会轻易放弃人；常常善于物尽其用，不会放弃物品，这就叫作保持明智的状态。所以有智慧的人，可以做没有智慧的人的老师；没有智慧的人，正是智者引导的对象。智者不会自以为高贵，也不会过分看重引导的对象，他们虽然智慧卓越，但外在的表现却像是一无所知。这就是智者之所以有智慧的诀窍。

解释 ∥

对这一章的意思，前面一半大家还能读得半懂不懂，后面一半很多人都会晕了。"道"真是玄妙啊！不是一般人能够想到的境界，甚至不是一般人可以梦到的境界。很多年前，我第一次读到《道德经》，看到那么精练而含义隽永的句子，真的感觉到一种莫大的幸福。跨越2500多年，读到先贤的话语，体会到其深邃的思想，是否需要不一般的机遇呢？佛家说，人身难得、佛法难闻，经典如《道德经》，使我有同样的感受。

◎ 深藏不露的寂寞高手

这一章讲真正的高手，类似金庸小说里风清扬大侠和扫地僧这类高手待人处事的那种状态。这种人得道早矣，既有"谈笑间，樯橹灰飞烟灭"的潇洒派头，又有"运筹帷幄之中，决胜千里之外"的智力水平。最关键的是，这些人通达"道"法，深晓人性，既不和别人玩命，也不会自己纠结。很多人梦想达到他们的境界，但很少人能够做到，因为要达到那种高度，需要长年的学习、锻炼、思考、悟道、修炼，大多数人很难耐得住如此的寂寞修行。

那么本章开头的那几句话具体是什么意思呢？如果直译的话就是，"善于行走的不留痕迹；善于言谈的没有过失；善于计算的不用筹码；善于关闭的不用栓销，却没有人能够打开；善于捆扎的不用绳子，人们却解不开"。这种翻译不知道多少人能看懂，我看很多译注的书都是这么说的。其实文字可能好懂，但老子真正想说的是这个吗？不太可能啊，再怎么善于行走，总有痕迹啊！难怪金庸先生从《道德经》里随便摘了几句话，作为《九阴真经》的经文，就能让普通读者有不明觉厉的感觉（小说中《九阴真经》开篇"天之道，损有余而补不足"就取自《道德经》第七十七章）。不仅如此，这一段话与后面还好像接不上，那么老子到底想说什么？

◎ 行动才是最有力的语言

其实老子想说的根本不是字面意思，真想说的是，什么叫作"善"，或者说，得道的人做事的最高技巧是什么。

来看第二句"善言无瑕谪"，是说善于说话就没有过失吗？我们知道病从口入、祸从口出，话不管怎么说，一定有人能挑出你的毛病，怎么说才会没有任何瑕疵呢？其实《道德经》前面讲过，最完美的方式就是不说——"是以圣人处无为之事，行不言之教"，不是通过说话来表达，而是通过示范，通过以身作则，这不就是最好的表达吗？怎样"善行无辙迹"呢？最好的行动，其实是处无为之事啊！无为，还会有什么毛病和痕迹呢？"善数不用筹策"，最好的计数就是不数，"多言数穷，不如守中"！同样的道理，最好的关闭不是加上一把锁，最有效的捆绑不是用一根绳子，直接去说、去做、去算、去关、去绑，那叫简单粗暴，怎么会是"道"的境界呢？达到"道"的境界，一切在不知不觉当中，顺理成章做成了，"功成事遂，百姓皆谓：我自然"！"善"的最高境界，是运用规律去做事，而不是用蛮力去做事；是跳出常规的思维，用最有效率的方式做事，而不是不动脑筋、毫无技巧、费时费力地做事。

◎ 智慧就是能够做到人尽其才，物尽其用

这样一来，老子后面的逻辑就通了：圣人都是大明白人，他们能够人尽其才、物尽其用，所以"无弃人""无弃物"，无论什么人、什么东西，到了圣人那里都成了有用之才、有用之物，为什么呢？因为圣人懂得规律，有高超的技巧，能用别人不能用之人，能用别人不能用之物。这是怎么做到的？

来看拿破仑用人的例子。法兰西国王在200多年间共任命了不到20名元帅，而拿破仑一人就任命了26名法兰西帝国元帅，他有一个重要的用人理念——要人才，不要全才。因为全才都是不世出的人才，也就是说基本上遇不到。很多领导自己没有多优秀，却一天到晚哀叹找不到人才，真的是眼光高吗？其实是因为不懂得怎么用人，以这种求全责备的领导标准，人才要求"仁义礼智信"，将领要求"智信仁勇严"，哪里找得到人？曹操一代人杰，麾下谋士如云、战将如雨；刘备也是人中龙凤，手下有卧龙凤雏、五虎上将；而诸葛亮智商那么高，后来却搞到"蜀中无大将，廖化作先锋"的地步，能说诸葛亮的时代比刘备的时代缺乏人才吗？

来看刘备的团队整合能力：关羽原本是个逃犯，张飞原本是杀猪

的（他在正史中也就是个土财主），而诸葛亮原本不过是个种地的农民（《三国演义》中的贵族提起他都称作"诸葛村夫"），正是因为刘备能用人、会用人，才能把这些各有优点的人才组织到一起，成就了一番伟业，与曹魏、东吴成三足鼎立之势。再回到拿破仑这个用人高手这里。在他所处的时代，将军本都是贵族出身，而拿破仑打破了出身论，他说，"每个士兵的背囊里都有一根元帅杖"，这就是后来"不想当将军的士兵不是好士兵"这一说法的源头。拿破仑的26个元帅中只有两个是贵族出身，但是每个元帅各有特长，其中大多数人都有非常明显的缺点，有贪财的、好色的、说脏话的，甚至有经常打骂士兵的，但拿破仑正是用他们打造出了一支横扫欧洲的铁军。这就是"常善救人，故无弃人"吧！中国自古以来也有这样的例子，比如我们熟知的孟尝君善用"鸡鸣狗盗之徒"，也是老子这句话的完美注解。

◎ 没有追随者，哪里来的领袖？

至于"常善救物，故无弃物"，也是同理。第十一章谈到"故有之以为利，无之以为用"，就是同样的道理：有和无，都是好的，"有"当然有利，"无"也有用。物品不就是这样吗？金砖固然值钱，但要盖房子，还是砖头更加便利；砖头盖房子好，但是用来转移财富，还是金砖有效。在《道德经》里，不论是人还是事物，都没有好与不好，只有符不符合规律，用得恰不恰当。就连善于用人的"圣人"，在老子眼中也与其他人一样，只有社会分工之别，没有高低贵贱之分：能力强的人，可以做没有能力的人的老师，可以领导能力弱的人组成的团队；能力弱的人，正是能力强的人带领团队的成员，是能力强的人教导的对象。人的能力虽然有强弱之分，但彼此都需要对方，试想没有团队成员，哪里有领袖人物呢？没有学生，哪里有老师呢？每一方都因为对方存在才有价值，这才是"道"的真谛。

◎ 认识不到自己的无知，便称不上智者

"不贵其师，不爱其资"，"虽智大迷，是谓要妙"，更是极高的

智慧，很多聪明人都在这个问题上栽了跟头。作为"善人"，智商高、知识丰富、能力强，却不能认为自己有智慧，反而要"大迷"。就像第十一章提到的苏格拉底，他反复强调："我只知道一件事，就是我一无所知！"第二十二章讲"不自见故明，不自是故彰"，真正的明白人从来是揣着明白装糊涂的！而且，再有智慧的人也不可能通晓一切，也会有未知的世界，如果一个人不能保持强烈的求知欲，能说他有智慧吗？

所以，越是明智和优秀的人，越把自己放到很低的位置。很多人不理解为什么要这样低调，第二十八章老子会告诉我们原因。请看下一章：知其雄，守其雌。

‖ 提炼要点 ‖

最高的智慧是用"道"来做事，则事情没有做不好的，人没有用不好的，物没有浪费的。

第二十八章
知其雄，守其雌

低调处事，务实管理。

知其雄，守其雌，为天下溪。为天下溪，常德不离，复归于婴儿。知其白，守其黑，为天下式。为天下式，常德不忒，复归于无极。知其荣，守其辱，为天下谷。为天下谷，常德乃足，复归于朴。朴散则为器，圣人用之则为官长。故大制不割。

〃名词〃

忒：差错。

〃翻译〃

知道怎样做到雄性的强大，却谨守雌性的柔弱，就好像天下的溪流那样。像天下的溪流那样，常德就不会离开，复归于婴儿的状态。知道怎样过得光彩夺目，却谨守默默无闻的生活，以此作为天下的范式。以此为天下的榜样，常德就不会有差错，复归于无极的状态。知道怎样获取荣光，却谨守低调忍辱，就好像天下的山谷。像山谷那样谦虚低调，常德才能够充足，复归于朴实的状态。朴实之道推而广之，可以应用于社会实务；圣人应用朴实的原则，可以达成出色的管理，所以大道是不可割裂的完善系统。

◎ 假设梦想成真，选择哪条路？

翻译这一章是个难题，所以我们先不研究文本，来讲一个道理：有没有想过一个问题，如果你能够进入时间隧道，看到自己二十年后会成为世界领袖或者亿万富翁，那么你现在该怎样生活？几乎所有人都做过这样的好梦，但是绝大多数人都没敢往深里想。让我们一起梦想一下，万一梦想实现了呢？我们从三个角度思考这个问题，并完成下面三个选择题：

第一，如果你确知自己未来会极其成功，那么你现在会更加勤奋，还是更加懒惰呢？

选项：A.更勤奋（　　　）　　B.更懒惰（　　　）

第二，如果你确知自己未来会成为伟大人物，那么你现在会更加低调，还是更加张扬呢？

选项：A.更低调（　　　）　　B.更张扬（　　　）

第三，如果你确知自己未来会登上荣誉的顶峰，你对目前的困境会更不放在心上，还是更加悲观失望呢？

选项：A.更不放在心上（　　　）　　B.更悲观失望（　　　）

认真思考这三个问题，深思熟虑后做选择，相信会有所收获。

再思考一个问题：A组答案和B组答案，哪一组更符合老子的观点呢？

有的人发现了，这三个问题的A选项更加踏实低调而乐观，B选项更加张狂和悲观，前者更符合老子的一贯主张，后者则更符合人类懒惰、贪婪、好名和情绪化的天性。这样一个思维训练，可以解决一个重要问题：人应该以什么样的心态活着，如何面对未知的未来，如何对待成功和失败？我们的选择无外乎两种人生观——低调进取和高调张扬，而未来无外乎两种结果——成功和失败，所以我们的选择和最后的结果无外乎四种可能性：

一、低调进取而成功；

二、高调张扬而失败；

三、低调进取而失败；

四、高调张扬而成功。

第一种和第三种都是低调进取，区别在于第一种成功了，第三种失败了。我想大多数人都能够接受第一种，因为低调进取而成功的可能性，相对于高调张扬但不努力而成功的可能性要大了很多很多倍。第三种我们也见过很多，这个人尽了力，但是运气不佳，大多数人会给予他认可和同情。尤其对于那种做得很好的人，我们甚至会把他们摆到神明一样的位置，比如关羽、诸葛亮、岳飞、文天祥，我们认为他们的奋斗虽然不甚成功，却比那些成功的人更加值得敬佩。因为人们通常在对成功者的羡慕中混入嫉妒和恨，在钦佩不成功的人时，就不会有这种复杂情绪，所以悲情英雄更加趋于完美，死后被请进各种祠堂受人香火。

对于第二种，高调张扬而失败的，我们知道这种人会死得比较惨。首先他们不怎么努力，不但没有令我们钦佩的作为，反而得罪了一大帮人，所以如果看到这种人的失败，很难忍住不笑出声来。第四种，高调张扬而成功的，现实生活中不是没有，老百姓通常会送给他们一顶"小人得志"的帽子。更加倒霉的是，他们走上神坛，有三件事会随之发生：第一，这类人因为缺乏长年的耕耘与积累，即使人生绽放，也如昙花一现，不得久长。第二，他们的成功通常为时势所造，所以也会为时势所害，过气则衰。我们想象过，穿越时间隧道见到未来自己大红大紫，回来当世醉生梦死，时光荏苒，活到那个自己发达的时候才发现，当初看到的大红大紫只是自己参演的一部戏而已，转瞬即逝。第三，中国人讲究盖棺论定。无论一个人怎样富贵，历史评价并不是根据权力和财富，而是根据立功、立言、立德这三不朽的标准来做的！

所以老子说"知其雄，守其雌"，"知其荣，守其辱"，"虽有荣观，燕处超然"。咦，怎么说到第二十六章这两句话？不奇怪，因为《道德经》本是一体，就像孔子说自己的学问是"吾道一以贯之"一样。明明看到繁华耀眼，却宁愿深居简出。"为天下溪"，不就是上善若水吗？"为天下谷"，不就是"古之善为士者"，"敦兮其若朴；旷兮其若谷"吗？就如李嘉诚穿布鞋、戴电子表，巴菲特开破车住小房子一样，很多超级富豪都是低调进取的，所以他们才能够长盛不衰。小溪和山谷处于低位，而低位正是"道"的位置，所以才没有过失。

◎ 《道德经》的秘密

再讲《道德经》的一个秘密："道"崇尚少、小、弱、低、下、柔、无、洼，这些相对少、相对弱的事物和状态；"道"不喜欢多、大、强、高、上、坚、有、盈，这些相对多、相对强的事物和状态。为什么？因为天道循环，弱能变强，强能变弱，居于弱小之地，随时可以转入强大的状态，相反，处于强大的地位，只有滑落的可能。所以我们说"高处不胜寒"，大多数人都住在平地，较少有人住在山上，就是这个道理。老子在第三十八章以后的《德经》部分，多次讲到弱之胜强、柔之胜刚的道理，我们要明白他内在的逻辑，才能理解《道德经》的语言。

◎ 低调朴实，是最高超的管理

老子提出"处事低调"的态度之后，又把这个原则推而广之，用在社会管理上。低调的人处于天下的低位，他们的心态就是对一切都很容易满足，时时刻刻能够回归朴素、踏实的状态。"朴散则为器"，指把这种朴实的精神推广到一切具体的政务当中。"器"是什么意思？宋徽宗解释得好，他引用了《易经》的"形而上者谓之道，形而下者谓之器"来做注解，"道"是抽象的规律，那么"器"就是具体的事务。"圣人用之则为官长"，用之，指用"朴"的原则，为官长，指来做管理。"故大制不割"，指符合"道"的系统性的管理原则，意思是，最好的管理是一个大的生态系统，其中每一个要素都是和谐统一、不可割裂的，所有的管理要素都能够得到极好的配合，就像拿破仑把他的26个元帅很好地组织起来一样。符合"道"的管理，是能够很好地应用"朴"作为管理的原则，实行朴素、有效的管理。

注意，"朴"是《道德经》很推崇的管理原则，后面第三十二章就会专门讨论"朴"的原则。无独有偶，中国当代的一位政治家也讨论过类似的管理原则，并发动了全国性的大辩论，这位政治家就是邓小平。他发起的讨论主题，是"实践是检验真理的唯一标准"。正是这次大讨论，使中国从"文化大革命"的混乱中走出来，明确了以经济建设为中心、坚持改革开放的低调务实的发展道路，拨乱反正，中华民族才踏上了伟大复兴的征程。

老子对于为人处世的原则是低调进取，管理社会的原则是实事求是，那么他对于天下的原则是什么呢？请看第二十九章：天下经济学。

提炼要点

把自己放在低位，谦虚低调、实事求是，才可以成就大事。

第二十九章
天下经济学

国家和政治，也要符合自然之道，不可逞强妄动。

　　将欲取天下而为之，吾见其不得已。天下神器，不可为也。为者败之，执者失之。故物或行或随，或嘘或吹，或强或羸（léi），或挫或隳。是以圣人去甚，去奢，去泰。

翻译

　　如果有人想把天下拿来治理规划，我看这事根本不可能做成。"天下"是神圣的存在，不是人力可以操控的。想让天下按照自己意愿运作的人，注定会失败；想把天下掌控在自己手中的人，必然会失去天下。天下万物自有其运行轨迹，有的前行、有的跟随，有的急迫、有的舒缓，有的强大、有的弱小，有的减损、有的毁灭，各不相同。所以圣人做事，要避免极端的、浪费的、过度的手段。

解释

　　没有学过经济学原理的人，是无论如何都看不透本章的道理的；我真心搞不懂的是，老子不可能通晓现代经济学，他又是怎么明白的呢？聪慧的他想必是通过自己的观察和思考悟到的。

◎ 三派经济学

　　要用经济学来解释本章，我们先说说1974年诺贝尔经济学奖得主弗里德里希·哈耶克的观点。他的代表作《通往奴役之路》论证了一个观点：如果有一个超级强人，或者一个强势政权，认为拍拍脑门就可以做出明智无比的决策，那这人或这个政权注定失败——最贴近作者的生活的例子就是希特勒及其第三帝国。哈耶克的逻辑和老子差不多，如果用他的话来说，第二十九章可以这么改写一下：

希特勒将欲取天下而为之，哈耶克见其不得已。天下太复杂，不可通过计算和资源分配来管理也。强行管理者注定会失败，主观控制者会失去天下。天下的物资需求、文化需求及其他各方面的需求都难以计算，计划分配根本行不通，为什么？就是因为老子说的"物或行或随，或嘘或吹，或强或羸，或挫或隳"，简单讲，千人千面，就有一千种不同的需求，众口难调啊！无论今天的计算机再怎么智能，也没办法瞬间协调好一个社会上千百万种不同的需求，何况20世纪40年代呢？

第二派理论，更加通俗一些，是西方古典经济学的奠基人之一亚当·斯密提出的"看不见的手"。他在名著《国富论》中写道："每个人都试图用应用他的资本，来使其生产品得到最大的价值。一般来说，他并不企图增进公共福利，也不清楚增进的公共福利有多少，他所追求的仅仅是他个人的安乐，个人的利益，但当他这样做的时候，就会有一双看不见的手引导他去达到另一个目标，而这个目标绝不是他所追求的东西。由于追逐他个人的利益，他经常促进了社会利益，其效果比他真正想促进社会效益时所得到的效果为大。"意思是，一个社会根本不需要一个超级大脑或者强人来控制其运作，需要的是老百姓各自做好自己的事情，大家都为自己好好活着，整个社会自然就运转好了。

到了现代的经济学派，尤其是以芝加哥经济学派为代表的自由市场理论，有一套更明确的逻辑来说明整个社会的运作。芝加哥学派认为，在自由的市场环境下，整个社会的商品供需关系、货币供需关系、劳动力供需关系，完全可以通过价格、利率、汇率等来调节，根本不需要政府做太多事情。因为在自由市场当中，价格、利率和汇率本就是由供需关系变化而形成的，市场会做自动调节。举个例子，如果大米太贵，消费者自己就知道去吃面，根本不需要谁告诉他们这样做，人民的眼睛都是雪亮的；而大米没人买了，价格自然会降下来。所以说价格、利率、汇率都是自由浮动的，大米价格本身就体现了千百万人反复讨价还价的全部结果，比任何人的规定、任何电脑计算的结果都更加有效，更加能够说明问题，国家和政府应该做的，根本不是领导和操控一切，而是建立健全法律体系，服务好社会，保证老百姓拥有交易和定价的自由，只要这种自由不被打破，船到桥头自然直，一切自然而然达到最完美的结果。

◎ 想奋斗是好的，但狂妄就不对了

回看中国1950年以后的发展，"大跃进"时期提出的一些口号，很明显是蛮干、硬上的。1978年以后的改革开放，背后的逻辑就是根据自由市场理论制定符合经济规律的政策：取消计划经济，搞自由市场，给企业和个人自主经营的权力，逐渐放开各种管制。我们看到各行各业蓬勃发展，整个社会焕发了巨大活力。当然我们也必须认识到，一旦财富增加了、权力变大了，人类的贪欲又会膨胀，心神又会狂乱，又有了很多新的非分之想。所以老子说："是以圣人去甚，去奢，去泰。"

《道德经》反复交代，要我们"功成而弗居"，不可骄傲、不可奢侈、不可图安逸，因为这些都是取败之道。一个人真正学通了《道德经》的原理，就会很容易成功，但是想要持续成功特别难，为什么呢？有两个原因：第一，天道循环，凭什么你一直成功，别人一直居于你之下？一个人的成功必将导致很多对手出现，如果成功者不懂得谦虚、低调、与人分享，必然如夏天的果实，秋天便会凋零，到了冬天就全部跌落泥土中了。第二，人非圣贤，财富带来骄纵，名誉带来狂妄，这是人类的天性，而骄纵、狂妄带来的是野心膨胀，"欲取天下而为之"，这是说得客气的，还有人"敢上九天揽月，敢下五洋捉鳖"呢。

古今中外，历朝历代，我们看到很多所谓"雄才大略"的人物，对百姓严厉狠辣，对外举兵征讨，带来无数的毁灭和灾难。那么老子对这种武力征服又是什么态度呢？请看第三十章：仁者无敌。

提炼要点

天下万物生生不息，自有运行的规律；妄图以人力改变规律的人，必将受到自然规律的惩罚。人类应该学会顺势而为，留有余地。

第三十章
仁者无敌

没有任何战争是不会带来灾难的。

以道佐人主者，不以兵强天下，其事好还。师之所处，荆棘生焉。大军之后，必有凶年。善者果而已，不敢以取强。果而勿矜，果而勿伐，果而勿骄，果而不得已，果而勿强。物壮则老，是谓不道，不道早已。

‖ 翻译 ‖
以大道来辅佐君主的人，不靠打仗来雄霸天下，因为打仗会遭到报复。军队所到之处，荆棘满目；大战之后，一定是饥荒的年头。所以用兵的目的不是逞强，而是取得最佳的成果。达到目的而不矜持，达到目的而不夸耀，达到目的而不骄傲，达到目的是不得已而为之，达到目的而不逞强。凡是达到壮盛之物，下一阶段就会逐渐衰老，所以"壮"是不符合"道"的原则的，不合于"道"就会早早消亡。

‖ 解释 ‖
"仁者无敌"语出《孟子》，原意是战争导致民穷兵疲，而仁君必会取得人民的拥护。为什么？我们都知道，战争本就是国家之间解决问题的极端手段，代价极大。比如《战争论》的作者克劳塞维茨就认为，战争是政治的延续。如果政治可以解决问题，就不需要战争了。

◎ 战争的代价

理性的决策者，一定要计算战争的成本和战争的收益。一个优秀的统帅，懂得战争的规律，不会把战争当作个人泄愤的举动，而会极为严肃地对待战争，提前做好战争的准备，计算战争的消耗，思考战争可能带来的结果，并为战后的恢复做好准备，而不会造成"即使打赢了，也会留下无法收拾的烂摊子"这样的局面。这样的决策者，就是孟子说的"仁者"，因为他们进行战争的原因不是一时之愤，更不是一己之私，而是考虑了所有的因素，做好了得失的权衡，才发动深思熟虑、有限度的战争，目标是保障集体和族群的共同利益。反观当世，我们看到某超级大国发动愚蠢的战争，往往是为了显示自身霸权，或者为了个别军火商的利益，在战争结束后多年，还无法稳定当地的局势，最后饮恨撤军，承认失败，留下无数战士的墓碑，以及难以治愈的PTSD（post-traumatic stress disorder，创伤后应激障碍），不能不说他们在战争思想上不成熟，在对待战争的态度上也有很大问题。

优秀的统帅是非常清楚战争的后果的，他们挂在嘴边的话是"杀敌一千，自损八百"。比如第一次世界大战中的凡尔登战役，被称作"凡尔登绞肉机"，法军伤亡约54万人，而德军伤亡约43万人，接近10：8的比例。这样的战役，即便打赢了恐怕也只能算惨胜。所以一个国家要发动对外战争之时，必须非常谨慎。偏偏我们在历史上看到很多相反的例子，发动战争仅仅为了扬眉吐气，或者把本国的旗子插到国外去。这样的战争实在不容易理解，就好像只要是人，通常都喜欢长得好看的其他人，如果看到一个人长得难看：成熟的人，根本不会在意；计较的人，就算心里不舒服一下，也不会说出来；幼稚而偏狭的人，会忍不住当场说出来，冒着挨揍的危险；流氓则可能当场骂这个长相不佳的可怜的人；最不可理喻的是，有人居然对看不顺眼的人老拳相向，我们称这种人为恶霸，如果挨打的人还手把他干掉，观众多半会报以喝彩。短命恶霸的可怜之处，在于他表达自己的情感时，没有经过计算，选择了最危险的方式，付出最多，回报最小，甚至忽略了自己被干掉的可能。

随意发动战争的人，或者轻率对待战争的人，比这种恶霸更加不可原谅，因为战争会赔上千万人的性命，实在可恨。举个例子，战国名将赵奢，当时很有名，现在很没名，他当时有名是因为"神于用兵，所向无敌"；现在没名，是因为他儿子赵括的恶名完全湮灭了老爹的美名，而且因为赵括的"纸上谈兵"进了成语词典，我们有限的大脑内存中完全没有赵奢的位置了。难怪有言"生子当如孙仲谋"，孙坚应该很得意，有个好儿子所以老爹容易被记住。且说公子哥赵括读过不少兵书，口才也好，每次谈论军事，老爹都说不过他，他自以为"天下莫能当"，打仗的话应该所向披靡了吧。可是他那每次都被驳倒的老爹怎么说呢？"兵，死地也，而括易言之。使赵不将括即已，若必将之，破赵军者必括也。"赵奢不愧为名将啊，第一句就是老子的观点："战争是决死之地，多么严肃的大事啊，这倒霉孩子说得这么容易，如果赵国不用他还好，如果用他做主帅，使赵国失败的必然是赵括啊！"这真是大战略家、大预言家、大教育家！知子莫若父，一语成谶，后来这孩子干的大事大家都知道了，他与秦国名将白起对战，败得稀里哗啦，自己兵败身死不说，累得赵国40万人被坑杀，从此赵国一蹶不振，最终被秦国吞并。

◎ "善果"永远是慎重考量的结果

所以说，战争不是赌气的游戏，不是扬名的表演，而是国家的对抗、政治的延续、战略的顶峰、智慧的极致。老子说得清楚：要慎重对待！"以道佐人主者，不以兵强天下，其事好还。"帮助国家制定政策的人，不要总撺掇着打仗，更不要想雄霸天下，因为打仗这事遭报应，你打人家，人家也一定打你！所以能不打就不打。有人会问，有的时候不是你想打，而是人家想打你，如果一定要打呢？"善者果而已，不敢以取强。"老子说得明白：一定要打，得搞明白打仗的目的是什么，自己想要的结果是什么，达到目标就行了，不要逞强！"果而勿矜，果而勿伐，果而勿骄，果而不得已，果而勿强。""果而"是说达成结果，"勿矜""勿伐""勿骄"，就是要低调、谦虚。"果而不得已"，再次强调战争是为了结果而不得已的行为。"果而勿强"就是本章的重点了，从这里开始，老子要讲"强"不好了。

◎ 强大距离死亡只有一步之遥

奥林匹克运动的宗旨是"更高、更快、更强"，而为什么老子说"强"不好呢？因为"物壮则老，是谓不道，不道早已"。这就是第二十八章提到的《道德经》的秘密，强壮是反其"道"而行的。万物达到"壮"的程度以后，就要走下坡路了，壮年以后是老年，正午之后是落日，"夕阳无限好，只是近黄昏"！繁华总会落尽，正如英雄末路、美人迟暮，越是轰轰烈烈，越早油尽灯枯，这是自然规律。可惜我们在荣华面前，大多没有这样的智慧和远见，只有真正的智者，可以时刻看到事物的反面。

古代的很多圣贤和老子一样，视荣华如粪土，视王侯如尘埃，我们凡夫虽然达不到这等高度，至少记住老子的忠告，不去追求那些极端的状态，凡事留有余地，不狂妄、不焦躁、不骄傲、不贪婪，才能够安然处世，事业平稳，人生顺利。

反过来，如果战争真的不可避免，那么对于经过反复计算利弊的有节制的战争，老子认为应该怎么进行呢？请看第三十一章：边哭边打。

〃提炼要点〃

战争残酷，谨慎为妙；壮年之后，很快会老。所以不要贪图表面风光，那是不符合大道的原理的。

第三十一章
边哭边打

如果战争不可避免，就用慈悲心来作战吧！

夫佳兵者，不祥之器，物或恶之，故有道者不处。君子居则贵左，用兵则贵右。兵者，不祥之器，非君子之器，不得已而用之，恬淡为上。胜而不美，而美之者，是乐杀人。夫乐杀人者，则不可得志于天下矣。吉事尚左，凶事尚右。偏将军居左，上将军居右。言以丧礼处之。杀人之众，以哀悲泣之，战胜，以丧礼处之。

〃翻译〃

武器都是不祥的物件，为众人所厌恶，所以有道的人不多接触它。君子平时以左方为吉祥，而用兵是以右方为贵。兵器是不祥之物，不是君子使用的东西，万不得已用到的时候，最好保持恬淡的心态。打赢了也不要洋洋得意，如果赢了就高兴，那就是喜欢杀人。喜欢杀人者，是无法赢得天下人的支持的。吉祥的方位在左边，凶丧的方位在右边。偏将军在左边，上将军在右边，这说明战争使用的是丧礼的礼仪。杀人众多，要带着悲哀的心情，打了胜仗，要使用丧礼的礼仪。

◎ "道"的平衡属性

宇宙之道，循环不滞。地球绕着太阳转，而不是朝着一个方向猛冲，因此地球上才有了春夏秋冬、春华秋实，而不是越来越热或者越来越冷。地球也没有经常撞上其他星球，可见不只是地球有自己的运行规律，其他星球也都稳定在自己的系统当中，否则宇宙就真的非常火爆了。想象一下，如果地球背离太阳直线逃逸，地球人会感觉太阳越来越远，气温越来越低；或者很不幸，地球朝着太阳猛冲，我们没多长时间就变成了烤箱里的鸭子，也见不到地球撞太阳的奇观了。不排除宇宙中有这种野蛮相撞的情况，只是我们非常不欢迎地球有这类遭遇，这不但不符合"道"的规律，也不符合人类自身的利益。

微观看，地球上的人类也事事因循，追求平衡感和规律性。早上开车出门，晚上开车回家，而不会天天出发驶向未知的目的地——不排除有人这样做，但肯定只能是极少数人这样做；如果人人这样，会发现路上的加油站没有人上班，路过的快餐店没有吃的，大家都跑出去了，结果全部困在路上，而且道路也没有人维护。因此，人类社会的一切都需要一种平衡，短暂的不平衡或许存在，长期看还是要求均衡发展的。这就是"道"的一个原则——均衡才能够持续。每个人头脑中应该有"平衡"的观念，孔子的孙子子思称之为"中庸"，老子称之为"守中"。按照这一均衡原则，人类在战争中，行凶杀人的同时又要心存怜悯，所以本章题目叫作"边哭边打"。

◎ 战争中的人性仍然是人性

"夫佳兵者，不祥之器，物或恶之，故有道者不处。"强大的军备是不祥的东西，没人喜欢凶器，有道之人是不会长期动用武力的。的确，战争带来的是巨大的破坏，尤其交战双方都是人类的话，我们知道同类相食是极度令人作呕的，而同类相残带来的心理创伤也是巨大的。戴夫·格罗斯曼（Dave Grossman）在1996年出版的心理学书籍《论杀戮》（*On Killing*）中分析了战争中的一些统计数据，结论令人震惊：只有15%～20%的二战士兵在近距离格斗的时候能够对着敌人开枪；开枪多是集体行动，绝大多数战士不愿意单独开枪杀人；美国内战当中，有一次双方部队共200人，在对面约27米开外对射的时候，每分钟的伤亡率只有1～2个人；玫瑰花苞河谷之战（Rosebud Creek Battle）的统计表明，在与印第安人的战斗中，2.5万发弹药打出去只打中了99个印第安人，平均约252发打中了一枪；第一次世界大战和第二次世界大战当中，绝大多数射击都是朝着敌人头顶以上一定高度开的枪，只有约5%的士兵真的下了狠手杀人，而他们要为绝大多数的死亡负责。这些统计从一个侧面说明，反对战争的倾向是深埋在人类内心的，古今中外皆是如此。

"君子居则贵左，用兵则贵右。"这是中国人独有的文化，我们的五行阴阳《易经》文化，外国人很难搞明白。比如中国古代建筑，正房都是坐北朝南，左东右西，这样布局大家知道符合常理，因为中国在北半球，朝南的阳光更好，迎着夏季风，居住舒适，但是从五行风水来说，还有大多数人不清楚的道理：左手为东，五行属木，代表春季；面对南方，南方属火，代表夏季；东南为木火春夏生旺之地，所以生活工作吉庆有余；而右手西方属金，代表秋季肃杀之地，背后北方属水，代表冬季湿寒之方，西北乃金寒水冷的方位，所以为平时居住所不喜。右手西方金位，对应的是秋风扫落叶的肃杀之气，正是杀伐的季节，所以古人有"秋后问斩"的惯例，因为我们的老祖宗相信天人合一，行事要符合自然规律。这套学问现在懂的人少了，不过最近三十年研究《易经》五行的人越来越多，懂得的人会明白其中的科学性。西方人没有中国文化的根基，学会这套知识体系的就更少了。

◎ 不得好死

"兵者，不祥之器，非君子之器，不得已而用之，恬淡为上。"其中"不得已而用之"，即上一章的"善者果而已"，是说不要为了战争而战争，而是为了达到目的，不得已而为之。"胜而不美，而美之者，是乐杀人。"老子对于那些战争狂人，那些以战争为骄傲、以战功为荣誉的人，十分不齿：这些人是喜欢杀人啊！"夫乐杀人者，则不可得志于天下矣。"

中国人对残忍好杀之人十分不齿，即便是大将军、大英雄，这样做也会遭到谴责。《三国演义》写到诸葛亮火烧藤甲兵，"满谷中火光乱舞，但逢藤甲，无有不着。将兀突骨并三万藤甲军，烧得互相拥抱，死于盘蛇谷中"。诸葛亮在山上往下看，只见蛮兵被火烧得伸拳舒腿，且大半被铁炮打得头脸粉碎，皆死于谷中，臭不可闻，他"垂泪而叹曰：'吾虽有功于社稷，必损寿矣！'左右将士，无不感叹"。诸葛亮最后只活了53岁。坑杀赵军的大将白起，一生杀人无数，人称"人屠"，梁启超说他杀了100万，《资治通鉴》写他杀了96万，这在人丁稀少的战国时代是十分庞大的数字了。他最终被秦王赐死，据司马迁记载，当时白起十分不服气，他接到宝剑，对天叹道："我何罪于天而至此哉？"我犯了什么罪过，非要落到今天的下场？司马迁此处用了一个词，"良久"，白起想了很长时间，后来他终于想通了，说："我固当死。长平之战，赵卒降者数十万人，吾诈而尽坑之，是足以死。"我确实该死，长平之战赵军几十万人投降，我采取欺骗的手段，把他们全部活埋了，仅此一条就该死。无独有偶，项羽也是用欺骗手法，活埋了20万秦国降卒，他只活了30岁。看这些历史记载，重点不是看他们真的杀了多少人，也不是要得出"他们杀人无数因而不得善终"的因果报应的结论，而应注意史家持有与老子同样的态度——"胜而不美，而美之者，是乐杀人。夫乐杀人者，则不可得志于天下矣！"

"吉事尚左，凶事尚右。偏将军居左，上将军居右。"这两句充分说明以上的意思。我们读到这里也许有个疑问：既然老子这么反战，依他老人家之见，国家还要不要军队呢？职业军人还有没有活路？别急，《道德经》是流传了2500多年的经典，绝不会有明显的逻辑漏洞。我们知道，国家绝不能没有军队，老子接下来给职业军人指出一条明路："言以丧礼处之。杀人之众，以哀悲泣之，战胜，以丧礼处之。"职业军人当然要面对战争，但是不要天天盼着打仗，要以对待丧礼的态度来对待战争。

◎ 战争对中国社会的破坏

老子这样看待战争，是非常有远见的。了解中国历史的人都知道，一场场连年的战争，给我们民族留下了非常凄惨的历史，中国史书上动不动就是饿殍遍野，朝代更迭时人口死亡50%以上的情况发生过好多次，比如汉朝初期，人口从秦朝的3000多万下降到约1300万；唐朝安史之乱前人口约5290万，后来又经过五代十国的战乱，宋朝建立时人口只剩下1628万，人口损失近70%。从安禄山动乱开始，一直到五代十国，军阀政权秉承武力夺取天下的传统，职业军人的上级和下级都是职业军人，最后全都杀红了眼，自己人也杀来杀去，五代十国一共存续54年，居然出现15个王朝和55个皇帝，差不多每年都有皇帝被干掉，被谁干掉呢？大多是等着接班的职业军人，之后他们又被自己的下级干掉，直到宋太祖赵匡胤"杯酒释兵权"，这个怪圈才被打破。尽管赵匡胤解决了军人权力过大的问题，却留下了兵力虚弱的弊病，种下后来为金国所灭的恶果。

通过这两章，可以看到《道德经》对暴力的态度，以及对均衡的把握；同时老子越来越多地讨论社会制度，以及国家管理的要素，我们能够看到管理方面的更多要诀。仅仅是讨论"道"的本体，我们是不过瘾的，就好像讨论食物的分子结构不能让食客填饱肚子一样。接下来的一章，可以看到老子四两拨千斤的治国之道，请看第三十二章：以小治大。

∥提炼要点∥

战争和兵器并非吉祥之物，要慎重对待，并且保持对人性善的坚持，以及对战争恶的警惕。

第三十二章
以小治大

用"大"道来治理天下，要从"小"做起，最终归于自然。

道常无名，朴虽小，天下莫能臣也。侯王若能守之，万物将自宾。天地相合以降甘露，民莫之令而自均。始制有名，名亦既有，夫亦将知止，知止可以不殆。譬道之在天下，犹川谷之于江海。

〃翻译〃

"道"的常态，是不显山露水，质朴看起来不起眼，天下却没有什么能够比质朴还高明的。国家的管理者如果能够守住质朴的原则，天下万物就能自然地服从管理——就好像天地和合降下甘露滋润万物一样，人民不用强制就会各自发挥长处、分配责任。社会要有基本的制度规范，而制度一旦有了，就不要过于烦琐严苛，这样就不会有管理的流弊产生。这样以"道"来管理天下，就好像百川汇入江海一样自然和谐。

〃解释〃

小怎么可以治大？据说小老鼠可以钻到大象的鼻子里，制伏大象，而大象对小老鼠却没什么办法。这是个比喻，我个人怀疑老鼠会不会以自己窒息为代价来搞死大象，而且也许大象一甩鼻子，老鼠就不知道被甩到哪里去了。不过这个比喻的内涵却是无比正确的：解决大问题一定要从小做起。

◎ 懂管理，就是懂得抓住正确的"小"

名著《邓小平时代》的作者，哈佛大学教授傅高义在书中高度评价邓小平在1978年复出后的第一个战略决策。邓小平作为主抓教育工作的副总理，全力恢复高考，引进国外教材，派留学生出国留学，为中国后来的改革开放，以及之后三十年的经济腾飞打好了物质基础。试想面对"文革"后千疮百孔的局面，谁能够想到从恢复高考这个出发点开始，就可以以点带面，把一个十几亿人口的大国送上高速发展的列车？这样一个举动，事后看是无比高明的，事前却没有几个人可以想到——只有那些有着高超管理技巧和远见卓识的人，才能够敏锐地抓到关键。

邓小平是怎么抓到这个点的呢？就是靠常识、分析和逻辑。当时的中国劳动生产率极其低下，因为各行各业严重缺乏人才和技术。一方面高校正常的科研工作完全停滞，另一方面大量年轻人上山下乡，年富力强、受过教育的人都在农村种地，完全不能发挥自身才能，这同时也是社会的不稳定因素。国家发展必须依靠人才，没有一个强大的人才培养体系，是无法支撑大国崛起的。邓小平出山后第一件事就是全力以赴抓教育，正反映了一个老到的政治家的远见卓识，跟经济发展比起来，在当时教育好像不是第一紧要的事，但是百年树人，影响深远。这样的角度是质朴的，是符合管理规律的，因此是无往而不利的——这就是老子说的"朴虽小，天下莫能臣也"。"侯王若能守之，万物将自宾"，管理者只要守住朴实的原则，按规律办事，一切事情自己就顺了。"宾"是宾服，即服从的意思；服从什么？服从于"道"，服从于规律啊！如果你不按照规律做事，会发现事事不顺；按照规律做事，会发现一切问题都会消失于无形！

◎ 错误的管理，就是抓那些不该你抓的

说实在的，很多管理者是盲人骑瞎马，胡搞一气。这种人第一个问题是不了解情况，不做调查研究，拍脑门做决策；第二个问题是以个人意志做决策，觉得自己是老板，专门标新立异，总想拿个惊世骇俗的战略出来，不然显不出自己伟大，其实是自己想多了——这个世界并不需要伟大的人来改造，只需要每个人做好自己的事。关于这一点，老

子用了个类比："天地相合以降甘露，民莫之令而自均。"就像天地在一起，自然有水汽从地面蒸腾于天空，从而云蒸霞蔚、春风化雨一样，人民不需要那么多管制，自然会分工合作，各行其道，各安其位。第二十九章讲过，老子的思想与自由市场理论以及亚当·斯密的理论高度吻合。不懂"道"的管理者因为自身的无知和刷存在感的需要，经常没事找事、自以为是，结果搞得越管越乱、民怨沸腾。

那么管理者到底管还是不管，管到什么程度呢？老子后面说得清爽：管理的作用就是建立机制而已，对具体事务不要过度插手。老子用了一个重要的词，"知止"，知道停下来的意思。知止，有两层意思，第一层是不要管得太多，第二层是不要管得太狠。

首先，我们知道现代国家的两条腿，分别是民主与法制。民主自然是老子说的"民莫之令而自均"，法制是什么？是社会的运行轨道，是必要的规范和制度，是游戏规则，即老子说的"始制有名"。没有制度规范不行，但制度规范太复杂了一定出问题。管理国家社会的要点，就是建立有利于社会健康发展、人民安居乐业的基本制度和游戏规则，这种规则必须由专门的管理机构来设定，在中国是人民代表大会，在外国是议会。权力机构在制定了制度后，就不能再去干涉这些制度的具体实施，所以中外的权力机构都是负责立法和监督，而不是人为干预法律制度的实施，这样可以避免有人利用自身的权力来搞腐败。所以老子说："名亦既有，夫亦将知止，知止可以不殆。"这是"知止"的第一层含义。

第二层含义，不能管得太狠，过度的管制和严苛的规则不利于发展。暴秦以法治国，失之于法律过度严苛；后来刘邦简化了法律，得到老百姓的极大拥护，历史上称之为"约法三章"，极大地简化了天下的民法——"杀人者死，伤人及盗抵罪"，就这么简单，却能解决问题。再如2016年美国大选，特朗普特别指出美国的法律体系过于庞杂，不但无助于解决问题，反倒造成法律对社会效率的损害。所以说，有章可循和简化规则，是一个矛盾中的两面，既不能缺又不能滥，《道德经》的高明之处在于不只强调其中一个方面，所以才符合"道"，才是规律性的。

管企业与管国家虽然不同，但所有管理背后的原则都一样。企业管理，也得按照本章讲的三原则来：一、按规律办事；二、建立制度规范；三、简化制度和规范。道理简单，只是企业和企业完全不同，每个企业要如何抓住本行业的规律性，制定适合自身的制度规范，需要摸索出适合自己的道路来，这是我们需要自己思考的问题。岳飞有一句话，"运用之妙，存乎一心"，而老子说，"譬道之在天下，犹川谷之于江海"，川谷终归流入江海，就好像"道"终归要应用于天下一样。至于应用水平的高低，要看个人的修为。

第三十二章讲"道"应用于社会管理的原则，那么作为个体存在的人，又该怎样用"道"的原则来提高自身修养呢？下面是《道德经》特别精彩的一章，可以作为人生的金科玉律。请看第三十三章：人生八大秘密。

⫼ 提炼要点 ⫼

"道"的原则应用在管理上，要从小处着手，抓住正确的"小"，无往而不利。但管理制度不能把人管死，不能事无巨细，要发挥人们的主观能动性——"功成事遂，百姓皆谓：我自然"。

第三十三章
人生八大秘密

人生最重要的八个问题，答案就在这38个字当中。

知人者智，自知者明。胜人者有力，自胜者强。知足者富。强行者有志。不失其所者久，死而不亡者寿。

翻译

能够了解别人的可以说有一定的智力，而能够了解自己的才算明白人。能够战胜别人的只是有力量，能够战胜自己的才算真正的强者。懂得知足的人才是富有的人。以强大的意志来奋斗的才算有志之人。不离开自身根本的人才能长久，身体死亡但被人传颂的人长寿。

解释

这一章一次又一次感动我，强烈建议大家，即使不能像我一样把《道德经》背下来，至少把这一章背下来！三十八个字，概括了所有人的一生。鲁定公曾经问孔子有没有"一言兴邦"的话，孔子的答案我们这里不谈，假如有人问有没有"一言概括人生"的话，老子这三十八个字就可以，言简意赅到令人叹服的程度，意义深远到令人琢磨不尽的境界！

◎ 懂自己比懂别人重要

首先，本章开篇就颠覆了我们两个错误概念：一、我们原来以为明智是一个概念，老子告诉我们明和智是两个概念，了解别人叫作"智"，了解自己才叫作"明"；二、大多数人认为"明智"指的是世事洞明，是知识丰富，是处理事务的能力超强，老子却告诉我们，处理事务的能力和明智没有关系，了解自我、了解他人的能力才是明智与否的标准所在！这太重要了，因为大多数人活了一辈子都是围着事情打转，根本没有领悟到事情根本不是人生的核心——人生、人生，人才是生命的重心！

静下心来想一想老子的话。世界千变万化、无奇不有，如果人生的核心是身外之物或者身外之事，那么必然无所适从，失去根本。很多人奋斗一生，以为自己成就了很大的事业，但在外人看来，他为之奋斗的那件事毫无意义，不但没有意义，反而可笑至极。我们读过吝啬而死的葛朗台的故事，也读过临咽气不减掉一根灯芯就不肯死的严监生的故事。我小时候不能理解，为什么那么有钱的人却不懂得，不花钱，那么攒钱还有什么意义？长大了见到很多类似的人才明白，他们做事的目的不是丰富自己的人生、扩展心灵的宽度，他们只是做事的奴隶——赚钱只是因为赚钱上了瘾，攒钱只是因为攒钱成了习惯，他们的事业已不再是事业，钱已不再是钱，而被看成与生命完全等同的东西。有什么样的追求，当然是个人选择，问题是，当他们的赚钱与道义发生冲突时，当他们的事业和人性产生矛盾时，猜猜他们会怎么干。我们见到了种种奇怪的事情、令人惋惜的事情和令人发指的事情。一旦明白这些人的出发点是把事业和赚钱当作生命，那些事情就不令人奇怪了，因为他们会为了生命付出一切，自然也会为了事业或赚钱而不择手段。

如果事业和赚钱并非人生最重要的事，我们就知道做事业的技巧、赚钱的能力也不应是"明智"的标准，因而知识和学问、技术和艺术也不能够称为明智。知识、学问、技术、艺术这些知识技能往往是静态的，只靠死记硬背和长时间学习、练习就能获得，比达到明智的境界要容易得多。当然，并不是说明智的人不能做好事业、赚大钱，恰恰相反，越明智的人往往越能够做好事业、获取财富，反过来，能够做好事业和获取财富的很多人却未必明智；也不是说明智的人没有知识、学问、技术、艺术，恰恰相反，明智的人更懂得学习的重要，更会根据自己的情况选择有益的知识来吸收，反过来，学富五车而愚蠢的人却不少见。

明智的人懂得，真正的智慧不在于了解事物，而在于了解自己和他人，这才是真正的大学问！不但老子这么说，孔子也这么说，孙子也这么说，古希腊的哲学家也这么说，一切智者都这么说。孔子说："不患人之不己知，患不知人也！"孙子说："知己知彼，百战不殆！"古希腊的哲学家说："Know yourself（了解你自己）。"

为什么了解人比了解知识更重要？就因为"人"才是人生的核心，其他一切都是为人服务的；你不论做什么事、学什么知识、赚什么钱，都一定是与人有关的事、与人相关的知识、从别人那里赚到并用到自己和别人身上的钱，所以即使一个人能力再强、知识再丰富、再会赚钱，如果不了解自己和别人，不懂人性，也绝不会是一个明智的人！

◎ 人贵有自知之明，因为人难有自知之明

既然明智是了解人的能力，究竟做到"明"容易，还是"智"更容易呢？换句话说，了解自己容易，还是了解别人容易？其实了解别人较容易，了解自己更困难。唐太宗说过："以铜为鉴，可正衣冠；以古为鉴，可知兴替；以人为鉴，可明得失。"真要了解自己，需要以人为鉴，以谁为鉴呢？唐太宗是以魏征为鉴啊！历史上的李世民多么明智，但这样一个优秀人物也看不清自己，成功之后犯下了很多错误，在魏征直言劝谏时几次差点杀了魏征，由此可见，了解自己是多么困难啊！反过来，了解别人容易多了，可以依靠业绩的度量、朋友的评价、社会的反响，现在还有各种数字化手段和网络信息可以查找。难以了解自己的最大原因，在于任何人都难以客观对待自己。对别人犯的错误可以一语中的，对自己的错误却会百般开脱；看别人的优点就是环境使然，看自己的优点都是努力达成——如何做到客观了解自己、正确评价自己，是每个人最难的功课。

有人会说，既然"自知者明"这么难，我干脆不要自知之明了，做到"知人者智"也可以吧？这种想法可以理解，大多数人也是这么实践的，问题是大多数这样的人不会成功。为什么？因为如果一个人不能真正了解自己，又怎么能真正了解别人呢？每个人都是从了解自己开始，再去把握别人的心态。举个例子，我曾经听过一个心理治疗师的讲座，他问听众：如果有个国际航班坠毁了，第二天你坐一个国内航班，你认为空姐们的表情是和平常一样呢，还是变得紧张沮丧呢？当时这两个选

项都有人选。心理治疗师追问了一句：如果你就是空姐，你的一个朋友在空难中去世了，你的心情是怎样的呢？听众一下都明白了，一定是紧张沮丧的。这次讲座后再看，果然如此：空难事故之后，不仅空姐，连地勤和安检人员都分外紧张，安检的细致程度明显增加——人同此心啊！不仅空乘人员，乘客也更紧张了呀。

因为人同此心，所以自知之明可以启发知人之智；反过来，有知人之智却不一定有自知之明。古今中外一切成功的管理者，尤其是带领大团队的人，几乎都有比较高的"知人之智"，否则不能带领团队成就事业，而其中只有少数人具备真正的自知之明。可以做一个波士顿矩阵，横坐标是知人，纵坐标是自知：左下角的象限是既不知人，也不自知；右下角是不自知，但知人；左上角是自知，但不知人；右上角是既自知，也知人。右上角可算是明智的人，比如范蠡，我对他佩服得五体投地。左下角是智商和情商都非常低的人，这样的人就算有一肚子学问，在社会上也是寸步难行。左上角自知但不知人的人，说实话我还真的举不出例子，有这样的人吗？除非这人完全不接触社会，否则真正了解自己的人，是不可能不了解其他人的。况且，如果一个人真的没机会接触社会，生活在真空之中，他又怎么有机会了解自己呢？须知人是社会性的存在，是通过群体生活来获取对世界的认识的，所以逻辑上这样的人不可能存在，而事实上也很少能见到。最常见的是右下角那种人，说起别人来头头是道，讲自己就很难客观了，用曹雪芹的话说，"机关算尽太聪明，反算了卿卿性命"。这里我们不说王熙凤，单说越国范蠡大夫的搭档——文种大夫。

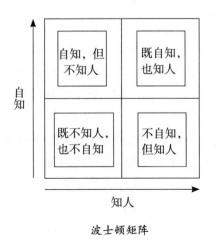

波士顿矩阵

范蠡功成身退的时候很够意思，写了封信给哥们儿国相文种，劝他一起走。文种这样的高级谋略家哪会不懂人性呢？范蠡的信他一看就懂，但他死在不懂得自己：好名好利本是人性的本能！范蠡走了，自己的地位肯定更高啊，越国称霸了，自己的利益当然更大！就因为贪恋名利、看重功劳，文种错过了唯一实践"功遂身退，天之道"的时机，后来被勾践赐死。勾践当时说的话也够损："你给我出的七条计策，我用了三条就干掉了吴国，问题是剩下四条没有地方用，要不你去地下帮我先人们再去试试吧？"这里省略了一句话："我怕你把那四条计策用到我身上。"文种虽然智商超群，还是死在不了解自己的人性——贪婪好名上，因此他无法真正了解，越王也必然具有贪婪好名的人性，必然会除掉自己。可见即便文种这样精明的人，都没有自知之明，只具备表层的知人之智，不可能真正了解他人的内心深处。

可见自知之明太重要了！也实在太难了！文种这样优秀的人物都做不到，为什么呢？

因为"知人"只要善于观察、动脑就可以，而"自知"除了这两样之外，还需要对自己足够狠，敢于把自己的面子撕碎，把心肠拿出来在太阳下面洗洗涮涮，看看自己所有难以启齿的缺点，以及每个一闪而过的罪恶念头——敢于坦然面对自己，打破一切虚荣和面子，这不知有多难！然而这还不是最难的，有些人确实有大勇，敢于革自己的命，问题是，再有勇气的人也往往看不到自己的问题所在，因为人心总是变化莫测，自己的念头常常不知从哪里来、到哪里去，这都看不清、抓不住，怎么批评改正呢？所以中国古人的话是有深刻道理的，比如：《道德经》的"致虚极，守静笃。万物并作，吾以观复"，就是把心静下来，看到自己的内心，找到思想源头的修炼方法；儒家的"欲修其身者，先正其心；欲正其心者，先诚其意"，然后才能齐家治国平天下，也是一样的道理，"诚意"就是把心静下来，专心于一意；佛家不用说了，"回光返照""万法归一"这些词都是他们修行的术语，也是要求静下来看到自己的念头。

我们不一定有以上修行的条件和经验，怎么办？很多智者是运用唐太宗的方法了解自己、改进自身的，即听取别人的批评和建议。比如新东方的俞敏洪老师反复讲过，大学班级里有一个同学喜欢批评别人，也喜欢自我批评，俞老师非常重视他的话，总能从批评中吸取营养来改进自身。不论采用哪种方法，大多数人还是有机会了解自己的，所以最大的问题并不是不知道自己的缺点，而是知道了也不肯改正，这又有什么办法呢？于是老子马上劝说世人说：

◎ 超越自我才是强者

"胜人者有力，自胜者强"，老子真是善良啊！他知道大多数人没有改正自己缺点的勇气和毅力，所以用了激将法。一般人可能看不出这和"知人者智，自知者明"之间的关系，其实它就是要解决刚才那个问题的：自以为聪明的人会想，既然"知人之智"容易，"自知之明"难，只要我有知人之智，能够战胜对方，不就可以了吗？为什么费那么大力气，正心诚意、回光返照、找人批评，来获取自知之明呢？老子一句话就打掉了这些人的借口：有知人之智，能赢别人有什么了不起？有自知之明、能战胜自己的，才是牛人！老子牛啊！他的逻辑强大到不可辩驳，就如你和一个新生儿比赛举重，就算赢了他，能说明你厉害吗？反过来，你和一个举重世界冠军比赛，就算输给他，能说明你不行吗？这些比较没有任何意义，因为一个天生瘦弱、身高不到一米五的人，即使训练一生，举重也不可能赢过天生神力的巨人，能说输家的训练不成功吗？有智慧的人不会随便将自己和别人比较，真正有意义的是与自己比较！战胜别人除了说明你的力气比别人大之外，什么都说明不了，战胜自己才是真正的成功！

胜人属于competition（竞争），自胜是evolution（进化）。老虎一直吃人，直到人类发动头脑革命、发明工具，反过来捕猎老虎。今天野外的老虎已经不多了，地球上的老虎大多被人豢养在动物园中。人类是世界上唯一有专门制度和组织、有计划地培养教育下一代的生物，为的就是自身不断进步，因此才能在几万年之内迅速淘汰其他物种；人类当中善于学习进步的个体，也会在短短一生当中，迅速超越众多同类，成为非常优秀的人物，其中的秘密不在于天生的优势，而在于"自胜者强"！孔子说，"见贤思齐焉，见不贤而内自省也"，要时刻保持自知之明、不断反思、不断进步的优秀习惯！强悍如老虎，故步自封，也会被淘汰；弱小如人类，不断和自己比、不断自我超越，也能成为强者。

◎ 轻轻松松成富人

问题又来了：既然人类要不断进步，那么人类怎样衡量自身的成功呢？是否可以用物质财富来衡量？如果能，拥有多少财富算是富有？这又是一个重大问题，尤其在全世界崇拜财富英雄的今天，很多人都希望在名利场上有所斩获，不过谁也说不清楚什么叫作富有，30万算吗？300万算富有吗？还是3000万？3个亿？按照2017年2月份的统计，比尔·盖茨以860亿美元，折合近6000亿元人民币的资产，列为全世界富豪排行榜的第一，与他相比，没有人可以算作富有。而2012年全球人均收入最低的国家是刚果民主共和国，只有231.51美元，那么与刚果人比起来，几乎人人都是大富翁。所以财富有衡量的标准吗？我要追求的财富目标到底是多少呢？这个问题恐怕一直困扰着每一个现代人。

来听听老子怎么说——"知足者富"。真是精辟啊！对贪婪的人来说，拥有亿万元也不算富；对知足的人来说，千八百的也不算穷；有多少钱也不算富，除非人心知足；有多少钱也不算穷，除非人心贪婪！这个世界上，往往越是富有的人越不知足，即便富可敌国，也许还是可怜的穷人。2008年金融危机席卷全球，当时报道中时不时有国内外企业家和金融家自杀的新闻，令人诧异的是，几乎每个自杀的都是亿万富翁，有的在自己的红色捷豹座驾中开枪自杀，有的在自己厂区的人工湖里沉湖自杀，这些人往往是因为难以忍受财富缩水而弃世，其中一位竟然因为财富从120亿欧元减少到70亿欧元而自杀，真是让人惊诧莫名。看网友评论，明显都不认为少了几十亿欧元就要死，因为还剩下70亿欧元呢！那些自杀者至少还拥有捷豹和人工湖呢！而我们大多数人只要拥有豪车或豪宅其中任何一样，都会觉得自己很富有！其实一个人即使一无所有，也可以感觉富足，比如那些古希腊哲学家。据说古希腊的犬儒学派，有人称之为古希腊的"老庄"，比如第欧根尼有一次正在晒太阳，这时亚历山大大帝前来拜访，问他需要什么，并保证兑现他的愿望。第欧根尼回答道："我希望你闪到一边去，不要遮住我的阳光。"亚历山大大帝后来说："我若不是亚历山大，我愿是第欧根尼。"我们应该时刻提醒自己，幸福感与财富没有绝对的关系，从某种意义上来讲，幸福感只与自己有关系，且只与自己的心态有关系。而且用财富的多少来衡量一个人的成功与否，逻辑上也说不通，比如最富有国家的穷人其实比穷国的富翁可能赚得多。所以财富多少既不能说明一个人的成功程度，也不能说明一个人的幸福程度。

◎ 决心和意志比财富更有价值

有人会说，财富虽然不能说明所有问题，但毕竟是一个最能说明问题、可以量化的指标。但是谁说只能用量化指标来衡量人生？毕竟，人的幸福感不能够量化，人生本来就不应以量化指标来评价的。老子认为，与财富多少相比，有更重要的指标评价一个人，比如"强行者有志"。为什么将全部心力用在追求财富上，而忘了追求理想、实现抱负？就与"胜人者有力，自胜者强"的道理一样，财富超过别人固然可以炫耀，但是只有突破自我、达成自己的人生目标，才是个人价值的最佳体现啊！

前面说过，人和人是无法比较的，所以每个智者都知道，不要对别人妄加评论，也不要将自己跟别人妄加比较，真正有意义的事，是把今天的自己和昨天的自己比较，看看是否有进步，并且通过今天的努力，明天变成更好的自己。中华文明不仅对于不断进步的人赞不绝口，比如孔子夸奖颜回"吾见其进也，未见其止也"，甚至对坏人的悔过自新也有极高评价，比如有俗语"浪子回头金不换""放下屠刀，立地成佛"，这不是对不断自我进步、自我修炼的最高评价吗？因为战胜别人并不难，难的是战胜自己！"强行者有志"之所以难，是因为做一个"强行者"，要战胜的不是困难，而是自己。不论这个人要战胜外在的困难，还是要战胜自身的问题，只有那些敢于挑战自己的人，才能勇敢地面对。比如新东方教育集团的创始人俞敏洪，最初给新东方学校确定的校训就是"追求卓越、挑战极限，从绝望中寻找希望，人生终将辉煌"。新东方激励学生的方式，不就是老子说的"强行者有志"吗？中国人说一个人励志进取，往往说他"昨日种种，譬如昨日死；今日种种，譬如今日生"，用生死来描述立志的过程，可见决心之可贵、立志之艰难。

◎ 摆脱彼得原理的宿命

既然财富不是目标，实现个人理想才是更高使命，每个人要不要不择手段往上爬，是不是地位越高越好、官越大越好呢？老子知道有这么一问，下面说"不失其所者久"，一味往上爬并不明智，因为一个人要找到合适的位置，就不能"失其所"，用现在的话说，人岗匹配才能长久，人岗不匹配就是"失其所"，无法长久。如果不停往上爬，这人的能力早晚达不到岗位的要求，就会被淘汰。老子这一理论，相当于今天人力资源理论中的"彼得原理"，后者是由美国管理学家彼得在1960年提出的。彼得发现，在一个层级组织中，每个人都倾向于上升到一个自身能力不能胜任的岗位。因为如果他的工作是称职的，他通常会被提升，而新岗位的工作要求往往高于他的能力；如果他仍然胜任，其职位还会再次上升，直到其不能胜任为止。彼得最初发表自己这一发现，是以一种幽默的语气来调侃管理的，不料立马引来广泛关注，后来"彼得原理"被评为"20世纪三大管理学发现"之一。其实这一现象，老子在2500多年前就注意到并且警示过世人了！所以大家不要觉得晋升一定是好事，只有人岗匹配、不失其所的晋升才是好事，如果感觉自己能力不匹配，宁可暂时放弃升迁机会，通过学习、锻炼来提升能力，经过自胜者强，强行者有志的个人提升之后，再晋升到胜任的岗位，才是长久之道啊！

　　老子给我们的人生、事业指出了一条清晰的道路：首先通过了解别人、了解自己，达到自身的明智；再通过战胜自己来成为强者；通过控制欲望、实现理想成为富足的人，并获取事业的成功；通过获得与自己能力匹配的岗位，成为不失其所、对社会有贡献的人。这样的人是否算成功呢？几乎是，但还不算最成功的。老子在本章最后又提出一个更高的标准，确切地说，是最高标准："死而不亡者寿。"一个人的事业再成功，也有谢幕的那一天。当人生走到尽头，大多数人的功业也随风而逝。那么什么人才算真正长寿呢？是像老子这样的人，他留下了《道德经》千古传诵；像岳飞这样的人，他的人生遭遇令人扼腕叹息；像韩娥这样的人，身后仍有余音绕梁；像李白这样的人，至今在静夜月圆之日，仍有游子吟唱他的诗句。一个人离开了，他的故事、他的精神、他的诗句仍令人欣赏，勾起回忆，穿越时空，激励后来的人，这才是人生成功的最高标准！

　　《道德经》真的如同一面镜子，给我们的人生非常清晰的映象。所有人都忙着研究别人，只有老子说"认识你自己"。所有人都觉得赚钱发财是最重要的事，只有老子冷静地说，知足于物质、追求于精神才有意义；所有人都谋求高官厚禄，只有老子说，人应该安于适合自己的位置，而追求让自己的影响及于后世。他的思想正如清冽的泉水，注入现代人浮躁焦裂的心田，令人掩卷而思，狂心顿歇。本章揭示了人生的八大秘密：什么是聪明、什么是智慧、怎样算有力量、什么才是强大、什么是富有、怎样才算立志、如何才能长久、怎样才算长寿。我们应该认真体会老子的话，比如我，在今后的人生中会不断对照《道德经》的观点，来寻找自己人生的意义，找到自身的终极价值。

本章主要讲个人的价值如何实现，那么社会的价值又该如何实现呢？下一章老子站在一个更加宏观的角度，讲"道"在社会环境下的应用。请看第三十四章：成其大者。

‖ 提炼要点 ‖

1.有知人之智，不一定有自知之明；有自知之明，一定有知人之智！

2.了解自己难于了解别人；

3.即使能够了解自己的缺点，多数人仍然没有改正的勇气和毅力；

4.战胜别人不是牛人，战胜自己才是牛人；

5.真正的富足，是知足常乐；真正的贫困，是贪得无厌。

6.真正的立志，首先要克服自己的畏难情绪；

7.晋升不一定是好事，只有在胜任的情况下才是好事；

8.能够给后世带来影响的人，才是真正的长寿的人。

第三十四章
成其大者

想把事业做大吗？唯一的方法，就是不能自大！

大道泛兮，其可左右。万物恃之而生而不辞，功成不名有。衣养万物而不为主，常无欲，可名于小。万物归焉而不为主，可名为大。以其终不自为大，故能成其大。

〞翻译〝

大道真是广泛啊！可左可右。天下万物都依靠大道而生生不息，而"大道"却从来不会把成功归于自身。养育包容万物而不自我尊崇，无私无欲，可以称它为"小"。而万物归附却不自以为主宰，这种气度就叫"大"。因为始终不自以为伟大，所以能够成就其伟大。

◎ 中西文化对比

自古以来，中国人就喜欢把个人修养与社会发展联系起来。儒家"修身、齐家、治国、平天下"的理念，从个人修养开始，以治理天下为终点，与古代西方的思想不是很一致的。西方人的思想有两个重点：一是信仰，二是名利。信仰的目标是个人得救、上天堂；名利的目标是个人生活幸福，富贵双全——说到底是一个目标，还是以自私为目的，就像恺撒大帝那句著名的话："我来，我看见，我征服。"通通以"我"为个人奋斗的起点和终点。相较之下，中国人的个人成长，其起点和终点均以天下为己任，我修身是为了天下，我平天下还是为了天下，所以中国的文化背景当中，自然包含了宏大的理想以及成就社会的使命感。美国历史学家斯塔夫里阿诺斯在名著《全球通史》中完全无法理解，中国人明明可以征服世界，获取全世界的资源和财富，为什么没有这样做？明朝永乐帝派郑和七下西洋的时候，其舰队规模约是100多年后的达·伽马的百倍，军力天下无敌，既没有殖民，也没有掠夺财富，见利而不取，这让西方人想破脑袋也想不明白。斯塔夫里阿诺斯说，如果当时中国人进行了殖民和贸易，今天全世界的黄种人占比将超过50%，取代白人成为人口最多的人种，版图将大大扩张，世界格局会完全不同。他不懂的是，中国人的理想不是获取个人私利，中国人心目中的美好世界，是各民族和平共处的幸福世界，所以中国人说的"平天下"，是使天下太平，而不是西方民族所希望的铲平天下，并把土地和财富归为自己所有。今天发达国家害怕中国崛起，总以小人之心度君子之腹，以为中国强大后也会烧杀抢掠、称霸天下，只因为他们不懂得中国人的人生观、世界观和宇宙观罢了。

有人问，究竟中国人的逻辑正确，还是西方人的逻辑更胜一筹呢？其实中国的文化已经延续了数千年，相比之下西方文化的传承时间要短得多。不过西方也有逻辑清晰的高人，彼得·德鲁克曾经说过：要管理别人，首先要管理自己。一个优秀的管理者首先要管理好自己的时间，然后才能管理好自己；管理好自己，才能管理好别人，才能管理好企业。这不就是"修身、齐家、治国"吗？这是我们老祖宗几千年前提出的理念，远远超前于现代管理科学。不仅现代管理的目标，包括整个人类社会的发展目标，都是为了让所有人过上更好的生活，因此强大的国家和民族不应该把掠夺其他民族作为目标，不应该把本国人的幸福生活建立在其他国家人民的痛苦之上。人类的实践也证明，那些妄图这样做的国家和个人，必将一次次在战争和衰落的泥潭中挣扎！

◎ 治国要用"大"道

那么治国的大道在哪里呢？老子说："大道泛兮，其可左右。"大道广泛啊！可左可右。其实他的重点不在可左可右，而在"大道广泛"，"可左可右"可以理解成"无所谓左右"，还可以理解成"没有左右之分"。为什么？比如地球之大，能分成东西吗？从中国来分，英国在西、日本在东；从美国来看，中国在西、英国在东，说东说西都是相对的，所以以"大道"的角度看，左和右没有意义，因为大道就类似于地球：地球囊括东西，大道涵盖左右。

"万物恃之而生而不辞，功成不名有。"天下万物都依靠大道而生生不息，而"大道"却从来不曾邀功请赏，不把成功归于自身。注意了，这讲的是最重要的领导力，想要领导众人成就一番事业的人，要明白句子背后的道理。第一，要成就大事的人，不能只为个人私利而奋斗，那样没有人愿意跟你干。中国人特别讲究做事的出发点，打仗要师出有名，创业要以天下为己任，"得道者多助，失道者寡助"，为个人利益打拼，则无法凝聚天下的人才。第二，领导者必须谦虚谨慎，归功于众人，自己不骄傲、不居功、不张扬，才能保住胜利果实，就如第二十二章中说的"夫唯不争，故天下莫能与之争"。

◎ 刘邦和项羽，谦虚与骄傲

举个例子。秦末天下群雄并起，反抗暴秦的统治，各诸侯公推项羽为霸王，因为这家伙帅得一塌糊涂：且不说他是将门之后、力能举鼎、熟读兵法，还尊楚怀王为义帝，巨鹿之战中破釜沉舟，大破秦军，名扬天下，就连他女朋友虞姬的颜值也是天下无双，真是全方位的高富帅，民主选举不选他选谁？这时的项羽堪称为国为民、侠之大者，他大会诸侯，约定先入关破秦者为关中王，真是英雄盖世、豪气干云，天下英雄莫不为之折服。虞姬仰视心上人，心醉神迷，喃喃说道："我的心上人是一个盖世英雄，他脚踏七彩祥云……"唉，如果那时的项羽暴死，后世会尊他为大英雄，可惜他又多活了四五年，并犯了一系列帅哥都会犯的错误：杀秦俘虏二十万，是他背信；杀义帝，是他弃义；没有封刘邦为关中王，说话不算数不说，自己也没有留在秦国都城，却在阿房宫放了一把大火，直烧了三个月，他带着无数财宝和美女回了老家江苏宿迁，真是不可思议。当时所有人都看不懂！他自己解释说："富贵不归故乡，如衣锦夜行，谁知之者！"一句话露出了孔雀屁股。原来他打着替天行道的旗号，其实是为了自己帅，贪财好色、没有理想不说，还一盆冷水把天下人的热情浇成了死灰，真是"一将功成万骨枯"，成千上万的战士前仆后继，难道就为了成就项羽个人的名利吗？！

相比之下，刘邦实在太成熟、太高明了！破秦之后，善待投降的秦国王室，屯兵霸上，财富美女秋毫无犯；废除苛刑，与三秦父老约法三章，令秦人心服口服。后来刘邦取得天下，是有着广泛的群众基础的。刘邦打败项羽后，他怎么评价自己呢？完全符合《道德经》"功成不名有"的标准。据《资治通鉴·汉纪三》记载，汉高帝五年（己亥，公元前202年），君臣在讨论战争经验，谈到胜利的两个重大原因的时候，大臣们提出第一点，因为刘邦和人民共享天下的利益，所以能够成功；而刘邦说出了第二个原因，也是他认为更重要的原因，那就是他不出风头，让麾下的三大猛人各自发挥长处——让战争天才韩信去打仗，让天才总理萧何主政，让最强大脑张良做智囊，因为自己这三方面都不如他们，所以搭了个平台，让他们发挥才干。多么谦虚啊！所以他能够凝聚猛人，所以能够成大事。再看项羽，经常不让将领打仗，怕下属抢了自己的风头，与刘邦的胸怀相比，说项羽小肚鸡肠，一点也不过分。

◎ 本事可以有，脾气要消光

"衣养万物而不为主，常无欲，可名于小。万物归焉而不为主，可名为大。"意思是：大道胸怀天下却不贪图天下，欲望小；能够养育万物、容纳天下，本事大。其实不仅"大道"欲望小、本事大，大人物也是欲望小、本事大的。民国时期上海有一个黑社会老大叫杜月笙，这人没读过书，但很多人都说他有大学问，他有一句很有名的话：头等人有本事没脾气；二等人有本事有脾气；末等人没本事大脾气。其实这个道理在《道德经》第三章就讲过。欲望小，本事大，是人生的最高境界，是做人的最好心态！

"以其终不自为大，故能成其大。"最后点题，正因为大道不自以为大，所以能够成就大道。同样，做人只有虚怀若谷，不贪私利，不炫耀自己的伟大，为国为民，与天下同利，才能够赢得众人的支持，成就大事！

如果有了为国为民的格局，怎样才能吸引天下的人才，同心同德成就大事呢？请看第三十五章：天下归心。

『提炼要点』

上等人有本事，没脾气；中等人有本事，也有脾气；下等人没本事，有脾气。欲望小、本事大，是人生的最高境界，是做人的最好心态！

第三十五章
天下归心

良禽择木而栖，所以吸引人才最好的办法，是平时就搭建好适合人才发展的好的平台。又称"筑巢引凤"战略。

执大象，天下往。往而不害，安平太。乐与饵，过客止。道之出口，淡乎其无味。视之不足见，听之不足闻，用之不足既。

∥ 翻译 ∥

执守大道，天下人才就会聚集归往。人才来了要营造好的环境，令人感到平和安泰。这就好比音乐和食物，可以让客人停留一样。所以大道虽然深奥，一旦说出来却显得平淡无味。看它看不到，听它听不着，用它却可以有无穷的妙用。

∥ 解释 ∥

《庄子》当中说，凤凰这种鸟，如果不是遇到梧桐树，绝对不会栖息。所以有一句话，"栽下梧桐树，引来金凤凰"，经常被地方政府用来夸耀政绩，说明当地打造了良好的营商环境，殊不知当今社会，吸引企业不如吸引人才：有了一流的人才，才会有一流的企业；如果人才跟不上，即使有了好企业，也会遇到问题。

◎ 栽下梧桐树，引来金凤凰

本章讲如何吸引天下人才。

"执大象，天下往"，什么是"大象"？当然不是亚洲象、非洲象，最大的"象"不就是宇宙规律吗？不就是"道"吗？这里的"大象"是"大道"的代名词。对一个社会来说，符合大道的社会环境什么样呢？那就是上一章说的"大道泛兮""衣养万物而不为主""以其终不自为大，故能成其大"，这样的社会必然是符合规律的、不欺压人民的、与天下人同利的、不夸耀统治者的武功和威名的社会。对优秀的人才来说，什么样的社会环境是梧桐树呢？简单说，这个社会要符合人才发展的规律，不将太多条条框框强加于人，让大家能自由发挥自身的潜能，尽情施展自己的才华。所以国家也好，地方政府也好，"执大象"就是把大环境营造好，做到符合规律，不做人为的制约；"天下往"，天下的英才就会自动地聚集。

　　二战以后，我们看到一个"执大象，天下往"的例子，那就是美国社会。其实在二战以前，大批人才就开始向美国聚集了，为什么？第一，美国幅员辽阔、资源丰富，第一个"大象"就是发展空间巨大；第二，作为建国不过一二百年的新兴国家，几乎没有传统和守旧势力，个人和企业发展的自由度特别高；第三，鼓励新鲜事物，崇尚创新，给创新型人才以巨大的发挥空间。二战以后，美国利用在两次世界大战中发的战争财，吸引了全世界优秀的科学家和各类优秀人才，形成了强大的人才优势。美国能长期雄踞全球的霸主地位，不能不说与良好的、适宜人才发展的环境密不可分。

　　再举一个反面例子，还是美国。20世纪90年代以后，美国经历了长期繁荣之后，开始依仗自身的高科技、强金融、武力霸权、人才优势，掠夺中东的能源，使用金融霸权掠夺全球财富，自己靠高附加值的专利产品过上奢侈生活，将低端污染产业转移到第三世界国家，再利用军队入侵那些不听话的小国，搞得天怒人怨，这些不仅违反了"执大象"的标准，简直是倒行逆施。"9·11"事件之后，美国对很多国家的政策开始走向封闭，同时更加肆无忌惮地使用金融工具，终于引爆了2008年的金融危机，不仅自己国内的经济受到重创，还把全世界带入严重的衰退当中。自从"9·11"之后美国走向封闭，我们看到越来越多的优秀人才逃离美国，在2008年之后这种趋势更为明显。而中国通过30年的发展，人才成长和企业发展的环境越来越好，北上广深吸引了大量国际化人才和世界500强企业。通过中美30年来人才吸引力的对比，可以看到两国政府政策上的优劣：一个走向封闭、贪婪，一个走向开放、宽容。用中美的不同局面来诠释"执大象，天下往"，再合适不过。

天下的人才来了，怎么对待他们呢？"往而不害，安平太。"一定要让人才安心，不要像某些国家，在签证处和海关让人家战战兢兢地接受审讯，好像审贼一样：看来某些立国百年的国家，很难像有几千年历史的礼仪之邦一样宽容大度。没有老子和孔子的民族，完全不懂"民多利器，国家滋昏"的道理，社会上枪击案不断，夜色中警车啸叫刺激着神经，怎么能吸引人才久居呢？再看中国，全力打造安定团结的社会，"安平太"，才能保障经济和社会的快速发展。

"乐与饵，过客止"是说，如果一个地方有美妙的音乐和美味的食物，过客就会留下来，还是"筑巢引凤"的道理。

◎ "道"越简单越实用

"道之出口，淡乎其无味。视之不足见，听之不足闻，用之不足既。"讲的是"大象"即大道，应该是什么样的。对大道的描述，只能是平淡无味的。"视之不足见，听之不足闻，用之不足既"在第十四章有类似说法——"视之不见名曰夷，听之不闻名曰希，搏之不得名曰微"，强调大道的特点是无形象，看不见、听不着、摸不到，却是宇宙最根本的规律所在；这里又强调，除了加深我们对于"道"的本质的印象以外，老子更想说的道理是：大道不需要花里胡哨，应该是非常自然、不露声色、毫不生硬的，但又是符合人性、符合规律、让人舒服的！

这道理听起来很简单，其实非常深奥。学过《道德经》的人更能理解，因为前面反复讲"道常无为"的道理，而没有学过《道德经》和佛法等古典哲学的人非常困惑，不懂得看不见、摸不着的东西有什么好。殊不知白光无色，却包含天下所有颜色；白水无味，却养育天下生灵；空气无色无味不能触摸，却是地球生命存在的先决条件。这些"无"，没有一样不是生命的根本。而"五色令人目盲，五音令人耳聋，五味令人口爽"（见第十二章），这些有颜色、有声音的、有味道的，才真正危害生命！"道"就是与人们的印象不同，"无"的好处比"有"还多，不懂《道德经》的人，对宇宙人生的了解只能停留在表层，而根本无法触及深层次的道理。

《道德经》中这种与我们的印象、感观相反的道理，实在太多了。下一章就讲怎么利用这种道理，来做成大事。请看第三十六章：相反相成。

∥提炼要点∥

　　符合大道，人才归往；符合人性，人才留用；大道至简，妙用无穷。

第三十六章
相反相成

神欲使之灭亡，必先使之疯狂。

——古希腊悲剧作家欧里庇得斯

将欲歙之，必固张之；将欲弱之，必固强之；将欲废之，必固兴之；将欲取之，必固与之。是谓微明。柔弱胜刚强。鱼不可脱于渊，国之利器不可以示人。

翻译

某物快要合上之前，原本是张开的；将要变得弱小之前，原本是强大的；变得荒废之前，总是很兴盛的；被人拿走之前，总是先被给予的。明白上述道理，叫作明白微妙。柔弱能战胜刚强。所以鱼不能离开深水，国家的利器不能显露给别人。

◎ 不疯狂也不会灭亡

"神欲使之灭亡，必先使之疯狂。"这句话出自和老子几乎同时代的欧里庇得斯，后来被反复引用——《圣经》里，莎士比亚的《麦克白》里，都有类似意思的话。尼采也说过，不过都是把"神"改成上帝而已。老子所处的年代早于欧里庇得斯，他的语言更为清晰，逻辑更加明确，说的就是天道循环、物极必反的道理：强大到一定程度，就会走向相反方向。中国人自古就知道凡事不可过头，太完美也不是好事，这种成熟度可以追溯到老子的这一章。不过，很多人对这一章理解有误，来看看对"将欲歙之，……必固与之"的两种不同的翻译方法，哪一种对？

翻译一：

如果我们要合上某物，一定先张开它；要想削弱某物，必须先使其强大；想要让什么东西废掉，一定要先加强它；想要拿走什么东西，要先把这东西给别人。

翻译二：

某物快要合上之前，原本是张开的；将要变得弱小之前，原本是强大的；变得荒废之前，总是很兴盛的；被人拿走之前，总是先被给予的。

两种解释似乎都成立，但是理解可是大不相同，前者有点耍手腕或者阴谋的意思，讲的是欲擒故纵的计谋；后者说的是事物的自然发展规律，是物极必反的道理。那么老子这里是教我们做事的手段呢，还是讲述事物自身的发展规律呢？我认为是后者。为什么呢？首先，整本《道德经》都不是教人权谋，而是讲大道、讲规律的；更重要的，下一句是"柔弱胜刚强"，如果老子真是讲权谋，下句话应该是"计谋胜刚强"呀，"柔弱胜刚强"明明是说不要处于刚强的状态，因为刚强的下一步就是毁灭啊！这不就是"神欲使之灭亡，必先使之疯狂"的意思吗？中国人说"见好就收"，再不收手，就遭天谴了！

此处非常微妙，老子说这个道理是"微明"，"微明"就是明白非常微妙的道理。微妙在哪里呢？成功的人永远在谦虚、低调的位置上，努力进步；而那些争强好胜、骄横狂妄的人，最多只有昙花一现的短暂成功，无不惨淡落幕。

比如一个人行走人世间，可以有很多理想和目标，如果希望成为有智慧的人，应该怎么树立人生目标呢？有两个选择：第一，成为天下第一聪明的人，让天下人敬仰；第二，自觉自己的智慧渺小，所以不断探索未知，至于是否高过别人，根本就不放在心上。我们想一想，二者当中，最后谁的成就更大？

◎ 谦虚低调是智者

对于分别做出这两种选择的人的高下，我们不讨论，只说事实：历史上凡选择第一种想法的人，无不成了自命不凡的狂人；而世人公认的智者，无不是第二种人。苏格拉底说："我只知道一件事，就是我一无所知！"孔子说："知之为知之，不知为不知，是知也。"老子在《道德经》第七十一章说：知道自己的无知，才是上等的智慧；不知道自己的无知，是毛病。圣人之所以有智慧，是因为把不知道学习当作毛病，所以才没有毛病。史蒂夫·乔布斯说：Stay hungry，stay foolish（永远保持饥饿感，永远保持求知欲）。真正有智慧的人就如孔子一样，温、良、恭、俭、让，绝不是高高在上、不可一世的架势。为什么呢？因为"神欲使之灭亡，必先使之疯狂"，达到至高、至大、至强之后，就是衰落、衰老、衰退了。

老子接着说，"柔弱胜刚强"。聪明人知道要避免走到"刚强"的地步，因而会保持好奇心、求知欲和发展空间。老子又说，"鱼不可脱于渊，国之利器不可以示人"，"渊"指深水区，在这个区域里的鱼，可以得到最好的保护，如果总想浮出水面，等待它的就是捕食者的渔网和诱饵。同样，国家自己的利器要深藏不露，如果总拿出来耀武扬威，必将招致其他国家的无情打击。

思考一下，一个人保持谦虚低调，只是因为怕招人嫉妒而遭受打击吗？不是的，那样就只是怯懦而已。真正的强者谦虚低调，是因为自己要保持好学饥渴的心态，一直在追求不断进步和成长的过程当中。本章并不像有些人认为的是讲阴谋和机巧的权术，而是讲老子一贯主张的"知其雄，守其雌"的立场，是以柔克刚的道理，是立于不败之地的智慧，是轻描淡写的处世姿态，是胜强敌于无形的艺术。

〃提炼要点〃

发展虽然好，但是过度发展往往走向反面；强大尽管妙，强弩之末却会导致衰落的到来。所以谦虚低调，才能立于不败之地；而招摇显摆，必将陷入危难。

第三十七章
无为定天下

无欲速，无见小利；欲速则不达，见小利则大事不成。

——《论语·子路》

道常无为，而无不为。侯王若能守之，万物将自化。化而欲作，吾将镇之以无名之朴。无名之朴，夫亦将无欲。不欲以静，天下将自定。

〃翻译〃

"道"的常态，就是"无为"，所以能够无往而不利。国家的管理者如果能够遵循无为的原则，一切矛盾会自动化解。问题化解之后，总会有人贪心妄为，我们就要用无名的朴素来让人心安定。一旦回归符合于"道"的无名之朴，贪欲就会消除，人心变得纯静，天下自然安定。

◎ 无为的三层含义

很多人总以现代语言来理解《道德经》里"无为"的概念，问题是现代的语言和老子的意思完全是两回事。我在做《道德经》普及讲座的时候，几乎每次都有人问：以无为的态度真的可以把事情做好吗？无为怎么激励团队？无为怎么能有进取心？这么问，明显把"无为"理解成"不作为"了，殊不知《道德经》讲的"无为"，有三种含义：

一、不人为：按照自然规律，按照事情的轻重缓急来运作。"大跃进"的时候，很多地方追求亩产万斤粮，那时候也没有基因技术，根本无法做到，怎么办呢？居然有人把十几亩的麦子，收割后堆到一亩田里，这样做出来的假成绩，又能骗人多久呢？

二、不短视：大的成功往往来自一开始的稳扎稳打。我们做事不要急于求成，因为老子说"大器晚成"（见第四十一章）。相反，有的人一上来就热情爆棚，然而"飘风不终朝，骤雨不终日"，如果心态是急功近利的，要么是三分钟热度、坚持不久，要么是短期行为，靠小聪明是难成大器的。比如有的同学学习英语，只追求解题技巧，拼命做题，不去背单词、学语法，基础不牢，花了很多时间准备，结果一直无法考出好的成绩。反过来，从根本入手、打牢基础，所花时间更短，成绩反而更好，这就是无为的道理，与孔子说的"欲速则不达"类似。

三、不妄为：第六十四章也说"以辅万物之自然，而不敢为"，意思是不妄动、不过分。胆子不要太大，否则自然规律会给以无情的报复。人类的有为，比如无节制地砍伐森林，荒漠化会反噬人类；无限度地发展工业，带来环境污染，这些年让我们吃尽了苦头。

所以老子说的"道常无为"，不是说"道"常常是不作为的，而是要以"道"的规律，一直遵守"无为"的原则，要一直符合科学的规律，要有长远和整体的发展观，要和大自然和谐共处，就是我们今天说的科学发展观，这样才能"无不为"，才能无往而不利。"侯王若能守之，万物将自化"，国家的管理者如果能够遵循无为的原则，一切矛盾就会自动化解。为什么呢？因为符合规律啊，事情不就做好了吗！

◎ 欲望是魔鬼

"化而欲作，吾将镇之以无名之朴。""化而欲作"，是说所有问题都搞定了，事业成功了，社会进步了，人们的野心就会膨胀，开始有非分之想了。比如现在科技进步了，有人就研究用人工智能完全取代人类，那么下一步机器人会不会将人类灭绝呢？医学的进步让人们有了永生的想法，是不是将来人类要靠马达做心脏、纳米材料做细胞呢？老子说，面对这种贪欲，要以"无名之朴"让人冷静下来。字面上，"无名之朴"就是没有名字的朴素，其实是让我们回归生命的本原：人生的目标，真的是永生吗？工作的目的，真的是为了财富吗？其实都不是，人生的目标应该是成长自己、成就社会，而不是搞出一具老而不死的行尸走肉，疯狂攫取全社会的财富，那样的人生，很难讲是价值更高，还是毫无意义。

◎ "无名之朴"才是管理秘法

老子接着说："无名之朴，夫亦将无欲。不欲以静，天下将自定。"要不忘初心，关键是脱离世俗的欲望，不要贪婪造作，人心就能沉静下来，那么天下的事，也就都好办了。本章道理很深刻，每个人应该好好思考。如果你是企业管理者，更要注意理解老子的逻辑：要想做出好业绩，千万警惕自己的欲望膨胀，遇到问题要冷静下来，找到事物的核心规律，再遵循自然科学和管理规律办事，才能达到最佳效果；如果一开始就急于求成、追求短期利益，或者稍有进步就忘乎所以、狂妄自大，往往无法达到预想的效果，遭到惨痛的失败。

案例：有一家创业失败的公司，创造了一个听上去非常合理的教学模式，幻想着瞬间颠覆现有的一对一培训模式：把一对一的教师放到网络上，家长选好教师后，公司送教师到学生家里上课，这样公司节约了教室的费用，家长节省了送孩子到校的时间，而教师不用向公司交管理费，所有课酬全部归自己。这模式听上去很神奇，因为从家长、学生和教师三个群体的角度来看，所有人的利益都增加了，公司也做成了一个拥有教师和用户的庞大平台，公司甚至不用培训老师，这样就没有公司费用，所以教师的薪酬可以比市面上高一倍，那么这家创业公司只需要从别的培训机构挖人就行了。这么美妙的业务模式怎么可能不成功呢？于是有大量资本投资在这个貌似稳妥实则疯狂的模式上，一时间培训行业风声鹤唳，众多传统培训公司胆战心惊地等待被新的模式所颠覆。

实际情况是，这家公司没坚持多久就销声匿迹了。怎么会这样呢？原因很多，不能在这里连篇累牍地详述，简单讲：一个不认真做教育的公司，是没法做好教育服务的；一家自己不培训教师的机构，是不可能获得学生信任的；一个只想利用业务模式，抢夺别家人才的公司，是不可能让教师有企业归属感的；一家不赚钱只烧钱的公司，是没法长期得到资本市场青睐的。所以说，不论做人也好，搞公司也罢，没有"无名之朴"，不能"不欲以静"，不可能有真正好的效果。

做事不是有激情就能做好，有创意就能成功，"厚道"也是非常重要的因素，关于这一点老子在下一章"德之始"中有深入的阐述。

▍提炼要点 ▍

　　无为不是不做事，而是不人为、不短视、不妄为。只有不忘初心，控制欲望，不贪婪造作，人心才能够沉静下来，做事才能符合规律，那么天下的事情，自然就都能做得好了。

第三十八章
德就是不在乎德

真正的道德，是应用道的规律，忘掉德的虚名。

上德不德，是以有德；下德不失德，是以无德。上德无为，而无以为；下德为之，而有以为。上仁为之，而无以为。上义为之，而有以为。上礼为之，而莫之应，则攘臂而扔之。故失道而后德，失德而后仁，失仁而后义，失义而后礼。夫礼者，忠信之薄，而乱之首。前识者，道之华，而愚之始。是以大丈夫处其厚，不居其薄；处其实，不居其华。故去彼取此。

∥翻译∥

真正有德之人，并不把"德"拿出来显摆，才是真的有德；下等的德，一天到晚做出有德的样子，所以不是真正有德。上德的人恬淡无为，也没觉得自己有什么了不起；下等的德，一定要搞得轰轰烈烈，觉得自己做成了大事。上仁的人有心有所作为，但并不在乎是否必然成功；上义的人有所作为，但很在乎结果好坏面子输赢；最不堪的是上礼之人，他们想有所作为但是得不到民众的积极回应，于是乎他们强制人民服从他们的规则。所以丧失"道"，就只有"德"的皮毛；失去"德"，就只剩下"仁"的外表；失去"仁"，就只留"义"的虚名；失去"义"，就只有"礼"的假象。"礼"的泛滥，说明忠信的不足和祸乱的开始；"礼"的种种规定，仅仅是"道"的虚华和愚昧的开始。所以大丈夫应该立足于敦厚，而摒弃浅薄；谨守朴实而远离浮华。

从第三十八章开始，《道德经》进入了《德经》部分。历史上一般把《道德经》的八十一章分为两部分，前三十七章重点讲道的规律，后四十四章讲道的应用。在《道德经》中，"道"是本体，"德"是应用，现代人需要了解古文和现代文的语义差别，"道德"二字，在古文中指两样不同的东西，即宇宙规律的"体"和"用"，而在现代文中我们习惯把"道德"连在一起，都是指"德"，特别指人们情操的高尚，其实已经脱离《道德经》的本意了。

◎ 满口仁义道德

说起"德"，想到金庸先生《天龙八部》里一个特别喜欢标榜自己的人物，江湖人称"星宿老仙"，他的弟子们被他培养成一群马屁精，当着他的面大吹法螺，颂扬他"星宿老仙，德配天地，威镇寰宇，古今无比"，一旦时机成熟，立即叛师求荣，改换门庭，什么凶狠毒辣的事都做得出来。这充分说明把"德"放到嘴上大讲特讲的人，其实都不是什么好饼。

为什么呢？因为"上德不德，是以有德"，上等的德，不会一天到晚把"德"这个概念挂在嘴上，那才是真正有德！别忘了，"德"是道的应用，所以真正有价值的德，不是说出来的，而是应用道的规律做出来、自然而然达到的一种状态。如果做事的时候不顾道的规律，只考虑别人的眼光，非要做得好看，那是为了面子来做事，其实是一种虚伪。所以老子接下来说："下德不失德，是以无德。"就如星宿派的荒唐做派，在和别人比武的时候，找一帮人在旁边夸耀师父的德行威仪，不但不能令人肃然起敬，反而让观众笑掉大牙。真正有德之人，不会说自己有德，就像前面讲过的有知识的人，不觉得自己有知识。对于夸耀自己知识丰富的人，以及极力表现自己德行高尚的人，我们都要保留一些警惕。孔子说"巧言令色，鲜矣仁"，就是说夸夸其谈的人没几个好东西，可见老夫子做人的成熟和阅历的丰富。

"上德无为，而无以为；下德为之，而有以为。"上等的德，是遵循大道来做事，老子反复强调"道常无为"，所以上德当然是无为，而且不觉得自己有什么了不起。那么"下德"为什么要"为之"，而且

"有以为"？"下德"与其理解成下等的德，还不如理解成没有德，指做事根本不从道的原则出发，是奔着别人夸自己"有德"去的，沽名钓誉，譬如星宿派。

◎ 无名英雄并不觉得自己是英雄

上德和下德的对比，举一个例子就一目了然了。

凡是在中国文化环境中长大的人，都知道我们特别推崇做好事不留名的人，这当中固然不排除有故意不留名，等别人来挖掘的沽名钓誉之徒，但绝大多数人其实没觉得自己是在做好事，而是觉得这就是本分，是自己应该做的，因此才令我们肃然起敬——这真是好人啊！反过来，对那种处心积虑想要出名的，为了名声压抑自己、扭曲自己，做很多表面文章的人，我们总是心生厌恶，不由得想给他们"伪君子"的名号，觉得还不如"真小人"让人放心。这其中的道理，不就是《道德经》讲的"上德不德，是以有德；下德不失德，是以无德。上德无为，而无以为；下德为之，而有以为"吗？

"上仁为之，而无以为。上义为之，而有以为"，道理与前文类似。在古文中，"德"是对道的应用，而"仁"是人际关系的体现。仁者爱人，真正的"仁"人只考虑出发点对不对，不会把名利放在心上，认为正确的事情就去做，做完了也不去在意，这就是"上仁为之，而无以为"。"义"，则是指公正、合宜，就会在乎别人的评价了，必须是别人说好的，才叫义；所以"上义为之，而有以为"，以天下人的好评率来做标准，当然会在乎做事的条条框框了，用现在的话说，就是要善于营销和外化。

我们发现从德开始，德、仁、义，逐渐从道的核心内涵，变成了做表面文章。接下来说到"礼"，就更不堪了，"上礼为之，而莫之应，则攘臂而扔之"，做事用"礼"的标准，就是有意的做作，结果没人愿意搭理，只好动用强制力，"攘臂而扔之"指伸直胳膊把人家按住，可见这样的管理和影响力，是多么差劲啊！强制的结果是，人家表面没有办法反对，心里一万个不愿意，有了机会还不造反吗？难怪星宿派的阿紫，被训练成了脸上笑靥如花，嘴上甜言蜜语，心里装满阴谋诡计，做事凶狠毒辣的魔头了。

◎ 朴实无华是牛人

所以老子说："故失道而后德，失德而后仁，失仁而后义，失义而后礼。"老子认为，越是符合自然、贴近于道的核心，就越是真正有价值的德；越是造作而成、追名逐利、制造假象的，就越差劲。老子尤其看不上"礼"，说："夫礼者，忠信之薄，而乱之首。前识者，道之华，而愚之始。""礼"这个东西，导致人们的忠信精神越来越淡薄，是造成混乱的罪魁祸首。"前识"是"礼"的别称，本指预设的种种规范，这些规范和做出来的样子，只是道的虚华和愚昧的开始。"是以大丈夫处其厚，不居其薄；处其实，不居其华。故去彼取此。"大丈夫（有大气量和志向的人），要守住无为的道德，不去追求浮华的礼义，所以要去掉浅薄浮华，而采取踏实厚重。

可以看到，老子对于为人处世的道理，从《道德经》第一章开始就是明确的，到这里一直没有变："见素抱朴""知其雄，守其雌""为腹不为目"。简单说，抓住根本，放弃虚华。这样的人，不仅仅在老子的时代是高尚的、优秀的、有实力的，到今天，这种低调、踏实、机敏、谦虚、有德的人，也是所有人信赖和亲近的人，上级会特别重视栽培并委以重任，同事会乐于向他敞开心扉、分享成果，下级会心甘情愿跟随他赴汤蹈火，他做事怎么会做不好呢？

当然，老子有老子的思考，笔者有笔者的观点，相信读者也有自己的思考。人生在世，采用什么样的立场，并没有一个死规矩，不同选择必然导致不一样的人生，但我们只要读过老子的书，智慧增长，一定可以做出自己的明智选择。

『提炼要点』

真正的道德不是把道德放到嘴上，而是发自内心去做正确的事。与其追名逐利，不如抓住规律，做正确的事情；与其浅薄浮华，不如踏实厚重。

第三十八章 德就是不在乎德

第三十九章
专一的力量

"一"是基础，"一"也是极致。

昔之得一者：天得一以清，地得一以宁，神得一以灵，谷得一以盈，万物得一以生，侯王得一以为天下贞。其致之。天无以清，将恐裂；地无以宁，将恐发；神无以灵，将恐歇；谷无以盈，将恐竭；万物无以生，将恐灭；侯王无以贵高，将恐蹶。故贵以贱为本，高以下为基。是以侯王自谓孤、寡、不谷。此非以贱为本邪？非乎。故致数舆无舆。不欲琭琭如玉，珞珞如石。

∥翻译∥

我们看看过去得到"一"都有什么好处：天得到一才清明；地得到一才安宁；精神得到一才有灵性；谷得到一才充盈；万物得到一才能够生长；侯王得到一才使得天下贞祥。现在我们来推演一下，（如果没有"一"又会怎样呢？）天得不到清明将会崩裂；地得不到安宁，岩浆就会喷发；精神没有灵性将会停滞；谷不能充盈将会枯竭；万物不能生长将会毁灭；侯王不能管理好天下，将会倾覆。所以"贵"以"贱"为根本，"高"以"下"为基础。因此侯王自称"孤、寡、不谷"，这难道不是以贱为本吗？所以至高无上的荣誉，就是没有荣誉。因此宁愿不要美玉般的华丽，也要拥有岩石般的朴实。

∥解释∥

释迦牟尼佛在入灭前的《遗教经》里，郑重地对弟子们说了这么一句话："制心一处，无事不办。"意思是专心在一件事情上，或者集中在一个念头上，力量可以无穷大，什么事都搞得定。《道德经》第三十九章，即《德经》第二章，特别强调"一"的重要。我们怎么来理解这里"一"的含义呢？至少有三层意思。

◎ "一"的三层含义

第一层：一是纯一，是纯粹不杂，类似于古人说的"精进"一词中的"精"，也即今天说的聚焦；

第二层：一是统一，是协调一致、融合不悖，类似于孔子说的"吾道一以贯之"中的"一"，孔子说自己学说的众多内容，本质上是融会贯通的，也即今天说的系统性；

第三层：一是初始，是基础，是根本，类似于我们常说的"一开始"当中的"一"。《道德经》第四十二章说，"道生一，一生二，二生三，三生万物"，这里的"一"，代表从无形无相的宇宙规律当中诞生的最初的有形事物，也即我们中国人常说的"无极生太极"中的"太极"。如果说太极是一切事物的基础，恐怕很多人理解不了这么高大上的语言；但如果说所有事物都有一个开始，相信所有人都点头称是，这正是我们每个人的人生体会。

了解了"一"的三种含义，就可以抛开原文古板的翻译，看明白老子的真意了：

"我们看看过去得到'一'都有什么好处：一色的天，是晴朗的天；一体的大地，是安宁的大地；一心不乱的精神，是灵觉敏慧的头脑；一心虚怀若谷，会逐渐变得充盈；一个和谐统一的系统，是万物生生不息的条件；一位言行一致的领袖，是天下万民尊崇的王。"

老子这一段话文字优美，对仗工整，我们可以好好体味一番。

◎ 一切高贵都来自卑微

"其致之"是"推而言之"的意思，推理一下，如果天、地、神、谷、万物、侯王不能得到"一"，会产生怎样惨烈的后果，比如天崩地裂等等后果，都是灾难性的。重点看"故贵以贱为本，高以下为基"，这是《道德经》的关键要点。大家都本能地去追求贵和高，殊不知那是舍本逐末，越追求就越没戏；真正的成功，都孕育在"贱"和"下"当中呢！世人很难看到贫贱是富贵的基础，所以大家都在讨论乔布斯怎么用iPod、iPhone、iTunes（美国苹果公司的音乐播放器、手机及音视频播放软件）的组合战略改变了世界，很少有人关注他在车库里组装苹果原型机时的辛苦，以及被赶出苹果公司时的落魄。古代也一样，人们都赞叹韩信攻必克、战必取的高超战争技巧，可是当年不也都嘲笑他受人胯下之辱的怯懦和无能吗？又有多少人知道，当年他从胯下钻过去的行为，其气量完全不亚于后来的攻城略地、笑傲江湖呢？如果当时他死于斗殴，世上还会有后来淮阴侯的传说吗？大英雄必然肯为贫贱，真猛士一定直面人生，这种气量真不是一般人能够拥有的，更不是普通人能够做到的。

◎ 要富贵，做贱人

"是以侯王自谓孤、寡、不谷"，王公贵族称呼自己都用这些不太好听的词，"孤德""寡德""不善"，难道不是以"贱"为根本吗？我们这才知道，原来古代帝王天天称自己"贱人"啊！为什么呢？简单说，那时候王侯的脑子比较清楚，只要能保持自己的崇高地位，叫自己两声"贱人"又怎么了？越王勾践每天睡在柴火上舔苦胆，不然怎能成为春秋五霸之一！

"致数舆无舆"，在《庄子》里有"至誉无誉"，都是说最大的荣誉是没有荣誉。"不欲琭琭如玉，珞珞如石"，"琭琭"形容玉石很美的样子，"珞珞"形容石头很丑的外观，意思是不想把自己搞得像美玉一样漂亮，宁可像石头那样朴实。有人会说，这不是有病吗？恰恰相反，这正是智慧所在。凡事要从基础做起，放下身段：打牢了基础，才有高级的应用；放低了姿态，才能有进无退，形象越来越好。

本章从"一"的重要性，说到"基础"的重要性。作为《德经》第二篇，老子告诉我们，"一"是最低的基础，是万事万物乃至政权的根本，也是最高的境界，是天地神灵的无穷妙用。基础打得牢，根基扎得稳，就能够取得天下；同样，贵为侯王也要放下身段，谦虚实在，才是长治久安之道！

　　"一"有三个意义：基础、统一、纯一。"一"既是万事万物的根本，又是一切事物的最高境界。做人做事都要从根本做起；对身处高位的人来说，更需要放下身段，低调做人、踏实做事。

第四十章
反其道而行之

追本溯源，方能把握"道"的方向，应用"道"的原理。

反者，道之动；弱者，道之用。天下万物生于有，有生于无。

翻译

反本溯源，是"道"的运动轨迹；示弱渐进，是"道"的应用法则。天下万物产生于有形，而有形又是从无形当中逐渐演化来的。

解释

第四十章是《道德经》八十一章中最短的一章，却是言简意赅、含义深邃的一章，这一章提出的世界观和方法论值得深思，这里讲的逻辑和做法，与我们的习惯思维和惯性做法截然不同，要求人们反过来思考、逆向操作。我们知道，正面理解和操作容易，逆向思维和操作比较难，因为不到炉火纯青的境界，是没办法这样玩的。

◎ 无中生有

这段话前面是结论，后面是论据，按照正常的论证顺序应该是：因为"天下万物生于有，有生于无"，所以"反者，道之动；弱者，道之用"。我们都知道"无中生有"的道理，宇宙间万事万物一定有逐步演化的过程，一切有形无形的物质和现象，经过长时间演变，从最初完全没有到有了雏形，再到与其他事物相互作用，逐渐发展成现在的样子，这就是"天下万物生于有，有生于无"。

这道理不仅适用于物质世界，同样适用于人类社会。美国著名管理学家、系统组织理论的先驱巴纳德先生有一段名言，几乎和老子说的一模一样，他说："在合作的人群中，可见的事物是由不可见的事物推动的。塑造人们的目的的精神，是从'无'中产生的。"

◎ 逆向思维和反向操作

既然万物乃至人类社会都有一个发展的过程，我们如果想对眼前的事物施加影响，应该怎么做呢？老子说，必须按照"反者，道之动；弱者，道之用"的原则。反，在古文中有两种解释，一种是相反的反，另一种是返回的返，所以"反者，道之动"可以理解为"反方向，是符合道的原则的运作方向"，也可以理解为"返本溯源，是符合道的原则的运作方向"。在此处，第二种解释的语义涵盖了第一种，因为返本溯源，本就是与事物发展方向相反的，所以我们下面都用第二种语义来解释。那就是：我们用符合道的原则来处理问题，就要返回事物的演化过程和发展规律，用"弱"的方法来一步步解决问题。

有人问，为什么要绕圈子解决问题？为什么不能直接干、硬干、蛮干？别忘了《道德经》强调巧妙地解决问题，上一章说过"贵以贱为本，高以下为基"，要从根本上解决问题，必须从根本上发现规律，返回事物演化的过程，顺藤摸瓜，找到问题所在，辨证施治、对症下药，方能一举奏功。

这个道理非常抽象，可是特别重要。举个例子，一个知名品牌第一次从一线城市进入二线城市，发现销量并不好，虽然大家都觉得质量不错，可就是消费者寥寥，经营面临亏损的局面，那么决策层该怎么办呢？他们提了几个思路：1.加大宣传；2.增派人手；3.缩小规模；4.换人经营；5.削减费用；6.调整产品线；7.涨价；8.退出二线城市市场；9.以上的方案选择两到三个，做一个组合方案。这些候选方案提交到公司的CSO（首席战略官）那里，富有经验的战略官没有草率地提出意见，而是带领业务团队到二线城市进行了实地考察，调研了客户和竞争对手，发现最突出的问题不在于产品和投资决策，而在于定价超出了当地普通人的消费能力，其实当地人对这个品牌还是非常推崇的，如果价格合适，市场空间并不小。基于这些调研结果，该品牌对产品进行重新定价，推出小包装和简易包装，配合其他有效的市场方案，迅速扭亏为盈，后来取得了销售额的翻倍增长。

对比CSO的做法和那几个候选方案，会发现最大的区别是下手的方向不同：候选方案是直接针对结果来的——亏损的话我就缩小规模，我就涨价，我就换人，这能解决问题吗？不能！因为没找到原因。"反者，道之动"，懂得"道"的决策者知道要返本溯源，从问题的表象深入根源，才能抓住核心问题。然后"弱者，道之用"，通过小改善、微创新、勤迭代，来解决大问题。

◎ "弱"是《道德经》放的大招

"弱"是《道德经》教给我们的一个大招。现代人夸人通常用"强"来夸，点赞也是跷大拇指表示"强"，殊不知在《道德经》里，示弱才是高手的做派。比如第三十六章讲"柔弱胜刚强"，后面还有数次强调"弱"的厉害，尤其在变革和调整的时候，用"弱"的方法，最有力量。

有人总结中国历史上数次经济变革的规律，发现凡是成功的变革，都是逐步变革、小变革；凡是迅速的革命、大变革，无一例外败得很惨，为什么呢？因为小变革、逐步变革能够消化社会冲突，同时有时间和空间发现问题、解决问题；而大变革、迅速变革，往往激化社会矛盾，造成不可挽回的剧烈对抗。现代的互联网公司提出"小步快跑、自我迭代"的改进方法，不就是"弱者，道之用"的现代版本吗？

不过要注意，这里的"弱"并不是隔靴搔痒的弱，必须抓住要点，直击痛点，找对方向，慢工出细活，温水煮青蛙，这才是"弱者，道之用"这一内功心法的正确打开方式。

〃提炼要点〃

懂得"道"的决策者必须知道要返本溯源，从问题的表象深入问题的根源，这样才能抓住核心，然后通过小改善、微创新、勤迭代，来解决大问题。

第四十一章
大道的真相

大道与普通人的直觉是相反的，这也是"反者，道之动"的一个体现。

上士闻道，勤而行之；中士闻道，若存若亡。下士闻道，大笑之，不笑不足以为道。故建言有之：明道若昧，进道若退，夷道若纇，上德若谷，大白若辱，广德若不足，建德若偷，质真若渝，大方无隅，大器晚成，大音希声，大象无形，道隐无名。夫唯道，善贷且成。

‖ 翻译 ‖

上等智慧的人听说了真理，一定勤奋地运用这真理；中等智慧的人听说了真理，觉得好像有些道理，但也不会真当回事；下等智慧的人听说了真理，定然哈哈大笑——那些不被蠢人嘲笑的道理，不配作为真理！所以古人有这样的成语：光明的"道"，好像非常黑暗；前进的"道"，好像在后退；平坦的"道"，好像很崎岖；崇高的道德，好像低下的川谷；最纯洁的心灵，好像藏污纳垢；广大的德，好像不足；建功立业的德，好像很懦弱；纯真的品质，好像被污染了；最大的方形，好像没有角一样；大型的贵器，总是最后完成；最大的声音，好像没有声音一样；最大的形象，好像没有形状一样；大道看不到，摸不着，无法命名，然而只有"道"，才能辅助万物，成就一切。

◎ 真理和蠢人之间的关系

英国讽刺作家乔纳森·斯威夫特有一句名言："当一个真正的天才出现时，你可以通过以下特征认出他来：所有的傻瓜联合起来对抗他。"为什么？因为真理往往掌握在少数人手中，而且真理深奥微妙，所以往往在头脑简单的人看来，不合常理。老子毫无疑问是世界文明史中屈指可数的天才，可以想象他一生中曾经遭遇多少攻击和诟病，才写下了这么幽默的名言：

上等智慧的人听说了真理，一定勤奋地运用这真理；（老子自己）

中等智慧的人听说了真理，没什么反应，好像觉得有些道理，但也不会真当回事；（很多人）

下等智慧的人听说了真理，定然哈哈大笑——那些不被蠢人嘲笑的道理，也就不能说是真理了！（大多数人）

岂止老子遇到过这种情况，孔子不也一再叹息，"道不行，乘桴浮于海"（真理无法推行，我还是坐船出海吧），"人不知而不愠，不亦君子乎！"（别人不理解我，我也不生气，这才是君子的修养啊）。可见"上士"在任何文化和时代中都是少数，"道"永远是少数智者的珍宝，难以为普通人所理解，但真理毕竟是真理，即使在《道德经》流传2500多年之后，我们阅读、背诵、赏析它的时候，仍然为其闪烁着智慧光芒的词句所震撼。我们读《道德经》，如果想做"上士"，一定要将老子说的道理运用到实践当中，"勤而行之"，万不可轻忽过去，如果看过《道德经》还像没看过时一样为人处世，岂不与"若存若亡"的"中士"一样？对于那些自己不懂还嘲笑别人遵循《道德经》原理的人，我就不说什么了。毕竟永远是不懂的人多、懂的人少，人类社会的教育普及工作，还有无穷无尽的挑战。

◎ 愚人不知道的关于"道"的十三个真相

基于大道只有少数人能理解的事实，老子说"故建言有之"，建言就是中国古人说的"立德、立功、立言"中的"立言"，翻译成现代文是"所以古人有这样的话"。

一、明道若昧：光明的"道"，好像非常黑暗崎岖。毛主席把这句话演绎成"前途是光明的，道路是曲折的"。有人会问：前途是光明的，为啥道路不能也是光明的？毛主席有一句诗，说得很明白——"人间正道是沧桑"。什么是"明道"，什么是"正道"？我们都听过这两句诗，"宝剑锋从磨砺出，梅花香自苦寒来"；我们还都听过一首歌——《阳光总在风雨后》。很多人一天到晚算计，怎样既不吃亏又不吃苦，过程轻松，结果又好，天下的便宜最好全让他一个人占了，这可能是正道和明道吗？歪门邪道还差不多！毛主席带领中国人民革命，付出了多大的代价啊！何况我们普通人，难道不付出努力就能成功？"明道若昧"，光明正确的道路上必然存在种种困难和关卡，只要我们不惧怕、不退缩，这道路虽然曲折，却是通向成功的高速公路；反过来，那些投机取巧的路看似便捷，却往往是穷途末路，不可不小心啊！

二、进道若退：前进的"道"，好像在后退。再举毛主席的例子。解放战争初期，毛主席和中央军委决策解放军的主力军团分别进驻东北和中原地带，而这样布局的结果，必然是延安兵力空虚，在国民党军的军事进攻下，必须从当时的革命圣地——延安撤退。当时延安的人民非常不理解，毛主席给他们耐心讲解撤退背后的智慧，这段话完全可以作为"进道若退"的生动注解。他说："譬如有一个人，背个很重的包袱，包袱里尽是金银财宝，碰见了个拦路打劫的强盗，要抢他的财宝。这个人该怎么办呢？如果他舍不得暂时扔下包袱，他的手脚很不灵便，跟强盗对打起来，就会打不赢，要是被强盗打死，金银财宝也就丢了。反过来，如果他把包袱一扔，轻装上阵，那就动作灵活，能使出全身武艺跟强盗对拼，不但能把强盗打退，还可能把强盗打死，最后也就保住了金银财宝。我们暂时放弃延安，就是把包袱让给敌人背上，使自己打起仗来更主动，更灵活，这样就能大量消灭敌人，到了一定的时机，再举行反攻，延安就会重新回到我们的手里。"历史证明了放弃延安的正确，这是"进道若退"非常经典的一个应用。

三、夷道若纇：平坦的"道"，好像很崎岖。释义同"明道若昧"。

四、上德若谷：崇高的道德，好像低下的川谷。这和成语"虚怀若谷"是一样的意思，而且很可能后者源自《道德经》的这句话。

五、大白若辱：最纯洁的心灵，好像藏污纳垢。"辱"这个字在老子的时代是"黑"的意思，也可以理解为污垢。为什么纯洁的人看上去有污点呢？因为越是君子，越容易遭人诟病。比如《论语》记载，孔子说自己很幸运，如果有错处，别人一定指出来。这其实好理解：如果一个人的品格很差，估计没人对他有啥要求了；正因为孔子光明磊落，有一点缺点就那么引人注目。世事人情就是如此，越是孔子这么高尚的人，越是招致小人诽谤，急得孔子的弟子子贡为师父辩护："不要毁谤孔子！孔子是骂不倒的。别人的贤能，好比山丘，还可以越过去；仲尼简直是太阳和月亮，是不可逾越的。一个人纵然要自绝于太阳月亮，对日月又有什么损害呢？只能表示他自不量力罢了！"（叔孙武叔毁仲尼。子贡曰："无以为也！仲尼不可毁也。他人之贤者，丘陵也，犹可逾也；仲尼，日月也，无得而逾焉。人虽欲自绝，其何伤于日月乎？多见其不知量也。"）可见做个好人，一定要准备好遭人诟病啊！

六、广德若不足：广大的德，好像不足。还是孔子的例子。孔子被后世称为圣人，其实在他还在世的时候，就已经有人这么说了，那么孔子自己怎么说呢？他说："讲到圣和仁，我怎么敢当？我不过是学习和工作总也不厌倦，教导别人不疲劳，就是如此罢了。"他的弟子说："这正是我们学不到的。"（子曰："若圣与仁，则吾岂敢？抑为之不厌，诲人不倦，则可谓云尔已矣。"公西华曰："正唯弟子不能学也。"）《论语》里还有一处，孔子自己说："对于书本上的知识，大约我和别人差不多；至于身体力行做个君子，那我还没能达到那个程度。"（子曰："文，莫吾犹人也。躬行君子，则吾未之有得。"）太谦虚了吧！孔子不但是他那个时代最博学的人，而且是万世师表，历代君子的楷模，居然说自己做不到一个君子的程度，可见《道德经》的"广德若不足"确实有道理，往往是"知道不足的人，才称得上有广德"！

此处孔子的自我评价，不但说明真正的有德之士总觉得自己没有什么德行，而且正好说明第三十八章的话，"上德不德，是以有德"。反过来，标榜自己有德行的人，他的人品如何，我们就不必说了吧。

七、建德若偷：建功立业的德，好像很懦弱。

真正懂得做事的人，莫不战战兢兢、如临深渊、如履薄冰。事业越是做得好、做得大，做事越小心、越认真，所谓"高高山顶立，深深海底行"，就是第十五章所描述的"古之善为士者"那种"豫兮若冬涉川；犹兮若畏四邻；俨兮其若容；涣兮若冰之将释；敦兮其若朴；旷兮其若谷；混兮其若浊"的样子。

八、质真若渝：纯真的品质，好像被污染了。渝的意思是水质污染，引申为改变的意思。这句话的意思和"大白若辱"相同，解释略。

九、大方无隅：最大的方形，好像没有角一样。

什么是大方？上下左右延长到无边无际，哪里还会有四个角呢？

十、大器晚成：大型的贵器，总是最后完成。

古代烧制青铜器的时候，越大的器皿越尊贵，工艺越复杂，制作模具的时间就越久，所以花的时间就越长。所以"又快又好"往往只是一个愿望，如果资源投入不增加，好东西就要花更久的时间，心急吃不到热馒头。

十一、大音希声：最大的声音，好像没有声音一样。

老子在第二章说过，"圣人处无为之事，行不言之教"，不说话当然没有声音，可是榜样的力量是无穷的，这不是最大的声音吗？

十二、大象无形：最大的形象，好像没有形状一样。

什么是最大的形象？当然是宇宙。宇宙有边界吗？没有。没有边界的事物哪来的形象呢？

十三、道隐无名：大道往往看不到，摸不着，无法命名。

本章最后说"夫唯道，善贷且成"，意思是只有"道"，才能辅助万物，成就一切。大道往往和常人的直觉相反，前面描述的十三个关于道的真相，都是与其表象相反的，那么我们应该认哪一个，真相还是表象？老子说，只有真的道才是万物之根本，我们要去伪存真，不被假象所迷惑，坚定地走在光明的大道上。

∥提炼要点∥

1. 只有具有上等智慧的人才会实践真理；你若能真正去实践真理，就是具有上等智慧的人。

2. 不要被假象迷惑了双眼，大道的表象往往与真相相反。了解《道德经》的道理，尤其类似"大器晚成"这样的十三个规律，认知道、实践道，可以让我们的智慧得到提升。

第四十二章
万物简史

万物起源于道，万物演化于道，人行走于世间，应该尊重道的规律，才能活得更好。

道生一，一生二，二生三，三生万物。万物负阴而抱阳，冲气以为和。人之所恶，唯孤、寡、不谷，而王公以为称。故物或损之而益，或益之而损。人之所教，我亦教之。强梁者不得其死，吾将以为教父。

翻译

道的生发规律，是先产生"一"（无极），"一"又产生"二"（阴和阳），"二"再产生"三"（四象），"三"产生万物（八卦）。一般人所讨厌的称呼，也就是"孤家、寡人、不谷"了，而天子与诸侯却用这几个词来称呼自己，他们为什么要这样做呢？因为事物要么由于损减而增益，要么由于增益而受损。发生在别人身上的教训，我也拿来当作自己的教训。强横的人不得好死，我要引以为戒啊！

解释

这一章是《道德经》特别重要的一章，各学派、各注家对这一章的研究评论可谓不计其数，因为本章说的是宇宙万事万物演化的最基本规律，并由此指出了为人处世的准则。由于学派太多，我只选择最容易理解、影响力最大，也是自己最为认同的一种解释来讲。

◎ 太极图的理论依据

"道生一，一生二，二生三，三生万物"有很多种解释，最耳熟能详的是"无极生太极，太极生两仪，两仪生四象，四象生八卦"，后者是道家和太极图的宇宙起源理论的基础，而《道德经》的原文，则为道家提供了理论基础。

首先，前面讲过道是什么。"有物混成，先天地生"，就是万物还没有出现时的那个混沌状态，所以是无极。"道生一"，就是从没有到有的过程，道家叫作"无极生太极"，至此万物的端倪初现，虽没有成形，但已不是混沌的状态，而是无中已经生有。"一生二"，就是"太极生两仪"，这时事物已经成形，构成其基本矛盾的两个方面已经存在了。"二生三"，就是"两仪生四象"，矛盾双方不同权重的排列组合，造就了事物的多样性。而"三生万物"，就是"四象生八卦"，事物的演化和发展使得各种不同形态大量出现，事物变得愈发纷繁复杂，就如我们今天还习惯用"八卦"代表琐碎、复杂的信息。

上述说法相对抽象，我们举个例子。大家聚到一起，比如都在一架飞机上，这也许是个偶然的巧合，本来没什么事，而通过偶然的交谈，我们突然发现飞机上的所有人都认识一个人，叫帕斯特纳克，这时可以叫作"道生一"，也可以叫"无极生太极"，从没有事变成肯定会有一件事，因为这个帕斯特纳克可不是什么名人，而一架飞机上所有人都认识他，肯定不会是一个巧合！

当飞机上的人又发现所有人的机票都是免费赠送的时候，已经可以确定这绝不可能是巧合了，到这时一定只有两个可能：要么是好事，要么是坏事。这就是"太极生两仪"。究竟是好事还是坏事呢？既可能是帕斯特纳克想给朋友们一个惊喜，也可能是帕斯特纳克想给仇人们一个报复，到底是哪一种呢？

要确定是哪种可能，我们得知道新的信息；而随着新信息的出现，可能增加为四种了：极端的好事、好事中间有不利、坏事中间有安慰、极端的坏事。这个新信息的出现就是"二生三"，或者"两仪生四象"。在电影中，新信息是由一个空姐传递的：帕斯特纳克是机长，正在驾驶这架飞机，而空姐以前抛弃过机长；更糟糕的是，空姐刚刚给机长送咖啡，发现驾驶舱被锁住了！此刻乘客们一片惊慌，纷纷回忆自己当年是怎么迫害或者侮辱帕斯特纳克的。看到这儿，我们已经知道事情的发展方向了——极端的坏事。

当然，这还没有结束，如果电影这样戛然而止，导演就太不厚道了，观众还没看到结果呢！所以只有四象出来，就是说只有方向出来，不能确定结果，事情还要进一步沿着原来的轨迹发展，或者出现一个变化——无论如何，只要时间延续，事物一定会继续发展，产生结果，这就是"三生万物"。在电影中，飞机剧烈晃动，冲向地面，一个乘客冲向驾驶室，趴在驾驶舱门上大声喊："我是你的心理医生，你不要惩罚自己，你的人生都是被你父母毁了，他们从小对你的要求太苛刻，让你饱受挫折，他们要为你的痛苦负责……我们都和这件事没有关系！"（大意）说话的同时，镜头切换到地面，一个小院子中一对老年夫妇正在树荫下看报纸，他们身后远处有一架飞机撞了过来……我们当然能猜出这对老人是谁的父母。

以上用电影《荒蛮故事》中的一个短片解释了"道生一，一生二，二生三，三生万物"，但这个例子只能说明这个原理的一部分，讲事物的发展，像宇宙的演化、万物的生生不息，其实都可以用"道生一，一生二，二生三，三生万物"来涵盖，限于篇幅，而且参考书目繁多，就不一一举例了。

老子下面讲"万物负阴而抱阳，冲气以为和"。刚刚说的"一生二"，一是太极，二是两仪，道家的两仪就是太极图中的一阴一阳，或者说是辩证法中的矛盾双方。"万物负阴而抱阳"的意思是，一切事物都包含对立统一的两个不同方面，比如月亮有圆有缺，太阳有升有落，天下有分有合，天气有阴有晴；"冲气以为和"，阴阳二气相互冲突，最后达到一种动态平衡。比如我国北方晴多雨少，南方雨多晴少，但北方和南方各有其平衡：北方虽然晴多雨少，但也不至于滴雨不下；南方虽然雨多，也不至于阳光全无，所以对立的背后还是有统一的。天下的事都是这样的规律，那么应该怎样利用这规律呢？

◎ 残缺才是最美的

老子指出，一般人所讨厌的称呼，也就是"孤家、寡人、不谷"了，天子与诸侯却用这几个词来称呼自己，为什么呢？因为事物要么由于损减而增益，要么由于增益而受损。（此处暗示王公用不好听的词来称呼自己，是希望通过损减自己而得到增益。）发生在别人身上的教训，我也拿来当作自己的教训。强横的人不得好死，我要引以为戒啊！

时刻记得本章的这一原理——"故物或损之而益，或益之而损"。有人希望所有的好事都落在自己头上，怎么可能呢！在这个物欲横流的世界上，各路商业精英和娱乐明星在媒体的包装下耀眼夺目，仿佛完美无缺，成为全民追逐的偶像。但是家家有本难念的经，总有英雄末路、美人迟暮时，谁又知道等待他们的是什么样的结局？有智慧的人，一定不会追求完美，而是学会接受残缺之美，因为有缺陷的美，才是可以长久拥有的美；完美事物的结局往往是破灭和悲剧。

有一个关于萧何的故事。作为大汉朝的开国丞相，萧何的智慧毋庸置疑。刘邦在建国后给功臣排座次，把萧何列为第一功臣，给予极高评价："镇国家，抚百姓，给馈饷，不绝粮道，吾不如萧何。"意思是管理国家，安抚百姓，给前方运粮草，保证供应不断，萧何在这些方面都超过我啊！可是很多人不知道，萧何能够活到开国那一天，全靠给自己身上泼脏水。刘邦早在发现萧何治国水平一流的时候，就开始担心他在后方有不臣之心了，经常派人回去监督萧何的举动。萧何多么精明，当然知道老大在想什么，于是故意巧取豪夺一些土地，毁坏自己的名声，降低自己在人民心目中的威信，使得刘邦对他真正放心。萧何用的是什么原理呢？就是"物或损之而益，或益之而损"，善于治国的好名声好像是个好东西，却会带来杀身之祸，这就是"益之而损"；贪污无德的恶名听上去像是坏事，萧何却用它来保命、升官，反而起到了好作用，这就叫"损之而益"。

读过这一章以后，应该学会辩证地看问题，谨慎地做人做事，懂得谦虚低调，甚至主动吃亏忍让，才是笑到最后、成为赢家的秘诀！

〃提炼要点〃

1.道生一，一生二，二生三，三生万物。

2.事物要么是由于损减而增益，要么是由于增益而受损。所以做人要知道吃亏是福，保持谦虚低调，方能成为人生赢家。

第四十三章
以柔克刚

潜移默化，最有力量！

天下之至柔，驰骋天下之至坚。无有入无间，吾是以知无为之有益。不言之教，无为之益，天下希及之。

《翻译》

天下最柔弱的东西，能驾驭天下最坚强的东西。无形之物，可以穿透紧密无间之体，我因此知道无为的益处。不言的教导（榜样的力量），无为的益处，天下很少有人能懂得。

◎ 要征服，取弱势

有一句话给我留下的印象很深："男人通过征服世界来征服女人，女人通过征服男人来征服世界。"这话说得可能不够科学，却说得很有味道：男人连世界都征服得了，却征服不了女人，必须通过征服世界来征服女人；女人连男人都征服得了，却无法征服世界，必须通过征服男人来征服世界！男人、世界、女人，就像石头、剪子、布一样，形成一个相生相克的循环，这难道不是世界运行的规律吗？表面上看，男人至刚至坚，女人至柔至弱，可偏偏坚强的男人心甘情愿被柔弱的女人征服，这是什么道理呢？

因为"无有入无间"。

字面上，"无间"就是没有间隙，类似于紧密排列的原子组成的固体，其表面硬度非常之高，就是"天下之至坚"。如何攻破这样坚强的堡垒呢？用"无有"！注意，"无有"并非一无所有，在中国的古典哲学和佛经里，经常用"无有"这类词来表达微妙的意思。如果想说没有，就会用"无"，为什么用"无有"呢？无有，就是极其微细、近乎"无"的那种"有"，即前面说的"天下之至柔"。"无有入无间"，只有极其细微的存在，才能进入紧密坚硬的东西。

能穿越钢板的是什么？是射线；

能穿越钻石的是什么？是阳光；

能穿凿岩石的是什么？是水滴；

能令英雄气短的是什么？是儿女情长。

"吾是以知无为之有益"，直译就是，从以上例子，我们可以看到"无为"的好处。我们思考一下，"无为"是什么？"无为"的好处是什么？

第三十七章说过"无为"的三个含义：不人为、不短视、不妄为。本章又揭示了"无为"的第四重含义：不硬来、不蛮干、不强为，以柔克刚。学习《道德经》，往往一开始不知道老子要说什么，为古文所惑，为古人的系统所扰，只能只言片语一点点积累；随着学习的进步、知识的累积，老子的哲学体系、人天宇宙，就逐渐全体毕现、光彩璀璨了。

"无为"的好处是什么？虽不强为，无坚不摧！军事极度强大的苏联，崩溃的原因之一就是经济压力；看似无法战胜的霸王项羽的部队，是在四面楚歌的思乡小调中瓦解的；大闹天宫、三头六臂的孙猴子，是在唐僧绵软的嘴唇里念出的紧箍咒下屈服的；历史上以武力入主中原的少数民族，在华夏文明的洗礼下，最终都融入中华民族。

◎ 身教是言教力量的无穷倍

"不言之教，无为之益，天下希及之。"不言之教，就是身教，就是以身作则。第二章谈到爱因斯坦的名言："以身作则不是影响别人最好的方法，而是唯一的方法。"身教听起来简单，效果短期内可能不太明显，但是长期坚持下来，其影响力超过一切大道理。

当年共产党在解放战争中战胜了国民党，很多人不理解，国民党军队从人数到装备都远远优于解放军，为什么一打仗就溃不成军？举个最明显的例子，国民党的基层军官在冲锋时喊的是"弟兄们，给我上"，士兵冲上去了，军官没上去；而解放军喊的是"同志们，跟我上"，军官第一个冲出掩体，冲锋在最前面。两支队伍的战斗力谁强、士兵的士气谁高，恐怕不难想到吧？

在战场上，生死当前，身教胜于言教，大家容易理解；在日常工作和学习当中，也是这样吗？很多做管理的领导会觉得员工难管，自己说什么他们都不听，那么请你思考一下，你要求他们做到的事情，自己是否真正做好了？举一个我自己学习的例子。我的父亲是个大学教授，他经常节假日还在实验室加班，我小时候对他的记忆，往往就是端坐在书桌前，读书、写著作直至深夜。后来在我高考冲刺的时候、大学毕业工作6年后决定考GRE（研究生入学资格考试）出国的时候、在新东方当老师写书的时候、43岁决定出国读EMBA（高级管理人员工商管理硕士）的时候，每一次长夜孤灯、身心憔悴的时候，只要想起父亲深夜读书的身影，顿时所有疲劳化为乌有、挫败变为动力。后来我以Honor从美国名校芝加哥大学的布斯商学院获得工商管理硕士学位，受我的影响，好几个同事都积极申请去读硕士学位，并被心仪的学校和专业录取，这又是"不言之教"力量的一个明证。

明白了不言之教的作用，也就明白了"无为之益"，两者意思一样，就是以柔克刚的力量，就是"无有入无间"的造化。老子说这两种力量，"天下希及之"，是说"天下很少有能做到的"吗？不是的，老子的真正意思是"天下很少有人能够懂得"。

第四十一章讲过，一般人都是看表面现象，为错觉所左右，无法看到事物的真正道理和规律，因此做事简单粗暴，总是急于达到目标，说话直接发号施令，以为这样更有力量、更明确直接，其实会导致对方反感，或者是违反了事物的规律，往往适得其反——他们不懂得"身教"和"无为"的力量才是无坚不摧的。懂得《道德经》道理的人，做事往往不急不躁、循序渐进、春风化雨、潜移默化，等到条件成熟的时候，一切水到渠成，"功成事遂，百姓皆谓：我自然"。

∥提炼要点∥

"无为"除了前面说的三个含义（不人为、不短视、不妄为）以外，本章又揭示了"无为"的第四重含义：不硬来，不蛮干，不强为，以柔方能克刚，身教胜于言教。

第四十四章
青山与柴火

名利的得失，财富的盈亏，远不及健康和生命重要！忙碌于名利财货的现代人，要懂得知足、放下。

名与身孰亲？身与货孰多？得与亡孰病？是故甚爱必大费，多藏必厚亡。知足不辱，知止不殆，可以长久。

〃翻译〃

名声和身体相比，哪一样与我关系更近？生命和财货相比，哪一样更加贵重？获得和失去相比，哪一样才是祸患？想明白这三个问题就会懂得，过分地爱惜名声，必然付出高昂的代价；过分地收敛财货，一定会导致惨重的损失。知道满足就不会受到屈辱，知道适可而止就不会遭到失败，这样才可以长久。

◎ 要钱不要命

中国人有一句话说得好："留得青山在，不愁没柴烧。"这句话的意思，恐怕没有人比我居住过的杭州的人民更懂了，他们说："绿水青山就是金山银山。"杭州人不仅把西湖美景保护得很好，更着力开发杭州的旅游资源，大力进行"美丽乡村"建设，到处是青山绿水，美不胜收，2016年接待游客1.4亿人次，旅游收入约2572亿元，约占GDP的四分之一。

当然，也不乏为了发展经济而大肆破坏环境的地区，看似赚了不少钱，富裕之后成了癌症多发地，加上水土流失、空气恶化，最后发现治理环境需要的资金比赚来的还多。我们不禁要思考，以生命和健康为代价去获取财富，有意义吗？

不仅地方发展存在这种本末倒置、竭泽而渔的现象，个人也常有为了名利而不顾性命的情况。尤其是企业家和创业者，为了动辄亿万的利益拼命工作，无疑是癌症的易发人群。公开资料显示，2008年至2012年四年间，中国有超过20位知名企业家因心脑血管疾病和癌症先后去世，死于癌症的平均年龄为46岁；还有一些企业家在与癌症进行抗争，比如知名投资创业家李开复先生。他数十年来每天工作十五六个小时，自称不爱睡眠，认为睡眠是浪费时间，每天很早起床回邮件，向员工证明自己工作有多努力。在2013年9月，李开复遭遇人生重大生死考验——被医生宣判罹患淋巴癌四期。

在本章，老子上来有三个质问可谓振聋发聩：

"名与身孰亲？身与货孰多？得与亡孰病？"

名声和身体，哪个与人更亲近？生命和财货，哪个对人更重要？得到和失去（名利财货），哪个才是祸患？

答案不言而喻——谁都知道身体比名声、财货都重要，但有多少人真能做到舍弃名利而爱惜身体呢？人为财死，鸟为食亡，为了财货牺牲生命，财货还有什么意义呢？得到财货名利，却失去性命，与失去财货名利，却拥有从容的人生，你更愿意选择哪一种呢？

◎ 用《道德经》的思想来忏悔

李开复先生患病20多个月后，在2015年7月宣布康复，并在《向死而生》的纪录片中反思说，自己以前追求名利太多了，直到面对死亡，才懂得如何生活、如何对待别人。他在片尾演讲中提到自己领悟的七个"死亡学分"，几乎每一个都符合《道德经》的思想，大概介绍一下：

第一个学分：健康无价。（第四十四章：名与身孰亲？）

第二个学分：一切的事物都是有它的理由的。（第二十五章：道法自然。）

第三个学分：珍惜缘分，学会感恩和爱。（第七十九章：有德司契，无德司彻；天道无亲，常与善人。）

第四个学分：学会如何生活，活在当下。（第四十四章：知足不辱，知止不殆。）

第五个学分：经得住名利的诱惑。（第四十四章：名与身孰亲？身与货孰多？）

第六个学分：人人平等，善待每一个人。（第三十四章：以其终不自为大，故能成其大。）

第七个学分：我们的人生究竟是为什么？不要妄图改变世界！（第二十九章：将欲取天下而为之，吾见其不得已！）

据说李开复先生在治疗期间，读过20多本有关宗教的书和40多本养生书，其间他有没有读过《道德经》不得而知，但从这七个学分，我们很容易看到，他在生死面前的体悟，是非常符合《道德经》原理的。后面我们重点讲第四和第五个学分——学会如何生活和经得住名利的诱惑，这两条正好符合本章的论述。

所以说，过分热爱名利，必定会付出巨大的代价；过多地集聚财物，一定会造成惨重的损失。真是有道理啊！非洲的土著要抓狒狒，会在距离狒狒不远的地方，找一个大小刚刚够狒狒把手伸进去的树洞，把食物放进去，然后假装离开，引得狒狒跑过去把手伸进树洞抓住食物，手中抓了食物后超过了树洞的直径，所以拿不出来，这时土著会跑来用绳子捆住狒狒。其实狒狒只要放开食物就可以跑掉，但以狒狒贪图食物的本能是绝对不会放手的，由此付出的代价是自己的生命。狒狒是动物，缺乏智慧，犯这样的错误可以理解，人类聪明，是不是不会犯同样的错误呢？但为名利而死的人，古今中外不是比比皆是吗？

◎ 放得下财货名利，才是人生赢家

老子最后说："知足不辱，知止不殆，可以长久。"知道满足，就不会招致耻辱；知道适可而止，就不会带来危险；知道满足、知道停止，人生和事业才可以长久。这是老子给我们的忠告，是抵御现代社会浮躁之气的一针镇静剂，是我们头脑发热时，应该提醒自己的金玉良言。可惜，一意孤行的人类也许只有在遭遇灭顶之灾的时候，才会暂时回头，自我反思，就像李开复先生说的那样。

李开复的第四个感悟是学会如何生活，活在当下；第五个感悟是经得住名利的诱惑。他说，中国有一个通病，特别爱名……当你特别纠结名的时候，或者刻意，或者不刻意，都会让自己追求名成为一种方式。比如说之前他告诉年轻人追求自己的梦想，最大化自己的影响力，做最好的自己。这个话没有错，如果把最大化影响力这个词发挥到极致，每天机械化衡量影响力有没有提升，有没有人听他的演讲，成为他的粉丝。在他生病前的5到10年，慢慢越来越顺，越来越多人喜欢把他当成他们的导师，一方面出于善心帮助年轻人，但是不可避免，每天也在追求更大的影响力……虽然他认为他一直追求的方向和建议并没有错，但是如果特别机械化地追求效率，衡量每一天的结果，会让人们变得更冷漠无情。所以他发现，虽然他走的道路是正确的，但是过度追求名声，让他走偏了。

他还说，如果他的生命真的只有100天了，他会怎么样度过这个时间？他的结论和看护临终病人的护士是非常相似的。他的结论是说，他要让他的亲人知道他如何爱他们，他和他们一起度过特别难忘的时光……如果稍微偶尔慢一下，能活在当下，才能体验到这些美好，才能感觉自己没有白活。慢下来的时候，才会感受世界的美好。

李开复先生后来说，要感谢这一次罹患癌症，令他领悟到很多人生的真谛。但我想，我们并不需要经历一次绝症的痛苦才去醒悟。像李先生所说，人生最重要的不是名利，毕竟生命本身才是宇宙间最大的奇迹，亲人和朋友才带来人生最美好的体验，让我们时常提醒自己，不要迷失在名利的诱惑当中，活在当下吧！

∥提炼要点∥

生命和健康是幸福人生的根本，名利只是工作和生活的资源和手段，为名利不顾生命可以说是本末倒置的愚蠢行为。"知足不辱，知止不殆"真是我们应该时刻警醒自己的名言啊！

第四十五章
不完美才是大智慧

完美不是没有缺陷，而是必须认识到缺陷，或者主动表现出缺陷！

大成若缺，其用不弊。大盈若冲，其用不穷。大直若屈，大巧若拙，大辩若讷。躁胜寒，静胜热，清静为天下正。

《翻译》

大的成就要看起来有一些缺陷，其作用才能不枯竭。最充盈的东西好像是空虚的，这样它的作用才不会穷尽。最直的路线好像是弯曲的，最巧妙的方法好像是笨拙的，最好的口才好像是木讷一样。运动可以战胜寒冷，安静可以战胜燥热，清静无为才是天下的正道。

◎ 天地尚不能久，而况于人乎？

《西游记》临近结尾的第九十九回，唐僧等人取经而归，即将功德圆满之际，不料经书落入河中，打捞起来在石头上晒干时，有几卷经文的最后几页沾在石头上，从而导致经文不全，唐僧懊悔道："是我们怠慢了，不曾看顾得！"行者笑道："不在此！不在此！盖天地不全。这经原是全全的，今沾破了，乃是应不全之奥妙也，岂人力所能与耶？！"经书不完美了，这样令唐僧懊悔的事情，为何却令聪明的行者赞叹？别忘了他名字叫"悟空"，能够悟得"空性"的智慧，所以明白"不完美才是完美"的道理。正如第二十三章说的 "天地尚不能久，而况于人乎？"，天地都不能完美，人生怎能事事如意呢？所以完美的人生，必然包含一些缺憾，否则不能叫作完美。

这就是"大成若缺，其用不弊"。

从字面翻译："大的成就要看起来有一些缺陷，其作用才能不枯竭。最充盈的东西好像是空虚的，这样它的作用才不会穷尽。"为什么呢？其实，《道德经》第四章就说过"道冲，而用之或不盈"；第十五章又说过"夫唯不盈，故能蔽而新成"；第二十八章还说过"知其雄，守其雌""知其白，守其黑""知其荣，守其辱"。这都是说千万不可表现得完美，必须反其道而行之，要留有不足或缺陷，方能立于不败之地。

我们知道月圆之后，便是月缺；相聚之后，便是离别；戏剧高潮过后，便是落幕；人生华彩上演，结局即在眼前。物极必反，是自然规律。跑马拉松的第一批领先者，未必是最后的赢家；长跑的冠军很可能埋伏在第二集团当中，保存体力，伺机超越。第一名只有一种可能，就是被超越；成功者也只有一种宿命，就是失败。所以有智慧的人不会把自己放在完美的位置，以致连奋斗的目标都失去了。

◎ 成功的企业寻找危机，成功的做法留有缺陷

比尔·盖茨曾说："对于企业，我一直抱有这样的观念：'微软离破产永远只有18个月之遥！'"中国民营企业华为的老总任正非，在华为2000财年销售额达220亿元，利润达29亿元位居全国电子百强首位的时候，发表了《华为的冬天》的重要演讲，大谈危机和失败，为什么？因为"大成若缺，其用不弊。大盈若冲，其用不穷"。到2016年比尔·盖茨仍是世界首富，华为仍居中国电子百强首位，只不过收入变成了5216亿元，利润变成了371亿元，分别是2000年的23.7倍和12.8倍，不能不佩服这两位掌舵人的深邃智慧，他们为企业树立了假想敌，培养了危机意识，使企业基业长青，长盛不衰！

"大直若屈，大巧若拙，大辩若讷"的逻辑和"大成若缺，其用不弊。大盈若冲，其用不穷"一样，只是更清爽，省略了后半句，为了读起来方便，可以把句子补全：

"大直若屈，大巧若拙，大辩若讷。"这三句话的逻辑和前两句一

样，只是更清爽，省略了后半句的"其用……"一点也不影响我们理解老子的意思，他想说的是：最直接的做事方法，要有一定的灵活性，看上去像是绕弯子，但是不会产生祸患；最巧妙的做事方法，往往显得笨拙，好处是避免了繁复华丽的花架子，简单有效；最有力的辩论，显得好像不善于讲话一样，好处是重点突出，直击要害。这三条都是不一般的大智慧，举例子才能说清楚。

◎ 欲速则不达，多说则无用

比如所有的山路都弯曲，是开凿山路的人傻吗？为什么不修成笔直一条线呢？因为在山上，弯曲才是直线，这样的道路最省力、走起来最快；直线反而没法走，有着太多的险阻和太大的落差，不但欲速则不达，弄不好生命安全都无法保障。大家想想，人生更像平路还是更像山路呢？这么想，人生遇到些曲折，是不是也就释然了？

大巧若拙，又是什么逻辑呢？凡是有智慧的人，都懂得用"拙力"，就是"想明白干到底"。《中庸》说"人一能之，己百之；人十能之，己千之"，意思是人家做一遍可以做到的，自己做一百遍；别人做十遍可以做好的，自己要做一千遍。这样的人是不是傻呢？自然不是，有大智慧的人才会这样做事，因为做一遍做十遍得到的都是皮毛，做一百遍一千遍得到的都是精髓。

"大辩若讷"又是什么智慧呢？孔子说："君子……敏于事而慎于言，就有道而正焉，可谓好学也已。"又说"夫人不言，言必有中"，要么不说话，一说就说到点子上。这是什么力道？所以在公司会议上滔滔不绝的，往往不是最有辩才的人，反而是最不懂沟通的人；那个沉默寡言的人，可能几句话就把问题剖析得很清楚，令人豁然开朗；而CEO（首席执行官）一直用心倾听，记录思考，最后总结发言一锤定音，更是"大辩若讷"的鲜活写照。

◎ "道"不是热闹，而是清静

有人说老子的道理真是奇怪，"大直若屈，大巧若拙，大辩若讷"

好像很佛系，怎么这么没意思呢？没错，"道"本来就不是热闹，而是清静。老子又说了："躁胜寒，静胜热，清静为天下正。"相反的事物可以相互制衡："躁"是运动的状态，可以战胜寒冷；"静"是安稳的状态，心静自然凉，可以战胜狂热。比如在事业上，功名利禄当头，该怎样对待呢？老子说"清静为天下正"，正确的态度，一定是清静无为。

为什么呢？天下有多少珍宝美色，又有多么诱人的权力名誉啊！如果人人不择手段地追求财富珍宝、名声地位，如果没有制度和法律来约束强人和狂人的欲望，社会将陷入怎样的混乱和冲突呢？结果是每个人都成功，还是每个人都失败呢？答案不言而喻。只要稍稍了解历史，就知道只要一个社会是无政府状态，都会导致战乱和毁灭；相反，古今中外的盛世，都处于社会安定、秩序井然的和平时期。

∥提炼要点∥

不完美，才是大智慧。打消要求完美的妄想，看到自己的缺点和不足，用清净心取代狂想，才能取得真正的成功。

第四十六章
贪心致祸

知足，常乐；不知足，常惹祸。

天下有道，却走马以粪。天下无道，戎马生于郊。祸莫大于不知足，咎莫大于欲得。故知足之足，常足矣。

‖ 名词 ‖

有道：有水平的管理。无道：指糟糕的管理和政治。

却：摒除、除去。却走马：不让马奔跑。粪：此处做动词，指用粪来施肥。戎马：战马。

‖ 翻译 ‖

治理天下符合"道"的精神的时候，国家把战马还给百姓，让马在田间施肥；天下无道的时候，天下的马匹都被征用为战马，小马驹都不得不生于作战的郊野。没有比不知足带来的祸患更大的啊！没有比贪得无厌带来的罪过更严重的啊！所以，"知足"带来的那种满足，才能够长久啊！

◎ 贪心的成本

历史学家考证，古代中原地区喂养马匹的成本是非常高的，历史证明中原不适宜养马。尽管不断引进优良马种，"买马以银，养马以金"，中原很难培育出优良的地方马品种。古称水土不宜，用今天的话说，是生态不适宜，马耐寒怕热，特别适应干燥凉爽的大草原，一入中原便容易生病。历史上的绢马贸易、茶马互市等引进了无数马匹，大都郁郁而死。从马的分布来看，中原一直是"贫马"地区。所以，到底是用如此珍贵的马匹来进行生产，还是发动战争？在中国古代社会，不得不说是成本非常昂贵的决策选择！

什么人拥护生产，什么人迫不及待地发动战争？当然是人民希望和平生产，国君和贵族想要发动战争了！因为人民在战争中不但一无所获，还要遭受生命和财富的重大损失；而国君和贵族失去自己的生命财富的概率，比起老百姓要低得多，一旦胜利，就可以获得名誉、财富和土地。那些头脑混乱、贪婪凶残的当权者，往往利令智昏地发动战争，不懂得应与老百姓共赢，最后导致自身的灭亡，甚至临死都搞不明白，怎么会这样呢？

因为国家和社会是建立在人民力量的基础之上的，即使领导层拥有一定的威信和权力，也不能为了少数人的私欲而牺牲民众的利益，一旦民众的力量被削弱，国本动摇，权力阶层的力量也必然被削弱。伟大的军事家孙武在《孙子兵法》的《作战篇》中说得清楚："国家之所以因作战而贫困，是由于军队远征，不得不进行长途运输。长途运输必然导致百姓贫穷。驻军附近物价必然飞涨，物价飞涨，必然导致物资枯竭，物资枯竭，赋税和劳役必然加重。在战场上，军力耗尽，在国内物资枯竭，百姓私家财产损耗十分之七。公家的财产，由于车辆破损，马匹疲惫，盔甲、弓箭、矛戟、盾牌、牛车也损耗十分之六。"所以他提出"兵贵胜，不贵久"，因为"兵久而国利者，未之有也"，长期穷兵黩武而国家昌盛的，从来没有见过。

有人可能想到有个"世界警察"，长期穷兵黩武，貌似仍然强大。其实近年来美国也在反省，"9·11"事件后，长期用兵的后果就是经济趋向衰落，国际地位一直下降；相反，中国一直"以经济建设为中心"，韬光养晦，有所作为，不但经济上（某些方面）隐隐有超越美国之势，军事建设和国际地位也大有起色。为什么中美两国会有如此大的反差？就是老子讲的"天下有道，却走马以粪。天下无道，戎马生于郊"的道理。

◎ 贪心有度叫知足

这一道理同样适用于企业。管理者要明白，员工的利益维护不好，企业也不可能好。孙子说，"上下同欲者胜"，如果企业管理层提出的目标，只对管理层有利，却把员工的利益和想法当作耳边风，一定会导致离心离德，造成上有政策下有对策，企业如一盘散沙，运营效率低下的后果。

那么企业的管理层或者国家的决策者，该怎样做出明智的判断呢？

请看老子开出的特效药方："没有比不知足带来的祸患更大的啊！没有比贪得无厌带来的罪过更严重的啊！所以，'知足'带来的那种满足，才能够长久啊！"药方很简单，就两个字——知足！

千万不要小看这两个字，第三十三章老子曾经用这两个字给天下人指出了致富的一条明路："知足者富。"第四十四章老子又用这两个字给天下人指出了人生健康幸福的捷径："知足不辱，知止不殆。"现在老子又用这两个字给管理者提出了长治久安的光明大道！不要贪、不要急，有道的管理者，无为而无不为，一步步按部就班，只要方向正确、符合自然规律、抓住关键要素，不犯错误、不野心膨胀、不追求自己达不到的目标，自然能立于不败之地嘛！着什么急啊！

然而，知足哪里是那么容易做到的呢？举个不太恰当的例子：二战时德国吞并了捷克和斯洛伐克那么大的领土，德国法西斯都没有知足；而日本法西斯在占领朝鲜以后也没有知足，又贪得无厌地觊觎中国东三省。贪心不足蛇吞象，这两个法西斯政权穷兵黩武极力扩张，最后除了自取其辱，还会有什么好的结果呢？

◎ 三知足、三不知足

这一章的"知足之足，常足矣"和第四十四章的"知足不辱，知止不殆，可以长久"可以对照来看，深入思考一下，每个人有那么多的欲望，真的有意义吗？不知足的人生和知足的人生，哪一个才是理想的人生呢？在这个问题上，很多85后、90后都不太理解，有人问我，如果我很知足，那为什么还要努力呢？如果我管理的员工很知足，我还能用什么激励他们？这个问题十分普遍，我们一定要自己想清楚"知足"和

"不知足"的区别才行。下面我们谈三个区别。

一、对什么知足，对什么不知足？

答：对欲望知足，对能力不知足。第三章的幸福公式讲过这个道理，欲望越低、能力越强，人就越幸福；相反，欲望越高、能力越差，人就越痛苦。智者对个人欲望很容易满足，对自己能力的提高却孜孜以求，"为学日益"，天天向上。所以有人提的问题根本就混淆了概念，知足怎么会导致不思进取呢？

二、在什么范围内知足，在什么范围内不知足？

答：在不合理的范围内不知足，在合理的范围内知足。如果在合理的范围内一个人还不知足，就成了狂妄和贪婪，必然导致冲突和伤害。现在社会上有一些人，与我们一向提倡的"但问耕耘，莫问收获"相反，只计收获，不想付出，总想偷懒、占别人的便宜，最后总会事与愿违，落得鸡飞蛋打，得不到利益，个人名誉也毁了。正是对欲望的不知足，导致有些人利令智昏甚至违法乱纪、杀生害命，造成人生和社会的灾难，这样的不知足难道是好事吗？

三、在群体和个体的范畴，站在什么角度谈知足和不知足？

答：追求个人利益，要在合理的范围内知足。追求集体利益，要在已取得的成绩上，锐意进取，争取共同进步。反过来，不顾集体利益，只打个人小算盘，就像以权谋私者或者叛国投敌者，这种意义上的不知足者，必遭到大众的唾弃、法律的制裁！

总之，"知足"是《道德经》的一个重要观念，也是我们每个人的一门必修课。人生漫长，种种诱惑往往令人猝不及防，如果没有平时的修养，就难以坚持正念；人生短暂，回首往事总是令人悔不当初，如果没有道德的功夫，怎能心底无私？

『提炼要点』

国家和企业的管理者要把民众和员工的利益放在心上，不可因为少数人的私欲，做出损害多数人的决策。因为这么做，当权者自身必然也受到伤害。管理者必须学会控制欲望，才配做管理者。每个人都要把"知足"作为人生的一堂必修课！

第四十七章
胸怀天下

知识靠勤奋，智慧靠思考。

不出户，知天下；不窥牖（yǒu），见天道。其出弥远，其知弥少。是以圣人不行而知，不见而明，不为而成。

《名词》
牖：窗户。

《翻译》
不需要出门，就能够了知天下事……；不需要向窗外看，就能够认知天道。越是向外驰求，对真理的认知反而越少。所以有智慧的人不出行，却能知道事情的本质；不迷惑于事物形形色色的外观，而能洞察其规律；不强行干涉，使事情顺其自然，而能于无形之中成功。

◎ 废话和瞎扯最吸引眼球

从字面看，老子的说法实在令人费解：为什么待在家里反而什么都知道，出门参访却不能了解天下呢？

来看看另一个思想家怎么说。梭罗在《瓦尔登湖》一书中几次提到新闻的无聊，说："我们急于在大西洋底下建造海底隧道，使旧世界的新闻，能缩短几个星期到达新世界，可是传入美国人奄拉着的大耳朵里的第一个消息，也许是阿德莱德公主害了百日咳之类的八卦新闻。"读到这里，我们会思考：知道新闻，就知道天下事了吗？

他更有趣的一段描述是这样的：

> 一个人吃了午饭，还只睡了半个小时的午觉，一醒来就抬起了头，问："有什么新闻？"好像全人类在为他放哨。有人还下命令，每隔半小时唤醒他一次，无疑的是并不为什么特别的原因；然后，为报答人家起见，他谈了谈他的梦。睡了一夜之后，新闻之不可缺少，正如早饭一样重要。"请告诉我发生在这个星球之上的任何地方的任何人的新闻。"——于是他一边喝咖啡，吃面包卷，一边读报纸，知道了这天早晨的瓦奇多河上，有一个人的眼睛被挖掉了；一点不在乎他自己就生活在这个世界的深不可测的大黑洞里，自己的眼睛里早就是没有瞳仁的了。

这描述多么像今天的我们啊！大多数人每隔半个小时就拿起手机，查查邮件、看看推送的新闻，生怕漏过什么重要的事！其实查一辈子，能查到什么重要的事？梭罗说，"我也敢说，我从来没有从报纸上读到什么值得纪念的新闻"，都是"某某人被抢了，或被谋杀或者死于非命了，或一幢房子烧了，或一只船沉了，或一只轮船炸了，或一头母牛在西部铁路上给撞死了，或一只疯狗死了，或冬天有了一大群蚱蜢"这样的新闻。大家想想，今天我们到处搜寻的新闻，绝大多数不也是这些内容吗？

结论呢？梭罗说："对于一个哲学家，这些被称为新闻的，不过是瞎扯，编辑的人和读者就只不过是在喝茶的长舌妇。然而不少人都贪婪地听着这种瞎扯。"

请原谅我引用了这么多梭罗的话，因为他的观点实在太经典。尤其在信息爆炸的今天，我们一定要想清楚，怎么分配自己的时间，如何对待层出不穷的各种信息！我有一句写给自己的座右铭："看住自己的时间和精力，就像看住钱包里的钱一样！"因为绝大多数信息都没有价值，有价值的不是信息本身，而是提炼出极少数有用信息，再通过思考和总结，形成有效结论的能力！这种能力绝不是通过奔来跑去、道听途说而得到的，相反，是靠凝神静思、去粗取精、去伪存真，找到内在规律才得到的，所以第一步必须摒除外界杂乱信息的干扰，心才能定下来，尤其不能跑来跑去！《大学》说得好："知止而后能定，定而后能静，静而后能安，安而后能虑，虑而后能得。"

现在应该明白为什么"不出户，知天下；不窥牖，见天道。其出弥远，其知弥少"了吧？因为天下的规律和天道的内涵，根本就不在新闻和八卦当中，必然要通过智者的深入思考，由表象进入本质，就像儒家说的"止—定—静—安—虑—得"，或者佛家说得更简单：戒能生定，定能生慧。佛家说的"戒"，相当于儒家说的"止"。总之，真知灼见一定不是通过打听和游览得来，而是通过思考、修行，运用智慧悟出来的。

◎ 未出茅庐而知三分天下

老子总结说："所以有智慧的人不出行，却能知道事情的本质；不迷惑于事物形形色色的外观，而能洞察其规律；不强行干涉，使事情顺其自然，而能于无形之中成功。"

有人会问，世界上真有"不行而知，不见而明，不为而成"的圣人吗？举一个大家都知道的例子：隆中对。

其实诸葛亮和刘备在阅历上不可同日而语。"隆中对"发生于公元207年冬至208年春之间，诸葛亮生于公元181年，讲出青史留名的隆中对策的那年只有26岁，他之前除了跟随叔父从山东老家迁至江西北部，后来又跑到南阳去种地，并没去过多少地方。而生于公元161年的刘备比他年长20岁，从公元184年黄巾起义23岁出道开始，一直颠沛流离、南征北战、东逃西走，混了23年仍然没有一块像样的根据地。于是46岁的刘备找到26岁的诸葛亮，问他应该怎么办，心情不可谓不急迫，态度怎能不诚恳？诸葛亮在《前出师表》中回忆道，"臣本布衣，躬耕于南阳，苟全性命于乱世，不求闻达于诸侯。先帝不以臣卑鄙，猥自枉屈，三顾臣于草庐之中，咨臣以当世之事。由是感激，遂许先帝以驱驰"，可见他觉得自己是个资历和见识都尚浅薄的人，在刘备这样的"天下英雄"面前多少带点自卑和怯懦。然而，从他嘴里讲出来的那篇《隆中对》，却是中国历史上最著名的战略地图，原文连带标点符号一共349个字，凭借短短的一段文字，诸葛亮为刘备找到了唯一正确的行动路线图，带领刘备集团东连吴越、西取巴蜀，与曹魏和东吴抗衡多年，不仅使三足鼎立，还为中国历史留下了璀璨的文化遗产。

最后把《隆中对》附在本章后面，我们可以欣赏诸葛亮清晰的逻辑和犀利的分析。这里只谈一个问题：为什么年龄、阅历、经历都远远超过诸葛亮的刘备想不出这一战略，待在南阳闷头种地的诸葛亮却有这样卓越的眼光？老子说得好——"不行而知，不见而明"，因为刘备当局者迷，诸葛亮旁观者清！"不出户，知天下"，正因为诸葛亮待在家里，气定神闲，思路清晰，才这么有智慧啊！"其出弥远，其知弥少"，正因为刘备到处漂泊，见多识广，反而心乱如麻，昏着迭出！即便诸葛亮自己，晚年由于忙于征战，对曹魏频繁出兵，也犯下了严重的战略错误，这不更能说明问题吗？

知识不等于智慧，信息不等于决策，努力不等于成效。我们要培养智慧，必须懂得《道德经》里这些微妙的道理。

**提炼要点**

知识不是智慧，能够活用知识才是智慧；信息不是决策，提炼关键信息才会有好的决策；努力不等于成效，找到关键规律才可能有成效。

_**附录**_

隆中对

自董卓已来，豪杰并起，跨州连郡者不可胜数。曹操比于袁绍，则名微而众寡。然操遂能克绍，以弱为强者，非惟天时，抑亦人谋也。今操已拥百万之众，挟天子而令诸侯，此诚不可与争锋。孙权据有江东，已历三世，国险而民附，贤能为之用，此可以为援而不可图也。荆州北据汉、沔，利尽南海，东连吴会，西通巴、蜀，此用武之国，而其主不能守，此殆天所以资将军，将军岂有意乎？益州险塞，沃野千里，天府之土，高祖因之以成帝业。刘璋暗弱，张鲁在北，民殷国富而不知存恤，智能之士思得明君。将军既帝室之胄，信义著于四海，总揽英雄，思贤如渴。若跨有荆、益，保其岩阻，西和诸戎，南抚夷越，外结好孙权，内修政理；天下有变，则命一上将将荆州之军以向宛、洛，将军身率益州之众出于秦川，百姓孰敢不箪食壶浆以迎将军者乎？诚如是，则霸业可成，汉室可兴矣。

第四十八章
学问要多、毛病要少

学问是越多越好，毛病是越少越好。

为学日益，为道日损。损之又损，以至于无为。无为而无不为。取天下常以无事，及其有事，不足以取天下。

∥翻译∥

做学问，追求的是每天的知识都增长一些。而人生的修炼，就要让自己的毛病每天都减少一些。减少再减少，直到无为的境界：真能无为，那么就没有什么事情做不成了。不多生事端才能够治理好天下；没事找事的主儿，是不可能治理好天下的。

∥解释∥

本章也是《道德经》的经典章节，应该熟读和深入体会，喜欢的话最好背诵下来，时时玩味，回味无穷。为什么呢？老子讲了学习知识和学习做人的两种道理，开篇只用八个字就说清楚了这两种学习的巨大差异，后面还把人生修炼的终极境界讲明白了。所以第四十八章和第三十三章类似，完全值得我们奉为座右铭，作为挂在墙上、印在心中的人生指南。

◎ "为学日益，为道日损。"

这太值得背诵，太精辟了！首先，学问当然是越多越好。为学日益，就像小时候说的"好好学习，天天向上"。知识是点点滴滴积累的，一个人没有循序渐进的努力，就不可能建立起丰富的知识系统。这原理听起来很清楚，为什么还要背诵呢？原因在于老子提出来的一个字——"日"，每天都要进步。这才是真正重要的事，也是最困难的事！

◎ 坚持最难，遗忘最易

孔子是万世师表，他提出的治学要点和老子一样，叫作"学而时习之"，这个"时"，就是经常的意思，正确的解读，就是"学到的知识要经常复习和应用"，相当于老子说的"为学日益"。很多人的学问没有做好，其实不是因为涉猎太窄，而是因为没有真正做到"学而时习之"，别忘了知识是会不断被遗忘的，小的时候背过的唐诗宋词、古文名篇，有几个人现在可以脱口而出呢？又有多少人发现自己开始遗忘熟悉的知识的时候，会立刻找来资料复习一遍呢？看到能够应用知识的场景，就把自己的知识应用一番呢？如果真的是善于学习的人，一定会规划自己对于新知识的学习，以及对之前有用的知识的复习，并且不会长期间断学习，这样才能把自己的知识体系不断巩固，不但不会遗忘，反而会越来越熟练、越来越系统，慢慢达到融会贯通的程度，所以说"为学日益"当中的"日"字，也就是不懈坚持、日积月累，是做学问的要害！

◎ 毛病、脾气、欲望，要越来越少

"为道日损"，道理更加深刻了，更值得我们认真体会。这里有个翻译难点，因为省略了主语和宾语，那么谁为道？日损什么？第一个问题好办，可以理解为"不管谁为道，都要日损"。第二个问题呢，如果理解成什么都要"日损"，逻辑上肯定说不通。视力要损吗？力气要损吗？健康要损吗？财富要损吗？如果这些要损，老子就是不让我们过好日子，当然不行。老子要我们损的，是我们的毛病、脾气、欲望，这与《道德经》前面的内容，是一以贯之的。

比如第三章里讲过"虚其心，实其腹，弱其志，强其骨"，为学日益，相当于"实其腹"和"强其骨"；为道日损，相当于"虚其心"和"弱其志"。第三章我还介绍过一个幸福公式，幸福=能力/欲望，这公式说明能力增加、欲望降低，人的幸福感才会飙升。能力增加，相当于为学日益；欲望降低，相当于为道日损。

为什么要降低欲望呢？第四十六章说过"祸莫大于不知足，咎莫大于欲得"。欲望大起来，哪里谈得上幸福感，全都是痛苦啊！佛家有一套非常完备的理论来描述烦恼，包括大随烦恼、中随烦恼、小随烦恼，三类烦恼共有20种之多，我们不去细究；容易理解的是五种根本烦恼，就是贪、嗔、痴、慢、疑。贪，就是贪心，对欲望的不满足；嗔恨心，就是由于不满足而产生的恨；痴，就是迷恋某事物或者迷恋某种做法，说白了，就是坚持要满足自己某种欲望的心理；慢，就是傲慢，为了满足自己对名誉和地位的欲望；疑，就是怀疑，是对解决方案的不满，就是贪图最佳方案、想得到最优答案的欲望。看吧，一切痛苦烦恼，全部来自不合理的欲望。欲望越大，烦恼越深。为什么要"为道日损"呢？因为如果不把这些欲望控制住，任其膨胀，别说幸福感了，不发狂也要得抑郁症。

◎ 谁说《道德经》是消极的？

那么降低欲望，要到什么程度为止呢？老子说：要降低再降低，降低到无为的程度。这里的"无为"，就是自然而然、天然合理、恰如其分的意思，该怎样就怎样，也就是后面说的"无事"，不是真的不做事，而是不没事找事。读《道德经》千万不要把"无为"理解成"不作为"，而要理解成"合理地做事""恰到好处地做事"。

"无为而无不为。取天下常以无事，及其有事，不足以取天下。"想想看，如果无为是"不作为"，怎么能"取天下"？有人说《道德经》是消极的，那真是不懂《道德经》；真懂行的人知道，这部书不但不消极，反而有最积极的人生观！不积极，怎么会想要"取天下"？

"无为而无不为"，"无为"是做事巧妙恰当、自然合理，这样当然不会遇到阻力了，所以才会"无不为"，一切目标都可达到。如果做不到"无为"呢？自然寸步难行！因为欲望膨胀，强为、妄为、人为，横打硬冲，一次两次还有成功的可能，长期这么干，早晚撞个头破血流。反过来，把脾气和欲望都消减掉，如杜月笙那句名言"上等人有本事，没脾气"，我们还可以这么理解：其实没有脾气，就是大本事！真正的成功者，一定会把个人的贪欲、脾气置之度外，凡事顺势而为，符合规律，"功成事遂，百姓皆谓：我自然"，不但事情成功，做人也得到天下人的称赞，人也成功。

所以"取天下常以无事"。我们经常听到群众议论无能的领导，说他"又在搞事"，或者"事真多"，是不是员工和群众不喜欢做事呢？不是的，是大家不愿意劳而无功，如果是好事，傻子才会反对呢！这里的"事"，就是俗话说的"事无好事"，所以我们习惯用"没事"代表一切都好，反过来"有事"就是"出事了"，大家听到都头皮发紧，知道麻烦大了。老子说"取天下常以无事"，只有你把事情做妥当了，一切自自然然、水到渠成，天下人才支持你，你才能够取天下；反过来，动不动就搞事，折腾得人仰马翻、怨声载道，怎么能得到人民群众的支持呢？所以老子说，"及其有事，不足以取天下"。

『提炼要点』

学问要每天增加，脾气要每天减少。没脾气，就是最大的本事。

第四十九章
领导艺术

终极的领导艺术，就是要把员工当小孩。

圣人无常心，以百姓心为心。善者吾善之，不善者吾亦善之，德善。信者吾信之，不信者吾亦信之，德信。圣人在天下，歙歙；为天下，浑其心。圣人皆孩之。

‖翻译‖

圣人不坚持自己的主观成见，以百姓的心为心。好的人我把他当好人，不好的人我也暂且把他当好人，这叫作"德善"。诚信的人我相信他，不诚信的人我也相信他，这叫作"德信"。圣人在领导岗位上，收敛自己的主观意愿；圣人治理天下，心思淳朴，不过分苛求。普通的百姓都挺精明的，关注听到的和看到的；圣人就要有些高度，把百姓当小孩子看，该顺着的时候要顺着，该哄着的时候要哄着。

‖解释‖

什么叫"无常心"？常心就是固定的想法和套路，无常心就是不执着于自己的观点和想法，而是以百姓的立场和角度来考虑事情，当然可以得到百姓的支持！

◎ 沟通的黄金法则：以对方为中心

这个道理很简单，但是大多数人都做不好。在沟通时有一个金科玉律，那就是以对方为中心。如果成年人和小孩子沟通，最好蹲下来，目光和孩子平齐，孩子自然会好好和你说话；如果上级和下级谈话，最好一上来就嘘寒问暖，拉近距离，后面的谈话自然顺畅；如果企业家做经营决策，必须问自己一个问题：我的客户是谁？我的决策对我有利还是对客户有利？如果我的举动让自己方便了，却让客户吃了亏，我还能够生存吗？这几个例子都说明了一个道理，好的合作一定以对方为中心。反过来，凡事以我为主、以自私为驱动力，后果会怎么样呢？对方配合你的概率非常低。

绝大多数人懂得这个道理，可是一开口还是"我我我"，吾我不断，就算为社会大众所不容，仍然坚持站在自己的角度，硬打硬冲，百死而不悔，最后只能白死。这不是自寻死路吗？为什么多数人会这样呢？并不是这样做有好处，而是这样做比较爽！"老子"爽了，不枉此生了！这在佛法中叫作"我执"，就是觉得"我"最重要，然而一切烦恼就来了。因为我重要嘛，所以我要出名、我要占便宜、我要舒服、我要成功，可是全世界怎么会顺着"我"来呢？所以我只能和全世界死磕到底，后果可想而知。

其实世界不是不可以成就你，前提是你要为世界做出贡献。就像《道德经》第三十四章说的，"衣养万物而不为主，……可名为大。以其终不自为大，故能成其大"！"圣人"就是这样做的，"圣人无常心"，放弃自己的执念，全心全意为人民服务——"以百姓的心为心"。太极拳诀中有这样两个词："舍己从人""得机得势"。"舍己从人"，类似"圣人无常心"，暂时放弃自己的角度，这样才能抓住机会，取得优势。人民的力量才是无穷的，如果领导人不选择和人民站在一起，而是站在人民的对立面，注定没有前途！

可是百姓千人千面，众口难调，素质也参差不齐，该怎么办呢？

◎ 赏识教育和溺爱的区别

老子的办法很简单，就是自己做傻子：好的人我把他当好人，不好的人我暂且也把他当好人，这叫作"德善"。有的人说这么干不对吧，不分好赖人吗？做领导应该要恩怨分明啊！

可知中国共产党取得革命胜利的三大法宝之一——统一战线，为了最大限度获取人民群众的支持，结成统一战线，必须团结一切可以团结的力量。如果一来就把人民群众分成好人和坏人，相当于人为树立敌对方，怎么建设统一战线呢？

再说了，好人和坏人都是相对的，区分好坏必然是主观的、人为的行为。究竟坏到什么程度才算坏？50%还是5%？其实没有太多人愿意做坏人，更没有人希望自己被划分到坏人一类。有人可能会想到杀人犯：他们总是不折不扣的坏人吧？可是谁能想到，他们也不认为自己是坏人。卡耐基的畅销书《人性的弱点》第一章叫《待人的基本技巧》，开篇就写了一个案例，外号"双枪"杀人犯克劳雷吐露心声："在我的衣服里面，是一颗疲惫之心，是仁慈的，一颗不愿意伤害任何人的心。"芝加哥地区的凶恶匪首卡邦则说："我将一生中最好的岁月给了人们，使他们获得幸福愉快，过着舒服的日子，而我所得到的只是侮辱，一个遭人搜捕的人。"书中提到作者与监狱负责人的一封通信，负责人说："很少有罪犯承认自己是坏人，他们的人性就跟你我一样，他们有各种的见解、解释，说明为什么要撬开保险箱，或是接连地开枪伤人。"请注意，笔者并不是为上述的罪犯辩护，说他们不是坏人；恰恰相反，笔者的用意是，就连犯下如此重罪的人都不肯承认自己是坏人，那还有什么人肯接受自己被贴上坏人的标签呢？最后的结论，就是每个人都希望被当作好人来对待，没有人喜欢被批评。

作为一个好的领导，要懂得先和员工搞好关系，取得大家的支持，建立好"统一战线"，然后才谈得上领导员工去做事。一个好的老师，要懂得先获取学生的信任，然后才谈得上教育学生，让学生完成自己布置的任务。一个懂教育方法的家长，要懂得先肯定自己的孩子，激发起孩子的上进心，再给孩子设定挑战性的目标，这叫作赏识教育。

"赏识教育"的原理是什么呢？就是上面所说的：每一个人内心都希望自己成为一个英雄，被社会认可，被他人接受；没有任何人愿意相信自己是坏人、承认自己的低劣。有一句话是"士为知己者死，女为悦己者容"，正说明赏识可以激发人们内心深处的奋斗欲望。领导、老师、家长的欣赏，哪怕是没有明确表现的暗示，都能够对员工、学生、子女起到重大的正面激励作用，这在著名的罗森塔尔实验当中得到了验证。

1968年，Dr. Rosenthal（罗森塔尔博士）和Jacobson（雅各布森）做了这样一个实验：首先，他们给一个中学的所有学生做了智商测试，然后给了任课老师一份高智商学生的名单，并告诉老师这些学生的成绩会远远比其他学生提高得更快。事实上这些所谓"高智商"的学生只是随机抽取出来的，他们并不比其他学生智商高，他们与其他学生的不同，只存在于老师的思想或认知中！随后的实验结果是惊人的：那些被老师认为"高智商"的学生在之后八个月的学习中成绩确实突飞猛进。为什么会有这样的结果呢？也许老师不自觉地给了这些学生更难的任务、更多的挑战，但最重要的原因是，老师的态度让这些学生看到自己的无穷潜力，于是更加努力，真的取得了更为优异的成绩。别忘了，我们是根据别人的态度来认知自己的，因为别人认为我优秀，所以我要做到优秀！所以要让一个人进步，聪明的领导或老师首先要欣赏和肯定他，这就是赏识教育的原理，在心理学上也叫作"自证预言"原理（Self-fulfilling Prophecy Theory）。

对领导力而言，什么是最有效的善？就是好的人是好的，不好的人也当作好的来对待，不好的人就会尝试努力变好，最后建立一支强有力的团队，不是个人优秀，而是集体优秀。老子说这叫"德善"，《道德经》里"德"是"道"的应用，"德善"指符合"道"的原理的善，是最合理、最巧妙的善。

要注意，千万不要把"德善"或者"赏识教育"与溺爱混为一谈。"溺爱"也是把员工、学生或者孩子看作宝贝一样，但"溺爱"只赏识而不要求进步，赏识教育则是在赏识的前提下严格要求，所以前者会把好员工、好孩子惯坏，后者却会把差员工、坏孩子教好。

◎ 建立团队的诚信文化

同样的道理，老子说：有信用的人我相信他，没有信用的人我也相信他，这叫作"德信"。这句话和上句是一样的道理，还是赏识教育。大多数人都难免会给人贴标签，而且往往给自己贴的标签是"有信用的人"，给别人贴的标签就是"没有信用的人"，佛家把这叫作"自赞毁他"。老子的智慧就在于洞悉人性：我们有什么资格给别人贴"没有信用"的标签？这个标签贴上以后，对方为啥还要对你讲信用？所以重要的是，先把对方当作和自己一样诚信的人来赏识和信任，对方才有可能给你同样的信任，良好的组织文化才有可能形成。

有人会问，真的可以相信别人吗？万一对方一直骗我，我该怎么办？其实不会。诚信往往是一种环境，如果大家都诚信，骗子是生存不下去的；反之，如果大家都骗人，诚信是不可想象的。有一个词叫"尔虞我诈"，意思是你骗我我就骗你，不然我不就吃亏了？问题是一旦互相欺骗，全社会都是失败者，大家都上当吃亏，还不如谁都不骗人。怎么办呢？我先停下来，我不骗人，也不把别人当骗子，那么和我打交道的人就不是必须骗我，可以把我当诚实的人，对我采用诚实的策略；以此类推，他再去诚实地对待其他人，建立彼此的信任，最终所有人都变得诚信。我们会发现这样的社会是普遍发达和繁荣的，因为诚信带来的效率特别高；而互相欺骗的社会一般是落后和萧条的，因为大家的精力都放在互相欺骗上，最后都是受害者。

一个领导者必须注意，怎样在团队成员之间建立这种坦诚的文化。杰克·韦尔奇在《赢》一书中，重点谈到如何在通用电气建立相互信任的氛围，并把企业的成就归功于这样的诚信文化。

◎ 领导要适度装傻，才算有爱心和雅量

老子接着说：圣人在领导岗位上，收敛自己的主观意愿；圣人治理天下，心思淳朴，不过分苛求。这句话和前面怎么衔接起来呢？

首先，圣人为什么要收敛自己的主观想法？就像企业要重视客户一样，圣人要以百姓的心为心，百姓才会听你的，所以要舍己从人，当然需要收敛了。其次，圣人为什么要淳朴，要"浑其心"？正所谓"不聋不瞎，不配当家"。因为好人要欣赏，坏人你也要欣赏，当领导的很精明的话，怎么会全都欣赏呢？守信的人要信任他，不守信的人也要信任他，不"浑其心"又怎么做得到呢？

新任管理者要注意了，有时候不是越精明越好，而要装糊涂才好。当然这里的糊涂是装出来的，可不能真糊涂哟！

老子点明了圣人和普通人的差别："百姓皆注其耳目（陈鼓应先生版本），圣人皆孩之。"普通人都挺精明的，眼里不揉沙子，尖锐苛刻；圣人就要有些高度，把百姓当小孩子看，该顺着的时候要顺着，该哄着的时候要哄着。

这里有两个道理。首先，管理者要有管理者的爱心。员工就像小

孩子，会惹很多麻烦，也可能不够成熟，管理者如果没有仁爱之心，就会一脸怒气，一心仇恨，怎么能得到下面的配合和支持呢？要明白"德善"和"德信"的道理，以德服人、以善育人，才能得到人心。

其次，要有容人之量。做领导不是那么容易的，就像父母要忍受孩子在成长过程中会犯很多错误一样，毕竟是自己家的孩子，期待的是孩子们不断成长，未来成材，所以要充分倾听员工的意见，悉心培养，像父母对孩子那样无保留地付出，才是一个合格的领导人。

〞提炼要点〝

站在员工的角度，才能管理员工。选择欣赏员工，员工才有进步。

第五十章
不作就不会死

不作就不会死。

出生入死。生之徒十有三；死之徒十有三；人之生，动之死地，亦十有三。夫何故？以其生生之厚。盖闻善摄生者，陆行不遇兕虎，入军不被甲兵。兕无所投其角，虎无所措其爪，兵无所容其刃。夫何故？以其无死地。

‖ **名词** ‖

兕：犀牛。

‖ **翻译** ‖

任何人都逃不开生死。所有人当中，三分之一的人长寿，三分之一的人短命，而本来可以颐养天年，却自己作死的，又占三分之一。为什么呢？因为这些人太追求生活的快乐享受了。听说善于养生的人，在路上不会遇到犀牛和老虎，在战争中不会遭到刀兵之灾。犀牛用不上它的角，老虎用不上它的爪，兵器用不上它的刃。为什么呢？因为这种人绝不会把自己置于死地。

◎ 出生入死

生老病死是人生规律，"生"是起点，"死"是终点，所以老子说"出生入死"，意思是所有人都是从生开始，以死结束。有人会想，这不是废话吗？别急，老子还没说完。虽然天下人的起点都是生，终点都是死，但是两点之间的过程可是大不相同！其中有的人活得好，有的人活得就不那么好，还有很多人死得很早，甚至不少人死得莫名其妙，是什么造成了人们生死的不同呢？老子接着细细道来。

老子把所有人分成了十等份，首先是"生之徒十有三"，有十分之三的人生命力强，或者说大概30%的人健康长寿。同样，"死之徒十有三"，有十分之三的人生命力弱，或者说大概30%的人短命夭折。"人之生，动之死地，亦十有三"，还有大概30%呢？本来可以健康长寿，但自己乱动、作死，结果"作了就会死"，自寻死路。"夫何故？以其生生之厚"，这是为什么呢？因为这种人奉养自己太过度了。这里需要做点深入的思考。

"生生之厚"，第一个"生"是动词，产生、促成、着意追求的意思；第二个"生"是名词，生命、人生、生活的意思；厚，就是多，甚至太多、太过分。"生生之厚"，就是指过度地追求好的生活，或者说为了让生活过得更好，拼命追求、过分贪图享受，以致"人之生，动之死地"，不但没有好处，反而断送了性命，把自己作死了！大家可能不相信：谁这么笨，追求好生活却把自己搞死了？其实现实中这样的例子太多了，其中有些人不但不笨，甚至是聪明绝顶，居然也在欲望和利益的诱惑面前失去了判断力。

◎ 追求好生活的三种死法

在第四十四章中老子说"是故甚爱必大费，多藏必厚亡"，当时我举了非洲狒狒的例子来说明，爱什么就会死在什么上面。所以，爱美好的生活，也可能死在对好的生活的追求上！什么叫好的生活？无外乎这么几点，第一个层次就是吃得好，稍微高点的就是富贵，再高一点的是长寿，最高的也就是名垂青史吧。这每一样追求得过度了，都会害死人，信不信？

2017年9月，世界上最胖的人、埃及年仅37岁的Eman Ahmed（艾曼·艾哈迈德）去世了，她的体重一度达到1003斤。怎么会这么胖呢？据她自己说，她从小就无法抗拒饥饿感，所以就会几乎不停地吃。一般人知道吃饱后就不要吃了，胖一些就该减肥了，可是Eman太想吃了，体重一直降不下来，11岁时就因为体重太重以致膝盖无法支撑身体，在地上爬来爬去；12岁以后就失去自理能力，从此卧床25年，直到去世。

再看一个因为追求富贵而死的例子，历史上据说最富有的人——邓通。这个人因为巴结汉文帝而发达，文帝喜欢他到什么程度呢？把铜山赐给他，并允许他用这些铜自行铸钱流通，相当于他可以发行全国流通的货币，那么邓通有何特异之处，能够得到文帝如此的喜爱呢？其实他也是付出了常人难以想象的代价。试举一例，文帝屁股有毒疮，发作时红肿流脓，溃烂不堪，以致痛得整天伏卧床上，哀号不已。邓通见了，张开嘴巴对着文帝屁股上的烂疮就吸，使得文帝感动不已。以后几天，邓通又给文帝吸了几次，文帝的患处竟慢慢好了起来。邓通为了追求富贵，这等事都干得出来，是不是很厉害？可是人算不如天算，有一天文帝问邓通："你说天下谁最爱我？"邓通说："那自然是太子。"正好太子来问安，文帝便叫太子来给他吮疮。太子跪在榻前，对着文帝溃烂的屁股，还没碰到疮口，竟一个恶心呕吐起来。文帝十分不悦，从此对太子冷淡了不少。太子自然听过邓通的伟大事迹，加之父皇对自己的冷淡也缘于他，所以对他忌恨颇深。几年后文帝病逝，太子即位，是为景帝。景帝刚一即位，就有人告发邓通出塞外铸钱，景帝便将邓通革职，夺回铜山，没收所有家产。可怜邓通，一旦落难，竟与乞丐一样身无分文，最后饿死街头！如果邓通不演那一出好戏，怎会落得如此结局？真是不作就不会死啊！这就是"人之生，动之死地……夫何故？以其生生之厚"。过分追求财货而死的人，在历史上、生活中屡见不鲜，俗语说"人为财死，鸟为食亡"，真是这样啊！

第三种作死方法，就是追求长生不老；这种死法常见于超级猛人，比如汉武帝、唐太宗、雍正帝之类。司马迁在《史记》中对汉武帝炼丹、求仙药等没少冷嘲热讽，虽然没有直接证据说明他是嗑药死的，但铅和汞中毒什么的估计少不了。唐太宗吃丹药而死，这一点基本上史家都是有共识的。这哥们儿为了当皇帝，于公元626年7月2日发动了玄武门之变，杀了哥哥李建成和弟弟李元吉，还杀光了他们两家的子孙，逼得老爹李渊退位当了太上皇，为了富贵把事情做绝了！更可叹的是，他当皇帝后就不想退位了，又想长生不老。贞观十年（636年），打完辽东战役回来，唐太宗得了病，调养时开始服用方士提炼的金石丹药。先前唐太宗还曾嘲笑秦皇汉武迷恋方术和寻求丹药，如今竟不由自主也陷进去了。到了贞观二十一年（647年），唐太宗又得了"风疾"，烦躁怕热，便让人在骊山顶峰修翠微宫，第二年，派人从中天竺求得方士那罗迩婆婆寐，服食了"延年之药"，结果病情不断恶化，贞观二十三年（649年）五月逝世，享年仅50岁。

至于雍正帝服食丹药而死，历史记录更加明确。据清宫内务府造办处档案记载，自1730年冬至1735年秋这五年间，雍正下旨向圆明园运送炼丹所需物品157次，平均每个月有两三次。累计有黑煤192吨、木炭42吨，此外还有大量的铁、铜、铅制器皿，以及矿银、红铜、黑铅、硫黄等矿产品，并有大量的杉木架、黄纸牌位、糊黄绢木盘、黄布（绢）桌围、黄布（绢）空单等物件。这些物品都是炼丹活动必不可少的。从雍正皇帝召请道士炼丹，向内外大臣赏丹以及他自己说吃丹等情况看，雍正皇帝服丹致死的可能性的确很大。他常年服食丹药，有毒成分在体内长期积累，最终发作导致暴亡，这是极有可能的。就在雍正死前12天，有200斤黑铅运入圆明园。黑铅是炼丹常用原料，更是一种有毒金属，过量服食可使人致死。研究这一问题的史学专家普遍认为，这不是偶然的巧合，而是有着因果关系的丹药中毒事件，而导致雍正皇帝死亡的凶手就是主持炼丹的张太虚、王定乾等人。

今天的历史记载为了歌颂这些"明君"，往往把这些悲剧归罪于皇帝身边的丹家、方士，但是只要我们思考一下，如果不是这些皇帝贪恋富贵和权力，过度追求人生的享乐，谁又敢逼着他们服这些药呢？老子的书他们不可能没看过，知足常乐、物极必反的道理他们不可能不懂，为什么还会做出这么违反自然规律的事呢？这是因为他们虽贵为帝王，却和所有凡夫俗子一样，不能控制自己的贪欲，好了还要更好，最终不但不能长寿，反而短命而死。秦始皇年仅49而亡，唐太宗50岁死，雍正57岁死，只有汉武帝活到69岁，在古代算是比较长寿的皇帝。

◎ 富贵和长寿可以追求得到吗？

我们不凭空讨论，来看看数据。谁都知道，功名富贵谁也比不过皇帝，而中国皇帝的平均寿命是不是比老百姓长呢？恰恰相反，在中国历史上，皇帝的平均寿命最短，健康状态最差。有人做过统计，历代皇帝中有确切生卒年月可考者，共有209人，这209人，平均寿命仅为39.2岁。

不但寿命不长，很多皇帝死得也比较难看。中国历代王朝，包括江山一统的大王朝和偏安一隅的小王朝，一共有帝王611人，其中正常死亡的，也即死于疾病或者衰老的只有339人；不得善终的，也即非正常死亡的有272人——非正常死亡率约为44%，远高于其他社会群体。皇帝们付出了如此惨痛的代价，如果做出了不世功业也算值了，不幸的是，历代皇帝中事业成功者只占一小部分，符合儒家道德规范的"圣君"更是凤毛麟角，为后世纪念和景仰的成功帝王加起来不过十数名，而庸主、昏君、暴君则比比皆是，占到90%还多。皇帝这个职业挑战性过大，这个阶层的人，在工作中最难体会到成就感，最容易体会到挫折感。大部分皇帝在这个职位上是"混"过一生的，因为他们的才能、学识、精力不足以统治如此复杂而辽阔的帝国。

所以孔子看得明白，他说："富而可求也；虽执鞭之士，吾亦为之。如不可求，从吾所好。"如果富贵能够求得到，让我赶马车都可以。如果富贵不是能够求到的，我爱干吗干吗去！其实孔子不是说要给人赶马车来换取富贵，而是说富贵不可求，仲尼爱自由！孔圣人为什么这么说呢？因为理性看待功业和富贵，就会明白一个道理：没有金刚钻，最好别揽那瓷器活！有本事把事情做好，就多做一点；没有本事做大事、赚大钱，就千万别去追求自己无法驾驭的名利富贵，那分明是作死的节奏啊！实际上，即便是很有本事的人，如果追求的目标太大，比如"天下"，也必然是九死一生！南朝宋的末代皇帝刘准便说过"愿生生世世，再不生帝王家"这样的话，他自己被萧道成逼迫退位后，12岁就被杀了。老子说过，"天下神器，不可为也。为者败之，执者失之"。（《道德经》第二十九章）

有人会说，这个看法太消极了，我就是想做英雄，难道不好吗？我不敢评论好坏，还是来看看英雄们都是怎么死的吧。

◎ 英雄是怎么死的

提出"鞠躬尽瘁，死而后已"的诸葛亮53岁就死了，提出"文臣不爱钱，武臣不惜死"的岳飞39岁就死了，写下"人生自古谁无死，留取丹心照汗青"的文天祥47岁就死了，写下"粉骨碎身浑不怕，要留清白在人间"的于谦59岁就死了。他们还算活得比较久的英雄，至于23岁就死了的罗成和霍去病就不细讲了。历史上这样的英雄不胜枚举，他们本身既是我们民族的骄傲，他们的事迹也是我们思考人生价值的很好契机。并不是说他们不对，军人战死疆场可谓杀身成仁，对为国家民族做出贡献的英雄人物，我们要永远纪念。要说的是，想做英雄的人必须有为理想做出牺牲的准备，如果既想拥有英雄的荣誉又贪生怕死，或者只是想要出名而硬要充英雄，岂不是作死吗？

到这里，老子一直在讲"作，就会死"的道理，怎么才不会死呢？答案也超级简单。

◎ 不作就不会死

老子说：听说善于养生的人，在路上不会遇到犀牛和老虎，在战争中不会遭到刀兵之灾。犀牛用不上它的角，老虎用不上它的爪，兵器用不上它的刃。为什么呢？因为这种人绝不会把自己置于死地。

"死地"是《孙子兵法·九地篇》当中的九种地形之一，定义为"无所往者，死地也"，没有出路的地方就是死地。孙子说，"死地则战""死地，吾将示之以不活"，这种地方不玩命只有死，所以要让士兵知道，与其等死，不如拼命一搏，还有活下来的机会！所以说"死地"是极其危险的地方，明智的将领应该避免把部队带到死地去。可是，总有将领会觉得这一次没事，自己能搞定。为什么他们会这么想呢？

答案很简单——富贵险中求。大多数人都知道哪里是危险的地方、什么是不好的东西，但在名利诱惑面前，又会有侥幸心理：也许这次我会比较幸运吧？万一我成功了呢？就这一次，下次就不冒险了！殊不知，出来混早晚都要还的。只要置身死地之中，即使这次侥幸逃脱，早晚会麻痹大意，觉得上次没事，这次应该也没事，就会有第二次、第三次，直至真的出事为止。从"不作就不会死"，可以推导出另一个道理：只要不停地作，死是早晚的事！

有一个玩登山的朋友告诉我，世界上最好的登山家，最后全部死在山上！夫何故？因为好的登山家必然有两个特点，第一胆子大，敢于挑战最危险的路段；第二身体好，别人要撤退了，他还可以坚持。这两个特点结合起来，导致最好的登山家一定会进入"死地"，或者说最危险的环境，一次两次没事，但早晚会出事，因为即使出事的概率只有百分之一，重复一百次，危险就可能到来。

所以说想活得长一些，最好胆子小一点。民间常说"淹死的都是会水的"，因为不会水的人离水远远的，怎么会淹死呢？所以明智的人要懂得远离危险，就如"珍惜生命，远离毒品"一样，我们也要"珍惜生命，远离死地"，碰到种种诱惑的时候，牢牢记住"不作就不会死"的道理，才是长治久安的养生之道。

◎ 有关美国枪击案的《道德经》应用

我在写本章的时候，正赶上美国爆出59人死、500多人受伤的拉斯维加斯枪击案。美国有将近3亿支枪在居民手中，按照2016年统计的美国3.23亿人口来计算，差不多人手一支。近年来美国枪击案不断，控枪呼声愈来愈高，但控枪的阻力仍然非常大；中国人看着美国的枪击案新闻，一方面同情美国人的不幸，一方面庆幸中国没有这种事情。为什么中国不会有呢？中华文化博大精深，孟子早就说过"君子不立危墙之下"，包括本章讲的"善摄生者……以其无死地"，我们怎会把同胞置于几亿支枪口的威胁之下呢？我们懂得，即使枪支出事的概率只有万分之一，美国的3亿支枪每年也会打死3万多人，事实上美国每年就是有3万多人遭到枪杀！从下表可看出，从2011年到2015年，美国每年遭枪杀的3万多人中，有1万多是谋杀，2万多是自杀，还有上千件其他的死亡事件。美国社会物质极大发达、科技极度先进，但是在文化上还需要认真向中国人学习！我们已经注意到，美国人的确在认真学习中国文化，从他们把"no zuo no die"（"不作就不会死"的中式英文）收录到美国俚语词典之中，就看得出来。

	Homicide（谋杀）	Suicide（自杀）	Unintentional（非故意）	Legal Intervention（涉及执法）	Undetermined Intent（意图不明）	Total（总计）
2011	11,068	19,990	591	454	248	32,351
2012	11,622	20,666	548	471	256	33,563
2013	11,208	21,175	505	467	281	33,636
2014	10,945	21,334	586	464	270	33,599
2015	12,979	22,018	489	484	282	36,252

不作就不会死，作了早晚会死。明智的人不会死，是因为远离危险，警惕诱惑。

第五十一章
养孩子的道德

做父母不要太紧张。强扭的瓜不甜，强迫不是教育。要有规矩，要符合规律；不要家长意志，不要让孩子去实现父母的理想！

道生之，德畜之，物形之，势成之。是以万物莫不尊道而贵德。道之尊，德之贵，夫莫之命而常自然。故道生之，德畜之，长之育之，亭之毒之，养之覆之。生而不有，为而不恃，长而不宰。是谓玄德。

‖名词‖

亭：成。毒：熟。亭之毒之：令之成熟。

‖翻译‖

万物由"道"产生；万物顺应"德"来成长；万物会长成一定的形状和样貌；而这些有形的万物，靠形势和条件所玉成。所以万物没有不尊崇"道"、不珍视"德"的。"道"的尊崇、"德"的珍贵，就在于它不是强制，而是顺应自然的规律。所以"道"生成万物，"德"畜养万物，使万物生长发育，使万物成熟结果，使万物休养生息。生长万物却不占为己有，为万物成长做出贡献却不自恃功劳，造就了一切却不做主宰，这才是最深最深的道德啊！

◎ "道生之，德畜之，物形之，势成之。"

首句有两种翻译方法。一种是字面翻译："道"生发万物，"德"畜养万物；万物长成各种各样的雏形，环境进一步塑造万物的形态。第二种是意译：万物的产生，都必须符合"道"的原则；万物的成长，都必须符合"德"的道理；万物都会长成一定的形状和样貌，否则就不存在了；而这些有形的万物，无不是靠无形的环境和条件所玉成，否则无法定形。这两种翻译，我倾向于后者，因为后者说明了事物发展的四个阶段：从无中生有，到逐渐成长，再到成形，最后成熟。全过程就像从种子形成，到破土而出，到抽芽拔穗，到结出果实的过程一样；或如男女情深，到婚配怀胎，到孩童成长，最后长成成年人类一样。人类、种子乃至万物的成长，都要有这个过程，其中最重要的规律是什么呢？就是遵循"道"和"德"。

现在我们都知道，"道"是涵盖宇宙的大规律，"德"是道的应用，也就是符合自然规律的种种运作。万物生生不息，琳琅满目的形态，全都来自"道生一，一生二，二生三，三生万物"，所以万物之中哪一个不是"道"的体现呢？万物功能无穷，生化无穷，这些不可胜数的运作，哪一种能够逃开自然的规律？哪一样不是"德"的显现呢？万物的物理形态、万物成长的环境，不都是自然规律循环交错产生的结果吗？种瓜必然得瓜，种豆只能得豆，宇宙中永远不可能出现种瓜得豆这样的事，这一切的一切，都是"道"和"德"的作用。因此老子说："是以万物莫不尊道而贵德。道之尊，德之贵，夫莫之命而常自然。"

◎ 真正领导力的六个源泉

不管遇到多大多严重的问题，我们都要先说这么一句话："大家不要急，让我们看看是怎么回事！"或者在动手解决之前，大家能够说："我们来分析一下吧！""我们先看看数据怎么样？"为什么这样的话，往往能够盘活死局呢？因为这种态度和做法，符合"道""德"的原理。就是先问：这是哪一类问题？什么原因造成的？符合哪种自然规律？这类问题应该从哪个角度入手？然后再去对症下药，寻找解决方案，才有可能最终破解难题，取得成效。我们知道兵来将挡、水来土掩，先搞清楚属于哪类问题就很重要，不然会闹出"兵来土掩""水来将挡"的笑话。

很多人以为，要表现自己的强大，就必须逆天。做单位的领导，就要一言九鼎，强制下属执行自己的命令。做国家的领袖，就要严刑峻法，杀人无数，才显得出自己的权威，才会受到人民的敬畏，才会有尊贵的感觉。其实这是完全不懂得管理的道理、治国的规律。真正的尊贵，来自领导准确的判断力、清晰的方向感、言传身教的榜样力量、与民同乐的情商、言出必行的诚信坚定，以及为人民谋幸福的意愿和领导众人成功的执政能力。

一、准确的判断力是怎么来的？来自对规律的把握，认识规律就是"得道"；

二、清晰的方向感如何获得？了解事物的发展规律，认识现在的事实和未来的趋势，才能够洞悉事物的走向，料敌先机，提早布局；

三、言传身教的榜样力量从哪里来？首先必须认识到，强迫别人去做连自己都做不到的事的人，不是优秀的领导。老子在第四十三章说，"不言之教，无为之益，天下希及之"。不言之教就是身教，自己先做到，别人自然相信你是玩真的，不用强制而自然效法。反过来，领导者自己说一套做一套，下面的人怎么会认同他呢？

四、与民同乐的情商如何培养？来自对群众的情绪的认知，同时来自对管理民众的规律的认知：你对人好，人家才能对你好；管理层对群众关心，群众才会配合管理层制定的管理目标。反过来，一切靠强制、靠处罚，虽然人们表面遵守纪律，其实出工不出力，事情一定做不好。

五、言出必行的诚信坚定怎样形成？管理者要树立自身的威信，说话就得算数，否则别人怎么会听你的呢？就像"狼来了"的故事，一两次失信于人，就会导致信誉全失。老子说"信不足焉，有不信焉"，不诚信的名声在外，谁还会信任你呢？

六、领导众人成功的执政能力从哪里来？一个为人民服务的人，自然会得到人民的认同；一个能够带领众人，克服重重困难，百折不回，直至最终取得胜利的领导，自然能够赢得众人的信任。

以上六条是真正的领导力的核心，任何人做到了，都必然得到众人的信任，可以成为一个优秀的领导人。因为这些作风不仅符合自然规律，更符合人心所向。以上"诚信""与民同乐""言传身教""为人民谋幸福"，我们熟知中华民族这些传统道德标准，但是我们并不一定知道，为什么这些道德标准是对的？读过本章就清楚了，它们都是对自然规律（道）的应用，也就是"德"，这是中华民族"道德"标准的真正来源。

以上六条不仅是管理之道，也是教育孩子的要诀，本章最后会有总结。

老子接着说：所以"道"生成万物，"德"畜养万物，使万物生长发育，使万物成熟结果，使万物休养生息。

"生而不有，为而不恃，长而不宰。是谓玄德。"

这是老子强调的重点，第二章就有类似的话，——"生而不有，为而不恃，功成而弗居。夫唯弗居，是以不去"。读《道德经》前两章时，我们可能还不能深入理解，现在《道德经》已讲到接近三分之二，我们应该明白老子的深意了：不居功反而有功，放开手反而拥有，不强制才高明，这才是《道德经》的境界。因为功劳不是你说出来的，归属感不是你抓过来的，水平和地位不是你强行夺得来的，公道自在人心，天下自有规则。只要一切符合规律，做事顺应大道，做人能得人心，自然功成名就，德配天地。

◎ 教育的诀窍

最后，我们用孩子的教育来佐证一下老子的观点。本章说的既然是天地万物的育化规律，原理必然可以应用在子女教育上，因为人作为万物之灵，必然也符合《道德经》阐述的规律。前面讲到"强制不尊贵，认识规律、顺其自然才尊贵"时，就谈到子女教育也可以运用这个规律。作为父母，如果把孩子看作自己的私有财产，强制孩子听从自己的命令，甚至要求孩子违背自己的天性和意愿，完成父母未能实现的理想，这样的父母能够成功吗？能够教育出成功的孩子吗？没戏的！

父母对孩子而言也是领导者，成功的领导不在于强制，而在于以下几点：

一、准确的判断力；二、清晰的方向感；三、言传身教的榜样力量；四、与民同乐的情商；五、言出必行的诚信坚定；六、为人民谋幸福的意愿和领导众人成功的执政能力。

这六条在父母对孩子的教育当中，如何体现的呢？

一、准确的判断力。父母对自己孩子的特点、优劣势、性格、能力等诸多方面，有深入的观察和细致的研究，能够摸索出一套符合孩子情况的教育方法。

二、清晰的方向感。在孩子的发展方向上，通过实践和观察，以及与孩子的长期沟通，能够帮助孩子发现自己的特长和爱好，并与孩子共同制定未来发展的专业方向。这个方向不是家长的个人理想，而且必须放弃家长的立场，要完全从孩子的天赋、特长和兴趣出发。

三、言传身教的榜样力量。不是通过强制、体罚来影响孩子，而是通过共同学习，通过家长做出示范和榜样，让孩子置身其中、心领神会，这是唱高调、讲大道理不可能达到的效果。

四、与民同乐的情商。父母和孩子相处的时候，要有足够的放松娱乐的时间和空间，一定要让孩子知道，父母是爱他的，是愿意和他分享快乐的，这样当需要孩子努力和付出的时候，他才有足够的激情投入；一定避免让孩子无休无止地吃苦受累，为了完成学业任务没有一点点幸福感，这样的孩子必然厌学、厌世，甚至产生严重的心理疾病。

五、言出必行的诚信坚定。很多父母抱怨孩子不听话、管不住，却从不反省自己是否说话算数，给孩子立下的规矩有没有坚持到底。实际上，如果父母言出必行，孩子知道他们会履行诺言，自然会认真考虑自己行为的后果，父母子女之间必然养成正常的关系。反之，如果父母定下规矩后，孩子发现自己违反了也没事，必然会变得无法无天、撒泼打滚、无理取闹，最后没办法收场。

六、为人民谋幸福的意愿和领导众人成功的执政能力。应用于亲子教育，就是孩子发现父母有能力把家建设好，能够帮助自己取得进步。在这种认知的基础上，孩子对父母产生深深的信任感，在重大问题上愿意征求父母的建议，在人生的岔路口愿意参考父母的知识和经验，从而建立和谐的家庭关系。

因此，良好的家庭教育不是建立在父母对子女强制和支配的关系上，而是建立在父母对教育规律的把握，以及自身修养上的。我一向认为，父母就是孩子的命运。如果父母自己都做不好，又怎么期待孩子做得好呢？如果父母真做到了"莫之命而常自然"，把握规律、因势利导、以身作则，晓之以理、动之以情，自然可以达到良好的家庭教育效果。

最后，"生而不有，为而不恃，长而不宰。是谓玄德"，这话应用于亲子关系，就是孩子长大了，父母希望拥有孩子，那么就放手吧！放飞孩子，孩子就永远是父母的。反过来，如果妄图牢牢禁锢住子女，父母不仅仅会失去子女的心，还会酿成背叛和仇恨的苦果。

〃提炼要点〃

万物生长靠规律。符合自然规律的力量，比强制的力量大无数倍。自然规律，就是最深的道德。

第五十二章
戒定慧三学

要活得好，就必须活得有智慧；要想活得有智慧，先要懂得自己管好自己。

天下有始，以为天下母。既得其母，以知其子；既知其子，复守其母，没身不殆。塞其兑，闭其门，终身不勤。开其兑，济其事，终身不救。见小曰明，守柔曰强。用其光，复归其明，无遗身殃，是为习常。

〃翻译〃

天下万物都有初始，这个初始状态就是天下万物的根源。既然得到了根源，就容易了解万物；既然认知了万物，再守住万物的根源，这样就一直不会失败。堵住欲望的口子，关上嗜欲的大门，就一辈子不操劳；打开欲望的孔窍，增添烦扰的杂事，这辈子就没救了。看到极细微的才是明白人，做到极其柔弱才是强人。运用智慧的光，回复到"道"的光明；不留给自身任何的灾祸，这才是能够持久的常道。

〃解释〃

天下的开始是什么？天下的母亲是什么？读到这里应该明白了，当然是"道"了！第二十五章说得很清楚："有物混成，先天地生。寂兮寥兮，独立不改，周行而不殆，可以为天下母。吾不知其名，字之曰道……"这里不再细讲，重点是下面：

"既得其母，以知其子；既知其子，复守其母，没身不殆。"既然"天下母"是"道"，"天下母"的"子"又是什么？当然是"天下"

啦！这段意思是：已经知道了万物的根源，也即"道"的规律，就能推知天下万物的情况；如果知道万物的情况，还能谨守万物起源的规律（就是"道"的规律），就永远不会失败了。

◎ 温故而知新

这段文字和逻辑都不算太难，却不太好懂：老子到底在讲什么？利用"道"的原理来了解天下万物的运作就好了，为啥还要"复守其母"，回归"道"的本质呢？这就是《道德经》高明之处了！因为不谨守本质、复归本源，就会招致失败！对照一下《道德经》第十六章就明白了：

> 致虚极，守静笃。万物并作，吾以观复。夫物芸芸，各复归其根。归根曰静，是谓复命；复命曰常，知常曰明。不知常，妄作凶。知常容，容乃公，公乃王，王乃天，天乃道，道乃久，没身不殆。

学习《道德经》，很重要的方法就是前后对照看。因为全书讲的是同一个"道"、同一种"德"，如果能将前后对应之处对照、比较着来理解，对前后章节的理解都有莫大的好处。第十六章"致虚极，守静笃"，体验的是不是"道"的状态？不就是本章"天下母"所指的状态吗？第十六章"万物并作"，不就是本章"其子"生发的状态吗？第十六章"夫物芸芸，各复归其根"，不就是本章"既知其子，复守其母"吗？最重要的是，第十六章指出，这么做就叫"常"，可以"没身不殆"，不这么做会导致"妄做"、导致"凶"，也即前面谈到的"作死"，这与本章的"没身不殆"完全一致！可见《道德经》的一致性特别好，前后都是贯通的。

思考一下，为什么老子强调要回归"道"的规律呢？举例子。

第一个例子：捞鱼。鱼塘里有鱼不断长大，如果我们拼命捞鱼吃，大鱼捞光了，把中鱼、小鱼也捞干净，这样做好不好呢？谁都知道不能这么干！因为池塘里的鱼会繁殖，这是规律——这个规律使得我们可以捞鱼吃，但是捞鱼时不能利欲熏心，竭泽而渔，那样做的结果是永远吃不到鱼。正确的捕鱼方法，必须回归规律本身：规律是，只有捕鱼的速度小于鱼繁殖的速度，鱼塘里的鱼才不会减少，才可能一直有鱼可捞。用本章的语言讲，就是"鱼生于鱼塘，鱼塘为鱼之母。既得鱼塘，可以捞鱼；已经捞鱼，保护鱼塘，一直有鱼捞。"

第二个例子，我们都知道增加学习时间可以提高成绩，如果一个人每天学习4小时，其成绩应该比每天学习2小时好。既然如此，让这个人每天学习24小时怎么样？我们会发现这个人被剥夺睡眠和饮食的时间之后，很快就丧失了学习能力，不但效果不比学习4小时好，还不如只学2小时的。为什么呢？应用规律来做事的话，除了要取得利益以外，还必须回归规律本身，否则就是作死的节奏。"学习时间长可以提高成绩"这个规律，是在学习者精力不下降的前提之下，而随着学习时间的增加，学习者越来越疲劳，效率越来越低，不但知识水平没有进步，还可能对学习越来越反感，成绩怎么能提高呢？

◎ 回归自然规律的本源，方能对抗人类贪婪的本性

说到这儿，可以明白老子的深意了。老子知道人类本性是贪婪的，对天下万物人类都想占有，对一切利益人类都想获取，而这样做不但什么都得不到，自己也会遭殃。近几百年来人类活动导致的森林砍伐、水土流失、荒漠化、转基因物种、大气污染等，不都是在利益面前没有节制所导致的严重问题吗？老子早就清楚人类的本性，早知道会没有底线，所以早就提出了忠告："复守其母，没身不殆。"回归"道"，必须尊重自然规律，才不至于导致自身的灭亡！具体该怎么做呢？

老子说："堵住欲望的口子，关上嗜欲的大门，就一辈子不操劳；打开欲望的孔窍，增添烦扰的杂事，这辈子就没救了。"正如中国人常说"祸从口出，病从口入"，还有句话叫"沉默是金"。因为有求皆苦，无欲则刚，一般人看不懂欲望，总以为满足了一个欲望就无欲无求了，错！事实是，一个欲望满足了，还会有更难满足的欲望，就像吸毒上瘾，直到不可救药为止！

老子给我们指出一条明路：放下！唯一的出路，就是回归本来，关上欲望的大门，堵住作妖的路径。

回归本来，回归到什么程度呢？极其细微、极其柔弱的程度。这

样是不是没有进取心呢？完全不是。老子说"见小曰明，守柔曰强"，看到极细微的才是明白人呢，做到极其柔弱才是强人呢！有个成语叫"明察秋毫"，看到细微的才叫眼睛好啊，看到大象算什么本事？所以《孙子兵法》讲"见日月不为明目"。同样的，最厉害的不是非常强硬的人，而是润物细无声的人，你还没来得及防备，人就走到你的心里去了。"小"和"柔"才是道，"大"和"强"是快完蛋了。因为盛极就要转衰了！

"用其光，复归其明。""光"代表智慧，就是说，要运用智慧的光，回复"道"的光明；不留给自身任何的灾祸，这才是能够持续的常道啊！这里说的其实就是"塞其兑，闭其门"，"见小""守柔"，这样可以"终身不勤""无遗身殃"。这一套做法和逻辑，与现代人提倡的"更高、更快、更强"完全相悖，其内在逻辑又在哪里呢？

◎ 戒定慧三学

其实老子提出的办法与佛教的修行原理高度吻合，"塞其兑，闭其门"就是戒，"终身不勤"就是定，"用其光，复归其明"就是慧。佛家的修行方法是由戒生定，由定生慧。如果欲望无穷，心就定不下来；心里乱糟糟，怎么可能有智慧呢？所以佛家修五戒十善，四大皆空，返观内照，见性成佛，开悟后一切皆可为我所用，又不受一切的羁绊，那不是大智慧、大功用吗？其实《道德经》本章讲的就是这种通过自我管束，回归本源，从而获得智慧和自由的修炼方法。

可能有人问，我才不愿意修身、成道，我就想升官、发财，难道不好吗？老子对升官发财也有论述，请看第五十三章：大道与大盗。

『提炼要点』
　　1.不作就不会死；
　　2.一定要知道，欲望是会膨胀的，作就一定会死；
　　3.控制自己叫作戒，戒能生定，定能生慧。

第五十三章
大道与大盗

大道平直踏实，大盗放纵奢侈。一个做领导的，如果为了自己爽而搞乱天下，老子就在这一章骂死你。

使我介然有知，行于大道，唯施（yí）是畏。大道甚夷，而民好径。朝甚除，田甚芜，仓甚虚。服文彩，带利剑，厌饮食，财货有余。是谓盗夸。非道也哉。

『翻译』

假使我稍微有点自知之明，我就会选择阳关大道，而害怕误入歧途。大道非常平坦，可是人们喜欢走歪门邪道。政治非常腐败，人民不事生产，国家的储备不足；穿上华丽的衣服，佩带锋利的武器，饱足精美的饮食，贪得无厌地搜刮财富。这叫作强盗头子，多么地无道啊！

『解释』

第一句有两个字不好懂："介"是微小的意思；"施"这里读"yí"，指歧路。整句话翻译为：假使我稍微有点自知之明，我就会选择阳关大道，而害怕误入歧途。听起来很普通，老子为什么讲这样的常识呢？继续往下看。

◎ "捷径"诱惑了美国

老子马上说："大道非常平坦，可是人们喜欢走歪门邪道。"

为什么坦荡的大道不走，要走邪道呢？因为人人都想占便宜嘛，总觉得会有捷径，最好能不劳而获，至少占些便宜，而不要太辛苦。其实很多人的悲剧就在于此。上一章讲到做人做事的方法，讲到戒、定、慧三学，按照规律来做事，首先要控制自身欲望，从小做起、从基础做起，才是正道。偏偏总有人想走捷径，可是真能占到便宜吗？其实他们往往占不到便宜，反而会吃大亏。一个现成的例子，就是美国。

写到这里，刚好在新闻中看到特朗普总统的减税案获得通过，美国人为什么要减税呢？为了让制造业回归美国。农业和制造业是一个国家的经济基础，金融业虽然赚钱，但是金融本身并不真正创造财富，只是为实业提供融资服务。美国人实在太精明了，居然舍本逐末，全力以赴占领了这个来钱最快的行业的世界霸主地位，甚至不惜放弃美国本来强大的制造业的竞争优势。他们首先利用两次世界大战后美国的经济和军事优势，建立了美元霸权，从而大力发展金融及相关服务业，使得美国的金融业独步天下，也导致美国经济畸形得厉害：2008年美国的GDP（国内生产总值）12.3万亿美元，其中第一产业（农业为主）占比1.1%，第二产业（工业制造业）2.86万亿，占比23%，第三产业（服务业）占75%，其中金融、保险、地产、租赁行业占到32%，达到近4万亿美元之多，超过美国工农业的总和！所以有人说美国股市一跌，白宫的总统办公室都会乱作一团；美联储一加息，全美国媒体立即哇啦哇啦乱叫，对一个高度依赖金融行业的国家来说，这一点也不夸张。所以我们也就理解，为什么2008年美国出现金融危机，会造成那么多人失业、那么多公司倒闭、那么多国家的经济崩溃，余波至今深远地影响着世界。

美国人贪便宜、走歪门邪道的结果，是美国金融行业的利润占整个美国经济利润的40%，而老百姓的日子越来越难过，钱都被金融寡头和商业精英赚走了，贫富悬殊加剧，人民越发不满，社会动荡，这才导致特朗普意外当选、制造业回归美国、减税案的出台。

◎ 没有吃不了的苦，只有享不了的福

老子接下来说："政治非常腐败，人民不事生产，国家的储备不足；穿上华丽的衣服，佩带锋利的武器，饱足精美的饮食，贪得无厌地搜刮财富。这叫作强盗头子，多么地无道啊！"

联系美国军事上的世界警察、政坛的混乱局面、第一产业和第二产业的衰落、娱乐业的灯红酒绿和上流社会的纸醉金迷，我觉得老子说得太有道理了！美国今天遇到的问题，与过去几十年世界霸主地位导致的骄奢淫逸等一系列做法，有着深刻联系。中国有句老话：没有吃不了的苦，只有享不了的福。为什么呢？艰苦奋斗的时候，人们往往谦虚谨慎、踏实低调，一定能越来越好；反而在局面大好的时候，难免骄傲自大、胆大妄为。正如老子在《道德经》第九章讲过的："金玉满堂，莫之能守；富贵而骄，自遗其咎。"今天美国遇到了问题，我们看到特朗普的产业回归政策，可以从更广阔的视角来看美国未来的变化；同时也要思考，中国经济这么多年来高速发展，会不会也存在类似美国的隐忧？

◎ 平实做人、踏实做事

举美国的例子，不是想站在国家角度讨论经济发展问题，而是为了说明一个朴素的真理：做人做事要老实低调，不要总搞花架子，看上去绚烂多彩，短期也往往名利双收，但只要不是正道，将来就会出问题，为什么？中国人说：金玉其外，败絮其中。做人做事，如果不把基础打牢，早晚有吃亏的那一天。

怎么才叫平实做人呢？如何才能打牢基础？第五十二章刚刚讲过"见小曰明""守柔曰强"，讲过"戒定慧"，听老子的，没错！

〃提炼要点〃

平实做人、踏实做事，不作就不会死，作了就一定死。

第五十四章
修身治国怕认真

先做人、后做事，厚积薄发。

善建者不拔，善抱者不脱，子孙以祭祀不辍。修之于身，其德乃真；修之于家，其德乃余；修之于乡，其德乃长；修之于国，其德乃丰；修之于天下，其德乃普。故以身观身，以家观家，以乡观乡，以国观国，以天下观天下。吾何以知天下然哉？以此。

∥翻译∥

善于建设的，所建的东西无法拔除；善于抱持的，所抱持的东西不会脱落。只有按照这样的原则为人处世，世世代代的祭祀才不会断绝。这个原则用在修身当中，就能产生"真"的品质。用这个原则来治家，家就可以充裕。应用于乡里，就可以长久。应用于邦国，就可以丰饶。应用于天下，普天之下都能够得益。所以用修身的原则，来检查修身修得怎么样；以齐家的指标，来看治家的水平；以管理乡的指标，来看乡管理的好坏；用治国的指标，来看这个国家的营运水平；以天下的标准，来评价天下。我是怎么知道天下状况的呢？就是用这样的关键指标评价体系（KPI）啊。

∥解释∥

中国人从来都是祖先崇拜。看历史剧中，成功人士辉煌之时总不能免俗，无不在祖宗牌位前焚香顶礼，张口就是"列祖列宗在上……"吧啦吧啦把自己的成绩汇报一番。失败者就不敢见祖宗了，当年明朝的亡国之君崇祯皇帝在自杀前披发遮面，表示无颜见列祖列宗。所以对于中国人来说，让祖宗满意是最大的荣耀。反过来，给祖宗丢脸则是最大的耻辱。与此对应，中国人夸奖别人和辱骂别人，也都是从家族传承下手，赞颂的时候祝愿"千秋万载"，骂人的时候诅咒"断子绝孙"。所以中国人从小都胸怀大志，那是十分自然的，因为中国人都不仅仅为自己而活，全担负着光宗耀祖、光大门楣的伟大使命，一方面以自己的成功来证明祖宗的DNA（脱氧核糖核酸）很好，一方面努力把自己的DNA传给后代，即使发生遗传基因的变异，也只能向好的方向来变。如此艰巨而光荣的使命，该如何完成呢？

◎ 千秋万载与断子绝孙

且看老子指出的明路："善于建设的，所建的东西无法拔除；善于抱持的，所抱持的东西不会脱落。只有按照这样的原则为人处世，世世代代的祭祀才不会断绝。"

建设的原则，当然是要牢固！像前些年有些"豆腐渣"工程，还没建成就灰飞烟灭了，子孙想来瞻仰祭祀，到哪里去凭吊呢？相比之下，意大利的古罗马斗兽场，是建立于公元72至82年、距今接近两千年的古建筑，至今仍能承受上万游客在里面参观。还有埃及的胡夫金字塔，建于公元前2690年前后，距今已4700多年了，仍然雄伟壮观、屹立不倒，每年接待全世界的游客不下百万，他们无不为这伟大的建筑艺术和古人的智慧所深深折服，这不就是"子孙以祭祀不辍"！所以千秋万载的秘密其实很简单，就是"认真"二字。

我们千万不要小看这两个字。毛主席说："世界上怕就怕'认真'二字，共产党就最讲'认真'。"像胡夫大金字塔，是10万人花了20年建成的；中国共产党带领全中国人民，从1921年建党到1949年建国，经过28年的艰苦奋斗才建立中华人民共和国，又经过70多年的社会主义建设，才有今天中国的经济发展和国际地位。世界上做得好的事情，有哪一件不是"认真"的结果呢？反过来，不认真的结果是什么？建筑会毁坏，飞机会失事，更要命的是"子孙不来祭祀"，为什么呢？老子没有明说，我们一推理就明白：只有做事靠谱、认真，才能千秋万载，不就暗示着不认真、不靠谱，就会断子绝孙吗？这不是危言耸听，事实上种族的消失、民族的淘汰，从来都没有停止：人类进化百万年来，已有无数的民族消失，比如三大人类文明起源地之一的两河流域的苏美人，今天已不复存在；同为人类文明起源地之一的尼罗河流域的古埃及人，也仅有少数的科普特后裔，在埃及成为少数族裔。三大文明起源地中，只有长江流域的中国人还屹立于世界民族之林，越来越兴旺，不能不说这与深邃而富于生命力的中华文化有着密切的联系。中国人几千年的文化一直提倡勤奋敬业、谦虚好学，进而建功立业，退而反躬自省，这样优秀的民族文化，怎会不出类拔萃，在人类民族的淘汰赛中脱颖而出呢？

◎ 要成功，一定要从基层干起

老子紧接着说："这个原则（认真的原则）用在修身当中，就能产生'真'的品质。"有人奇怪，为什么把人说成"真"？难道还有假人吗？其实中国自古以来夸一个人，夸到极处，就往往叫他"真人"。尤其道家，对那些修炼有所成就的人，往往以"真人"称呼。比如庄子《大宗师》中讲："古之真人，其寝不梦，其觉无忧，其食不甘，其息深深。真人之息以踵，众人之息以喉。"所以这里的"真"，指的是修炼到很高境界的意思。

用毛主席《纪念白求恩》中的话来说，认真的修身，可以成为像白求恩那样的人。毛主席说："我们大家要学习他毫无自私自利之心的精神。从这点出发，就可以变为大有利于人民的人。一个人能力有大小，但只要有这点精神，就是一个高尚的人，一个纯粹的人，一个有道德的人，一个脱离了低级趣味的人，一个有益于人民的人。"一个纯粹的人，不是"真人"是什么？不只白求恩，任何一个人只要认真学习、认真工作、认真做事，真诚地对待自己的生命和这个世界，都可以成为"真人"。

明白了"真"的意思，就能理解老子下面的话了："用这个原则来治家，家就可以充裕。应用于乡里，就可以长久。应用于邦国，就可以丰饶。应用于天下，普天之下都能够得益。"

为什么"修之于家，其德乃余"？因为《易经·坤·文言》说："积善之家必有余庆，积不善之家必有余殃。"胡雪岩把自己的药店命名为"胡庆余堂"，就是"积善之家必有余庆"的意思。对一个家来说，"余"是最重要的：家里没有余粮会饿死人，家里没有余钱就没有娱乐和宴饮的可能。毛主席谈到农业问题的时候说："手里有粮，心里不慌，脚踏实地，喜气洋洋。"积善、脚踏实地，都是"余"或者"充裕"的原因，这两个词是"认真"的同义表达。

认真、谦虚、低调一直是《道德经》所主张的，老子主张以这样的原则，从修身开始，从家到乡再到国，最后到天下，这是从小到大、从近到远、推己及人的。能不能不按这个顺序呢？中国的先贤都认为，不能，必须是这个顺序！儒家文化的"修身、齐家、治国、平天下"，除了"乡"被忽略以外，顺序与老子说的一模一样，这里有两个道理。首先，中华文化是重视基础、循序渐进、认真的文化。中国人都听说过"一屋不扫，何以扫天下？"，所以都是先从修炼自身开始，一步步地锻炼自己的能力，从家族、乡里、邦国到天下，一步是一步、脚踏实地，一边锻炼一边学习，最后才能担当大任。

◎ 管理干部的培养

管理的原则应该是这样。在企业中，一个优秀的管理者必须先在一线表现出良好的工作能力，然后一级一级历练，逐渐积累自己的见识和经验，最后才堪当大任。如果违背这样的干部原则，火箭式提拔干部，不但会坏了大事，往往还会毁了干部。

比如《三国演义》中诸葛亮喜欢一个缺乏实战经验的干部——参军马谡，参军相当于今天的参谋长，这人智商很高、口才特棒，估计情商也是一流，不然孔明怎会弃用名将魏延、吴懿而用他呢？可惜这人和赵括一样，从来没上过战场，夸夸其谈谁也比不过他，但打起仗来就一塌糊涂，导致街亭失守，致使诸葛亮错失大好战机，不得不挥泪斩马谡，再后来"五出祁山"再也没能取得更大战果，"出师未捷身先死，长使英雄泪满襟"。

今天的社会，龙蛇混杂，人心浮躁，动不动就冒出一个20多岁的亿万富翁，或者跳出来一个英雄来拯救世界；年轻人的口头禅都是"出名要趁早""30岁退休"之类的话，希望本书的读者千万别相信那些吸引眼球的故事，而要相信"没有人能随随便便成功"，从自身修炼开始、从自己家的经营开始，一步一个脚印，不断进步，厚积薄发，最终成为社会的栋梁。

◎ 老子评价天下的KPI

KPI（key performance indicator）是关键指标评价体系，我们惊异地看到老子在2500多年前就已开始使用KPI来进行评价了！请看老子的下文：

所以用修身的原则（"真"的指标），来检查修身修得怎么样；以齐家的指标（"余"的指标），来看治家的水平；以管理乡的指标（"长"的指标），来看乡管理的好坏；用治国的指标（"丰"的标准），来看这个国家的营运水平；以天下的标准（"普"的指标），来评价天下。我是怎么知道天下状况的呢？就是用这样的KPI啊！

老子给我们一个观察世界的捷径：看关键指标。这是非常有效和实用的方法，能够帮助我们快速而准确地做出判断。举个例子，比如说看一个国家治理得怎么样，就看"丰"这个指标，"丰"就是丰富、多样化。我20世纪90年代到俄罗斯的首都莫斯科，看到商店里商品匮乏，大街上只有三种品牌的轿车在开，就知道国家治理出了问题。其实我们在改革开放以前，情况也差不多，同样商品匮乏，人们穿的衣服都差不多，甚至大家的语言、思想也差不多，连文艺节目也全是一个调调，当时也出了问题。老子教导我们，不论看人也好、看事也好、看天下也好，只要抓住关键要点、关键指标，拿出标准来，就会很容易判断。

〖提炼要点〗

1.盖房子就盖结实了，做事就做扎实了，做什么并不重要，做事认真最重要！

2.先把自己搞好，才能把事情做好。先把小事做好，才能把大事做好。

第五十五章
生命力的秘密

以赤子之心，过健康人生。

含德之厚，比于赤子。蜂虿虺蛇不螫，猛兽不据，攫鸟不搏。骨弱筋柔而握固，未知牝牡之合而朘（zuī）作，精之至也。终日号而不嗄（shà），和之至也。知和曰常，知常曰明，益生曰祥，心使气曰强。物壮则老，谓之不道，不道早已。

‖名词‖

蜂虿虺蛇：指各种毒虫。攫鸟：猛禽。

朘：婴儿的生殖器。嗄：哑。祥：妖祥，在此指不祥。

‖翻译‖

德行厚重的人，就像初生的婴儿那样。各种毒虫（蜂虿虺蛇）不会去咬他，猛兽不会去伤害他，鹰隼不会去搏击他。婴儿虽然骨骼弱小、肌肉柔软，但是五指常常紧握成拳；男婴虽然完全不懂得男女之事，但生殖器却常勃起，这是精气充足的缘故；整天号哭不止，但喉咙却不会沙哑，这是元气淳和的缘故。知道要达到"和谐"的境界，这就叫作知道"常起作用的规律"；知道常起作用的规律，一个人才称得上"活得明白"。过分注重生命是不祥之兆，以欲望之心来颐指气使就会逞强。事物强大到极致就会一天天衰落，这种极度的强大是不符合"道"的精神的，不符合"道"就会早早灭亡。

本章已是老子第二次赞扬婴儿了，第一次在第十章，原文是："专气致柔，能婴儿乎？"老子真是对婴儿推崇备至。

◎ 赤子最有福

本章生字虽多，不过除非想背诵这一章，否则弄清楚那些生僻字的发音和写法，也没太大意义，不如搞清楚老子到底想说什么。

先来看前两句："德行厚重的人，就像初生的婴儿那样。各种毒虫（蜂虿虺蛇）不会去咬他，猛兽不会去伤害他，鹰隼不会去搏击他。"

有人不理解：为啥初生的婴儿就不会受到这些毒蛇猛兽的伤害呢？原因很简单，赤子之心是绝对淳朴的，是绝对不会被贪欲所驱使，为一己之私而去杀生害命的。就像《人类简史》一书写的，地球上一切动物最害怕的就是人类。在最近两百万年的进化史中，人类带着自制的标枪、石器和原始的弓箭捕猎一切动物，所以在地球动物的基因中，深深埋下了对人类恐惧的种子；除非无处可逃、只能决死一搏，这些动物总是远远地逃离人类。为什么会有人被蜜蜂蜇？当然是因为总有人去偷蜂蜜。为什么会有人被蛇咬？多数是因为人们去抓蛇来吃。为什么会遭到猛兽和猛禽搏击？恐怕也是因为杀戮和贪婪之心，逼得这些动物铤而走险，与拿着武器、协同作战的高智商人类做殊死的搏斗。《道德经》反复讲"不作就不会死"的道理，这里也是同样的主题。但是人类的问题是，自恃智商之高、武器之锐，所以贪婪嗜杀，不知悔改。据说人类是唯一会为了取乐而捕杀动物的存在，而代价是地球生物的多样化受到前所未有的打击：地球自诞生以来前五次物种大灭绝都是由于自然环境的突变，唯有第六次大灭绝是人类活动造成的。据科学家统计，人类使鸟类和哺乳动物的灭绝速度加快了100至1000倍！这难道不是作死吗？须知，人类能够在美丽的地球上幸福地生活，就是因为有物种的多样性、有食物链，才有了光合作用、大气循环、水文循环等过程；如果人类搞死了其他生物，实际上就是在破坏自己的生存环境，无异于作法自毙、玩火自焚啊！

所以说赤子之心，难能可贵。只有人善待这个世界，世界才能善待人。

◎ 和气最健康

老子接着告诉我们一个养生的秘诀："婴儿虽然骨骼弱小、肌肉柔软，但是五指常常紧握成拳；男婴虽然完全不懂得男女之事，但生殖器却常勃起，这是精气充足的缘故；整天号哭不止，但喉咙却不会沙哑，这是元气淳和的缘故。"

当过父母的人都知道，婴儿的拳头握得很紧：如果大人把两个手指放到婴儿的手心，婴儿的握力可以让大人把他提拉到空中。对小孩子的精力充沛大家都有体会：照顾一个孩子，往往让几个大人都筋疲力尽。尤其是婴儿长时间啼哭却越哭越勇的本事，不只让我们惊讶，想来老子在2500多年前也是拍案惊奇的，不然就不会写出这些话来。这是老子与我们相同的地方，而老子与我们不同的是，只有他会从生物学和哲学的层面，来探讨赤子的体力强劲、精力充沛、嗓音嘹亮的原因，并将其中的道理运用于人生和社会的层面。

老子认为，婴儿的生命力如此之旺盛，原因就在于"和"。什么叫"和"呢？就是和谐、自然、不起冲突、不暴力强制。说婴儿和气，我想没人会不同意，都知道婴儿没办法施加暴力，对不对？婴儿纯粹是与周边环境和谐相处的，也没有太多死脑筋，没听说哪个婴儿有什么怪癖，都是该吃吃、该睡睡，饥渴了就哭着要吃的，要排泄也不会提前打招呼，属于绝对的顺其自然的状态——偏偏这种状态最健康，成长最快！

人的一生当中，长个儿最快的阶段就是两岁以前。一般来说，孩子出生时身长约为50厘米，到1周岁增加25厘米，约为75厘米；前6个月比后6个月长个儿的速度快；第二年增加12—13厘米，因此出生后2年内总计增加38厘米左右，这个速度是之后任何时期都达不到的。两岁以前，孩子没有七情六欲的烦扰，有的只是自由自在、天真无邪、淳朴自然，无论对别人还是对自己，抑或对环境，这种状态都是无与伦比的和谐状态，也是最健康、最有生命力的状态。

◎ 恰到好处，好过"更高、更快、更强"！

老子继续说："知道要达到'和谐'的境界，这就叫作知道'常起作用的规律'；知道常起作用的规律，一个人才称得上'活得明白'"。

《道德经》第十六章也提过"常"和"明"，"复命曰常，知常曰明"，翻译过来是：恢复了本来面目，我们才能看到其中常起作用的规律，知道规律才称得上活得明白。这两句话唯一的区别，是"知和"和"复命"，前者意思是"达到和谐"，后者是"恢复本来"，这两个意思其实是等价的：和谐的状态，不就是自然的、恢复本来面目的状态吗？从这个意义上讲，《道德经》不同章节是相当和谐的。比如以下几种表达在《道德经》中就是等价的：和、复命、常、明、守中、同（玄同）。这些状态在现代文基本都是一个意思，就是自然、和谐、恰当、均衡、明智、不偏不倚、恰到好处、中庸、公正。在中国哲学中，这些都是最好的状态。

有人也许觉得有问题：怎么如此没有进取心？只要和谐就好吗？为什么不再前进一步，做到更高、更快、更强呢？老子好像早知道读者会有这么一问，马上讲这个问题："过分注重生命是不祥之兆，以欲望之心来颐指气使就会逞强。事物强大到极致就会一天天衰落，这种极度的强大是不符合'道'的精神的，不符合'道'就会早早灭亡。"

中医观点认为，没有毛病不要吃补药，因为是药三分毒，补药也会带来伤害。想要营养丰富没有错，但吃成大胖子就不对劲了。问题在于，在物质财富极大丰富的今天，尤其是食物供给远远超过人类所需的今天，超重者人数已经远远超过营养不良的人了，高血脂、肥胖以及营养过剩导致的心脑血管疾病，已经成为人类的第一杀手。可以说，并不需要的补药就是毒药，摄入过量的食物无异于自杀。不管做什么事，恰到好处就是最好的，少了固然不好，多了同样不好！

还有个问题令人困惑：大家都说"强壮"是好的，为什么老子说"强""壮"不好呢？原因很简单，老子看问题不是只看局部而不看整体，不是只看眼前而不看将来。以局部和短期的角度看，强壮当然好，有力量、能打人，谁不羡慕？可从全局角度看，你强壮的话人人都会对付你；你能打人，别人就会先发制人、群起而攻之。还有，为了眼前的强大，人们往往会牺牲未来的发展，"物壮则老"，强到极处就该走下坡路了。比如人在壮年以后，等待他的就是晚年；历史上的朝代在全盛期以后，无不走向衰落，最终难逃灭亡的命运。

难道人们没有办法破解这样的宿命吗？有的！老子一早就给出了解决方案——"含德之厚，比于赤子"，像赤子一样和谐、柔软、谦虚、低调，保持健康的心态，不但精力旺盛、心理健康、身体成长，而且由于没有贪欲、不惹事、不冒头、不招致忌妒、没人打击，自然淳朴可爱、福气多多，何乐而不为呢？

《提炼要点》

    1.赤子最有福，和气最健康；

    2.和谐是最佳状态，是比"强""壮"还好的最佳状态；

    3.物极必反，强大之后，就是灭亡。

第五十六章
沉默是金

个人与外界环境要"和谐",个人与社会其他成员要"协同"。

知者不言,言者不知。塞其兑,闭其门,挫其锐,解其纷,和其光,同其尘,是谓玄同。故不可得而亲,不可得而疏;不可得而利,不可得而害;不可得而贵,不可得而贱。故为天下贵。

翻译

有智慧的人不多说话,随便说话的人缺乏智慧。堵住欲望的口子,关上嗜欲的大门,不露锋芒,消解纷扰,包容各色光芒,混同各种尘埃:这就叫作"玄同"(一种微妙的协同状态)。这种境界,就是因为不分亲疏、不讲究利害、不区分贵贱,所以才为天下所推重。

◎ 名人名言

老子说:有智慧的人不多说话,随便说话的人缺乏智慧。

"知者"中的"知",有的注本读"智",翻译为智慧,有的注本说是"真知",也是智慧的意思,我们这里就当作"智"来解读。这个道理不仅老子讲,中外很多名人都讲过,比如莎士比亚讲过"The empty vessels make the greatest sound.",直译为"空瓶子里的水,响声最大",相当于中国谚语"一瓶子水不响,半瓶水晃荡"。再如孔子说过"夫人不言,言必有中",意思是有智慧的人要么不说话,一说就说到点子上,也是智者不随便多说话的意思。当然老子比孔子年龄要大,论辈分更是莎士比亚的祖宗辈儿的，这个表达的版权属于老子，这是没有争议的。

年轻人不一定赞同老子这句话，尤其是口才好的，辩论起来口若悬河，说起话来滔滔不绝，这种人一定没有智慧吗？我本人在大学毕业前，常常在辩论赛中出风头，但随着人生和社会经验越来越丰富，开始觉得多说无益，沉默是金。为什么呢？

◎ 领导更要少说话

第一个警醒，是和同事辩论正确的工作方案时，发现即使辩论赢了也没人听你的，因为吵得面红耳赤，辩论输了的一方觉得没有面子，完全不配合你，赢家直接变成输家。第二个警醒，是面对复杂情况的时候，发现如果没掌握全面的信息就夸夸其谈并拿出方案，往往根本行不通。第三个警醒，是做管理工作以后，发现如果管理岗位上的领导先讲话了，一线的同事往往就沉默，谁都不愿意提出不同的意见，本来是大家分享信息和好点子、共同贡献智慧的机会，变成了一言堂、独角戏。管理学大师彼得·德鲁克在其名著《卓有成效的管理者》一书中，论述决策方法时讲到一个案例，美国通用汽车的总裁斯隆先生在高层决策会议上，从来不会首先提出自己的观点，而是让大家提出不同观点来讨论，即使讨论达到白热化时他也很少插嘴。有人问他为什么是这样的决策风格，他说，为什么上帝给每个人两只耳朵，却只有一张嘴巴？就是让我们少说多听。斯隆先生这样的领导者，只有在得到足够丰富的信息、多种备选方案，并经过充分论证、周密思考之后，才会给出自己的观点，这样他的观点怎能不包含真知灼见？这就是"知者不言"。反过来，多说话、抢着说的人，还没有充分了解情况、深入思考，就大放厥词，怎么能说到点子上呢？这就是"言者不知"。我们可以在生活和工作中多多观察和体会。

◎ "和光同尘"是人生修炼的最高境界

一个人不要多说话，下面怎么做好呢？老子接着说：堵住欲望的口子，关上嗜欲的大门，不露锋芒，消解纷扰，包容各色光芒，混同各种尘埃：这就叫作"玄同"，是一种微妙的协同状态。

"塞其兑，闭其门"在第五十二章出现过，"挫其锐，解其纷，和其光，同其尘"在第四章出现过，这六句话都不陌生，不一样的是后面下定义的话——"是谓玄同"，我们把"玄同"翻译为微妙的协同状态，也可以直接理解成"道"的状态。可以从两个角度来看。

首先，从语言的角度看，无论是第五十二章的"塞其兑，闭其门"，还是第四章的"挫其锐，解其纷，和其光，同其尘"，无疑都是老子对"道"的描述；尤其第四章的四句话，是在"道冲，而用之或不盈"后说的，意思与"道冲，而用之或不盈"完全一致。所以本章中作为这六句话同义语的"玄同"，当然是符合道的状态。将《道德经》前后对照，我们很容易得出这个结论。

其次，从语义的角度看，"知者不言，言者不知"说的是低调踏实，当然是符合"道"和"德"的做法；"挫其锐，解其纷"是和谐、统一、低调、无为的状态；"和其光，同其尘"讲的是包容一切、无不为的状态，这些综合起来，无为而无不为，不正是"道"的状态吗？

我很喜欢"和光同尘"这个四字成语，它不仅是老子心目中"道"的境界，也是做人的最高境界。比如"和其光"，指包含或者融合各种光芒，就如有人喜欢红色，有人喜欢黄色，有人喜欢绿色，其实没有任何一种颜色可以胜过另外一种。真正成熟的人不会因为喜爱某一种颜色而厌恶其他颜色，因为他知道每种颜色有各自的美。比如血是红色的，如果看到一种血液是绿色的就可怕了——但是在春天，绿色当然是美的。所以每种颜色都美，要看出现于什么时间、什么地点以及什么事物。"和其光"是什么状态呢？就是一个人喜欢所有的颜色。就如看上去只有普普通通的白色，殊不知当中包含了赤橙黄绿蓝靛紫，包含了光谱所有的颜色；又如不声不响的"道"，看上去什么都没有，无为，正因为什么都没有，却神通广大拥有一切，无为而无不为，以无事取天下。

老子用"玄同"这个词来描述"道德"的这种低调和谐、兼容并包的特质，是十分恰当的。因为"玄"是微妙、深奥，"同"是和谐、协同，"玄"和"同"放在一起，恰好说明"道"既能容纳天下之不同，又能让所有不同共存的特质。

要说明一下，不仅"道"要包容一切，一个成熟的人，比如管理岗位上的一个领导，也必须容纳一切。比如作为家长，如果自己的两个孩子打起来了，难道一定要在两者之间分出对错，批评一个表扬另一个吗？作为企业的管理者，难道只欣赏一类员工、一种工作方式、一个解决方案吗？"一花独放不是春，百花齐放春满园"，最优的状态不是简单、唯一的状态，而是多样化、和谐统一的"玄同"状态，这才是符合"道"的最佳状态。《道德经》开头就说"玄之又玄，众妙之门"，说的就是这种复杂而微妙的和谐状态。

◎ 不聋不瞎，不配当家

老子接下来说："这种境界，就是因为不分亲疏、不讲究利害、不区分贵贱，所以才为天下所推重。"

虽然这段文字很容易理解，但很多人可能觉得别扭，心想怎么有这么没原则的人，不识好歹、贵贱、亲疏，那不是贱人吗？怎么老子居然说他是"天下贵"呢？

须知现在的社会讲求个性张扬，连广告语都是"我就喜欢"之类的，但聪明的读者要学会区分哪些是人生的真相、哪些是商家引导消费的造势。要做一个志向高远、对社会有用的人，必须能够容纳一切、兼容并蓄，可以和各种职业、各种性格、各种年龄、各种收入水平的社会各界人士和谐相处；作为政府或者企业领导的人，更要听取不同的意见、容忍不同的派别、吸收社会各界的有识之士，才能团结群众，领导集体。中国人有一句俗话叫作"不聋不瞎，不配当家"，就是这个道理。即使团队成员犯了错误、遭遇失败，也要首先帮助和支持他，给他机会和时间，让他可以东山再起，否则任何人都没办法成功，因为人无完人，没有不犯错误、毫无瑕疵的人。如果碰到状况就一棍子打死，这难道是领导者的气度吗？符合"道"的原则吗？

中国人说"宰相肚里好撑船"，其实西方人也有这样的胸怀。通用电气的前总裁杰克·韦尔奇讲过一个经历，对他来说是人生的转折点。当年他做业务经理时曾遭遇一次重大失败，给公司带来上千万美元的损失。当他做好了被公司开除的心理准备时，上级却对他委以重任，并且告诉他：我们刚为你付出上千万美元的学费，如果让你走人，这笔钱不是白花了吗？韦尔奇得到这样的信任和激励，顿时迸发出巨大的工作热情，为公司奋斗了几十年，带领团队创造了非常好的效益。

　　总结一下，第五十五章谈到得道之人要有赤子之心、与自然和谐相处，是站在个人角度，来讨论人与自然的关系；本章谈到得道之人要和光同尘、与社会协调，是站在群体角度，谈一个人如何与社会其他成员建立并保持和谐的关系。《道德经》的行文是符合"道"的发展规律的，从最开始讨论"道"是什么开始，一步步延伸，讲"道"的本源、"道"的属性，然后过渡到"道"的应用（就是"德"）、人们如何用"道德"来修养自身；从本章开始，老子的关注点进一步延伸——怎么用"道德"的规律去领导组织和国家，最后实现"平天下"的终极理想。需要注意，中华文明的"平天下"不同于西方传统的扩张理念：西方的观念是征服和掠夺，不择手段地让自己过上好日子，至于被征服和殖民的民族有多悲惨，他们是忌讳谈的；而中国的"平天下"是天下大同，目的是让所有人都过上幸福、富足的好日子，是真正的"天下一家"的共赢发展观。我们要明白其中的重大不同。

∥提炼要点∥

　　1.多说少听，贻笑大方；多听少说，智慧增长；

　　2.和光同尘是做人的最高境界；包容大度，是领导力的心理基础。

第五十七章
国家也不能作

治国也要应用《道德经》的原理，顺其自然，无为而治。

以正治国，以奇用兵，以无事取天下。吾何以知其然哉？以此。天下多忌讳，而民弥贫；民多利器，国家滋昏；人多伎巧，奇物滋起；法令滋彰，盗贼多有。故圣人云：我无为而民自化，我好静而民自正，我无事而民自富，我无欲而民自朴。

// 翻译 //
应该以正大光明的方法来治国，以出其不意的方法来用兵，以不折腾百姓的原则来治理天下。我是怎么知道要这样做的呢？是根据下面的事实推导出来的：国家规定不让做的越多，老百姓就越贫困；民间的武器和权谋越多，国家就越混乱；人们越是工于机巧，奇特之物就越多；法令越严格，违法犯罪的情况就越严重。所以圣人说：我不妄为而人民自然会归化，我喜好清净而人民自然会端正，我不生事端而人民自然会富足，我没有奢求而人民自然会淳朴。

// 解释 //
《道德经》讲到这里，已经把"道"和"德"的原理引申到治国、平天下了。我们早就讲过，《道德经》根本不是神秘的玄学，也不只是一种哲学思想，而是对宇宙规律的探索和揭秘，是人类最早的科学思想的体现：前半部《道经》更多是探索自然科学，后半部《德经》则更多涉及社会科学以及政治学。中国历史上很多有大成就的帝王，都高度重视学习《道德经》的治国思想，并取得了极好的政绩，比如汉代早期的

文景之治，以及清代的康雍乾盛世，都是以《道德经》思想治国并取得成功的著名案例。尤其在国家经历战乱之苦，社会动荡、财富极度匮乏的时候，《道德经》的治国理念特别有利于国力的恢复和社会的重建。

◎ 稳定是发展的前提

老子说："应该以正大光明的方法来治国，以出其不意的方法来用兵，以不折腾百姓的原则来治理天下。我是怎么知道要这样做的呢？是根据下面的事实推导出来的。"

"正"的反面就是"奇"，奇和正是相辅相成的，就像"有无相生"一样，奇正也相生，但是什么时候守正，什么时候出奇，千万不能搞错。治国一定要正大，绝对不可以出奇，试想，如果一国之中，没有人知道下一个政策是什么路数，谁敢投资建厂？谁敢兴办实业？谁敢做金融投资？投资未来是发展的前提，政治稳定、社会和谐则是投资的前提，所以一个国家要发展，必须要"以正治国"。

类似的道理，用兵一定要出奇，绝对不可以守正，为什么？孙子说："兵者，诡道也。故能而示之不能，用而示之不用，近而示之远，远而示之近。利而诱之，乱而取之，实而备之，强而避之，怒而挠之，卑而骄之，佚而劳之，亲而离之，攻其无备，出其不意。此兵家之胜，不可先传也。"这段话收录于《孙子兵法》第一篇，可见其重要性。翻译过来就是："用兵是一种诡诈的行为。所以，能打，装作不能打；要打，装作不要打。要向近处，装作要向远处；要向远处，装作要向近处。给敌人以小利，去引诱它；迫使敌人混乱，然后攻取它。敌人力量充实，就要防备它；敌人兵力强大，就要避免决战。用挑逗的方法去激怒敌人，使其失去理智；用谦卑的言辞表示自己的弱小，使敌人骄傲。敌人休整得好，要搅得它不得安生，使其疲劳；敌人内部和睦，要设法离间它。攻击敌人无准备的地方，出乎敌人意外地行动，这是军事家指挥的微妙，是不能事先呆板规定的。"这段话非常精彩，而且道理也十分简单：如果你把自己的目的那么明显地暴露给敌人，那不是找死吗？

以无事取天下，第四十八章曾经讲过，上下文是这样的："无为而无不为。取天下常以无事，及其有事，不足以取天下。"那一章讲的道理和这里讲的其实一样：做事情最好的方法，就是循序渐进、顺势而为、水到渠成，一切顺理成章，自然而然，事情就做成了，大家都很开心；如果所有事情都必须是强打硬拼、霸王硬上弓，造成巨大的矛盾和伤害不说，也没有办法持久。就像前面说的"不作就不会死"，治理国家，照样不可以作死。

◎ 国家是怎么作死的？

老子马上列举了以下反例："国家规定不让做的越多，老百姓就越贫困；民间的武器和权谋越多，国家就越混乱；人们越是工于机巧，奇特之物就越多；法令越严格，违法犯罪的情况就越严重。"

为什么国家干涉越多，人们就越穷呢？前面讲过西方古典经济学派的观点：市场就像一只看不见的手，可以自行调节社会经济的供求矛盾，而国家的过多干涉，往往不但起不到好的作用，反而会带来严重的负面影响。

"民多利器，国家滋昏"，大家就更容易理解了。近年来美国的枪击案频发，奥巴马和唐纳德·特朗普两任总统都对此头痛不已：武器是不能掌握在坏人手里的！坏人有了武器，良民也只能拿起武器，最后的结果，必然是社会的不安定因素急剧增加。

"人多伎巧，奇物滋起"，有的人可能不理解，为什么不好？能工巧匠多了，创造出很多工艺品，或者多了新奇的发明，难道不好吗？问题是凡事都要有个度。如果是促进生产力和科学发展的发明和创造，比如中国古代的四大发明，当然对人类有非常大的好处；如果是诱发人们骄奢淫逸的新奇事物，也许还是少发明一些好。美国管理专家霍博兄弟在《清教徒的礼物》一书中，把美国1920—1970年之间50年高速发展的黄金时代，归功于早期清教徒移民的勤俭持家和自力更生，而把1970年之后到现在的经济困境归罪于大量借贷、贪图享受，以金融业取代制造业来赚快钱的种种做法。同时作者认为，日本和中国经济的腾飞，正是因为这两个国家的传统文化鼓励艰苦朴素的奋斗精神，与美国早期清教徒的传统有相通的地方。西方管理学家有这样的认知，是非常值得我们深思的。

"法令滋彰，盗贼多有"，是说法律越严厉，就有越多的人违法乱纪。可能有人质疑，是不是法制建设就不好呢？我认为老子说的不是这个意思，而是反对过分严苛的法律体系，其不但不能有效惩治犯罪，反而造成社会对法律的不在乎，就好像单位的规定太多，员工稍不注意就会挨罚，既然怎么做都会罚款，索性再没人在意那些条条框框一样。因为《道德经》的思想，是一切符合规律、顺其自然，这就意味着过分的管理和制度，尽管初心可能是好的，一旦过了度，也会起到负面的作用。

◎ 世上本无事，庸人自扰之

老子的总结是："所以圣人说：我不妄为而人民自然会归化，我喜好清净而人民自然会端正，我不生事端而人民自然会富足，我没有奢求而人民自然会淳朴。"

第二章我们提到过，"以身作则不是影响别人最好的方法，而是唯一的方法"。国家的官员也好，企业的管理者也好，如果自己能做好榜样，那么管理别人就不是什么难事了，"榜样的力量是无穷的！"国家不作就不会死，企业不作也不会死，关键是领导自己要带好头，不要没事找事，矛盾少了，上下气氛融洽了，生产力自然就发展了。

比如西汉刚刚立国时，经过秦末大起义和楚汉战争的中华大地十室九空，人口从秦末的3000多万人锐减到只有1300万，当时刘邦连四匹毛色一样的马都凑不齐，国家经济之困难可见一斑。丞相萧何在当时的情况下，采取了休养生息的政策；他的接班人曹参又是"萧规曹随"，延续了萧何时代清静无为的做法。后面的汉文帝、汉景帝更是老子的粉丝，经过几代的无为而治，汉朝国力强盛，粮仓里粮食堆积如山，国库里钱多得穿钱的绳子都烂掉了，为汉武帝的北击匈奴积累了强大的国家实力，才有了至今传颂的卫青、霍去病的英雄事迹。至今中原民族自称汉人，正是施行"以无事取天下"政策的汉朝成功的证明。

需要说明的是，凡事必须有个度，我们千万不要认为国家或企业完全不管就好了。国有国法、家有家规，尽管严刑峻法不该有，该有的规章制度还是必须有的，就像大街上如果没有红绿灯和交通法规，一定会导致混乱一样。重要的是，规矩一定不能多，多了就不值钱了。人民解放军上百万军队，就靠着"三大纪律、八项注意"打下了天下，我们有的单位没有几个人，制度一大堆，真的有必要吗？

1.以正治国、以奇用兵，以无事取天下；

2.领导清静无为最重要，榜样的力量是无穷的；

3.制度多了不值钱，制度缺失乱了套——适度合理最重要。

第五十八章
高手不走极端

管理需要辩证的思维，要知道一切事物都有好有坏。管理者要对结果负责，管理需要灰度，政策的选择需要有包容度。

其政闷闷，其民淳淳；其政察察，其民缺缺。祸兮福之所倚，福兮祸之所伏。孰知其极？其无正。正复为奇，善复为妖。人之迷，其日固久。是以圣人方而不割，廉而不刿，直而不肆，光而不耀。

〟名词〟

闷闷：本义是昏昧的意思，用来描述政策的时候，有宽容大度之意。察察：本义是烦琐、细碎，用来形容苛政。缺缺：狡狯，奸诈。奇：邪。妖：恶。方：方正，有原则。廉：利。刿：伤。

〟翻译〟

政治宽厚，人民就淳朴；政治严苛，人民就狡黠。灾祸啊，是幸福的倚靠；幸福啊，有灾难在其中潜伏。谁能知道它们（祸福）的终极标准呢？这里没有定数啊！正的，同时也是邪的；善的，同时也是恶的。这种福祸相依、亦正亦邪、善恶循环的道理，人们一直以来都是迷惑的，或者说，人们从来都难以领悟。所以圣人方正，但不会割伤人；锐利，但不会伤害人；率直，但不会放肆；有光芒，但不刺眼。

◎ 人类最早的辩证法

说起"祸兮福之所倚，福兮祸之所伏"，有关于中国人都知道的

"塞翁失马，焉知非福；塞翁得马，焉知非祸"，这个典故是老子所谓"福祸相依"的最好注解。老子是世界上最早提出辩证法的哲学家，这应该是没有争议的，因为老子大概生活在公元前571至公元前471年之间，而古希腊最早提出辩证法的哲学家赫拉克利特大概在公元前540至公元前480与前470年之间，他比老子要小30多岁，至于使用辩证法进行辩论的苏格拉底，则在公元前469至公元前399年，比老子晚了整整一代。老子的辩证思维，不只是对中国人，对整个世界人民的思想，都产生了重大的影响。

老子说："政治宽厚，人民就淳朴；政治严苛，人民就狡黠。"他提出了缺乏实战经验的管理者往往忽视，却特别重要的一个问题：一个政策往往带来与本意相悖、意想不到的反面效果。比如，管得越细是不是就越好？答案是，不一定；可能不管反而更好，管得越细就越有问题。为什么呢？两个原因。首先，中国人有一招很厉害，叫作"上有政策，下有对策"。条条框框越多，钻空子的行为也越多，所谓"道高一尺，魔高一丈"，如果管理者太严苛，进而激起民众的对抗情绪，他们不是配合管理而是阳奉阴违的话，管理实际上是失效的。第二点，退一万步讲，就算严格管理真的做到位了，没有留下任何空子可钻，人民可能会因为压迫太重而造反。比如秦朝施行严刑峻法，二世而亡。秦朝的制度有多严格，刑法有多严酷呢？可以说让人看名字都痛。本书不是刑法专著，在此不详细铺陈秦朝酷刑，简单列举其中的名目，就可窥得一斑：

秦朝最严酷的刑罚是肉刑和死刑。其中肉刑分为：脸上刺字（黥或墨）、削鼻子（劓）、剁脚（刖）、阉割或击毁子宫（宫）、当众鞭打（笞）。够血腥吧？死刑更狠，分为五刑、族刑、定杀、阬（坑）、磔、枭首、弃市、戮、凿颠、抽胁、镬烹、囊扑、腰斩、车裂等等。我们不全讲，单说第一个"五刑"，典籍记载是"当夷三族者，皆先黥、劓、斩左右趾，笞杀之，枭其首，菹其骨肉于市。其诽谤詈诅者，又先断舌，故谓之具五刑"。真够重口味，先墨染刺刻肌肤，接着利刃削鼻，快刀斩下左右脚趾，继而竹板子打死。死了还不算完，接着把脑袋切下高悬，然后再用大刀小刀把尸体剁成肉泥——如此精细的刀法，真像开人肉包子铺的。更让人大跌眼镜的是，秦国的丞相李斯，就是遭受了五刑并被夷三族的。

看到这里就明白了，为什么管理太严格也不行。据说那时秦国的残疾人太多，严重影响了生产力的发展。更重要的是，国家作为一个整体，已经没有人与人的合作氛围，更多的是仇家的积怨——这样的组织和团队能有什么共同的目标和利益呢？一旦陈胜、吴广揭竿而起，秦国在短短三年内就轰然崩塌了。

当然这里不是说管理不要细节，不是说制度不要遵守，正相反，在企业的关键流程上一定要有明确的制度和细则，但是任何事千万不可过度，一旦过度，事情往往走向反方向。管得太细不如不管，罚得太严不如不罚——这也是辩证法的一个应用吧。

◎ 祸兮福之所倚，福兮祸之所伏

接下来就是老子的名言了："灾祸啊，是幸福的倚靠；幸福啊，有灾难在其中潜伏。谁能知道它们（祸福）的终极标准呢？这里没有定数啊！正的，同时也是邪的；善的，同时也是恶的。这种福祸相依、亦正亦邪、善恶循环的道理，人们一直以来都是迷惑的，或者说，人们从来都难以领悟。"

福祸循环相生，正邪难以辨别，善恶因果循环，这样的道理不只是在老子那个年代难以为人所理解，即便在今天，也是大多数人难以领会，更难在工作和生活中应用的深奥哲理。这是《道德经》的精华所在，也是它难懂的地方。我试着讲一讲，不一定每个人都能完全理解，但对这个道理要多加思考，在生活中不断体会，总有一天会有恍然大悟的感觉。

先说祸福相生。大家都知道富有是福，而劫匪知道抢劫富人比较有利可图。人人讨厌贫困，但是穷人的孩子早当家，比较懂事。这难道不是"祸兮福之所倚，福兮祸之所伏"吗？再比如，做困难的工作，失败的可能性大，可以理解成祸；但是对于强者，越是艰巨的工作，越能体现能力的高超，英雄有了用武之地，这个祸不就变成福了吗？容易获取成功的工作固然轻松，由此而长期养尊处优，必然使人懒惰轻浮，结果必然导致未来的惨败，这个福不就变成祸了吗？

这么看来，福祸有判断的标准吗？老子说"其无正"，没有一个确定的标准。为什么呢？因为没有人能够预测未来。福和祸要怎么定义，全看处于什么环境。正和邪、善与恶都一样，不同的环境，同一件事体现出不同的价值，产生不同的结果，因此存在多种可能性；甚至可以说，同一件事既是祸又是福，既是善又是恶。

◎ 标准也要灵活

我们讨论三种情况：一种是同一件事，所处的环境不同，造成对它的不同判断；另一种情况是，同一件事，站在某个角度看是一种判断，站在另一个角度看是另一种判断；第三种情况，是处在某个时代看是一种判断，处在另一个时代看则有完全不同的判断。

对第一种情况，举个例子：一个人很胖，这种胖是不是美呢？要看这个人在什么地方被人评价。如果是在太平洋群岛上的波利尼西亚人的国度里，黑黑胖胖是最美的人。拿当今中国人的标准来看，这个人就比较惨，所以建议还是去夏威夷、汤加等地去做"小鲜肉"的好。

第二种情况：一件事，站在某个角度看是一种判断，站在另一个角度则有完全不同的判断。比如：胖人搞体育运动好不好？答案不好说，要看是哪种运动。相扑、掷铁饼就好，跳高、100米赛跑就不好。再换个角度，饥荒的年代，胖就是好，因为储存的脂肪多，比较扛饿；而在营养过剩的今天，胖就不太好，因为血糖、血脂高，容易引发糖尿病和心脑血管疾病。

第三种情况：在某一时代看是一种判断，而在不同的时代看则有完全不同的判断。其实在古代，全世界普遍以胖为美，因为那是粮食缺乏的年代；而今天的人们以瘦为美，正因为已经进入各种食品随处可得、很多人营养过剩的年代了。

历史学家斯塔夫里阿诺斯在名著《全球通史》中讲了一个悖论。他提出一个问题，为什么古中国和古印度文明保持得相对完善，没有被北方蛮族征服，但是近现代文明却不是从中国和印度兴起的？西欧因为地处欧亚大草原的尽头，被游牧民族反复侵略，在原有的文明被彻底撕烂砸碎的情况下，为什么反而文艺复兴、工业革命恰恰在西欧兴起呢？答案很简单，那就是不破不立，正因为原来的文明被砸碎得彻底，新的文明才有可能兴起。文明扫地是祸、是恶、是邪，而诞生了新的文明是福、是善、是正，所以祸福、邪正、善恶难道不是一体的两面吗?！读到这里，我们就能明白为什么老子说"正复为奇，善复为妖"了，道理十分深刻，需要悉心体会。

◎ 不聋不瞎，不配当家

既然是非善恶如此变幻莫测，管理者应该怎样治理呢？在第四十九章和第五十六章当中，我们都提到了中国人的一句俗话，"不聋不瞎，不配当家"，用时髦的管理术语来说，这叫作管理的"灰度"。什么叫灰度呢？华为的任正非在《管理的灰度》一文中提出："一个企业的清晰方向，是在混沌中产生的，是从灰色中脱颖而出的，方向是随时间与空间而变的，它常常又会变得不清晰。合理地掌握合适的灰度，是使各种影响发展的要素。"在任正非看来，"清晰的方向来自灰度。一个领导人重要的素质是方向、节奏。他的水平就是合适的灰度。坚定不移的正确方向来自灰度、妥协与宽容"。

当然，对于任总这两段话，如果没有深厚的管理功底是不太容易看懂的，反而老子说得更清晰一些："所以圣人方正，但不会割伤人；锐利，但不会伤害人；率直，但不会放肆；有光芒，但不刺眼。"什么叫灰度？这就懂了吧，事情既要做，又要留有余地；事情尽管做，但不能走极端；自己做成功，也给人留饭碗；不耽误自己出名，也不刺激别人——这才叫成熟的管理者。

说到这里，联想到一副特别有名的"攻心联"：如果去成都的武侯祠，会看到门两侧的醒目大字，上联道"能攻心则反侧自消，从古知兵非好战"，下联是"不审势即宽严皆误，后来治蜀要深思"。这副对联分别得到了毛泽东和邓小平的称赞，是什么打动了两位伟人呢？是其中包含的有弹性的管理思路：打仗能消灭敌人，但是不能赢得人心；治国要宽严有度，最重要的是顺应时代人心。管理的道理非常微妙，任何善恶、福祸、正邪都会因为环境的变化和事物的演化而走向对立面，这就要求管理者具备高度的技巧，能够审时度势，随时调整自己的方略，绝对不能走极端，不可刚愎自用、固执己见，才能处理好事情，保护好自己，立于不败之地。

‖提炼要点‖

1.福祸相依、正邪相生、善恶难辨，这造成了管理的巨大难度；

2.正是由于事物的上述复杂性，所以管理不能走极端，必须考虑具体的环境，才能选择恰当的政策尺度；

3.优秀的领导者要把握好管理的灰度，方能成事。

第五十九章
东方养生发财法

中国人的逻辑与西方人不同，中国人喜欢积累财富，休养生息，这样才能长治久安；西方人讲究寅吃卯粮，穷奢极欲，果然越来越穷。

治人事天，莫若啬。夫唯啬，是谓早服。早服谓之重积德；重积德，则无不克。无不克，则莫知其极。莫知其极，可以有国。有国之母，可以长久。是谓深根固柢，长生久视之道。

〞名词〞
啬：爱惜，保养；节省，节约。早服：早做准备。

〞翻译〞
治理百姓、管理国家，最好的政策，就是爱惜精力、节约财物。因为只有爱惜和节俭，才称得上是早做准备。早做准备，就可以重视积累德行；重视德行的积累，就没有克服不了的困难。没有克服不了的困难，那么发展就不会遇到瓶颈。如果可持续发展，就有建立国家的能力。有这样的能力，国家才可以长治久安。这样的发展方略，才是深根固柢、长生久视的道理。

◎ 中国人为什么节约？

我们看《朱子治家格言》，上来就说要节俭、要积累：

黎明即起，洒扫庭除，要内外整洁；既昏便息，关锁门户，必亲自检点。一粥一饭，当思来处不易；半丝半缕，恒念物力维艰。

宜未雨而绸缪，毋临渴而掘井。自奉必须俭约，宴客切勿留连。器具质而洁，瓦缶胜金玉；饮食约而精，园蔬愈珍馐。勿营华屋，勿谋良田。

著名的钱氏家族，培养了钱学森、钱三强、钱穆、钱锺书、钱伟长、钱其琛、钱玄同等一批近现代史上的大师，也强调这一套：

持躬不可不谨严，临财不可不廉介……
勤俭为本，自必丰亨；忠厚传家，乃能长久。

中国人各种治家格言类别名目繁多，就不一一枚举了，不过绝对找不出一条提倡超前消费、贷款购物的，这与西方人的消费观念形成鲜明对比。为什么勤俭、积累是我们中国人的传家宝呢？答案可以在《道德经》第五十九章寻找：

老子说："治理百姓、管理国家，最好的政策，就是爱惜精力、节约财物。因为只有爱惜和节俭，才称得上是早做准备。"

相信深受中国文化影响的中国人，对这样的论调都不会感到陌生。即便是"90后""00后"，对这种勤俭节约、未雨绸缪的作风，也一定经常在自己的父母长辈那里耳濡目染。那么这么做的好处是什么呢？继续听老子讲：

◎ 手中有粮，心里不慌

老子："早做准备，就可以重视积累德行；重视德行的积累，就没有克服不了的困难。"

这里要解释详细一点。保养身体、积累财货，是在为什么早做准备？当然是为辛苦和贫困的状况做准备了。这又与重视积德有何关系？这是因为"仓廪实而知礼节，衣食足而知荣辱"！历史上中国一直是大农业国，农业国的特点就是靠天吃饭。早在公元前，中国人口就已经超过了欧洲，民以食为天，一旦风不调雨不顺发生粮食歉收，老百姓吃不饱肚子，就会发生大批饿死人的悲剧，会有人易子而食，更会有人揭竿而起，为活命而搏命，残酷的战争往往又导致大量的人口死亡。这种情况下，道德礼仪还有可能维持吗？

所以《道德经》提出用"啬"、节俭的主张，是破解天灾人祸的最主动的方法：早做准备，为最糟的情况做准备。正像第二十八章讲的："知其雄，守其雌""知其白，守其黑""知其荣，守其辱"。即使知道胡吃海塞比较爽，也故意过穷日子，仓库里粮食和银子堆得满满的，哪怕老天不给粮食吃，也能挺过灾荒，立于不败之地。

老子最后总结道："没有克服不了的困难，那么发展就不会遇到瓶颈。如果可持续发展，就有建立国家的能力。有这样的能力，国家才可以长治久安。这样的发展方略，才是深根固柢、长生久视的道理。"本章题目之所以叫作"东方养生发财法"，是因为按照老子说的做，做人可以长寿，持家可以富足，经营可以持久，治国可以安泰。

◎ 老子经济学

我们不要轻视老子讲的看似极其简单的道理，其实包含着高超的智慧，以及深刻的经济学原理。有人可能不相信，老子怎么会懂得经济学？不要忘了，经济学本身就是人类经济活动的经验总结，而睿智的老子能够洞悉社会人生的道理，说出经济学原理来一点也不新鲜。

经济活动的基本逻辑是什么？首先，是劳动创造财富。其次，是消费减少财富。第三，劳动创造的财富减去消耗的财富，就是国家和个人所积累的财富，可以用来投资，加大生产资料投入、改进设备技术，进行扩大再生产，创造更多的财富，形成良性的经济循环。这个循环很清晰地说明，为什么劳动生产率高的国家会越来越富有？因为剩余资产越来越多，投资回报越来越大。而穷国会越来越穷，是因为社会剩余财富所剩无几，不能够投资到扩大再生产当中，也不能更新设备和发展科技，劳动效率一直无法提高，形成恶性循环。良性循环和恶性循环的关键在哪里？就在于效率高不高！而效率是怎么来的？就是多产出、少消耗啊！怎么做到呢？"治人事天，莫若啬"！就是中国人人都会的勤奋、节约、积累啊！

所以中国改革开放后40多年，经济一路从世界排名第15位，飙升到今天的第2位，外国人一直看不懂，为什么中国进步那么快呢？我在1995年前第一次去美国的时候，一看就知道中国有朝一日必超美国。为什么？就是因为中国人比美国人勤奋得多，同时又节俭得多。所以我们在三方面同时超越美国：一、产出超过美国；二、消耗少于美国；三、奋斗精神超过美国。因为"早服谓之重积德"，我们这种奋斗精神和未雨绸缪的储备，其实就是国家富强最重要的精神和物质准备啊！

反观以美国为首的西方发达国家，国家效率低下，政治陷入僵局，人民强调享乐，精英投身金融，人人超前消费，大众负债累累，国家赤字飙升——我们都知道欠债不仅要还债，还要还利息，中国人存款、投资能拿利息和投资回报，而外国人欠债就要连本带利地还，两相对比就知道谁是赢家，就知道什么才是"深根固柢，长生久视之道"。

治理国家如此，做人也如此。保持勤奋、保持节俭、保持谦虚、保持低调，不断学习、不断进步、不断修德、厚积薄发，《道德经》反复强调的这些人生道理，历经2500多年的考验，值得每个人奉为圭臬，终生行之，终身受益。

〝提炼要点〞

从勤奋、节俭开始，从自身做起，个人的德行积累，可以带来社会的繁荣和国家的可持续发展。

第六十章
难者不会，会者不难

管理可以很简单，只要做事符合自然规律、迎合人心所向，天下就容易治理。对企业、事业乃至家庭的管理，同样如此。

治大国，若烹小鲜。以道莅天下，其鬼不神；非其鬼不神，其神不伤人；非其神不伤人，圣人亦不伤人。夫两不相伤，故德交归焉。

〃翻译〃

治理大国的道理，就和烹小鱼的道理一样。以"道"的原理来治理天下，鬼怪就不能起坏作用；不是说鬼怪没有作用，而是就算起了作用，也无法伤到人；不仅仅鬼怪的作用无法伤到人，圣人也不伤人。鬼怪和圣人都不伤人，那么道的功用（也就是德）就体现出来了。

◎ 小鱼烹调术

对"治大国，若烹小鲜"，大家都耳熟能详，吹牛的时候经常会说这个话，不过关于这句话的真正意思，很少有人知道。"小鲜"不是"小鲜肉"，而是小鱼的意思。小鱼在锅里的时候，最忌讳的就是经常用铲子翻弄它，因为一碰就碎。所以这句话真正的意思是，管理大国不要扰民搞事，瞎折腾一气。统治者喜欢华丽的宫殿、恢宏的气派、奢侈的生活、无穷的享乐，老百姓就会像锅里被不停翻动的小鱼一样，粉身碎骨。好的管理者一定懂得，要爱惜民力、休养生息——以"道"来治理天下，用规律来引导天下。

当然，这句话还有第二层含义：烹小鱼真的那么难吗？其实掌握了方法，治大国也没有那么难，关键是你会不会治理，管理国家的人是否有道。有道就不难，无道就是昏君。正所谓难者不会，会者不难——这句话大家都理解，但是怎么做到"会"，就需要千锤百炼。会者当然不难，但是从不会到会，又何尝容易呢？为什么"会者不难"呢？因为"不会"就是不按规律办事，"会"就是按规律办事。按规律办事就不难，因为事情会非常顺；不按规律办事，事情就会非常难。

可惜，绝大多数管理者没有这样清晰的意识。绝大多数人不是按规律办事，而是按长官意志来办事，以个人恩怨和喜好来决定做什么、不做什么。有句话是"新官上任三把火"，如果这就是需要"点火"的岗位，搞三把火自然没错；但如果新官的职责就是"防火"，也去"烧三把火"吗？我们常看到的情况是，不管需不需要，新官为了刷存在感，99%的人都去"烧那三把火"，只有极少数最明智的人懂得"烹小鲜"、不折腾、按规律办事的道理。

◎ 萧规，曹一定要随吗？

汉初是萧何做丞相，当曹参听说萧何病重的消息，就提前收拾行装准备接班——这是多么有智慧的人啊！果然行李刚刚收拾好，皇帝的使者就到了，让他接任丞相之职。结果这老哥上任以后无所事事，整天喝酒，皇帝听到后大为不爽，又不好直接批评新任丞相，就让曹参的儿子劝劝老爹做事勤奋一点。儿子不劝倒好，一劝居然被老爹痛打一顿，搞得皇帝下不来台，跟曹参摊牌，说是我让你儿子劝你做事的。到这里，皇帝算是直接命令曹参"烧三把火"了。曹参一看这回不能再绕圈子了，就直接问皇帝：您的才华比您爹刘邦如何？皇帝说：那当然比不上。曹参又问：那么您说我比我的前任萧何的本事又如何呢？皇帝说：我觉得也不如。曹参说：既然你比不上先帝，我比不上萧何，我们何必改变他们定下来的制度体系呢？皇帝觉得有理，就允许曹参按照萧何的政策来治理国家，从此在历史上留下"萧规曹随"的著名典故。这个故事说明曹参是真正懂管理、脑子清楚的"会者"。当时战乱方息，人民需要休养生息，不宜有大动作；而且萧何的政策对头，曹参只需要坚持萧何的方针即可，没必要"新官上任三把火"。坚持不出风头、不在锅里翻弄小鱼，只有刘邦集团里军功第一、官拜平阳侯的曹参，才有这样的自信和经验，能够做得到。

为什么"难者不会"呢？因为规律不是那么容易掌握的！比如，曹参接任的时机，是萧何死后五十年，他继续沿用萧何的政策，不变法、不作为，这样对不对呢？一定不对！管理的规律是，政策一定要根据情况的变化而变化，时间一旦拉长，情况必然变化，政策就一定要调整，这里面的分寸十分微妙，只有拥有长期管理经验的人才能够把握好。

◎ 不要把倒霉事都冤枉到鬼神的身上

"以道莅天下，其鬼不神"的意思是：用"道"，也就是用规律来管理天下，鬼怪就发不起"神"来，即一切尽在掌握，意外和霉运就不会发生。为什么呢？"非其鬼不神，其神不伤人"，鬼怪就算起作用，如果不是人们自己的错误和愚蠢行为，鬼怪的作用又怎么会伤到人呢？

举个例子。世界各国历来都有各种神秘文化，而我们中国人自古就有用自然界的神秘现象来解释各种事情的传统。比如《史记》中的天官书记载道："彗出北斗，兵大起。彗在三台，臣害君。彗在太微，君害臣。彗在天狱，诸侯作乱。所指其处大恶。彗在日旁，子欲杀父。"天文学发展到今天，人们对彗星的规律完全搞清楚了，不会再有人相信这些。臣害君、君害臣，肯定是因为两人有矛盾，否则好还来不及呢，互相害个什么劲？还有：木星从东门出去，预示有干旱；月亮进入西门，预示有水患。在今天，干旱也好，水患也好，说明国家的水库、大坝等水利工程没搞好。在科技发达、设施齐备的今天，依靠良好的管理，完全可以做到不管木星和月亮往哪里跑，年年都可以大丰收，鬼怪的作用、神秘的预兆，又能起到什么作用呢？

当然，如果做事的人不靠谱，鬼神还是很猖獗的！我认识一个朋友，三天两头有倒霉事，今天打碎个杯子，明天丢一块手表，后天车被贴了条，大后天生了一场重病，总之各类"神秘"事件在这个人身上层出不穷。他总来找我抱怨，我就认真和他讨论了一番，又到他家里去看，发现这个人总是把杯子放在桌角，易碎品摞得很高，东西乱丢乱放，车子停在禁止停车路段，大冬天自己就穿着单衣单裤……总而言之，这个人喝凉水都塞牙的原因，是把能犯的错误几乎全犯了，还觉得自己活得很潇洒。天下人都把倒霉事算到鬼神身上，不知道鬼神有多冤枉！

◎ 所谓"圣人"，能认识规律、防患于未然

"非其神不伤人，圣人亦不伤人"，不但鬼神不会伤到人，圣人做任何事都不会伤到人。为什么呢？因为"圣人"是有"道"之人，按规律做事，目的是把事情做好，而不是伤人，当然有百利而无一害，只有好作用，很少有副作用。我有一个经验：凡事要提前规划好，而且只要按照最坏的情况来做准备，最后的结果就一定很好。为什么呢？上一章讲过："治人事天，莫若啬。夫唯啬，是谓早服"——简单说，就是有备无患。有备而来，我想鬼神也就歇了吧？

在这个问题上，孔子也有同样的看法。《论语》记载，"子不语怪力乱神"；还有记载，"季路问事鬼神，子曰：未能事人，焉能事鬼？"即孔子也认为鬼神对人没什么影响，还是先把人事干好更重要。值得注意的是，老子和孔子一样，都没有否认鬼神的存在。鬼神就算存在，也不会影响我们自己做事的成功和失败，因为人的成败是因为人的能力和对规律的把握；反过来，自己不认真做事，却把自己的命运寄托于运气和鬼神，这样无异于自己放弃。

所以如果鬼神伤不了人，圣人又能把握规律、因势利导，那么事情自然水到渠成，管理又有什么难的呢？老子说："夫两不相伤，故德交归焉。"难的不是命运难以把握、鬼神难以伺候，而是思路不能对路、认识达不到高度啊！可见《道德经》虽然成书于2500多年前的上古时代，其中的科学精神和哲学思想，已经达到令人难以想象的高度，至今值得每一个人学习和思考。

提炼要点

1.认识规律，管理就很轻松；

2.管理要分析情况，采取正确的策略。不需要"烧火"的时候，新官上任也不必"烧那三把火"。

第六十一章
肯低头是真强大

懂得低头，才是强者。经常低头，成为强者。

大国者下流，天下之交。天下之牝，牝常以静胜牡。以静为下。故大国以下小国，则取小国；小国以下大国，则取大国。故或下以取，或下而取。大国不过欲兼畜人，小国不过欲入事人。夫两者各得其所欲，大者宜为下。

// 名词 //
牝：雌性。牡：雄性。

// 翻译 //
　　大国要像江河一样，向下流淌，才能与天下交汇。天下的雌性，往往以静战胜雄性，是能够静定又能够处下的缘故。所以大国对小国谦下，就可以汇聚小国；小国对大国谦下，就可以得到大国的容纳。所以要么大国谦下，要么小国谦下。大国的目的，不过是要聚合小国；小国的目的，不过是要得到大国的包容。两方面都想要达成愿望的话，大国更应该谦下。

◎ 有本事，没脾气

　　本书前面提过杜月笙的名言：头等人有本事没脾气；二等人有本事有脾气；末等人没本事大脾气。大将军韩信从无赖胯下钻过去，后来才有机会成为大将军。刘备三顾诸葛亮于草庐之中，后来才能够建立蜀汉政权。这些都说明，一个人真的有自信，才能放下身段、屈居人下，才能发展成优秀人物，才能够吸引人才、成就一番事业。大人物是这样，大国是不是这样呢？其实是一样的。

所以老子说："大国要像江河一样，向下流淌，才能与天下交汇。天下的雌性，往往以静战胜雄性，是能够静定又能够处下的缘故。"

这就是大国的风范。就像大人物虚怀若谷、以静制动一样，大国要放下身段来，才能够赢得世界的信赖和尊重。这个道理，无论大国还是大企业都要懂得，才能够不成为众矢之的。

试想一个大国，本来就人口众多、财产雄厚、武力强大，又常常耀武扬威，周围小国肯定会心惊胆战，秣马厉兵，联合起来武力对抗大国。当初秦国和其他六国之间就是这个关系，六国曾多次联合起来攻打秦国，要不是秦的战斗力实在太强、运气实在太好，被六国攻破的概率其实是很高的，那样历史就要改写了。现代的例子就是二战后的美国和苏联，这两个大国也是横眉冷对，动辄出兵侵略小国，如今苏联早已解体，美国陷入困局，不能说与两个国家采取的策略失当没有关系。

做企业也是这个道理。在过去很长一段时间当中，李嘉诚都是华人首富，是大家公认的成功企业家，他讲过一句很有道理的话：有钱大家赚，利润大家分享，这样才有人愿意合作。假如拿10%的股份是公正的，拿11%也可以，但是如果只拿9%的股份，就会财源滚滚来。李嘉诚的儿子说，父亲在他很小的时候，就教他让合作伙伴多赚一些，自己少赚一些，这样生意才会做大。大家都知道，大企业有资源可以多赚一些，欺负合作的小企业可以占一些便宜，但问题是，那样做的话，谁还敢和你合作呢？

强人是肯低头的人，大公司是肯分享利益的公司，强国是懂得谦下的国家。这样的道理往往与常识和直觉相反，细细分析却是无懈可击的。《道德经》确实值得深思，包含很多有益的智慧。

◎ 海纳百川

老子接着讲道："所以大国对小国谦下，就可以汇聚小国；小国对大国谦下，就可以得到大国的容纳。所以要么大国谦下，要么小国谦下。大国的目的，不过是要聚合小国；小国的目的，不过是要得到大国的包容。两方面都想要达成愿望的话，大国更应该谦下。"

我们都知道，大海之所以能够汇聚百川，正因为海平面在百川之下；优秀的领导之所以能够团结群众，正因为礼贤下士；成功的企业之所以能够从竞争当中脱颖而出，正因为永远谦虚、不断进步。所以国家一样要时时刻刻放低自己的位置，才能赢得其他国家的善意和支持，才能越来越强大、越来越好。

这里可以回答西方历史学家弄不懂的一个问题：中国古代那么强大，16世纪以前一直是全世界最发达的国家，经济、文化、科技、军事领先于其他任何地区，却一直没有殖民侵略其他国家，反而与周边国家和平共处，并保护越南、朝鲜这些小国，这让西方人一直想不通，为什么不把这些国家吞并了呢？这是因为他们不懂《道德经》对中华文明的影响。包括《道德经》和儒家文化在内的中华文明，追求的是各国、各民族之间的合作共赢，而不是简单的损人利己，所以中华文明才能经久不衰，中国可以长时间发挥大国的影响力。近代中国的衰落并不是这种政策的结果，而是因为明清两个朝代闭关锁国、盲目自大。老子告诉我们，真正的强大，永远是谦虚的、学习的、交流的状态，而中国衰落最快的时期，就是乾隆傲慢地对英王乔治三世说出这番话的时代："咨尔国王（指英王），远在重洋，倾心向化……天朝抚有四海……德威远被，万国来王，种种贵重之物，梯航毕集，无所不有……"（清朝乾隆皇帝赐英王敕书）大意就是：你们国王很懂礼貌，知道我们大清很牛，所以虔诚地归顺我们，送来好多礼物，很好嘛！但是你那点东西算啥，我们奇珍异宝多了去了，不稀罕你们的东西。后面还说：你们想和我们做生意，要我们门户开放，我看还是算了吧，你们人住在中国也不方便，我们也不能因为你送点礼物就给你们走后门，你们回去吧，我已经赐给你们不少绫罗绸缎啦，你们就歇了吧。

敕书写于1793年9月23日。乾隆永远不知道他错过了什么。如果他知道那时英国已是日不落帝国，牛顿已经死了66年了，欧洲的科学革命和工业革命正如火如荼，蒸汽机已经从发明专利转入实际工业生产；如果那时清政府做到"大国以下小国"，谦虚了解情况并向人家学习，兴许47年后他的孙子道光皇帝不会在鸦片战争中输得那么惨，之后近两百年中国无须在失败和屈辱当中奋起直追，一直奋斗到今天，才重回大国的地位。

所以史蒂夫·乔布斯说得好："Stay hungry. Stay foolish."。保持谦虚，永远进步，才是真正大国和强者的风范。

〖提炼要点〗

强人是肯低头的人，大公司是肯分享利益的公司，强国是懂得谦下的国家。

第六十二章
"道"之赞美诗

言语比金钱有价值，礼节比言语更庄重，天子比礼仪有威仪——但这一切都不及"道"来得尊贵！

道者万物之奥。善人之宝，不善人之所保。美言可以市，尊行可以加人。人之不善，何弃之有？故立天子，置三公，虽有拱璧以先驷马，不如坐进此道。古之所以贵此道者何？不曰：求以得，有罪以免邪？故为天下贵。

‖ 名词 ‖

奥：庇荫、保护的意思。市：交易。拱璧以先驷马：指古代献奉时的礼仪，按照制度轻物在前、重物在后，这里的顺序是"拱璧"在前、"驷马"在后。

‖ 翻译 ‖

大道，是天下万物的庇荫。善人拥有道；不善人没有道，也努力地去追求道，希望能得到道的保佑。好听的话可以用来社交，尊贵的礼仪可以提高人的身份，但是如果一个人是不善的人，又怎么可以（只重视表面的"美言"和"尊行"而）舍弃"道"呢？所以说，我们在立天子、置三公的时候，虽然搞了那些"拱璧"和"驷马"的庄严礼仪，其实不如用"道"来做献礼。古时候为什么这么重视"道"呢？不就是因为去追求"道"就能够得"道"？而且因为犯了错误后按照"道"来做，就可以免除罪过吗？所以天下才以"道"为尊啊！

◎ 中华哲学赞美诗

通常说的赞美诗只有两种：一种是文学赞美诗，在历史上出现的时间比较晚；另一种是宗教赞美诗，现存最早有完整歌词的基督教赞美诗，于公元200年由希腊文写成。在《道德经》第六十二章，我们看到了第三种——《道德经》赞美诗，写于公元前500多年，应该算最早的赞美诗了，而且这种赞美诗既非文学、也非宗教，而是朴实的中国哲学思想。老子通过这一章凸显了大道的宝贵，以及了解和掌握道的规律对于人类的伟大意义。

老子说："大道，是天下万物的庇荫。"中国有句脍炙人口的成语，叫作"得道多助，失道寡助"，出自儒家的孟子，说的就是人类与"道"之间的关系。因为"道"本来就是宇宙万物的规律，所以宇宙中的万物乃至作为万物之灵的人类，无不在大道的覆盖之下。按照规律（道）来办事，就无往而不利；违反规律（道）来妄为，当然一败涂地。

因此，老子说"道"是"善人之宝，不善人之所保"。这里有两个微妙之处。

其一，这里的"善人"不是现在所谓仁慈、做好事的人，而是前面说的"圣人"或者今天说的"明白人"；同样的，"不善人"也不是坏人，而是不懂"道"的规律的人。第二，这里的"宝"，暗示这东西是家里的藏品，是主人本就拥有的；相对而言，"所保"是说这东西本来不归其所有，要费心劳力才能得到。老子用这一比较说明，"得道"的人用不着向外追求，自己就拥有"道"；而"失道"的人拼命追求，也不见得能"得道"。

这个话说得有点禅意了，举个不算很贴切但是类似的例子。"道"属于自然规律，举个对规律认知的例子，比如某种考试需要做的知识准备。不妨把"道"比作英语，有两个同学在同一个班学英语，其中一个课前充分预习，上课认真听讲，回家认真写作业和复习；另一个从不预习、逃课去逛街、课后完全不碰课本。这两个同学在考前会是什么状态呢？前一个同学，英语在心中、在脑中、在嘴边、在笔头，已经达到融会贯通之境界，英语已经不是"英国人的语言"，而成为自身的一部分了，考起来出口成章、下笔千言，英语对他来讲，相当于《道德经》说的"善人之宝"；而后一个同学，考前借来教材、笔记和作业，拼命死记硬背，考试的时候即使拼命回忆，还是晕头涨脑，答卷文不对题、词不达意，他不认识英语，英语也不认识他，英语对于这位同学来说，就是"不善人之所保"。正所谓"难者不会，会者不难"，得道之人就是懂得，无道之人怎么也弄不明白。

◎ 从"0"到"1"

"道"懂了就通了，不懂"道"就怎么都弄不明白的这种特殊性，就好像二进制的1或0，要么是1、要么是0，这个逻辑听上去很艰涩，其实在前面章节就隐约提过。在第二十八章、三十九章，都提到孔子曾经说的一句话——"吾道一以贯之"，讲的是孔子"悟道"之后的感受，说自己所有的学问和知识，都是一体相关、一脉相承的。在前面几章中，我并没有描述孔子讲这段话的来龙去脉，其实原文的记述还是有些诡异的，后来《论语》的研究者们经常于此处乐此不疲，又刚好涉及"道"的这种1或0的特质，这里我们就详细讲一下。

《论语·里仁第四》一篇有这么一段："子曰：'参乎！吾道一以贯之。'曾子曰：'唯。'子出，门人问曰：'何谓也？'曾子曰：'夫子之道，忠恕而已矣。'"大意是：孔子对曾参说，曾参啊！我的"道"，是一以贯之的啊！曾参是孔子弟子中的翘楚，当然一听就明白了，回答说，明白！然后孔子就走了。但是其他弟子全给整蒙圈了，围着曾子问师父说的是什么意思，曾子和他们也说不明白，就应付他们说：贯穿师父学问的"道"，就是"忠诚"和"宽容"罢了！故事到这里就结束了，但是后来研究《论语》的人都想不明白，曾子和孔子当时交流的是什么。不过有一点看得出来：孔子根本没提"忠恕"二字，曾子说的并不是孔子的本意，肯定因为孔子说的道理过于高深，他与其他初学弟子解释不清楚，就顺口说了句没有错误却非孔子真意的话，推托过去。

其实孔子说的是这样一个意思：我的所有道理、知识和学问，都是一体的、和谐的、不矛盾的，因为我悟出的"道"是万物的共同规律，所以必然是一致的啊！——曾子能听懂，说明曾子也悟道了，其他弟子听不懂，曾子也没办法向他们解释。如果曾子手上有《道德经》第六十二章，他可以试着给大家讲道理："道者万物之奥。"因为万物都遵从"道"的共同规律，所以师父的"道"可以"一以贯之"地应用于天下万物。"善人之宝，不善人之所保"，对于悟了道的孔子和曾子来说，"道"就是他们的财富，可以随心所欲地使用；对于没有悟道的众弟子来说，"道"就是告诉他们也听不懂的东西，所以他们即使懵懵懂懂，仍然要去努力追求啊！其实人世间的道理，多类于此，懂了就很容易，不懂就怎样都弄不明白。所以历史上很多有理想、有追求的人，都曾下苦功去思考人生的道理，很多人打坐冥想，还有人苦行修炼，甚至有人退隐江湖、遁入空门，都是希望悟透人生真谛、了知宇宙大道。这样的人比比皆是，大家都知道的苏东坡、王维、陶渊明、朱熹、王阳明就不说了，很多人不知道，刘邦、穆罕默德、孔子等也都有闭关专修以期开悟得道的经历。

◎ 多言数穷，不如守中。

有人也许觉得我把"道"讲得太神了，会问："你把大道说得那么高明，但这与我们日常生活有什么关系呢？""道"当然不只是宇宙规律，也是我们生产、生活的规律，要想事业成功、生活幸福，凡事不也要抓到规律才行吗？普通人读《道德经》，如果看不懂那些形而上的东西，也不感兴趣，至少要明白一个道理：不管干什么，都必须抓住这件事的本质，即这类事的"道"，只要抓住关键点，一切难题都可以迎刃而解；相反，懂得再多细节，忙活再多的事情，但是不懂得规律，就抓不住重点，自然不可能取得好的效果。

老子教导我们，不要搞那么多没用的："好听的话可以用来社交，尊贵的礼仪可以提高人的身份，但是如果一个人是不善的人，又怎么可以（只重视表面的"美言"和"尊行"而）舍弃"道"呢？所以说，我们在立天子、置三公的时候，虽然搞了那些"拱璧"和"驷马"的庄严礼仪，其实不如用"道"来做献礼。"

这一段真是有意思。本以为今天的人们才会虚头巴脑，有些人没有真才实学，只会说好听的话、做好看的事，看《道德经》才发现，原来这类人古已有之，不然老子为什么会反对这些？当然，老子的重点不是说礼仪等表面文章不重要，而是说作为天子、三公这样国家最重要的领导人，他们懂不懂"道"实在太重要了！为什么呢？因为一个国家，如果连续出几个真正懂行的领导，就会出现盛世；如果出一个败类领导，往往导致朝代的覆灭。这种事情中外历史上都出现过，比如中国的文景之治、贞观之治、开元盛世和康乾盛世，都因为天子是得管理之道的牛人，领导得好；而万历皇帝几十年不上朝之后，明朝就走向了衰败。

所以大到国家、中到企业、小到个人，表面功夫一定没有悟透道的本质来得重要。老子下面说了："古时候为什么这么重视'道'呢？不就是因为去追求'道'就能够得'道'？而且因为犯了错误后按照'道'来做，就可以免除罪过吗？所以天下才以'道'为尊啊！"

这里"道"有两个重要属性：第一，任何人都可以通过努力来认识规律；第二，可以通过认识规律来解决问题、避免灾祸。第一个说的"求以得"，是真理、规律或者说"大道"最可贵的性质：不会因为你的颜值、财富、高矮胖瘦来决定你能不能认识大道、掌握规律，真理面前，人人平等。第二个说的是人生的智慧：得道之人，掌握了规律，就可以趋吉避凶、顺利成功，这样的"道"，难道还不尊贵吗？

在生活和工作当中，我们每个人一生不知道要遇到多少困难。这一章告诉我们，很多问题解决不了，并不是因为我们不努力，很可能是因为没有掌握"道"，也即事情的规律性。与其用一个个方法来试验，不如定下心来，探索事物的内在本质，找到最核心的规律，"不如坐进此道"。有人问，怎样才能找到规律呢？《管子·内业》说："思之，思之，又重思之。思之而不通，鬼神将通之。"只要足够努力去追求，世界上大多数规律都可以为我们所掌握，老子不是说了"求以得"吗？

⫽提炼要点⫽

懂得"道"的人，能够运用"道"。不懂得"道"的人，纵然说话做事很漂亮，还是离"道"太远。想学"道"就能够得道；想用"道"就能上正道。

第六十三章
东方无压力成功学

符合道的做法一定是不费力的，肯从小做起、从根本做起，大事和难事就都可以做好了。

为无为，事无事，味无味。大小多少，报怨以德。图难于其易，为大于其细。天下难事，必作于易。天下大事，必作于细。是以圣人终不为大，故能成其大。夫轻诺必寡信，多易必多难。是以圣人犹难之，故终无难矣。

《翻译》

以无为的态度去作为，像没事的样子来做事，体味没有味道的味道。大可以分化成小，多可以简化成少。对待仇怨，回报以德行。解决困难，要从容易的入手；做大事要从小事入手。因为天下的难事，一定都是由容易的事情构成的；天下的大事，一定都是由一件件小事组成的。所以有道之人始终不好大喜功，因此反而可以做成大事。如果一个人很容易答应别人，这个人的信用一定不会太好；如果一个人总是把事情看得太容易，这个人一定会遇到很多困难。所以有道的人总是把事情看得很难，事情最后反而不难做成了。

《解释》

本章是《道德经》的后半部（即《德经》）最重要的章节之一。如果不想研究"大道"是什么，只想通过学习《道德经》对自己的工作和事业有帮助的话，吃透这一章，就会有非常大的收获。本章值得我们重点推敲、用心体会，最好背诵下来，并多多向周围的人推广。

◎ 东西"成功学"对比

这一章，我戏称为中国人的成功学，因为中国古人虽然没有"成功学"这个概念，但老子早在2500多年前就指出了走向成功的捷径；而西方人尽管十分崇拜"成功"且提出了"成功学"的概念，却因为本身太过功利主义，反而很难做得成功，尤其在两次世界大战以后，先是欧洲衰落，"911"之后是美国衰落。为什么西方人的成功学不怎么成功呢？首先是因为他们的成功学理论对成功的理解是十分粗浅的。

西方人一谈到成功，先想到一个伟大的mission（使命），就好比美国电影里的英雄人物，小到救人一命，大到"Save the world."（拯救世界），用中国成语来说，就是"好大喜功"，所以美国人总觉得自己是老大，在全世界乱管闲事、到处伸手，我们嘲笑他们是"世界警察"，他们还觉得自己很成功。为什么"世界警察"看上去英雄威武，做事的后果却往往不甚理想，做事经常有头无尾，留下一大堆烂摊子呢？因为西方所有这类逻辑都是缺乏细节、忽视过程、不考虑别人心理、违反自然规律的，一句话——处处和《道德经》的原则相悖，当然效果不好。通过下面的图示，可以看出西方成功学观念和《道德经》的冲突：

西方：出名
《道德经》：道常无名。（第三十二章）

西方：做大事
《道德经》：朴虽小，天下莫能臣也。（第三十二章）

西方：做强者
《道德经》：弱者，道之用。（第四十章）

西方：竞争
《道德经》：夫唯不争，故天下莫能与之争。（第二十二章）

西方：战胜别人
《道德经》：胜人者有力，自胜者强。（第三十三章）

西方：做世界领袖

《道德经》：将欲取天下而为之，吾见其不得已。（第二十九章）

西方：做老大

《道德经》：强梁者不得其死。（第四十二章）

西方：不服就打

《道德经》：夫佳兵者，不祥之器，物或恶之，故有道者不处。（第三十一章）

关于成功，东西方还有很多的观念冲突，不一一列举。简单说来，西方的观念直来直去、缺乏细节，不能抓住事物的微观层面，不关注事物的内在联系和相互转化：其实大事是由小事组成的，难事是由易事构成的；如果小事没有做好，大事一定会出娄子；如果易事没有搞定，那么难事更没有做好的希望。

所以中国人向来注重从小事做起、从细微做起、从我做起，看上去不像西方人那么野心勃勃，但做起事业来特别厉害，速度快、成就高，不能不说是几千年中国文化熏陶的成果。

◎ 做事的最高境界

老子说："为无为，事无事，味无味。大小多少，报怨以德。"以无为的态度去作为，像没事的样子来做事，体味没有味道的味道。大可以分化成小，多可以简化成少。对待仇怨，回报以德行。

这段话，讲的是如何以"道"的高度对待事情、生活和情感。不过以上翻译并不完全准确，因为到了"道"的高度，已不是语言能够完全表述清晰的。那么假想一下老子自己的生活，来试图说明上面几句话：

假设我们派记者穿越到2500多年以前，去采访老子，可以想象以下的对话：

记者：李耳先生，您大概不知道，您是2500多年来中国文化史上的超级明星！

老子：别骂我！

记者：哪里骂您了？

老子：你不是骂我不是人吗？是个什么"星星"？

记者：明星，就是特别出名、特别令人崇拜的人的意思。

老子：糟了，最怕的就是出名。"名与身孰亲？身与货孰多？得与亡孰病？"

记者：不过您写的书真的是特别伟大！您写的《道德经》是人类的一部伟大作品！就连德国人都说，《道德经》是属于世界的！

老子：我没有写什么《道德经》啊？不过有一个国家的人相信道德，把自己叫德国，也是好事……

记者：您写《道德经》这么伟大的事怎么都不记得？就是那个"道可道，非常道；名可名，非常名……"

老子：你说的是我的日记吧，我自己写着玩的。

记者：您写的日记？没有计划写八十一章？没有规划好五千言？

老子：哎呀，我那都是自己随便写写的，有心得的时候每天最多写一两句话，没什么感悟就几个月也不写一个字，只不过几十年没有间断，你是说后来有人把那些搞成了一本书，叫《道德经》？

记者：是啊，这可是中华民族文化史上的大事！

老子：这也叫事吗？我这里怎么不觉得算个事呢？

记者：您别谦虚了，您说说您是怎么这么成功的？是不是您从小就立下了远大的理想，要博览群书、穷天地宇宙之理，做一个伟大的思想家、哲学家、政治家？

老子：从来没想过，我就是想做好一个图书管理员。哎呀，和你说话真是口干舌燥，我先喝两口水。

记者：我这有可乐，要不您尝尝？

老子：我只喝白水。"上善若水。水善利万物而不争，处众人之所恶，故几于道"。而且水没有味道，所以是最好的味道。

记者：那要请教您了，为啥没味道是最好的味道呢？

老子：你知道"五味令人口爽"吗？

记者：我听说过，《道德经》第十二章里的，那个"爽"在你们这个时代是"伤"的意思，就是五味让嘴里的味觉系统都错乱了，对不对？

老子：所以没有味道的味道，才是最好的味道。

记者：原谅我的无知，以及对您的冒犯，耽误了您的时间。

老子：你没有冒犯我啊，为什么要道歉呢？你知道自己无知，说明你很有智慧啊！"知不知，上"（第七十一章），说的就是你这样的人啊！

记者：您真的不在意我的打扰？那您能帮我签个名吗？您的墨宝在我们那个时代不知道要值多少钱呢！还有，您喝的那个水也给我两瓦罐吧，我们那个世界已经没有这样纯净的水了……

老子：没有问题，你别说没有得罪我，就算得罪了我，我也不当一回事，"报怨以德"嘛！我给你多写几个字，连水一起都拿去！

记者：谢谢！不过您能不能把"报怨以德"给我讲讲呢？人家对您不好，为什么还要对他好呢？

老子：这个简单。人家重重打你一拳，你是更重地还回去，还是更轻地还击，还是干脆不还击呢？

记者：我一样重地打回去。

老子：其实那是不可能的，对方一定感觉你要么重了一些，要么轻了一些。不管是更重还是更轻，你打了回去，对方会不会再还击呢？

记者：应该会。

老子：那你想是越打越凶，还是越打越轻呢？

记者：越打越凶的可能性比较大。

老子：最后你会怎样？

记者：我可能会死，也可能受伤，但如果我比对方伤得轻，不是也值得吗？

老子：孩子啊，有两个原因使得我们不能这样想。第一，你比别人受的伤害小，不是仍然会受到伤害吗？为什么不避免伤害呢？第二，如果你每一次遇到矛盾都动手，偶尔一次可能会打赢，但用不了多久就会被打死，因为总有人比你能打。所以要活下去、活得好，最好的方法，就是消除对方的敌意，不但不要打，还要以德报怨。

记者：可是这样对方不是会不停地欺负我吗？

老子：不会。因为对方如果这样做的话，很快就会挂掉。

记者：如果每个人都读了《道德经》，都以德报怨，他就不会挂。

老子：第一，不是每个人都相信以德报怨，所以他很快就会挂。第二，我讲过："将欲歙之，必固张之；将欲弱之，必固强之；将欲废之，必固兴之；将欲取之，必固与之。"如果他一直以怨报德，而你总是以德报怨，对方一定不会提防你，这样一来，如果有朝一日你要收拾他，不就更容易了吗？

　　记者：这些字我不拿了，谢谢老子爷爷，拜拜！

　　老子：为什么改主意了？

　　记者：您启发了我。您的签名固然值钱，但我带回去也没人信是真迹，就算有人信，必然会巧取豪夺，我弄不好被人图财害命，所以"身与货孰多？"不如"为无为，事无事"，受教了！

　　老子：太好了，孺子可教也！

　　请原谅我"以小人之心度圣人之腹"，以上对话既不可能发生，也不可能是老子的真实想法，只想借此说明本章开头"为无为，事无事"那几句话的含义。其实很多做大事的人并没有把那些事看得多伟大；正因为没有功利心，只是认真去做，最后却做成了伟大的事。对老子的很多研究表明，当时老子很可能不是有意识地写这样一部《道德经》，只是把他之前的所有文化做了整理和提炼，加上自己的感悟而整理出这些文字，是后人又整理了书稿，命名为《道德经》。再如同时代的孔子，也没觉得自己整理《周易》算什么大事，只是说"五十以学易，可以无大过矣"，他一定不知道，如果没有他的整理，《易经》真的在中国文化史中消失了。

　　因为这种"不把事当事"的状态，往往更能把事做好。中国古典文学的四大名著，哪一部是为了赚稿费而写的？哪个作者认为自己将名垂青史？甚至对于《西游记》和《红楼梦》的真正作者是谁，今天都还有争议。这些名著之所以精彩，是因为作者的写作出于自己的兴趣和创作的激情，他们只想写好、没想成名，所以才有不朽的精品问世，至今为后人欣赏、赞叹。而它们同时代无数求取功名的八股文章与无数功成名就的状元、榜眼，早已消失在历史的长河中了。

　　为什么"无为""无事"反而出精品呢？因为这符合自然规律，是自然的、恰到好处的、真实的，因此就是最好的。正如一位禅师说的做事原则："恰恰用心时，恰恰无心用。无心恰恰用，常用恰恰无。""无心"指的是无功利心、无杂念，就是"无为""无事"的意思。

◎ 掌握做事的规律和技巧

老子接下来说："图难于其易，为大于其细。天下难事，必作于易。天下大事，必作于细。是以圣人终不为大，故能成其大。"意思是：解决困难，要从容易的入手；做大事要从小事入手。因为天下的难事，一定都是由容易的事情构成的；天下的大事，一定都是由一件件小事组成的。所以有道之人始终不好大喜功，因此反而可以做成大事。

这就是做事的"大道"，是我们时刻要提醒自己的地方。中国人受了《道德经》两千多年的熏陶，有很多名句名词来讲这个道理：水滴石穿、"桃李不言，下自成蹊"、循序渐进、水到渠成、欲速则不达、润物细无声等。

这一节的道理，也是《易经》的第一层含义：简易。《易经》认为万事万物都是由最简单的元素构成的，而研究《道德经》的很多学者认为，《道德经》全书都是对《易经》原理的解释，而省略了其中数术的部分。从本章来看，两者确实有很多共通之处。不论《易经》还是《道德经》，作为中国古代高度凝练、集哲学和科学于一体的经典，都给人们提供了认识世界和改造世界的基本框架，而这个框架的高明之处，就是简单、有效、实用、经济。

有人会说，你对《道德经》的解读真是不靠谱，这本来是部哲学作品，你政治、军事、管理、人生什么都谈，这又扯上经济了？其实中国古典文献很少有划分学科来专论的，尤其《道德经》是研究天下和宇宙的规律，自然要把天下一切事物作为自己的研究对象，因此《道德经》的正确结论几乎可以应用于任何领域。比如近代西方经济领域一个很有名的企业组织原则，叫作decentralization，来自词根center（中心），词缀de–是去掉的意思，直译是去中心化。提出这个概念的著名管理大师彼得·德鲁克又把它叫作"分权制"，比如一个大企业可以分成好几个小企业，每个小企业又分成多个部门，其中财务、人力、资产、市场、生产和客服部门各管一摊儿，这个企业分工协作的逻辑，不就是老子本章提出的"图难于其易，为大于其细"吗？再比如，西方近代经济学的鼻祖亚当·斯密在《国富论》中讲了一个案例：原来一个工人制针，一天制造不出20枚；而在工业革命的分工协作当中，整个工序被拆成18道工序，由10个工人协作完成，居然可以一天制造48000枚针，相当于每个人制造4800枚，效率提高了240倍。大家想想，这不就是老子说的"天下难事，必作于易。天下大事，必作于细"吗？英国人到工业革命才学会的分工和流水线，在我国宋朝的陶瓷生产当中就已得到应用了，因此大批陶瓷出口到全世界，获取大量的金银收入，这也是《道德经》给我们古人带来的巨大财富了。

所以老子说"圣人终不为大，故能成其大"。中国人从来都是从小事做起，从自己做起，前面引用过的刘备告诫儿子的"勿以善小而不为，勿以恶小而为之"，"一屋不扫，何以扫天下？"讲的都是这个道理；革命导师列宁也说过："要成就大事，就要从小事做起。"

◎ 在战略上藐视敌人，在战术上重视敌人

毛主席这句话，我们可以通过本章来理解。在战略上藐视敌人，是指"图难于其易，为大于其细"。在毛泽东同志领导中国革命期间，共产党军队一直处于兵力上的劣势，但是我军经常能够在主席的带领下以少胜多、以弱胜强，就是因为主席能够运用《道德经》的这一原理，并用自己的语言简化成普通人听得懂的话："打仗只能一仗一仗地打……农民犁田只能一块一块地犁，就是吃饭也是如此。"做到这一点，我们就可以在战略上藐视敌人了。比如淮海战役的时候，二野三野联合作战，60万吃掉了国民党的精锐80万，毛泽东对淮海战役有一句精辟绝伦的概括："好比一锅夹生饭，还没有完全煮熟，硬被你们一口一口地吃下去了。"

既然难的事情可以如此简单地成功，为什么又要"在战术上重视敌人呢"？其实还是"天下难事，必作于易。天下大事，必作于细"的道理。难与易、大与细，都是相对的，第二章说过"难易相成"，如果把事情想得太容易，就可能准备不足，容易的事情也可能失败，中国人俗称"阴沟里翻船"；反过来，如果准备充分、全力以赴，困难的事情也可能不在话下，中国人俗称"小心驶得万年船"。在战术上重视敌人，就是在每一件小事、每一个步骤上都不出错，达到毛主席经常说的"积小胜为大胜"，最终获取全局性的胜利。

◎ 怎么看人靠不靠谱呢?

最后老子总结说:"夫轻诺必寡信,多易必多难。是以圣人犹难之,故终无难矣。"如果一个人很容易答应别人,这个人的信用一定不会太好;如果一个人总是把事情看得太容易,这个人一定会遇到很多困难。所以有"道"的人总是把事情看得很难,事情最后反而不难做成了。

这两句话就是说,一定要在战术上重视敌人。还可以与第十五章的几句话联系起来:"古之善为士者……豫兮若冬涉川;犹兮若畏四邻。"为什么古代的士这样犹豫和谨慎呢?现在我们理解了,因为"圣人犹难之,故终无难矣"!正因为他们做事是"在战术上重视敌人",所以才不会失败啊!

这两句话也告诉我们怎么去辨别和评价一个人,尤其"轻诺必寡信"那句话。我们在生活中也会发现,如果一个人经常很容易答应别人的话,通常他履行诺言的可能性不那么大。倒不是说这人人品一定非常差——我见过有人特别希望自己受欢迎,因此经常慷慨地答应别人的要求——而是因为每个人的能力和精力是有限的,谁也不是超人,如果总是轻易许诺,能履行的概率也就大幅下降了。所以每次读这一章的时候,我都会想:老子真是有智慧,2500多年前的话到现在仍然屡试不爽,如果不把这样的经典介绍给大家,真是特别可惜!

∥提炼要点∥

大事拆成小事做、难事拆成易事做;在战略上藐视敌人,在战术上重视敌人。

第六十四章
成功和失败的模型

防患于未然，是最好的治理。事先的规划，是效率最高的工作。

其安易持，其未兆易谋。其脆易泮，其微易散。为之于未有，治之于未乱。合抱之木，生于毫末；九层之台，起于累土；千里之行，始于足下。为者败之，执者失之。是以圣人无为故无败，无执故无失。民之从事，常于几成而败之。慎终如始，则无败事。是以圣人欲不欲，不贵难得之货。学不学，复众人之所过。以辅万物之自然，而不敢为。

〖名词〗

未兆：未出现征兆以前，指在最开始的时候。泮：分开，断裂，有些《道德经》的古本写成"破"。累土：两种解释，一是低土，二是一堆土，总而言之，就是土。

〖翻译〗

局面安稳的时候容易维持，事变在没有迹象时容易谋划。事物在脆弱的时候容易破碎，在微小的时候容易消散。所以做事情在开始之前就要做好规划，在局面没有混乱之前就要早做治理。大树虽然粗壮，是从枝芽生长而成；九层的高台，是从土坯积累起来的；千里的远行，也是开始于脚下迈出的第一步。硬干的人会失败，强占的人会失去。所以圣人不会不顾次序硬来，就不会失败；圣人不会强占，因此就不会失去。一般人做事，常常在事情快要做好的时候功败垂成。如果到最后还一直坚持最开始做事的那种谨慎态度，就不会有失败的事情了。所以圣人要别人不想要的，不以难得的财物为贵重；圣人学习他人所不学的，来弥补众人的过错。他们的所作所为，都是为了辅助万物依照自然规律来发展，而不敢横加干涉。

《 解释 》

第六十四章是《道德经》里篇幅第三长的，有125个字，少于第三十九章的134个字，以及第二十章的132个字。虽然不是最长的，但如果说这是文字最优美、语言最励志的一章，很多人都会颔首称是，因为有"合抱之木，生于毫末；九层之台，起于累土；千里之行，始于足下"这三句话。实话说，这也是我特别钟爱的一章，不仅文字优美，而且道理实用。

◎ 成功和失败的模型

和第六十三章一样，这一章也在讲做事的原则，而且结论差不多，就是从小事做起、从细微的维度做起，所以可以看成姊妹篇，历史上朱元璋评《道德经》，也是把这两章放在一起评论的。说到小事的重要性，《道德经》反反复复在讲，但还是与大多数人的直觉不一致。很多人都希望自己的人生轻松愉快、游刃有余，所以世上不乏大大咧咧、没心没肺之徒，殊不知真正优游自在的人生，反而更多为小心谨慎、习惯做长远打算的人所拥有。为什么呢？因为粗心大意的人只是头脑懒惰而已，他们的生活并不是真的轻松自在；小心而有远见的人也不是胆小怕事那么简单，他们是善于观察、善于思考、善于规划的榜样，更容易拥有成功和幸福的人生。

掌握规律的第一步是认识规律，看老子是怎么观察天下万事万物的："其安易持，其未兆易谋。其脆易泮，其微易散。为之于未有，治之于未乱。" 局面安稳的时候容易维持，事迹在没有迹象时容易谋划。事物在脆弱的时候容易破碎，在微小的时候容易消散。所以做事情在开始之前就要做好规划，在局面没有混乱之前就要早做治理。

老子很敏锐，不过与其说他一个人敏锐，不如说全体中国人都很敏锐，因为中国人都知道于细微处观察事物：有个成语叫"窥一斑而见全豹"，还有"叶落而知秋"，都是说从某个细节观察到整体。敏锐的老子还发现了一个秘密：做事的时机无比重要！如果事情成形了再去努力，俗话说"连黄花菜都凉了"，俗话还有"悔不当初"，成语讲"覆水难收"，都是讲时机一旦错过，做事的难度就大大增加了。最好的时机是什么时候呢？就是在事情规划的时候、没有开始做的时候、没有成形的时候、事物还很微小的时候。

比如买了个毛坯房要装修，最重要的是什么？"其未兆易谋"，施工图纸要提前做到设计合理！如果装修完了发现没开窗户、没修厕所，或者把厕所修在房屋正中的明堂位置，搞得全屋臭烘烘的，怎么办呢？只能把厕所敲掉重新修，那不如提前多花点时间把设计图搞好。设计中一个小小的失误，后期花上很多时间精力都无法弥补。有一句常用的话，从根本上讲是不严谨的：

◎ "先这样将就了，等出了问题再说"

恐怕很多人说过类似的话。这话不是完全不能讲，但要分什么事情。如果是鸡毛蒜皮的小事，当然没问题，一个人学会对小事糊涂一些，可能还是有智慧的象征；如果是大事、重要的事、影响长远的事，那绝对不能将就，因为一旦出问题再去调整，往往就来不及了。

因为"其安易持"（安稳的局面容易维持），所以无论人还是企业都要居安思危，在条件好的时候解决问题。因为"其未兆易谋"（没有成形的事物容易谋划），所以在规划的时候要多花时间、多下功夫；因为"其脆易泮"（事物在脆弱的时候容易破碎），所以在坏局面没有定形的时候就要消除掉；因为"其微易散"（事物在微小的时候容易消散），所以在问题或者毛病刚刚冒头的时候就要处理好，这就是我们常说的"扼杀在摇篮里"。

老子这两句话很牛："为之于未有，治之于未乱。"这两句话与"出了问题再说"态度完全相反。圣人之所以是圣人，不同于普通人的本能和习惯，他们有完全不一样的世界观和方法论。什么事情等到乱了，就来不及了。我们都在课堂上学过扁鹊的故事，他看到蔡桓公皮肤纹理之间有病，让蔡桓公治，蔡桓公不听；过了十天看到病在肌肤，要给他治病，蔡桓公还觉得没事；又过了十天看到病在肠胃，蔡桓公仍然不治；最后看到病入骨髓，扁鹊拔腿就跑，蔡桓公发病后怎么也找不到扁鹊，结果一命呜呼了。扁鹊虽为神医，奈何蔡桓公病入骨髓，也是束手无策。何况我们皆等闲之辈，如果事事都等到"出了事再说"，不是注定一事无成吗?!

至此，老子说出了他的名言："合抱之木，生于毫末；九层之台，起于累土；千里之行，始于足下。"大树虽然粗壮，是从枝芽生长而成；九层的高台，是从土坯积累起来的；千里的远行，也是开始于脚下迈出的第一步。

俗话说，好的开始是成功的一半。巨杉的萌芽很微小，却可以长成参天的大树。很多事不需要直接奔着伟大而去，默默开始就好了，因为没有第一步，就没有千里之外；迈出了第一步，往往就能收获美好的未来。第六十三章讲了，"天下大事，必作于细"，什么事最伟大？小事最伟大，开始最伟大，"为之于未有，治之于未乱"——未雨绸缪、慎始慎终，才是最伟大的事！

◎ 成功者的模型

现在流行"出名要趁早"，还流行"30岁成为亿万富翁"之类的书，我想即使世界上确实有这样的事，我们也应该足够成熟，知道人生的起点应该是"千里之行，始于足下"，而不是天天梦想着一夜暴富、少年成名。反过来，真正少年成名、31岁成为世界首富的比尔·盖茨，13岁就开始编程，做事认真而踏实，从来没有想过自己能赚到那么多钱。

知道盖茨有多么喜欢做小事、做踏踏实实的事吗？有资料说，他读小学四年级时，在西雅图一家学校图书馆帮忙，管理员让他把放错位置的书放回原处，他便像侦探一样，认真寻找放错位置的书并放回原处。第一天，他找出三本放错的书。第二天，他来得更早而且更加认真，找出二十本。过了两个星期，他的父母要搬家，盖茨担心：自己走后谁来整理那些站错队的书呢？对此，管理员也没有办法。令管理员惊讶的是，没过多长时间，盖茨又出现在他面前，高兴地告诉他，因为那边的图书馆不让学生帮忙，所以他让妈妈将自己转回这边上学，由爸爸开车接送，如果爸爸不送他，他就自己走路来。

想一想，真正成功者的模型，究竟是好大喜功呢，还是从小事做起、认真勤恳呢？

◎ 失败者的模型

"为者败之，执者失之。是以圣人无为故无败，无执故无失。"硬干的人会失败，强占的人会失去。所以圣人不会不顾次序硬来，就不会失败；圣人不会强占，因此就不会失去。

中国人有一个词叫作"失败"，我想恐怕就是从"为者败之，执者失之"中来的。这句话是第二次出现了，第二十九章就讲道："天下神器，不可为也。为者败之，执者失之。"在第五十章，讲到"不作就不会死"这个话题时，我也引用过这两句话。无论干什么事，硬来肯定不行，为什么呢？

现代行为经济学派提出，人们在认知上有很多误区，其中一个误区就是self-confirmation bias（自我确认偏差），简单说，就是大多数人都"心里没数"。比如我希望三个月写一本书，就要算算在规定时间内能不能写完。如果我特别希望三个月内写完，就一定会找出很多理由来证明自己能写完。比如本书八十一章，每天写一章，只需要81天，比三个月的91天还提前10天。因为我太想把书快快完成了，所以想的都是美事，绝对想不到前几章特别容易写，因为素材和资料准备得很充分，例子没有枯竭；越写到后来，《道德经》文本越长每一章篇幅也就越长；哲理越深奥，解释和说明就越复杂，例子越难找，花的时间就越多。一开始，一章用一两个小时就能搞定；写到第六十章后，一章要七八个小时才写得完；更想不到自己工作越来越忙，在写到第五十几章时还有了工作调动，到现在已经写了一年，才完成了80%的进度；如果算上将来润色和修改的时间，这本书恐怕要花上两年多的时间。这就是"为者败之、执者失之"的原因：这些只是我们的愿望，大多数人会高估自己的能力，而低估问题和困难的严重性，至于意外因素和环境变化，更是几乎完全不会考虑。因此，如果只按照自己的愿望去做规划，收获的只能是失望和挫败的苦果。

那么正确的做法是什么呢？就是"千里之行，始于足下"，就是按照自然规律来，就是不固执、不别扭、不人为硬干，而是像圣人那样"无为故无败，无执故无失"。邓小平领导的改革开放其实是渐进式的，提出的口号是"摸着石头过河"，其实就是"千里之行，始于足下"的现代版，带来了中华人民共和国成立以来最高速的经济增长，中国的GDP在2006年超越了英国，至今没有超过美国，但全世界都承认我们创造了经济增长的奇迹。就如上一章讲的"图难于其易，为大于其细"，也是这个道理。

无论个人做学问、企业求发展还是国家搞建设，都有一个成功的模型和一个失败的模型。成功模型就是不讲大话、低调务实、大处着眼、小处着手；失败模型就是好大喜功、大夸海口、硬干快上、刚愎自用。深深体会其中的区别，一定有所收获。

有人说，我宏才大略，不屑于从小事做起。做大事简单，做小事最难；拍脑门定战略容易，执行到细节最难。这我是同意的。正因如此，你不是比尔·盖茨，比尔·盖茨会自己写软件、谈判、做销售；你也不是乔布斯，乔布斯会自己组装电脑、设计苹果logo（标志）和装修苹果商店。正因为从小做起很难，所以世界上的成功者并不多。

有一件事，比从小事做起还难，那就是：坚持不懈地从小事做起。

"民之从事，常于几成而败之。慎终如始，则无败事。"一般人做事，常常在事情快要做好的时候功败垂成。如果到最后还一直坚持最开始做事的那种谨慎态度，就不会有失败的事情了。

前面说过，"好的开始是成功的一半"，那么成功的另一半呢？就是"慎终如始，则无败事"。开始谨慎小心不算难，因为有对新事物的新鲜感和对陌生事物的恐惧感。最后快要成功的时候，人们的心理自然会发生变化，觉得没什么难的，于是有了下面的一堆词语："大意失荆州""阴沟里翻船""虎头蛇尾""有始无终"……所以想把事情做好，不但要掌握事物发展的自然规律，用正确的方法，还要有坚持的毅力。决心和毅力，是每个人都应该不断培养和锻炼的，是人类所有能力当中最核心的能力，所以我把毅力叫作"能力的能力"。

从"千里之行，始于足下"，到"慎终如始，则无败事"，从开始到结局的成功模式，老子都给我们了，那么圣人自己是怎么看待成功或者发财这件事的呢？

◎ 圣人不想成功或者发财

老子说了："是以圣人欲不欲，不贵难得之货。学不学，复众人之所过。以辅万物之自然，而不敢为。"所以圣人要别人不想要的，不以难得的财物为贵重；圣人学习他人所不学的，来弥补众人的过错。

他们的所作所为，都是为了辅助万物依照自然规律来发展，而不敢横加干涉。

中国人推崇的"圣人"，不论是早期的老子、孔子、孟子，还是后来名望稍差一点的王阳明、曾国藩，没有一个是大财主，这些人都是靠思想和哲学（曾国藩谈不上有自己的哲学，但至少有自己的人生哲学）征服人们的。那么老子说的"别人不想要的"而"圣人想要的"究竟是什么呢？不是财物，当然是"道"了。什么是道？就是宇宙人生的规律和道理啊！所以圣人学习而众人不学习的，不也是"道"吗？否则怎能弥补众人的过错呢？这就涉及一个国家、一个民族的精英群体的责任问题了。

参观美国哈佛商学院HBS（Harvard Business School），见大厅中央赫然写着一行大字：To educate leaders who make a difference in the world，翻译成中文就是：我们致力于教育出改变世界的领袖们。美国人的做法，和老子倡导的有相同的地方，也有不同之处。相同之处就是美国人和老子都认为世界需要领袖，只不过老子用了不一样的名词"圣人"；还有，美国的领袖们和中国的圣人们都要学别人不学的，美国是工商管理硕士，中国是《道德经》。不同之处也很突出：美国人总想改变世界，他们的理想就是老子认为注定失败的那种目标："为者败之，执者失之。"老子认为圣人（或者民族的精英）应该做的，是辅助天下按照自然的规律来运作，一切顺其自然地发展，而不要狂妄地到处干预，导致灾难性的后果。究竟谁说的对呢？《道德经》读到这里，我们都会心里有数。一切事物都有一个正常的度（或者叫规律），超过这个度，事物就会走向反面。我们今天已经看到西方的霸道思想带来日益严重的世界性问题，也期待源远流长于东方2500年之久的老子的伟大思想，将来在全世界得到更广泛的传播，以弥补霸权主义给世界带来的伤害。

〃提炼要点〃

1.强干硬干是违反自然规律的，注定要失败；抓住事物发展的规律，早介入、早治理、从小事做起、顺其自然是符合规律的，一定能成功；

2.好的领导者追求的并非财富和成功，而是道、是万物运作的规律，顺势而为、因势利导，以造福天下。

第六十五章
大智若愚

大智慧和小聪明之不同，在于如果人人都喜欢用小聪明，最后人人都倒霉；如果人人都有大智慧，最后全体都得益。

古之善为道者，非以明民，将以愚之。民之难治，以其智多。故以智治国，国之贼；不以智治国，国之福。知此两者，亦稽式。常知稽式，是谓玄德。玄德深矣，远矣，与物反矣，然后乃至大顺。

〃名词〃

稽式：模式、规则。反：返回，追溯到。

〃翻译〃

自古以来，善于用大道来管理国家的人，不是让人们变得机巧百出，而是让人民变得淳朴厚道。人民之所以难以治理，是因为有些人过于机巧智诈。所以只用智巧去治理国家，是国家的灾祸；不用智巧去治理国家，是国家的幸福。认识到这两者之间的区别，就是治国和管理的规则。懂得各种管理的道理和规则，这就叫"玄德"。"玄德"的道理深远，要从事物的表象追溯到本质规律才能明白。只有懂得了"玄德"这样深远的道理，才能够达到自然和顺的境界。

〃解释〃

《道德经》第六十五章，有可能是被人误解最多的一章。很多人认为中国自古以来的统治阶级都奉行"愚民政策"，而始作俑者就是老子。我们来仔细分析一下，是不是皇帝们如此幼稚，真的认为他们骗老百姓，百姓就会老老实实地让他们骗？抑或是高手不在民间，皇帝们让人民变傻，人民就真的变傻了？如果真这么简单，国家管理或者企业管理也太容易了吧？老板骗骗员工，少发工资多加任务；员工傻傻地让老板骗，白干活不抱怨，岂不是一切完美，天下太平？

事情不可能这么简单。事实上，《〈道德经〉四帝注》当中，明太祖和顺治帝就旗帜鲜明地反驳了所谓老子这一章是为了"愚民"的说法。要想明白老子的本意，还是看看《道德经》的原文是怎么说吧。

◎ 愚民政策可行吗？

老子说："古之善为道者，非以明民，将以愚之。民之难治，以其智多。"自古以来，善于用大道来管理国家的人，不是让人们变得机巧百出，而是让人民变得淳朴厚道。人民之所以难以治理，是因为有些人过于机巧智诈。

注意，这个翻译和那种认为老子搞"愚民政策"的观点的差别，在于对"智"和"愚"这两个字的理解不同。按照所谓"愚民政策"的理解，皇帝希望老百姓越傻越好，越傻就越容易管，我觉得难以认同。谁都知道，任何一个国家或者任何一个企业，都有着各种内忧外患的威胁，如果一个皇帝领着一国的傻子，或者一个企业家领着一个由智障者组成的团队，想要屹立于世界民族之林，或者做成伟大的企业，简直是痴人说梦。何况国家的大臣都来自人民，如同企业的高管都是由员工成长起来的，如果人民愚昧、员工低能，国家和企业的管理者怎么会精明强干呢？可以推测，选择这种管理政策的皇帝或老板，脑子恐怕也不太灵光吧？一个傻瓜皇帝领着一大批傻瓜大臣来管理全国的愚昧百姓，或者一个脑子不够用的老板带着一群更笨的主管来管理众多低能的员工，那场面真是细思极恐。

真正懂得《道德经》的人，一定明白老子反对的不是"智慧"，而是"智多"。智慧就是"大道"，老子写的是《道德经》，他怎会反对用"道"治国呢？他一向反对的是过度的心机和诈巧，第十八章里说过"慧智出，有大伪"；在第十九章又说"绝圣弃智，民利百倍"，可见老子对"智"的态度是统一而坚决的：过度追求心机智巧是有害无益的，会导致社会风气败坏、团队猜忌纷争、整体效率低下。有人不能理解：老子反对聪明智巧，聪明难道不好吗？不要忽略老子说的"智多"中的"多"，一旦什么过度了，就会走向自己的反面，聪明过头了就是傻。

举个现实里的例子，就知道为什么聪明多智的人在一起只能互相伤害，简单淳朴的人在一起却能高效合作。有人对比过日本东京的红绿灯和中国杭州的红绿灯的效率，同样是双向四车道的30秒绿灯，东京可以过60辆车，而杭州只能过25辆，日本的效率是我们的240%。原因是什么呢？因为日本的司机比较笨，老老实实待在自己的车道上，甚少变道加塞，所以等红灯的车辆之间平均相隔四米之远，当红灯变成绿灯以后，所有车辆可以同时开始加速，能以相对高的车速通过十字路口。而中国的司机比较有心机，只要车辆之间留出一点空隙，就会有一个车头不客气地插进来，结果是车辆排得密密麻麻，就算有追尾的风险，也不能让别人占到一丝便宜。那么在换成绿灯的时候，大家只能小心翼翼以密集队形低速通过路口，因为只要开得快一点，就真的追尾了。从精明机智来说，我们不得不赞叹中国人；而以最后的效率来说，我们不得不说愚钝的日本人赢了我们太多。

"民之难治，以其智多"这句话，每天以极大的讽刺意味在我们的街头上演，我们聪明智慧的炎黄子孙，是不是应该深刻反思一下，为什么这种事会发生在我们身上？

◎ 大智若愚

做过管理的人都知道，任何管理制度都不可能是没有缺陷的，而维持一种管理秩序或者一个管理体系，需要昂贵的人力物力成本。如果一个团队全是喜欢耍小聪明的人，所有人想的都是自己捞到便宜而不顾集体的利益，全都采用少付出、多捞油水的做法，不停地攻击整个管理体系，那么不管这个管理体系有多强大，最终都无法持续。这就是"民之难治，以其智多"。反过来，如果团队所有成员都厚道淳朴，不那么计较个人得失，一起努力为团队做贡献，整个组织成功了，每个成员都能分配到更多的利益，他们就称得上"大智若愚"。每个人都应该知道，自己放弃一些小利益之后，可以得到更大的利益，这就是老子说的"古之善为道者，非以明民，将以愚之"。

需要注意的是，一个团队要想健康运行，管理者必须把其中"智多"的人找出来，给予警告或者处罚，就好比要把马路上随意变道加塞的司机抓出来，否则这些人自己占了便宜、攻击了系统、破坏了秩序，却能够全身而退，而尊重别人、维护秩序的人吃了亏，久而久之导致劣币驱逐良币，所有人变得沆瀣一气、蛇鼠一窝了。

还要注意另外一点，老子不只是反对人民太多智，也号召管理者（或者"圣人"）也傻一点。他说过无数类似的话，比如"圣人……功成而弗居""虽智大迷""侯王……以贱为本""敦兮其若朴，旷兮其若谷，混兮其若浊"，在《道德经》中不胜枚举，都是要求管理者或者"圣人""有道者"从自己做起，懂得吃亏是福、厚道淳朴、谦虚低调的道理。所以有人认为老子是对统治阶级拍马屁，让他们用愚民政策去糊弄老百姓，难道不是以小人之心度君子之腹吗？想问题这么简单的人，如果不是缺乏社会经验或者不能够做深度思考，恐怕是自己也有巴结权贵之心吧？

老子接着说："故以智治国，国之贼；不以智治国，国之福。知此两者，亦稽式。常知稽式，是谓玄德。玄德深矣，远矣，与物反矣，然后乃至大顺。"翻译过来是：所以只用智巧去治理国家，是国家的灾祸；不用智巧去治理国家，是国家的幸福。认识到这两者之间的区别，就是治国和管理的规则。懂得各种管理的道理和规则，这就叫"玄德"。"玄德"的道理深远，要从事物的表象追溯到本质规律才能明白。只有懂得了"玄德"这样深远的道理，才能够达到自然和顺的境界。

现在我们明白了，为什么老子说用机智机巧来管理国家，是国家的灾难；同时应该明白，号召所有人淳朴而诚信地合作，为什么是国家之福。大到国家，小到企业，最高的效率就是设定规则，让违法诈骗者无处可逃，让无私奉献者无后顾之忧，最后达到全体共赢的局面。对这一点，没有管理经验的人可能不容易理解，所以老子把这样深刻的道理叫作"玄德"。他说，"玄德"往往与事物的表象或者人们的直觉认知不同，需要人们深入思考和探究，返回本质规律，才能融会贯通。其实老子这个观点，在第四十章已经讲过了，"反者，道之动"，凡事想从根本上解决问题，就必须从事物发展的根本规律下手，着眼事物的演变过程，顺藤摸瓜、辨证施治、对症下药，才能一举奏效。

通过本章，老子试图告诉我们，国家和社会的管理是一个复杂的、需要综合考虑的问题，不可以简单化、拍脑门决策，而要回到事物的本源，了解并学习其本身的很多规律，才能最终达到和顺自然的境界。这个观点，每一个学习管理的人都应该好好思考。

本章老子就治国方略提出了自己的观点，下一章老子对管理者的胸怀气度又给出了非常高的要求，请看下章：安全领导力。

〖提炼要点〗

1.治国与其鼓励民众的聪明机巧，不如提倡淳朴合作。前者带来短视破坏，后者有利于合作共赢。

2.管理要认识规律、掌握规律、运用规律，才能超越事物的表面现象，达成最大的自然和顺。

第六十六章
安全领导力

领袖魅力不在于高调张扬，而在于谦逊礼让。

江海所以能为百谷王者，以其善下之，故能为百谷王。是以欲上民，必以言下之；欲先民，必以身后之。是以圣人处上而民不重，处前而民不害。是以天下乐推而不厌。以其不争，故天下莫能与之争。

// 翻译 //

百川水流之所以最终汇集到江海，是因为江海把自己的位置放到最低，因此才能够成为百谷之王。同样的道理，圣人想要得到人民的拥戴，一定先要在言行上谦虚低调；要成为人民支持的领袖，必须把个人利益和安危放在后面。所以圣人在很高的地位上，而人民不觉得有压力；处于领导地位，人民不觉得受到了妨害。天下人都觉得，这样的领导不推举，还推举谁呢?! 正是因为不跟别人争，所以天下没人能和他争。

// 解释 //

本章又是《道德经》十分经典的一章，提出来的领导力理论，值得每一位身处管理岗位，或者有志于提升自身领导力的读者反复咀嚼、认真体会，以期融会贯通、灵活运用。

◎ 上善若水，海纳百川

我们应该还记得第八章"上善若水"的结论，老子支持这个结论的论据是"水善利万物而不争，处众人之所恶，故几于道"，是说水一味对万物造福而自己无所争，处在最低的位置，所以几乎达到了"道"的境界。为什么说水的这种性质高贵？因为人的贪欲旺盛，只想着对自己有利的美事，比如升官、发财、房子、车子；可就在利欲熏心的同时，没有想到其他人，尤其是社会地位或者工作职位不如自己的人心里会怎么想。怎么想呢？当然是"羡慕嫉妒恨"，是"凭什么？"，是"有朝一日你犯在我手里，我……"。所以老子认为，要想做个被人爱戴的领导者，就要向水学习，做到"人往低处走，水往低处流"，谦虚低调，为人民服务，这才是真正的领导力。第三十二章老子又说"譬道之在天下，犹川谷之于江海"，这不只是用水形容个人了，而是用"川谷""江海"这样大气磅礴的词语来形容国家和社会的领袖：一个人独善其身像水滴那样就足够了，而一个领导者在社会上施展抱负、领袖群伦，就要有江海那样的胸怀。我们来欣赏老子这一章的哲理，体会老子对人性的深刻理解。

老子开篇就说："江海所以能为百谷王者，以其善下之，故能为百谷王。是以欲上民，必以言下之；欲先民，必以身后之。"翻译过来就是：百川水流之所以最终汇集到江海，是因为江海把自己的位置放到最低，因此才能够成为百谷之王。同样的道理，圣人想要得到人民的拥戴，一定先要在言行上谦虚低调；要成为人民支持的领袖，必须把个人利益和安危放在后面。

我经常问各级管理者一个问题：领导岗位到底意味着什么？就是岗位的晋升、收入的提高、价值的提升、权力的增加吗？如果一个领导心里想的只是让自己过得更好，大家凭什么让你坐这个位置呢？一切管理者都是因着管理责任应运而生的，所有干部都是为了解决问题而存在的，所以领导最根本、最真实的含义，是责任、奉献、奋斗、牺牲。从这个角度看，老子的道理就显而易见了。

我们从管理干部的基本素质要求来逐条分析一下。我长期使用一个选拔管理干部的模型，是从三个维度来要求管理者的：第一，管理者必须凝聚优秀团队；第二，管理者必须带领众人取得杰出的业绩；第三，管理者为应对不断变化的环境，自身必须不断学习成长。相信这三个要求大家不会有太大异议。那么这三个要求，和老子的"欲上民，必以言下之；欲先民，必以身后之"怎样对应呢？

第一，凝聚优秀团队，就必须礼贤下士。曹操《短歌行》结尾说"周公吐哺，天下归心"，这是一个典故。周公姬旦是周文王之子、周武王的弟弟、周成王的叔叔。武王死后，成王幼小，周公辅国，可谓呕心沥血、鞠躬尽瘁。史料记载，周公"一沐三握发，一饭三吐哺，起以待士，犹恐失天下之贤人"，是说周公唯恐失去天下贤人，洗一次头，曾多回握着尚未梳理的头发；吃一顿饭，亦数次吐出口中食物，迫不及待去接待贤士。我们都知道"士为知己者死"的话，有这样的领导，哪个人才不会全力以赴呢？反过来，若一个领导不但不礼贤下士，还傲慢自大，动辄辱骂下属，又有谁自愿受辱、甘当奴仆呢？

第二，领导的责任是激发组织潜能、取得业绩。在团队获得成功之后，这个领导能否将成功归功于团队，自己甘当绿叶，或者在团队遭遇失败时，领导能否主动担起责任，出现在最危急的岗位上，这是对他最大的考验，如果他做得好，就是对团队最大的激励。这就是老子说的"欲先民，必以身后之"。《论语》里孔子讲了案例："子曰：孟之反不伐，奔而殿。将入门，策其马，曰：'非敢后也。马不进也。'"孟之反是鲁国大夫，鲁哀公十一年（前484年），鲁国在与齐国的战争中大败，孟之反在军队的最后，保护其他人撤退，受到国人的称赞，但是孟之反并不邀功。回国时将入国门，他鞭打一下自己的马，才进入国门，然后跟大家说，不是我自己很勇敢在后面殿后，而是因为我的马不肯回去。孔子为什么称赞孟之反呢？孟之反在生死关头的表现，正是贯彻了老子提出的两个领导原则：既做到言辞的谦虚低调，又做到身先士卒、功成不居。这样的领导，怎会得不到众人的支持和信任呢？

◎ 自制力是管理干部的核心能力

德鲁克说：管理不了自己，就不能管理别人。所以每一个管理者首先要从自己做起，这是领导力最重要，同时也是最难的一点。为什么呢？批评别人容易，动动嘴就行了；管住自己最难，因为要克制自己的恶习和心魔，所谓人天交战，必须经过不断的持续的努力才可能有一些进步。人类的天性，就是褒己贬人、损人利己，所以老子提出要谦虚低调、礼贤下士，吃苦在前，享受在后，真正能够做得好的，即便不是圣人也差不多了。无论你想不想这样做，管理干部的责任在此，不这样做是不可能做好的。

那么，这样吃亏的事，有没有人愿意干呢？别着急，天道公允，我们付出的努力，一定会得到加倍回报。老子接下来就说："是以圣人处上而民不重，处前而民不害。是以天下乐推而不厌。以其不争，故天下莫能与之争。"翻译过来就是：所以圣人在很高的地位上，而人民不觉得有压力；处于领导地位，人民不觉得受到了妨害。天下人都觉得，这样的领导不推举，还推举谁呢?！正是因为不跟别人争，所以天下没人能和他争。

《道德经》第十七章讲过"太上，下知有之"，顶级好领导的标准，就是下面的人不会觉得对自己是负担，只知道有这么个领导，没工夫去骂他或者赞誉他，大家都忙着干自己的活了——这就是一个领导的最高境界。不像有些闻名遐迩的领导，其实可能是沽名钓誉之辈，忙着宣传自己有多牛，下面的人也配合得天衣无缝，天天忙着迎合上级、大吹大擂，自然就没人实干了。

每一个管理岗位的人要记得，自己的真正使命是承担责任，是为人民服务，而不是争权夺利。当你不争的时候，公道自在人心，人民的眼睛是雪亮的；当你贪婪狂妄的时候，上帝要让人灭亡，先使人疯狂。管理干部承担起责任，为人民谋福利，自然会受到大家的推举和拥戴。领导力的真正来源，是无私和低调，是团队成功，而绝不是个人的权力和私欲。希望每一个管理者或者希望培养自己领导力的人能够共勉！

〃提炼要点〃

谦虚低调、功成不居是真正的领导力。

第六十七章
圣人的三种武器

以柔软、低调、节制的态度，可以有长久的发展；用暴虐、激进、铺张的作风，是作死的节奏。

天下皆谓我道大，似不肖。夫唯大，故似不肖。若肖，久矣其细也夫。我有三宝，持而保之：一曰慈，二曰俭，三曰不敢为天下先。慈，故能勇；俭，故能广；不敢为天下先，故能成器长。今舍慈且勇，舍俭且广，舍后且先，死矣！夫慈，以战则胜，以守则固。天将救之，以慈卫之。

《名词》

肖：相似，相像。细：细节，琐碎。

《翻译》

　　天下人都说，我讲的"道"太广大了，不像任何具体的东西。可是天下人却不明白，正是因为"大道"广大无边，所以不应该像任何具体的东西：如果"道"居然像是个具体的东西，那么"道"也太细碎了吧？我有三种宝贝，一直坚持保持：第一种叫作"慈"，第二种叫作"俭"，第三种叫作"不敢为天下先"。因为保留"慈"，所以能够勇敢。因为拥有"俭"，所以可以广大。因为"不敢为天下先"，所以能够成为集大成者。如果舍弃慈悲而追求勇武，舍弃节俭而追求广大，舍弃低调而追求争先，那是作死的节奏啊！慈悲之心，用来应战就能胜利，用来守卫就能巩固。老天要救护谁，就用慈悲来保卫谁。

◎ 大道难言

《道德经》开篇就讲"道可道，非常道"，是说"大道"很难用普通的语言来表达。本章老子重提大道难言的话题，却不是简单重复，是为了进一步分析"大道"的深刻含义。来看老子对"大道"内涵新的延展：

"天下皆谓我道大，似不肖。夫唯大，故似不肖。若肖，久矣其细也夫。"老子的意思是，"大道"如果像是个具体的东西，那么细碎，那就不配再叫作"大道"了吧？

老子讲"大道"的微妙，已经说过好多次。比如第一章"道可道，非常道""玄之又玄"，第四章"吾不知谁之子，象帝之先"，第十五章"夫唯不可识，故强为之容"，第十七章"太上，下知有之"，第二十一章"道之为物，惟恍惟惚"，第二十五章"吾不知其名，字之曰道，强为之名曰大"，第三十二章"道常无名"，第三十五章"视之不足见，听之不足闻，用之不足既"，第四十一章"道隐无名"，第四十三章"不言之教，无为之益"，第五十六章"知者不言，言者不知"，以及第六十五章"玄德深矣，远矣，与物反矣"，这十二处明明白白告诉我们，"大道"是没办法用语言或者形象来具体描述的。至于隐含"大道难言"意思的句子，《道德经》里简直俯拾皆是。因为"大道"有一个基本特性，就是无所不包、无所不有、无所不在的广大包容性，所以每次谈到"道"，一方面不得不描述它，另一方面在描述一通后，不得不补充一句：这么描述"道"是远远不够的，因为大道无边。

这个困难，不只老子遇到了，同时代的释迦牟尼佛在《金刚经》里说过几乎一模一样的话："凡所有相，皆是虚妄。若见诸相非相，即见如来。"这里的"如来"就是老子说的"大道"。释迦佛的话，相当于反过来说："有具体形象的，都不是大道。只有从各种具体的形象里提炼出共有的无形无相的东西，才是大道。"所以佛家对这一宇宙真理的追求，是通过不停修行才能自己"证得"，想让别人告诉你它是什么，那都是白费力气，因为它是没办法用语言描述的，也很难体会。佛家把这个困难总结为"言语道断，心行处灭"，所以只有靠自己不断探索和理解，才能"悟道"。六祖慧能大师更是直截了当，说禅宗的法门是"教外别传，不立文字，直指人心，见性成佛"，就是说大道难言，师父给你些clue（线索），自己想去吧！因此六祖弘扬的禅宗又被称作"顿悟法门"，这也是"道可道，非常道"逼出来的没办法的办法。

"大道"虽然难言，历代祖师大德毕竟还是给了我们一些线索，所谓"师父领进门，修行在个人"，老子也说过"圣人常善救人，故无弃人"，他不会置我们凡夫俗子于不顾的，会告诉我们"大道"的一些内在规律。他后面马上说了自己应用"大道"的三个规律：

◎ 三宝圣人

"我有三宝，持而保之：一曰慈，二曰俭，三曰不敢为天下先。慈，故能勇；俭，故能广；不敢为天下先，故能成器长。"老子说，我有三种宝贝，一直坚持保持：第一种叫作"慈"，第二种叫作"俭"，第三种叫作"不敢为天下先"。因为保留"慈"，所以能够勇敢。因为拥有"俭"，所以可以广大。因为"不敢为天下先"，所以能够成为集大成者。

字面意思容易懂，背后的逻辑却不好理解。老子为什么把这三者当作自己的宝贝呢？

先来看老子的第一宝，"慈，故能勇"，直译就是"慈爱所以能够勇敢"。有人说，这根本不通呀！比如金庸先生的小说《射雕英雄传》里的包惜弱，连小兔子都不敢杀，由于妇人之仁，私下救了敌国的王子，结果害得郭、杨两家家破人亡，这样的"慈爱"和勇敢哪里沾得上一毛钱的关系呢？另外，古人说"慈不掌兵"，这里慈爱这个词就和没原则的滥好人联系在一起。那么老子为什么说"慈，故能勇"呢？

先要了解，"慈"这个字有更加深刻的含义：在佛学的话语体系中，一般不单独说"慈"，而是"慈悲"两个字一起讲。"慈"和"悲"表面含义略有不同：慈是指用爱护心给予众生安乐，悲是指用怜悯心解除众生的痛苦，但明眼人一看就知道，慈悲两个字根本是一个意思，因为怜悯心本来就是爱护心，解除痛苦自然就带来安乐。

现在我们知道了大慈大悲的三个来源：一是善良，二是智慧，三是利他。非善良无以发心助人，无智慧没有能力助人，不利他无理由助人。而这三点都能使人勇敢：越是善良的人，就越有勇气来对抗邪恶；越是有智慧的人，就越有能力保卫正义；越是利他之人，就越能舍己为人，勇敢奉献。这样我们应该明白老子为什么说"慈，故能勇"了吧？

花了这么多笔墨来解释"慈"，实在因为这是本章的重点和难点。后面相对容易理解。"俭，故能广"，从字面意思讲，就是"因为节省不浪费，所以能广大"。我们是一个有着节俭传统的民族，我们的家训当中经常有鼓励勤俭的句子：章氏家训说，"兴家两字，曰俭与勤"；朱子家训说，"一粥一饭，当思来处不易；半丝半缕，恒念物力维艰。宜未雨而绸缪，毋临渴而掘井。自奉必须俭约，宴客切勿流连"。成语中也不乏这样的例子，比如"厚积薄发""养精蓄锐"等。最能说明老子这个意思的，就是荀子《劝学》中的一段话："积土成山，风雨兴焉；积水成渊，蛟龙生焉；积善成德，而神明自得，圣心备焉。故不积跬步，无以至千里；不积小流，无以成江海。骐骥一跃，不能十步；驽马十驾，功在不舍。锲而舍之，朽木不折；锲而不舍，金石可镂。"节俭、不浪费才能积累，积累才能广大，这个逻辑是通的。

"不敢为天下先，故能成器长"呢？这个道理，老子在第二十八章里已经讲过了，当时用的语言是"朴散则为器，圣人用之则为官长"，"朴"指"道"的低调淳朴，其实就是"不敢为天下先"；整句话就是说，把这种低调朴实的作风用在实务上，可以做优秀的管理者。在本章中，老子把"朴散则为器，圣人用之则为官长"缩略成一个词——"器长"，意思一样，就是不敢为天下先，才配做天下的领袖。这个道理在第六十六章也讲过，"……欲上民，必以言下之；欲先民，必以身后之"，就是说低调才可以做领导。

想想这三句话背后的哲理：慈悲、节俭和低调，这三个词都是保守的、被动的、阴性的；而勇敢、广大、进取，这三个词都是积极的、主动的、阳性的。一般人觉得后三个词更气派、更好玩，而前三个词特无聊、特没意思，但是老子的智慧截然不同，因为"大道"从来都是与人们的直觉相反的。联系老子在第二十八章讲的"知其雄，守其雌"，在第四十章讲的"反者，道之动；弱者，道之用"，以及在第六十五章讲的"玄德深矣，远矣，与物反矣"，就不难体会老子之深意了。

◎ 将军百战必须死，老天救人卫之慈

老子说："今舍慈且勇，舍俭且广，舍后且先，死矣！夫慈，以战则胜，以守则固。天将救之，以慈卫之。"如果舍弃慈悲而追求勇武，舍弃节俭而追求广大，舍弃低调而追求争先，那是作死的节奏啊！慈悲之心，用来应战就能胜利，用来守卫就能巩固。老天要救护谁，就用慈悲来保卫谁。

《木兰辞》有句诗是"将军百战死，壮士十年归"，说的是边将的辛苦。从概率上讲，哪怕一个人的胜率达到90%，百战而不死的概率又有多大呢？如果我没算错的话（当然也不敢吹牛说一定对，错了请读者海涵），应该是0.9的100次幂，也就是0.00266%这样低。倒不是因为武功不高强，而是因为淹死的都是会水的。因为常在河边站，哪能不湿鞋？所以将军百战必须死，拼命花钱必须穷，出头鸟儿必须残，世上没有例外——不作就不会死，天天作死必须死。

怎样才能立于不败之地呢？当然是用老子说的"三宝"啦！"一曰慈，二曰俭，三曰不敢为天下先"。这个道理很清楚了，再说说老子在篇尾着重说的话："夫慈，以战则胜，以守则固。天将救之，以慈卫之。"老子为什么这么强调慈悲呢？第三十六章我们讲"神欲使之灭亡，必先使之疯狂"，那么想一想，神欲保护谁，必先使之怎样？"疯狂"的反义词就是善良、智慧和利他吧？这三个词描述的就是慈悲。一个懂得"大道"的人，应该如何承担自己的责任，领导众人过上幸福的生活呢？一定是用善良来感动群众，用智慧来引导群众，用利他来激发群众，这样的人难道会失败吗？孟子说"仁者无敌"，其实不是老天在帮助仁者，而是三种力量汇聚成一股洪流：首先是自助者天助之；第二是民心所向，得道多助；第三才是"天将救之，以慈卫之"。读《道德经》，要学"道"而不只是学"术"，真正的智慧就在这儿，我们不要大意放过，囫囵吞枣；若在此处心有体会，一定对我们的人生观和价值观有极大的好处。

▮提炼要点▮

大道难言，但是至少有"三宝"是大道中的精华，老子自己注重保持，我们也可以效法：慈悲、节俭、不敢为天下先。

第六十八章
绝顶高手的修养

所谓高手高手高高手，是不会满足于只做表面文章的。深藏不露的背后，是深刻的思考和高超的技能。

善为士者不武，善战者不怒，善胜敌者不与，善用人者为之下。是谓不争之德，是谓用人之力，是谓配天古之极。

《名词》

不与：不争，王弼注"不与争也"。

《翻译》

善于领导的人不随便动用武力；善于作战的人不会意气用事；善于战胜敌人的人不争一城一地的得失；善于用人的人甘于放低自己的身段，礼贤下士。这就叫不争的品德，这就叫用人的境界，这就叫符合天道的极致水准。

◎ 高手的世界你不懂

大家去寺庙看到老僧扫地，尤其是那些瘦瘦巴巴、慈眉善目的扫地僧，总怀疑他们身负绝世武功；反过来看到那些年轻威武、虎背熊腰的出家人，倒不会觉得他们能进入绝顶高手之列。因为我们都知道，高手之所以是高手，就在于他们不会让你一眼就看出自己是高手。高手的世界，不是普通人能够理解的。

再来看著名黑帮小说《教父》里，老教父维托·科里奥尼除了在刚出道时干掉过一个小混混以外，成为教父以后没有亲手杀过一个人。我第一次看《教父》时还没什么社会经验，本期待小说一开场就是枪林弹雨、痛快厮杀，却诧异地看到小说居然以满目鲜花和美酒的盛大婚礼开始，而老教父在婚礼背后的社交布局体现出非凡的老到精明，简直像是个政治家。我对此留下深刻的印象，后来随着自己的阅历渐增，才慢慢明白，喜欢在街头打打杀杀的只能混成小流氓，真正的大boss（大佬）是不会随便动刀动枪的。因为军事家都知道"杀敌一千，自损八百"，上一章也说过"将军百战必须死，天将救人卫之慈"，真正要解决问题，动用武力的结果往往是得不偿失，而以自身的善意和利益的交换达成目标的机会要大很多。

老子在这一章对高手的描述就深刻地说明了这个道理。

"善为士者不武"中的"士"，有人解释为战士，有人解释为"事"，都不准确。按照汉字"士"的写法，上面一个十，下面一个一，就是十里挑一的意思，在此意思是干部、领导、有能力承担责任的人。做领导干部最重要的是什么？是动不动就打人吗？那这个干部肯定干不久，因为没人愿意跟着他干。如果是一个将军，总喜欢打仗是不是好事呢？中国人有一个骂名是专为这类人准备的，叫"一将功成万骨枯"。别说将军，就是皇帝总打仗也要遭报应。比如中国四大优秀皇帝之一的汉武帝，就是因为频繁征战而耗尽国力，晚年意识到自己的错误，发布了《轮台罪己诏》做自我批评，但于事无补，还是导致了汉朝由盛转衰。

而真正优秀的军事家一定会计算清楚利弊，才会决定是否开战。《孙子兵法》的《谋攻篇》就说："将不胜其忿而蚁附之，杀士三分之一，而城不拔者，此攻之灾也。故善用兵者，屈人之兵而非战也，拔人之城而非攻也，毁人之国而非久也，必以全争于天下，故兵不顿而利可全，此谋攻之法也。"意思是："带兵的人控制不住自己的愤怒，让士兵像密密麻麻的蚂蚁一样拥向城头，结果被大量杀死而又攻不下敌人的城池，这是进攻的灾难啊！所以真正善于用兵的将领，不战而屈人之兵，不攻而拔人之城，闪击而毁人之国，一定是全面使用各种战略战术来争霸天下，部队尽量少受损失而取得最大化的收益，这就是作战的谋略。"看看大boss孙武是怎么打仗的，最会打仗的人其实很少打仗，先把你算计死再说。

再说"善战者不怒"。还是孙子说得最明白，将军易怒，就容易被敌人利用。《孙子兵法》有三个地方提到，首先第一篇《计篇》说，"怒而挠之"，敌人的将领容易发怒，你就要去激怒他，让他彻底丧失理智，再收拾他不就容易了吗？第二处是《谋攻篇》，"将不胜其忿而蚁附之，杀士三分之一而城不拔者，此攻之灾也"；第三处是《九变篇》，孙子提出"故将有五危：必死，可杀也；必生，可虏也；忿速，可侮也；廉洁，可辱也；爱民，可烦也。凡此五者，将之过也，用兵之灾也。覆军杀将，必以五危，不可不察也"。将军有五种大危险：第一是抱有必死的决心，就容易被杀；第二是贪生怕死，就容易被俘虏；第三是暴躁易怒，人家一欺负你就会轻举妄动，落入圈套；第四是爱好名声，过于自尊，敌人一侮辱你就失去理智；第五是爱民如子，就容易被敌人以群众的安全来威胁而陷入苦战。这五种性格都是将军之过，是用兵的灾难——部队失败、将军被杀，必然缘于五种原因之一，一定要警觉啊！

所以我们可以明白为什么打仗不能发怒。其实一怒就打仗的，就是我们这些不怎么打仗的人。真打仗的职业选手，反而极其理性，经过缜密的思考和利弊分析才会出招，绝对不会一时冲动就下狠手。一个大汉高叫着"你来杀死我吧！"，这个人就是个混混；被这个混混挑战的人，冷静地从对方的胯下钻了过去，他就是中国历史上最伟大的军事天才韩信——这就是业余军事爱好者和职业军事家之间的差别。

"善胜敌者不与（敌争）"，说的是真会打仗的人不算小账算大账，你来争的我可以给你，但是我避其锋芒之后，可以捞到更大的便宜。比如前面讲过的毛主席放弃了延安，却赢得了解放战争的主动权。

"善用人者为之下"，是第六十六章讲过的道理，会用人的人把自己的身段放得比对方还低，往往越是大领导就越没有架子，像历史上的刘邦、刘备、曹操、周公等，都留下了虚心纳士、尊重人才的典故。

◎ 高手的世界你可以懂

以上，是《道德经》中对于"道"如何在现实生活中应用的经典语录，值得深思。前面提到"道"的一个特点，就是远远超出常人的想象，甚至与大家的直觉完全相反。比如这四句，大家通常认为将军就是打仗的，打仗就是要激愤的，要打赢仗就是要争胜的，用人就是要高高在上的，谁想到老子说的截然相反？真正的道理（或者说真理）往往就是与直觉相反，在《道德经》中这不是第一次了。所以第四十章说："反者，道之动。"

老子总结说："是谓不争之德，是谓用人之力，是谓配天古之极。"翻译过来就是：这就叫不争的品德，这就叫用人的境界，这就叫符合天道的极致水准。

不争，是窝囊还是明智呢？居于人下，是窝囊还是善于用人？如果不动脑筋，答案当然是窝囊。但这两个不是简单的问题，需要动脑筋的，答案和所有复杂问题的答案一样，应该是：不一定。如果因为打不过人家也不想打过人家，所以不争，那么不争就是窝囊；如果有争胜的能力和意愿，但是经过周密的思考和权衡利弊，发现不直接对抗而采取迂回的策略，能够取得最大的收益而损失最小，那么不争才是明智。同样的道理，如果居于人下是因为自己没有本事，那就是窝囊；如果是为了广纳天下贤才而用之，那就是善于用人。

通过学习《道德经》，我们可以扩展思想的维度，明白"无为"的道理，凡事能抓住事物的本质和规律，学会逆向思维和深度思考，作为凡夫俗子也可以像老子一样思考而"得道"，进入高手的世界。管理学大师彼得·德鲁克说，"管理是学得会的"，同样，老子的智慧也是学得会的，而最好的教材，就是我们面前这部言简意深的《道德经》。

▌提炼要点▐

以"不动武"的方式来领导，以"不怒"的方式来作战，以"不争"的方式来战胜对方，以"为人之下"的方式来用人，是最符合"天道"的智慧。

第六十九章
哀兵必胜

骄兵必败，哀兵必胜，是因为不同的心态带来一系列不同连锁反应的结果。

用兵有言："吾不敢为主而为客，不敢进寸而退尺。"是谓行无行，攘无臂，扔无敌，执无兵。祸莫大于轻敌，轻敌几丧吾宝。故抗兵相加，哀者胜矣。

〃名词〃

攘臂：愤而举起手臂。攘无臂，意思是有愤而举起手臂的想法，但手臂没有举起来。

〃翻译〃

用兵的格言说："我不敢主动攻击，而是沉着应战；不敢前进一寸，而是后退一尺。"这种打法，就好像是列出没有行列的阵形，做好了攘臂的准备但并没有举起手臂，瞄准了敌人但敌人没看出来瞄准的动作，暗藏了兵器但敌人没有看到我们的任何兵器。祸患没有比轻敌更大的了，轻敌几乎丧失了我的"三宝"。所以真正到了武力对抗的时候，是低调踏实、准备充分的一方获取胜利。

◎ 自我认知偏差

我在芝加哥大学商学院学习的时候，教我们决策课程（Decision-

Making）的老师是2017年诺贝尔经济学奖得主理查德·泰勒（Richard Thaler），他特别提醒学生们不要高估自己。他讲到人们非常容易犯的一个错误，就是高估自己的能力而低估其他人的本领，这就是自我认知偏差。比如，泰勒教授要求我们那届254个人在课前预测自己的课程成绩，会属于班上的哪个水平（从top10%、20%一直到100%）。开课第一天，教授把每个人预测的统计结果给大家看，大家都乐了：有70%以上的同学预测自己的成绩将在前50%。谁都知道不可能有超过50%的人取得前50%的成绩，这个结果只能说明一件事：绝大多数人都会高估自己而低估对手。在经济学领域，所有人都觉得自己的股票投资比别人更明智。教授告诉我们，人们总是"心里没数"的，而这会对经济产生重大影响——泰勒教授后来因为研究人类心理学对经济的影响而获得诺贝尔奖。其实这个道理，中国古人在两千多年前就懂得了，除了在老子的《道德经》里可以看到，《孙子兵法》也屡次提到。

比如《孙子兵法》第一篇《计篇》，提到军事家经常用到的一个诡计，叫作"卑而骄之"。如果你的对手很谦虚谨慎，是不是很难对付呀？怎么办呢？想办法让对方骄傲！一骄傲对方就轻敌了，觉得自己远远超过你，准备不充分，投入不充足，精力不集中；而你自己高度重视，全力以赴，以多打少，血战到底，这样胜负的天平就会发生重大的倾斜。

打个比方，假设对方的力量是120，而你的力量是100。两边如果全力以赴，肯定是对方的赢面大。但如果能让对方自信心膨胀而自己示弱，让对方认为他的力量是200而你只有50，对方用50%的力量可以稳赢，而你破釜沉舟、背水一战，激发出120%的力量，这样力量对比就变成对方是60，你是120，二打一，成就你稳赢的局面。明白这个道理后，老子第六十九章的精华就容易理解和掌握了。

因此老子说："用兵有言：'吾不敢为主而为客，不敢进寸而退尺。'是谓行无行，攘无臂，扔无敌，执无兵。"用兵的格言说："我不敢主动攻击，而是沉着应战；不敢前进一寸，而是后退一尺。"这种打法，就好像是列出没有行列的阵形，做好了攘臂的准备但并没有举起手臂，瞄准了敌人但敌人没看出来瞄准的动作，暗藏了兵器但敌人没有看到我们的任何兵器。

很多人看到这一段，心想，搞什么鬼！这么窝窝囊囊还算是打仗吗？但如果你了解认知偏差理论，就知道老子这里说的，与2500多年后理查德·泰勒教授赖以成名的是同一种武器，即"心理战法"：让对方觉得他的力量是200，而你表现成50。按照老子的交手策略，进攻一方在对手的地盘，兵力完全暴露，环境完全陌生，自己一方则可以隐藏实力，同时占据地利之便，恰好可以达到几乎同时代的《孙子兵法》的《虚实篇》中"形人而我无形"（让敌人暴露实力与战略意图而自己隐藏实力和目标）的目的。

老子之所以不提倡主动进攻，是因为被动防守是很好的示弱手段，避免一开始就气势汹汹、锋芒毕露，会让对方产生不利的心理认知偏差，他很牛很牛很牛，膨胀膨胀再膨胀；而自己产生一种有利的心理认知偏差，我们很弱很弱很弱，必须全力以赴、以一当十。本来的兵力对比是120∶80，但因为对垒双方的心理变成60∶120，我方占据绝对的优势。

有人说，这是纸上谈兵吧，有那么蠢的敌人，有这么容易的胜利吗？事实上，中国古代头号军事天才韩信，就靠这一章的道理一战成名，创造了哀兵必胜、背水一战的经典案例。汉高祖三年（公元前204年），韩信率老弱残兵于太行山东麓的井陉县一带与赵军主力相遇。赵军大将陈余一看就知道自己兵力远胜韩信，决定全军出击，碾压韩信部队。注意，韩信那帮老兵松松垮垮地一亮相，这是心理战的第一步，让对方高估自己的实力而低估他的实力。韩信轻轻松松地成功了，看来那帮老兵是一批本色演员，更搞笑的是韩信也是个一级棒的导演，居然让那一万老兵背靠河水扎营——谁都知道那是没有退路的死地啊！陈余看后笑掉大牙，心想，你让我灭你而我不灭你，那是辜负了你的好意啊！于是捡起地上的牙齿发动总攻。再请注意，如果韩信导演不摆出这么个被动挨打的阵形，陈余会勇敢地离开自家坚固的防御工事吗？韩导演这里玩的是心理战的第二步"吾不敢为主而为客，不敢进寸而退尺"，不过韩信玩得再好，也要陈倒霉蛋配合不是？所以他放出一万残兵的诱饵，这个名垂青史的战例就导演成了。汉军的老弱残兵退了可不止一尺，他们一路奔逃到自己的大营，再退就掉进河里喂鱼了，那么只好掉头死战。至此，心理战的第三步完成，我方的80分暴涨到120，哀兵已经不是为荣誉而战，而是为生命而战了！简单说就是玩命了，全部以一当十，一万个老兵变成了十万只老虎。

只有一万老弱残兵的正面战场，还体现不出韩信的军事"奇"才。《孙子兵法》的《势篇》讲："凡战者，以正合，以奇胜。"韩导的奇兵是他埋伏在小道上的两千轻骑兵，他们的任务是在赵军离开营地后迅速冲入赵军营地，换上汉军旗号。可怜的赵军到水边发现了十万老虎以后，想往回跑，却发现营中已是韩信的汉军旗帜，于是乎明白了一句话——"祸莫大于轻敌"，他们四散奔逃，汉军乘胜追击，成就了"背水一战"这一成语，以及战争史上的永恒经典。我们如果到了河北与山西交界的井陉县，仍然能够看到古战场的遗迹，不要忘记吟诵《道德经》的第六十九章啊！

"祸莫大于轻敌，轻敌几丧吾宝。故抗兵相加，哀者胜矣。"老子接着说：祸患没有比轻敌更大的了，轻敌几乎丧失了我的"三宝"。所以真正到了武力对抗的时候，是低调踏实、准备充分的一方获取胜利。

第六十七章讲的"三宝"，"一曰慈，二曰俭，三曰不敢为天下先"，这三样是谦虚低调的人的宝贝，它们的反面都是作死的节奏，那么轻敌是什么性质我们就知道了。"哀兵必胜"，刚好符合"三宝"的原理：哀既有悲伤的意思，是"慈悲"的同义词；又有自认为弱小的意思，是"俭"的同义词；还有被动的意思，是"不敢为天下先"的同义词。"哀兵必胜"，和第六十七章的道理是一致的。有意思的是，被称作"20世纪西方文化三大发现"之一的墨菲定律，其实就是"哀兵必胜"原理的翻版。

墨菲定律得名于爱德华·墨菲（Edward A. Murphy），他是美国爱德华兹空军基地的上尉工程师。1949年，他参加美国空军的火箭减速超重实验，其中一个项目是将16个火箭加速度计固定在支架上，不可思议的是，竟然有人有条不紊地将16个加速度计全部装在错误的位置，于是墨菲做出一个著名的论断：如果做某项工作有多种方法，其中一种方法将导致事故，那么一定有人会按这种方法去做。

这听上去太学术，看来墨菲确实是搞科研的人。世界上当然不乏表达好的人，有人打了个十分有趣的比方：墨菲定律的意思是，如果面包片有一面抹了果酱，另一面没有抹，如果不幸面包片掉到地上，那么一定是抹了果酱的一面着地。墨菲定律告诉我们，你一定要为最坏的情况做好准备，而不是期待最好的结果。如果你考虑到一切糟糕的局面，那么恭喜你，哀兵必胜；如果你妄想一切顺心如意，抱歉，祸莫大于轻敌。这个世界奖励的是那种为最坏的情况做好准备的人，惩罚的是自我认知偏差向过度自信（overself-confident）方向发展的人。古话说得好，尽人事以待天命，尽人事就是防备出故障的可能；以待天命的意思是，即使这样也不一定取得最好的结果，结果可能好也可能糟。

有人会说：这么努力结果也会糟，那为什么还要努力呢？聪明的你猜猜，为什么呢？

因为这已是你能够取得的最好结果了。哀兵虽然也可能会败，但在所有败兵中至少是败得最体面的那个，一定能捞到一句"虽败犹荣"的评价。而过度自信轻敌的骄兵，在同样情况下必然尸骨无存，死得透透的。

‖提炼要点‖

1.低估自己的实力，做出更大的努力；让敌人高估他的实力，低估你的本事。

2.按照一切倒霉事都会发生来做准备，就可能取得最佳的结果。

第七十章
独孤求败是智者

至理难言，大道难行：《道德经》的道理，不是没有智慧的人能够理解和做到的。越是没有人理解，越说明这个道理的珍贵。走该走的路，让别人说去吧。

吾言甚易知，甚易行。天下莫能知，莫能行。言有宗，事有君。夫唯无知，是以不我知。知我者希，则我者贵。是以圣人被褐怀玉。

// 翻译 //

我说的话很容易理解，也很容易践行。可是天下没有人愿意理解，没有人愿意践行。我的话，都是有宗旨的。我讨论的事，都是有目标的。正是因为不懂我的宗旨和目标，所以才不理解我。理解我的人少，能效法我的人就越珍贵。所以圣人就好像披着破衣却怀揣美玉的人。

// 解释 //

一个人不论如何正确，别人都有可能不喜欢他。更可怕的是，往往一个人越是正确，别人就越不喜欢他——羡慕嫉妒恨放在一起，羡慕是假的，嫉妒和恨往往是真实的。老子作为万中无一的奇才，自然不仅不讨人喜欢，很可能还是众人讨厌的对象。我们有一些同理心就能猜到，老子如此有才却不被大众崇拜，已经有一点点不开心了；更有甚者，可能很多人很讨厌他，那他就算有再好的修为，也一定不太爽。不爽的老子怎么安慰自己呢？

◎ 老子的孤独在于不为人理解

老子说：我说的话很容易理解，也很容易践行。可是天下没有人愿意理解，没有人愿意践行。

解读第四十一章时，我引用过一句名言："当一个真正的天才出现时，你可以通过以下特征认出他来：所有的傻瓜联合起来对抗他。"正如傻瓜无法理解天才一样，愚蠢的人是不可能理解老子的智慧的。我们可以想象，在老子的时代，他一定是人中极品、众矢之的，所以才会在《道德经》里反复说，自己的理论是"道可道，非常道""天下莫能臣也""深不可识""天下皆谓我道大，似不肖""道者万物之奥"等等。这几句明确说《道德经》难懂，还无数次表达他的沟通困难，隐含在各章的字里行间。为什么呢？谁让他这么爱唱反调呢？人家都是越多越好，他却说越少越好；人家都要耀武扬威，他偏偏要谦虚低调；人家要金玉满堂，他却说要被褐怀玉；人家要美食美色，他说这是取死之道，谁会理解他呢？就算现代医学已经证实，清淡少食可以长寿，美食饱餐多病早死，可有多少人不是穷奢极欲、利欲熏心？所以不用想，就能猜到老子在他的时代是个不受欢迎的异类：你不让我们爽，不让我们玩，不让我们敛财，不让我们骄傲，不让我们挥霍，不让我们"开挂"，不让我们干架，不让我们出名，甚至不让我们大吃大喝，我们就算知道你是对的，我们也不听你的——老子伤害了我们的切身利益，口口声声说不让我们堕落，可是我们就是想堕落啊！堕落多爽啊！吃喝玩乐爽、不学习爽、不锻炼爽、贪财好色爽、睡懒觉爽、贪功图名爽，虽然知道那是堕落，但是符合我们的生理本能！你去做你的圣人吧，圣人多苦啊！我们俗人就是要爽爽爽！！！

但是请问：爽就对了吗？爽完以后呢？是不是还要更爽？因为爽与不爽是相对的，所以追求爽的结果，就是发现总有不爽的时候，空虚和无聊注定接踵而至。混吃等死的人早晚明白，没有自律，就没有真正的爽。"道"的规律性无所不在，人生真正的规律，就是一切事物都是"负阴而抱阳"，就像没有坏就不会有好一样，矛盾双方相互依存，比如好工作来自敬业拼搏，好成绩来自好学钻研，好身体来自养生锻炼，好人缘来自乐善好施，好口碑来自谦虚低调。好工作、好成绩、好身体、好人缘、好口碑都只是表面现象，这些都不是"道"；敬业拼搏、好学钻研、养生锻炼、乐善好施、谦虚低调，这些才是"道"，才是老子说的"为学日益，为道日损"。你看，真正有益于人的，往往过程都不舒服；过程舒服的，结果都不好。奈何人们通常不想要"道"，只想要便宜、想要爽，难怪老子在第五十三章嗟叹那些令人舒服的行为，"服文彩，带利剑，厌饮食，财货有余。是谓盗夸。非道也哉"，这些令人爽的行为不是道，而是强盗行径。

◎ 越孤独，越伟大

至此可以得出结论："道"让人不爽，但是让人进步；"爽"让人舒服，但是通往堕落。这是个人选择的事。接着老子说："言有宗，事有君。夫唯无知，是以不我知。知我者希，则我者贵。是以圣人被褐怀玉。"我的话，都是有宗旨的。我讨论的事，都是有目标的。正是因为不懂我的宗旨和目标，所以才不理解我。理解我的人少，能效法我的人就越珍贵。所以圣人就好像披着破衣却怀揣美玉的人。

这里"言"指什么？当然是对"道"的规律的阐释。"事"又是什么？"道"既然指规律，而所有规律必然是从实践当中总结出来再去指导具体实践的，所以这里的"事"指"道"的实践，上至"治大国，若烹小鲜"，下至"修之于身，其德乃真"，都属于《道德经》中"事"的范畴。"言"是为了指导"事"的，"事"是来体现"言"的。或者直接把"言"和"事"替换为"道"和"德"，同样符合老子的意思——老子"言"的宗旨，本来就是"道"；而"事"的目标，本来就是"德"。所以如果懂得"道"与"德"，自然懂得老子的用意；反之，不懂得"道"和"德"，自然无法体会圣人的苦心，反而觉得他啰里啰唆十分古怪。

◎ 老子的营销用语

老子知道，这世上真懂他的人实在很少，他早已做好被人笑话的准备。第四十一章他就说了，"下士闻道，大笑之，不笑不足以为道"。不过老子也是很好的营销专家，他说，反过来，懂《道德经》的人越少，实践《道德经》原理的人越少，这样的人就越有价值。我们知道物以稀为贵，但这只是一方面原因，更重要的是两个道理：首先，以博弈论来看，如果一个人选择别人都不采用的策略，那么他遇到的竞争自然变得微不足道，因此成功的概率会有几何级数的提高；不仅如此，《道德经》讲的方法是高度符合自然规律的，尽管少有人认识到这些规律，更少有人愿意按照这些规律去做，但真正理性的人懂得功不唐捐的道理——无论你愿不愿意，正确的、符合规律的做法，必然带来更好的结果。绝大多数人做事是不思考的，能够悉心探索事物发展规律的人更是凤毛麟角，所以老子才有底气说：come on（来吧），按我说的来做，没错的！

◎ 圣人为什么把自己打扮成"路人甲"？

老子最后一句话很有意思："是以圣人被褐怀玉。"老子说，我怀揣宝物而衣衫褴褛。今天的人很难理解，你这么有才有财，不开奔驰S600也就罢了，穿得体面一些不行吗？非得把自己弄得脏兮兮的，是行为艺术吗？

涉世不深的帅哥靓妹自然不懂江湖的险恶，也不晓得怀揣宝物的人是不在乎那身行头的。一个货真价实的超人的价值岂是外表所能体现的？武侠电影中，只有被褐的人，才有资格怀玉，否则还没亮相便已身首异处。真实世界也是同样的道理。尽管不是所有扫地僧都有震古烁今的武功，但真正的大师必然隐身于芸芸众生，唯有识货的高手能认出他们。这个道理，与第三十六章"国之利器不可以示人"是一样的。

∥提炼要点∥

《道德经》难懂，但是即使不懂，只要你认真学习并按照老子说的去做，你就进入了少数绝顶高手的行列。

第七十一章
自知有病才没病

谦虚使人进步，骄傲使人落后。

知不知，上；不知知，病。夫唯病病，是以不病。圣人不病，以其病病，是以不病。

//翻译//

知道自己的无知，是最好的；不知道自己的无知，是一种病。只有把自己的毛病当作问题去改进，才能够没有毛病。圣人之所以没有毛病，是因为时刻把缺点当作问题来改进，所以才能没有毛病。

//解释//

我越接触《道德经》，越有一种感叹：好像越是文字少的章节，道理就越重要，这才是真正的言简意赅。本章和第三十三章、第四十八章、第六十三章一样，都是要用心体会、反复阅读、最好背下来的经典段落，反正也没几个字，一旦背下来就能受益终身。

◎ 绕口令里的大哲学

我们背诵这一段时会想：这是什么呀，怎么像绕口令一样？一共28个字，居然有4个"知"和8个"病"。其实这里每个"知"和每个"病"含义并不都一样！同一个字有多种含义，既体现了古文的优点，也令现代人感到困难。比如"知"既有知识的意思，又有学习的意思，还有感知、了解的意思；而"病"既有生病的意思，还有疾病的意思，还有把对象看作疾病、反对的意思。所以一个字究竟是哪个意思，我们需要自己去判断，这样虽然确实造成了理解困难，但也让读者有发挥的空间，对文章做出自己独特的解释。

这段话听上去很绕，好处在于我们可以做不同的解释。先说容易理解的第一种解释，把"知"翻译成学习、求知。老子说："知不知，上；不知知，病。夫唯病病，是以不病。圣人不病，以其病病，是以不病。"努力学习自己不知道的，是最好的；不知道应该去学习和进步，是一种病。只有把毛病当作问题去改进，才能够没有毛病。圣人之所以没有毛病，是因为时刻把缺点当作问题来改进，所以才能没有毛病。

这种解释其实没什么可解释的（这话说得也像绕口令），大家一看就明白，道理是都明白，却很难做到。比如很多家长天天跟孩子说：你要好好学习，天天向上，功课要认真做，不懂的要去问老师；不懂没有关系，只要学就会懂；错了没关系，改正了就没问题了。孩子听家长说的时候一脸无辜，不停点头，等家长一转身，继续拿出游戏机来玩。家长呢？说完孩子，去学习自己不懂的知识、改正自己的错误了吗？恐怕还是上网、玩游戏、打麻将，抽烟喝酒熬夜暴饮暴食，一样不落。

中国人说要尊敬父母，真是一点都不错：父母教育的哪一条不是圣人说的话？问题在于父母是说给孩子听，轮到自己做的时候，就一股脑丢到爪哇国去了。孩子也一样，自己做子女时阳奉阴违，有朝一日自己做父母了，也是对孩子讲得头头是道，满口都是圣人名言，自己依然说一套做一套。为什么会这样？因为说起来容易做起来难啊！

◎ 好学是个体力活

做到好学为什么很难呢？有三个原因。

第一，学习是一个力气活。你看那些常年伏案工作的人，谁不拥有厚厚的眼镜片（戴隐形眼镜的不算）、突出的腰椎间盘、僵硬的肩膀和劳损的颈椎？搞健身、养生的人说得很轻松，每过一小时站立一分钟，每过一刻钟远眺一下，岂不知真正的学问家治学时都是废寝忘食的，哪个大家能一边掐表一边沉浸于知识的海洋？所以，学习首先难在要吃苦。

第二，学习要持之以恒。三天打鱼两天晒网、一日暴之十日寒之，人的这些本性都是学习的大忌——都知道三分钟热血容易，一辈子坚持比什么都难。所以孔子才感叹："善人吾不得而见之矣！得见有恒者，斯可矣。"（完善的人我这辈子算是没机会见到了！能看到持之以恒的人，我就挺满足了。）连毛主席毅力这么强的人都说，"一个人做点好事并不难，难的是一辈子做好事，不做坏事"，可见坚持与恒心是多么难的事。

我辅导员工时，会问对方一个问题：有没有一件事你连续做了三年以上的？有的人回答"刷牙"，我说，你怎么不说吃饭睡觉呢？连续做三年，是指你形成的一个好习惯，或者是个人爱好，如果坚持很长时间去做，能培养很多好的品质，比如专注、耐心、不怕困难和挫折、好学上进等。很可惜，绝大多数人都没有答出这样的经历。我们读到这里如果有所体会，不妨试着找一件这样的事情做，坚持三年以上，每天不间断地做，相信一定有大的收获。

第三，学习的困难还在于要不断否定自己。为什么呢？人要通过学习取得进步，首先就要找到自己的缺点和不足，否则为什么要学习呢？前段时间流行一个词叫"完美"：做完一件事后，当事人端详一下最后结果，自我陶醉地叫一声"完美！"这在老子看来，会觉得他不思进取，这就是"不知知，病"。孔子都说完美的人不存在了，你说"完美"只能是骗骗自己，目的是不再学习和进步了，既省心又省事。但这就是"病"，只有警惕和治好这种"病"，才能够"不病"，才是真正的健康。

可见，保持健康是非常难的一件事，因为没有一个东西叫"健康"，健康只有通过不生病才能做到。比如，某人即使心跳再强劲有力，但肺部有肿瘤，也不能叫健康；即使是相扑的顶级健将，但是血脂超标，也不能算健康。总之，无论身体其他部位怎么好，只要有某个部位出问题，都不能算健康。对人的身体来说是这样，对人的才能和品质来说也一样：一个人不管如何优秀，只要有某种缺点，他就有学习和进步的空间；一个人如果想要进步，就必须不断拿自己开刀，找到缺点和不足加以修正。这种时刻进行的自我"美容"手术无疑是痛苦的，而带来的结果一定是自己越来越美。

可以发现一个问题：越是让自己变好的事情，往往越是伴随着痛苦；而越是让自己变差的事情，往往越给人带来感官的快感！同样是上网，是上网课轻松还是看电影、玩游戏轻松？同样是吃东西，是健康饮食快乐，还是大酒大肉、麻辣油腻快乐？同样是生活，是贪财好色带来的感官愉悦多，还是清静无为、洁身自好带来的愉悦多？这些问题不用我回答，大家听了都会心一笑，答案不言自明——正所谓"人为财死，鸟为食亡"，谁会不喜欢吃喝玩乐、酒色财气？所以孔子也不禁感叹："吾未见好德如好色者也！"（我没见过追求美德超过追求美色的人啊！）

有一次鲁哀公问孔子：你的弟子谁好学啊？孔子对曰："有颜回者好学，不迁怒，不贰过。不幸短命死矣。今也则亡，未闻好学者也。"孔子回答国君的话很值得思考，孔子说颜回好学，并不是因为颜回都腰椎间盘突出和视力下降了还要死啃书本，而是因为颜回"不迁怒，不贰过"。不迁怒，表面上是说不归咎于其他人，实际上是说颜回一有问题就从自身寻找错误，而且错过第一次绝对不错第二次，这种拿自己的错误开刀的劲头，不就是老子说的"圣人不病，以其病病，是以不病"吗？可惜这样精进好学的人毕竟是奇葩一朵，死掉了就再也找不到了，颜回死的时候孔夫子仰天大哭道"天丧予！天丧予！"，真是令人同情啊！

◎ 学习是否只限于知识领域？

第一种翻译当中的"知"，主要讲的是"知识"方面的学习。第二种翻译当中的"知"，则是指一个人对自我的认知。

第二种翻译：知道自己的无知，是最好的；不知道自己的无知，是一种病。只有把自己的毛病当作问题去改进，才能够没有毛病。圣人之所以没有毛病，是因为时刻把缺点当作问题来改进，所以才能没有毛病。

成语说："谦受益，满招损。"谦虚，就是知道自己的无知；自满，就是不知道自己的无知。有人说，我是博士、教授，我为什么要谦虚？谁敢说我无知？我从小住在一个大学的校园里，楼上楼下教授成群，绝大多数都是谦虚有礼、严谨治学的，当然也遇到过一位不同的教授，此人开口闭口就说："我是谁啊？我是教授啊！我是某某某专业的教授，你们知道吗？"很多年后我们提到这位教授，没有人真心佩服他的学术，都把他的夸夸其谈作为闲谈的笑柄。

实际上，越是有智慧的人，越会承认自己的无知；越是愚蠢的人，越不承认自己的无知。比如苏格拉底就经常说："我只知道一件事，就是我一无所知。"他越这么说，人们对他的敬仰越是如滔滔江水连绵不绝。为什么呢？真正有见识的人才懂得学无止境的道理，比如庄子说过"吾生也有涯，而知也无涯"，无涯就是无穷大，无论谁的知识和学问有多大，与无穷大比起来都无限接近于零。懂得越多，才会发现未知的更多，俗话说"站得越高，看得越远"，越能发现未知世界之辽阔。人类的早期文明，只能用"海内""海外"来描述世界，因为那时世界就是陆地和大海；当人类的视野从地球转向太空，才发现地球这个小世界原来只是宇宙中的沧海一粟，人类关于地球的知识原来只是宇宙中无穷小的一丢丢——从这个角度来说，苏格拉底说自己无知，其实是最诚实的话。后来他因雅典的无知之徒控告而被判处死刑，不得不说这是人类行为之愚蠢的一个标志性体现。

第二种翻译，我认为比第一种更符合老子本意。因为文化知识的学习，其实只是人们对这个世界认知的一小部分。真正的"知"，除了书本上的科学文化知识，还包括对人性的了解（亦即孙子所谓"知己知彼"中的"知"）、对人生终极目标的探究（比如哲学和宗教）、对社会的认知，以及对宇宙万有的规律的认知，以及基于这些认知之上的实践（《道德经》中的"道"和"德"）。

◎ 为学日益，为道日损

"知不知"，是指一个人无时无刻不在学习，从而全方位提高自己的认知水平；而"不知知"，是说一个人不思进取，也许他觉得自己才高八斗不需要进步，也许他自暴自弃决定混吃等死，老子说，这都是毛病。其实惰性人人有，跟着惰性走，人和牲畜又有什么分别？人的可贵之处在于总有理想和信念的召唤，令其能吃得起苦、受得了磨难，敢于与各种艰难困苦做斗争。到了圣人的境界，人就不只与外在的困难做斗争，首先要和自己做斗争，这就是"夫唯病病，是以不病"，只有针对自己的缺点和毛病来做文章，才能保证自己的健全人格。也即第四十八章提到的"为学日益，为道日损"：学问是越多越好，毛病是越少越好。

可是这个要求又应了那句话：说起来容易，做起来难。

难在什么地方呢？人学会的东西越多，越容易骄傲，欲望就越容易膨胀，所以"为学日益"的结果，往往是与"为道日损"的原则背道而驰的。而"为道日损"要求人们天天对自己的毛病开炮，革除"贪、瞋、痴、慢、疑"，扫掉"财、色、名、食、睡"，这对人性是极其严峻的考验。都知道这非常困难，但是只有困难的事情才能带来真正的价值。

比如佛家虽然没有 "夫唯病病，是以不病"这种原话，但观点和老子的完全一致。佛家认为，从凡夫到成佛的修炼过程，是"譬如磨镜，垢去明存"，要一步步把自己身上的毛病去掉。古代的镜子，不像现在的玻璃制品是后面镀一层水银，它的正面是将金属抛光之后制成，金属在空气中会氧化，磨好的镜子过一段时间又照不出人影了，还要继续磨。佛家用磨镜子来比喻人们进步的过程，把氧化后的金属垢比喻为人的毛病和习气，人必须通过勤奋努力，勤除习气，方能证道，镜子才能恢复自性的光明。

不只佛家和道家这类修炼方法相同，儒家同样把"病病"（除掉毛病）作为进步的最有力的手段。比如曾子说的"吾日三省吾身：为人谋而不忠乎？与朋友交而不信乎？传不习乎？"就是"以其病病，是以不病"的原则用于儒家实践的例子。只不过曾子提到"为道日损"的频率更甚于老子，变成"为道日三损"，看来真是应了那句著名的广告语的变体：没有最损，只有更损。

‖ 提炼要点 ‖

1.学习要有虚心的态度，承认自己不知道，才能学到更多的东西。

2.做人要有收拾自己的心态，拿自己的缺点下手，才能够不断进步。

第七十二章
老子谈自我管理

> 人不怕死，最后就会死。管好自己的欲望，管好自己胃肠，管好自己的思想，不但可以超脱生死，甚至有望达到圣人的境界。

民不畏威，则大威至。无狎其所居，无厌其所生。夫唯不厌，是以不厌。是以圣人自知不自见，自爱不自贵。故去彼取此。

〃名词〃

狎：同狭，狭窄的意思。厌：足的意思，不厌就是不足。

〃翻译〃

如果人民什么都不怕，那么最可怕的事就来了。不要把自己的眼光局限在当前的环境里，也不要满足于追求目前的物质生活。只有当人们不局限于物质世界的各种欲望的时候，这些环境和欲望才不足以把人们搞死。所以有道之人了解自身的价值，但是不会自我炫耀；懂得生命的宝贵，但是不会有意表现得高人一等，所以要摒弃后者，谨守前者。

◎ 不作就不会死，可是人们为什么要作死？

请问，最可怕的事是什么？不就是"死"吗？

前面多次讲过"不作就不会死"的道理，为什么老子讲到最后十章，还要反复讲这个道理？因为不怕死的人实在太多了，不但那些愚蠢邪恶、杀人放火的人是这样，在老子的眼中，除了凤毛麟角的圣人以外，天下众生基本都是"敢死队"的成员。为什么呢？我们谁不是这样呢？有人请我们吃米其林三星的大餐，我们是不是会狂吃？有机会喝茅台酒，我们会不会狂喝？免费出国旅游，我们会不会狂玩？难道我们不知道不管多好的东西，一旦过度就都变成了毒害？美味基本上都是高脂肪高热量的食品；美酒多是伤肝伤身的东西；纵情游猎玩物丧志不说，还浪费生命，可是我们谁能抵挡住这些"好东西"的诱惑呢？我们都只是凡人，又不是英雄好汉；而英雄好汉不也是这个德行？连《水浒传》中的武松都是这样，"且由他，便死也做个饱鬼"，而他在上景阳冈之前，明知山上有老虎，还是拼命酗酒，差点没打过老虎。谁都知道喝酒后反应慢，这么危险，英雄武松怎么还喝酒呢？

因为大多数人不懂得敬畏。敬畏什么？什么都要敬畏。比如，和别人吵架要不要敬畏？2018年10月28日重庆公交车坠桥事件，那个女乘客不知敬畏地吵架，导致她永远下不了车。酒精要不要敬畏？除了喝死的或者喝出癌症的，每年我国酒驾致死的人都数以万计。吃饭要不要敬畏？因暴饮暴食和过度肥胖致病和致死的人，比酒驾的还要多。甚至睡觉有睡死的、打呼噜有打死的、跑步有跑死的、高兴有乐死的，日常这些吃喝拉撒睡的小事情都值得敬畏，何况更大更重要的事情呢？

那么为什么人们不懂得敬畏呢？因为敬畏就要管住自己，管住自己首先要管住欲望。管住合理饮食、管住不吵架、管住不喝酒，这些是管住嘴，可是嘴代表了人50%的欲望，怎么管得住呢？还有刺激和享受、贪财和好色，都是让人舒服的事，有人不是说"牡丹花下死，做鬼也风流"吗？能有多少人敬畏一切，就像《道德经》第十五章讲的那些"古之善为士者"，"豫兮若冬涉川；犹兮若畏四邻"般谦虚低调、敬畏一切呢？这样的人就算不是圣人，距离圣人的境界也不远了吧？

老子《道德经》有个规律：一提到"民"，通常后面就会提到"圣人"。民代表没有得到《道德经》智慧的人，或者说我们这些俗人；而"圣人"则代表已经得道的高人，或者说达到了老子的境界。老子在这里说了不知死活的"民"之后，又怎样引导众生进步，向圣人的境界靠拢呢？——"无狎其所居，无厌其所生。夫唯不厌，是以不厌。"不要把自己的眼光局限在当前的环境里，也不要满足于追求目前的物质生活。只有当人们不局限于物质世界的各种欲望的时候，这些环境和欲望才不足以把人们搞死。

老子多次讲过，人贪什么，就会死在什么上面。所谓"人为财死，鸟为食亡"。如果不贪财、不贪吃、不贪酒、不贪色、不贪房子、不贪名利，这些东西自然不能为害于我。其实老子多次讲过，人生最重要的是什么？是欲望名利吗？第三章说得透彻："不尚贤，使民不争。不贵难得之货，使民不为盗。不见可欲，使民心不乱。是以圣人之治，虚其心，实其腹，弱其志，强其骨。常使民无知无欲，使夫智者不敢为也。为无为，则无不治。"很多人一生为"可欲"而奋斗，难道不知道人最宝贵的是思想和灵魂，这并不属于酒肉和金钱的范畴吗？难道不知道一个人的智慧和修养，是没办法用房子和票子来计算的吗？为什么人们会因为这些没有生命的物质，以及能够致人死命的欲望，来毁灭自己的生命价值呢？

所以作为《道德经》的读者，不管别人怎么想，不论别人怎么看你，你都可以抛弃绝大多数俗人的价值观，不再用任何有形的物质财富或者名利地位来衡量自己，而以《道德经》的标准来看待自己的人生，即使今生修炼不到"圣人"的水平，也一定能够超越自我，获取更大的人生价值——超越房子、票子、车子，超越好吃的、好玩的、好看的。到底是什么价值呢？

◎ 牛人不炫耀，炫耀非牛人

老子说："是以圣人自知不自见，自爱不自贵。故去彼取此。"所以有道之人了解自身的价值，但是不会自我炫耀；懂得生命的宝贵，但是不会有意表现得高人一等，所以要摒弃后者，谨守前者。

接上一段说，圣人守护的价值，不是物欲，不是名利，而是生命本身的价值，是灵魂自有的价值。人类最可宝贵的是生命，可怜很多人却把有限的生命投入到无限的追求酒色财气的欲望中去，终其一生也不知道提升自己灵魂的境界。圣人就是从提升自身的修养开始，按照中华文明的经典路径，修身齐家治国平天下，最终造福天下，获得自身价值的最大实现。《道德经》一书对圣人的归宿是造福天下这一点，反反复复、不厌其烦地讲，从第七章"非以其无私邪？故能成其私"，到第十三章"故贵以身为天下，若可寄天下；爱以身为天下，若可托天下"，到第三十四章"大道泛兮，其可左右。万物恃之而生而不辞，功成不名有"，到第四十八章"取天下常以无事，及其有事，不足以取天下"，到第四十九章"圣人在天下，歙歙；为天下，浑其心"，到第五十四章"修之于身，其德乃真；修之于家，其德乃余；修之于乡，其德乃长；修之于国，其德乃丰；修之于天下，其德乃普"，到第六十六章"是以圣人处上而民不重，处前而民不害。是以天下乐推而不厌"，不一而足。以上还只是明说的句子，老子暗指圣人要造福天下的话数不胜数，不一一列出了。《道德经》讲到"圣人"两个字有30次，不少了；可是谈到"天下"二字，竟有61处之多！如果《道德经》不是引导我们超凡入圣、兼济天下，为什么讲那么多"圣人"和"天下"？所以中国文化的根本在这里：每个人都有义务和责任不断进步，而进步的目标绝不只是自己衣食赡足、私囊满满，而是穷则独善其身，达则兼济天下，一个人做到这样才算真正活明白了。

讲过中国传统的价值观之后，再说一个更妙的事，那就是中国人实现了个人价值之后却一定不能炫耀这个价值。为啥？因为你的价值体现在为人民服务当中啊，你一炫耀，不就成了自己争名夺利吗？第二十四章中老子说，"自见者不明，自是者不彰，自伐者无功，自矜者不长。其在道也，曰余食赘形。物或恶之，故有道者不处"，一点不表现、一点不骄傲、一点不争功、一点不自我表扬，才是真正的牛人。所以老子再次强调，要"自知不自见，自爱不自贵"。

『提炼要点』

为物质、名利而活，终会为物质、名利害死。最有价值的人生，要超越物质欲望，实现生命价值，看上去是低调质朴的人生，其实是巨牛无比的圣人的归宿。

第七十三章
苍天有眼

　　胆大不一定是好事，胆小也不一定是坏事。人类的行为，应该符合自然规律，否则必然报应不爽。人在做，天在看。

　　勇于敢则杀，勇于不敢则活。此两者，或利或害，天之所恶，孰知其故？是以圣人犹难之。天之道，不争而善胜，不言而善应，不召而自来，繟然而善谋。天网恢恢，疏而不失。

∥名词∥

　　繟然：坦然，安然。

∥翻译∥

　　大胆决心去冒险做事就会死，决心不去冒险做事就能活下来。这两种选择到底哪种是有利的，哪种是有害的，哪种是符合天道的，哪种是违反天道的，谁又能说得清呢？所以就连圣人在做选择的时候，都会敬畏和谨慎。自然的规律，是不去做逆天之争斗，反而经常能够得胜；不需要多说话，好好做事就会得到好的回应；不用召唤，该来的结果一定会来；宽宏淡然，一切都在自然规律的谋划当中。自然规律的范围广大无边，看起来稀松平常，但实际不会有丝毫疏漏。

∥解释∥

　　上一章说到，如果人不怕死，就会去作死。不作就不会死，作死就一定死，所以这一章进一步阐述人与自然的关系，并提出问题：勇敢好不好？胆大是不是一种美德？自然之道会怎样对人类的行为做出反应呢？

◎ 人的命运在于自己的选择

读了《道德经》才知道，中文常用的"勇敢"一词竟然源自老子。其实不只这个词，《道德经》里成语、佳句数以百计，本章就演化出两个常用的："不招自来""天网恢恢，疏而不漏"。所以我经常感叹：不读《道德经》，不能说真正懂得中国传统文化。

在我们现代人的印象当中，"勇敢"绝对是一个褒义词，可是《道德经》并没有说勇敢一定是好的，因为勇敢导致的死亡率比较高。前面说过冲击珠峰的死亡率，其实珠峰并不是登山死亡率最高的山峰，位于尼泊尔境内的喜马拉雅山中段的安纳布尔纳峰，才是登山死亡率最高的一座山峰，自1950年首次有人攀登以来，截至2010年初已有约130人尝试攀登该峰，其中53人丧命，死亡率约38%。

那么"胆小"一定是个贬义词吗？也不一定，因为老子说胆小其实是"勇于不敢"。有道理吧？有的时候，胆小也是需要勇气的，放弃也是一种美德，尤其在这种胆小和放弃能够赢得宝贵的生命的时候，不就是十分明智的选择吗？再比如，炒股高手必然懂得止损，放弃那些继续亏损的股票，譬如壮士断腕、刮骨疗毒，虽然痛彻心扉，但"留得青山在，不怕没柴烧"。

所以勇敢不一定好，是因为勇敢会死；胆小不一定坏，是因为胆小能活。复杂的是，有的时候死不一定就不好，因为存在生不如死的情况；而活着也不一定对，因为有时候死也是一种解脱。孔子说"无求生以害仁，有杀身以成仁"，就是这个意思。所以老子才说："天之所恶，孰知其故？"天道判断善恶，不是僵化的、一成不变的，不是勇敢，也不是不勇敢，而是不一定。这就给读者带来巨大的困难：老子怎么不给指出一条道来？到底应该勇敢还是应该胆小呢？有疑惑很正常，本来此处的选择就很微妙，连圣人都要小心翼翼（"是以圣人犹难之"）。

老子说的是实在话，的确是"不一定"。因为情况不一样，就会做出不一样的判断。股神巴菲特有句名言："别人贪婪（勇于敢）的时候我恐惧（勇于不敢），别人恐惧（勇于不敢）的时候我贪婪（勇于敢）。"因为股市的规律，只有少数人才能赚钱，所以根据市场环境的变化而变化，进行逆向操作，才是明智的选择。注意，胆大和胆小是随时转换的，在转换的时机和最后的决策上，都需要相当的智慧，所以老子说"是以圣人犹难之"。反过来，如果一味要求胆大或者胆小，固执己见，不顾环境一意孤行，必将死无葬身之地。还是买股票，市场行情低迷的时候买入是对的，而当股票价格涨到天上了还继续买入，就等着暴跌到血本无归吧。同样，股价高的时候应该卖出，如果都跌成地板价了还一味卖出，肯定赔个一塌糊涂。

所以老子这段话的真正意思，不是应该"敢"也不是应该"不敢"，而是不能"勇"。"敢"和"不敢"在不同情况下都有可能是对的，如果人们不知敬畏自然规律，胆大妄为，不知变通，坚持做错误的事，必将招致自然规律的报复。钱亏光了是小事，从个人来说导致杀身害命，从社会来说导致生态灾难，则是更加恐怖的事。前面章节已经有过太多这种例子。

既然老子认为人们的举动不应该一味地"敢"，也不该一味地"不敢"，而要符合自然的规律，那么自然规律又是什么样子呢？

老子说："天之道，不争而善胜，不言而善应，不召而自来，绰然而善谋。天网恢恢，疏而不失。"意思是：自然的规律，是不去做逆天之争斗，反而经常能够得胜；不需要多说话，好好做事就会得到好的回应；不用召唤，该来的结果一定会来；宽宏淡然，一切都在自然规律的谋划当中。自然规律的范围广大无边，看起来稀松平常，但实际上不会有丝毫疏漏。

我们都说"人在做，天在看"，什么意思呢？就是说做得好，符合自然规律，就一定有好的结果，不然强求也强求不来；做得不好，逆天而动，自然规律一定会给你惩罚，想躲也躲不开。这听上去有些神秘主义的倾向，其实是科学的观点：有因必然有果，好的因带来好的果，恶的因带来恶的果，任何人无法逃脱这样的规律。中国俗语说，"久做善事终成仙，多行不义必自毙"，这没有一点点迷信，而是自然规律使然。

"不争而善胜"，是说想赢，就要符合"老天"定下的规矩，而不要想当然地去做"人定胜天"的斗争。我和朋友一起去南美洲的亚马孙雨林，见蓝天白云下阳光明媚、密林繁茂、鸟兽生长、万物蓬勃的样子，不禁和同行者感叹，这个地方如此美丽富饶，如果因为人类活动而被毁，该有多么可惜啊！如果人类每天想着改天换地，这片世界上最大的雨林一定逃不掉被过度开采、水土流失、物种灭绝和沙漠化的命运。其实近50年来，亚马孙雨林由于人类的活动已经缩小了20%，近年来巴西对雨林的环境保护愈加重视，政府对原住民的捕猎和砍伐树木的行为做了严格的规定，为他们配备了电力设备、汽油和必要的生活设施，并通过立法来保护环境。

有人可能不以为然，这么多树不砍，这么多动物不吃，岂不是浪费？他不一定知道，如果砍掉亚马孙雨林，地球将减少30%的氧气，而多出的二氧化碳带来的温室效应将导致南北极更多的冰川融化，导致一连串生态灾难，最后人类能不能活下来都是疑问。

一切自然规律都是用来服从和遵守的，而不是让人来争的，争到最后，无不以头破血流为结局。同样，自然规律也不是让你去"言"、去评论的，这个世界只看你怎么做，不管你怎么说：你好好做，就给你好的结果；恶贯满盈，就死无葬身之地。善行的好处，你不想要，它自己跑来找你；恶行的报应，你想躲也躲不开，不召而自来；这一切好像没有谁来主导，但冥冥之中自有安排。

前面说过，人生的智慧在于选择。什么是好的选择？就是敬畏自然规律、遵循自然规律的选择。希望我们都能反思自己的思想和行为，哪些是符合实际情况、遵循客观规律的，哪些是被欲望驱动、狂妄自大贪得无厌的，从而做出明智的选择，过上幸福智慧的生活。

提炼要点

不作就不会死，作就一定会死。天网恢恢，疏而不漏，符合自然规律，善有善报；逆天作死，不是不报时候未到，时候一到，悔之无药。

第七十四章
杀人是很专业的事

要么不杀，要杀就杀一儆百。以不随便杀的态度来杀，才不会犯错。

民不畏死，奈何以死惧之？若使民常畏死，而为奇者，吾得执而杀之，孰敢？常有司杀者杀。夫代司杀者杀，是谓代大匠斫。夫代大匠斫者，希有不伤其手矣。

∥名词∥

大匠：对在某种技艺上造诣极高的人的称呼，尤指技艺高超的木工。斫：砍。

∥翻译∥

如果人民不怕死的话，用死来吓唬人民又有什么用？如果能够让人民都怕死，而有个别人为非作歹，我们就可以把这人抓起来杀掉，那以后谁还敢行凶作恶？通常要由专门负责死刑（处罚）的人（机构）来实施死刑。如果一般人想要代替专门的人或者机构来处死人，就好像代替手艺高超的匠人来动刀斧一样，很少有人能不伤到自己的手。

∥解释∥

本章是前两章的总结。第七十二章说，人民不知道敬畏，必将导致祸患；而第七十三章说，违反自然规律的人，必然受到自然的惩罚。天道循环，报应不爽。看这两章，我们知道善有善报、恶有恶报，好像可以放心了；但是善良的读者会想，无论自然受到破坏，还是人类遭到报应，都不是我们想看到的，能否不发生这些不好的事呢？老子说，这里面是有可操作的空间的。那么治理国家的人，如何避免遭灾惹祸、生灵涂炭呢？来看老子的建议。

◎ 管理为什么需要赏罚

中国自古以来，在管理上就要求赏罚分明；究其原因，就是要通过赏罚来建立规则，否则空有管理架构和管理制度，没有人遵守制度，管理就名存实亡了。

在这里，管理者和被管理者之间有一种博弈的关系。国家的范畴比较大，我们先把讨论的环境设定为一家企业。假设管理者有两种选择，一是赏罚，二是不赏罚；被管理的人也有两种选择，一是遵守规范，二是不遵守规范，那么两方不同的选择会带来什么结果呢？一共有四种情况。第一种情况，被管的人遵守管理规范，管理者奖励，结果是，不但这个员工今后会更加努力按制度来，其他员工也会遵照企业的管理制度来做，因为他们也希望得到奖励。第二种情况，员工遵守制度，企业不奖励，这样一来，不但这个员工不再遵守制度，其他人也不会努力工作了。因为员工按制度好好工作是要付出努力的，管理者不给奖励，实际上是在惩罚那些做出牺牲和奉献的人；而对待不努力的人和努力的人没有差别，就是在奖励不努力的人。这就是为什么吃大锅饭不能带来好的员工表现，反正大家最后都一样，谁会努力付出呢？第三种情况，就是员工违规，企业处罚，这个员工会吸取教训，今后不敢再不守规矩，而其他人会从被处罚的人身上吸取教训，也不敢违规。第四种情况，就是员工违规，企业不处罚。这种情况最可怕，既然违规也没人管，大家就都自己说了算，小则迟到旷工，大则贪污受贿，用不了多长时间，企业必然破产倒闭了。

	企业奖励（不处罚）	企业处罚（不奖励）
员工努力工作	员工努力工作（情况一）	没有人努力工作（情况二）
员工违反制度	没有人努力工作（情况四）	员工努力工作（情况三）

企业为了生存，肯定希望员工努力工作，所以对企业而言，唯一正确的选择就是奖优罚劣；员工为了有更好的回报，一定希望得到奖励，

唯一的选择就是努力工作，不违反制度。因此，赏罚分明对管理者和被管理者而言，都是好的管理机制；如果赏罚不明，结果必然是员工得不到实惠，企业也只能关门大吉，所以就两方的长远利益而言，是非常糟糕的机制。

部队也一样，治军必须赏罚分明，否则兵法再高明，部队也打不了胜仗。有一个著名的孙子治军的故事。孙武和老子几乎同时代，2000多年前，他携千古流芳的不世兵书《兵法》十三篇见吴王。司马迁的《史记》记载，孙武用吴王的嫔妃练兵，那帮美女平时恃宠而骄，训练难度可想而知。可能吴王平时拿这些佳人也没辙，因此故意给孙武出了这么个难题。孙武三令五申之下，一群美女还是欢声笑语，不听指挥。于是孙武按军法斩了两个带头的队长（也是吴王最宠爱的两个妃子），效果立竿见影，剩下的人全部步调一致听指挥，以至于孙子在交差的时候说，这些人赴汤蹈火都没问题。

有人会说，这样带队伍会不会太残酷了？问题是在古代真实的战争中，如果不肯杀一儆百，结局往往是所有人一起死，杀一儆百就是效率最高的管理方法。对于现代社会的商战，道理完全一样。一个松散的团队，一群自以为是、各自为战的员工，是无法在激烈的市场竞争中存活下来的。所以严明的纪律，对部队和公司来说同样重要。

◎ 杀人是一种专业

老子说："常有司杀者杀。夫代司杀者杀，是谓代大匠斫。夫代大匠斫者，希有不伤其手矣。"翻译过来就是：通常要由专门负责死刑（处罚）的人（机构）来实施死刑。如果一般人想要代替专门的人或者机构来处死人，就好像代替手艺高超的匠人来动刀斧一样，很少有人能不伤到自己的手。

"让专业的人干专业的事"，我们都听过这个说法，为什么呢？因为专业的事绝不是业余爱好者能搞明白的。尤其对杀人这么专业的事，古人更是慎之又慎，一定要有专业的机构（有司，司法机构）和专业的人（刽子手）来干。孙子将不听管理的嫔妃斩首，大家凭直觉认为孙子是个狠辣暴虐之人，其实他那个级别的人绝对是智慧非常高的，他对杀人是非常谨慎的。比如他在《孙子兵法》之《火攻篇》中提到："怒可以复喜，愠可以复悦，亡国不可以复存，死者不可以复生。故明君慎之，良将警之，此安国全军之道也。"因此老子建议，要让司法部门来干这类杀一儆百的事，普通人千万不能一激动就自己乱来，是要犯大错误的！

　　这里有两个地方比较微妙，要特别说明一下。首先是人性的问题：每个人都会受情绪影响，很难做到真正客观。如果一个人对别人有生杀予夺的权力，明智的人都懂得，必须限制自己这种权力，"把权力锁入笼子里"，让专业的机构依据法律和制度来代替自己做判断。历史上这一点做得比较好的皇帝是李世民，他规定死刑必须要反复审核，而且要尽量延迟行刑的时间，以避免错误的判决。因为审判机构不是一个人做决定，而是集体决策，又有法律和制度的依据，所以出错的概率大大减小，主观情感的影响也更小，所以导致无法挽回的后果的可能性也小得多。

　　在企业里也一样，最容易犯大错误的往往是领导。因为普通员工犯的错，往往影响没那么大；越是权力大的人，责任就越大，如果领导犯了错误，一个决策下去，损失常常是难以弥补的。所以明智的管理者要学会依赖专业人员和专业机构的力量，比如技术问题交给技术部门，财务问题多咨询财务专家，人力工作多参考人力主管的建议。比如要处罚和开除有错误的员工，交给人力资源部门按照制度来处理，是更加明智的选择。诸葛亮在《出师表》中提醒甚至是警告刘禅，"宫中府中，俱为一体，陟罚臧否，不宜异同。若有作奸犯科及为忠善者，宜付有司论其刑赏，以昭陛下平明之理，不宜偏私，使内外异法也"，说的就是这个道理。

　　其次，读者还可以思考另外一个问题：老子提到的"大匠"暗指什么？如果联系前面两章，不难想到，"大匠"其实是指那个"天网恢恢，疏而不失"的"天道"。因为人们的判断往往是站在个人角度，不可能站在天地和自然的高度来判断是非善恶，所以上一章老子说"天之所恶，孰知其故？是以圣人犹难之"，而且天道"不争而善胜，不言而善应，不召而自来，繟然而善谋。天网恢恢，疏而不失"。为什么不把判断和处罚的工作交给老天呢？善有善报，恶有恶报，天道循环，报应不爽，很多事情用不着我们这些业余选手操心，苍天有眼，天理昭昭，作恶者必将遭到自然规律和人间法律的惩罚。

╱提炼要点╱

　　要赏罚分明、杀一儆百，才会达到管理的效果。但同时要依靠专业的人事部门或司法机关来处理，才不至于滥杀无辜、伤锋犯手。

第七十五章
瞎折腾不如不折腾

上面瞎折腾，下面就会被折腾死；所以瞎折腾不如不折腾。

民之饥，以其上食税之多，是以饥。民之难治，以其上之有为，是以难治。民之轻死，以其求生之厚，是以轻死。夫唯无以生为者，是贤于贵生。

〃翻译〃

人民之所以饥饿，是因为统治者要求缴纳的粮食赋税太多，所以才会导致饥荒；人民之所以难以治理，是因为统治者强作妄为，所以才难以治理；人民之所以不怕死，是因为统治者追求奢华生活，所以人民不怕死。只有不以欲望为目标的人，才胜过追求奢侈生活的人。

◎ 管理与接受管理的博弈

中国自古以来，一直有个大问题解决不了，这个问题的严重性，2500多年前老子写《道德经》时就注意到了，但是直到近代的清朝都无法解决，这个严重问题是什么呢？居于统治地位的国家管理层，会折腾出一些事，而且越折腾越厉害，如果说一开始折腾得可能还有些道理，但越折腾越上瘾，直至把老百姓折腾到活不下去，揭竿而起，推翻统治者，建立新的朝代。然而宿命在于，往往新的朝代又开始这个循环，再导致新的朝代更替。我们有兴趣可以读一读胡绳先生的《二千年间》，虽然是七八十年前的作品，但短小精悍、深刻简明，颇值得一读。

所以，国家的管理层要懂得如何正确管理国家；企业的管理层也一样，要懂得怎么管，管到什么程度，既不能不够，也不能过度，这样才能产生最好的管理效果。本小节题目是"管理与接受管理的博弈"，这也有特别的思考。首先，不说"管理与被管理"，而说"管理与接受管理"，因为管理的效果如何，不完全在管理者一方，而在于双方的互动。就算管理者天纵英才、雄才大略，如果另外一方不接受，也是孤掌难鸣。其次，这里用了个词"博弈"，说明不仅管理者可以影响接受管理的一方，接受管理者对管理者也有能力施加非常大的影响，这样才能形成双方博弈，否则只是一方强制，另一方服从，虽然能够满足管理者的一厢情愿，在实践中是完全行不通的。那么双方的互动或者说博弈，究竟怎样进行呢？我们来看老子的原文：

老子说："民之饥，以其上食税之多，是以饥。民之难治，以其上之有为，是以难治。民之轻死，以其求生之厚，是以轻死。"意思是：人民之所以饥饿，是因为统治者要求缴纳的粮食赋税太多，所以才会导致饥荒；人民之所以难以治理，是因为统治者强作妄为，所以才难以治理；人民之所以不怕死，是因为统治者追求奢华生活，所以人民不怕死。

老子话说得很朴实，我们都能理解，其中的道理却需要深入思考。这里统治者和人民的博弈，没有形成共赢，而是形成了相互竞争乃至残害的关系，可以说是最差的结果：统治者横征暴敛，骄奢淫逸，为所欲为；被统治者饥寒交迫，揭竿而起，冒死一搏。双方最后都被逼进了死胡同，不是你死便是我活，这到底是历史的宿命，还是从中可以有所选择呢？为什么中国历史上两千年间经常在这一模式中循环，有没有破解的方法呢？其中的道理，对于企业管理是否有启示呢？

我们来看双方的博弈关系：

1.人民需要国家来提供安全、教育、科研、公共设施等服务；

2.国家需要人民来提供税收、智力、劳动力、人才等资源；

3.人民要付出金钱、劳动力、时间、财物等来维持国家；

4.国家的统治者要付出时间、精力、智力等来服务好人民。

这里说的当然不是国家政治的全部，只是用来说明双方的博弈关系，但已经能看出端倪，那就是存在好的博弈和差的博弈。好的博弈，就是博弈双方达到利益最大化，双方关系不断得到促进，形成越来越好的合作：人民得到国家好的服务——人民的生产效率提高、精神生活改善——人民为国家提供更多的税收，有更大的贡献——国家拥有更多资源用以改善对人民的服务水平——国家保障更强，人民生产和生活环境更好——人民的生产效率进一步提高……双方进入良性循环的状态。

那么什么是差的博弈呢？两边完全对立：统治者横征暴敛——人民饿得没力气干活——税收减少、劳力不足——国家税收下降，入不敷出——统治者加大征税和徭役的力度——人民实在活不下去，干脆揭竿而起……双方进入最惨烈的血拼。

值得注意的是，老子为什么把这个现象写在《道德经》最后几章？我们知道，中国人的所有学问，都是为了实用，哪怕中国哲学也是一样，如果不能用，要那么多理论干什么？老子的"道行"如此之高深莫测，他的"道""德""无为而治""上善若水""柔能胜刚"等理论，如果不落脚在治理国家、为国为民上面，怎能称得上中华民族的圣人呢？所以从第七十二章到第八十一章的最后十章，实际就是老子给出的管理和治国方针，也是用他的"道德"理论，来破解统治者和被统治者的残酷对抗这一千古难题。

◎ 无为而治

老子最后的药方很简单："夫唯无以生为者，是贤于贵生。"意思是，只有不以欲望为目标的人，才胜过追求奢侈生活的人。

读起来可能有些懵圈，这句话的确是老子的一贯主张，但和前面说的统治者和人民之间的博弈有什么关系呢？关系太大了！

这种博弈，短期看，双方的力量并不平衡：统治者一方有军队等国家机器，人民虽然是最终的胜利者，但如果没有形成极端的双输博弈，普通人是不会独自反抗统治阶层的，所以统治者往往不断加强统治压力，征税越来越高，服务越来越差，而造成这种情况的原因，不外是统治者的欲望越来越膨胀。历史上统治者在亡国之前，无不大兴土木、后宫奢靡、懒惰怠政；而凡是盛世，无不是君臣勤政爱民、生活节俭、高效决策。所以管理层自我约束，是打破恶性循环的最有效手段。

汉朝的文景之治，就是成功应用《道德经》第七十五章的典型案例。秦末农民大起义之后，汉初的人口锐减，国家穷到连四匹毛色一样的马都找不到。幸好汉文帝和汉景帝都是老子的粉丝，奉行以《道德经》的原理来治国的政策，收到了奇效。当时汉文帝刘恒清心寡欲、节用爱民到什么程度呢？穿着草鞋上朝办公，动真格地做节俭的表率；龙袍破了，就让皇后补一补再穿；不仅自己穿粗布补丁衣服，还要求皇后亲事蚕桑，后宫嫔妃穿着要朴素，不得在衣裙上刺绣。当时宴游的地方不够用，刘恒想造一个露台，听到工匠们说造个露台需"百金"，他说这等于十户中等人家的财产啊，太奢侈了，现在朝廷穷，还是把这些钱省下来吧。刘恒当皇帝23年，没有建宫殿，没有修园林，没有增添车辆仪仗。他关心老百姓的疾苦，刚当皇帝不久就下令，由国家供养80岁以上的老人，每月发给他们米、肉和酒；对90岁以上的老人，还发一些麻布、绸缎和丝绵，给他们做衣服，这些物品必须由县丞或县尉亲自送达。他在死前，对自己的丧事也进行了节俭化安排，在遗诏中痛斥厚葬的陋俗，要求自己的丧事从简，明确说："皆以瓦器，不得以金银铜锡为饰，不治坟，欲为省，毋烦民。"赤眉军攻进长安，许多皇帝的陵墓被盗挖，唯独汉文帝的陵墓没有动，因为都知道里面没啥贵重东西。

这一来，恶性循环变成了良性循环：

国家穷——管理层节约——人民的负担减轻，生产剩余多——生产动机强，社会财富增加，社会发展——税收增加，政府力量变强——更多投入社会和生产当中——人民的财富和幸福感进一步加强……

老子一直在讲"无为而治"，为什么"无为"可以"治"呢？有为是干出个大事，震古烁今；无为是该干吗干吗，无欲则刚；有为是做给人家看的面子，往往是打肿脸充胖子；无为是自己得到实惠的里子，一切尽在掌握。换句话说，无为是自然之大道，符合规律，恰到好处，循序渐进，轻轻松松，水到渠成，润物无声，不追求名利，不害怕困难，"譬道之在天下，犹川谷之于江海"，就是赢得那么洒脱。而管理者的无为而治，自然影响民众的精神和生活状态，就像《道德经》第五十七章所说："我无为而民自化，我好静而民自正，我无事而民自富，我无欲而民自朴。"管理者和接受管理者的良性循环就这样形成了。

◎ 用《道德经》的原理来管企业

用心思考一下，在企业中，管理层应该怎么管理员工。上一章讲过，企业要严格管理、赏罚分明，但是不是要给员工非常低的工资、极差的工作条件呢？如果一个企业的条件很差，以致员工干不多久就辞职跳槽，企业还能搞好吗？

还有一种常见的情况：一个刚当上老总的年轻人，觉得自己非常优秀，要做几件大事。不做大事怎么显得自己鹤立鸡群、才华横溢呢？于是此人大搞运动、拼命宣传，为了标新立异，每一样工作都耗尽企业资源；中层的领导为了让老总开心，当然全力迎合；下面的员工没有办法也只能尽力去做。但是时间久了，谁也不愿意做那么多无用功，干劲越来越弱，效率越来越低，最终欺上瞒下、应付了事，企业环境恶化，文化衰落，但不是特别懂管理的人，还很难发现这个企业的问题，都是那个爱出风头的老总造成的。所以对于什么是好的管理，如何才能做好管理，《道德经》如一股清流，能够让我们醍醐灌顶、头脑清醒，帮助我们做出更加明智的选择。

∥ 提炼要点 ∥

管理层控制欲望，节俭高效，爱惜员工，就能使机构进入良性循环，焕发出生机和活力。

第七十六章
无为的前提是什么？

要想做到无为，先要做到柔软。生命是柔软的，死亡是坚硬的。先柔软，则生生不息；变坚强，则僵硬而死。

人之生也柔弱，其死也坚强。万物草木之生也柔脆，其死也枯槁。故坚强者死之徒，柔弱者生之徒。是以兵强则不胜，木强则兵。强大处下，柔弱处上。

// 翻译 //

人刚出生的时候，身体是柔软的；而死了以后，身体是僵硬的。同样，自然界的草木等生命活着的时候是柔软的，死亡以后就干枯僵硬了。所以说，坚强的一类东西往往代表着死亡，而柔软则象征着生命。所以用兵逞强最后做不了赢家，树木强大就会遭受兵刃的砍伐。凡是强大的，反而处于下位；那些柔弱的，才能够占据领导地位。

// 解释 //

这一章文字上大家很容易读懂，道理上也不陌生，老子在"上善若水""天下之至柔，驰骋天下之至坚""哀兵必胜"等章节已经充分讲过柔软、低调、谦虚谨慎的好处，这一章几乎全是重复的文字和反复讲过的道理，为什么？难道老子老糊涂，啰里啰唆说废话吗？如果真是这样，我们就不说老子是圣人了。其实老子的话一点也不浪费，还能体现他非比寻常的深刻和敏感。

◎ 老子的心理按摩，是靠吓唬人

为了理解本章，我们先回忆上一章老子给统治者开出的药方。

在第七十五章当中，老子为了避免统治阶层穷奢极欲、残酷剥削，提出的解决方案叫作"无为而治，清心寡欲"，那么他知不知道当权派是不甘寂寞的？如果他不知道，就是不通世事的书呆子、没有同理心的老学究，称不上"圣人"。对很多统治者而言，他们已经富有天下，最想要的就是名垂青史，不拼命折腾怎么行呢？比如上一章提到的汉朝初期的文景之治，是靠汉文帝和汉景帝两朝以《道德经》治国才得来的盛世，结果到了"大有为"的汉武帝，几十年征伐西域、抗击匈奴，虽然喊出了"犯我强汉者，虽远必诛"的口号，带来的后果是经济崩盘、人口减少，直接导致西汉王朝的衰落。当然这些事发生在老子之后，但以老子的智慧，他不会料不到有汉武帝这样的统治者，而且在周以前的历代统治者中，穷奢极欲之辈也不在少数，那么老子怎样说服统治者控制私欲、无为而治呢？靠吓唬。

没错，你没看错，就是赤裸裸的吓唬。老子上来就讲：只有柔软才能生长壮大，而强势有为只有死路一条。为了让吓唬更有说服力，老子还举了万物草木的例子，都是柔软则生，坚强则死。这些道理，《道德经》前面讲得太多、太透，思考一个问题：为什么直到《道德经》最后，老子才直接把"道德"的规律和治国联系在一起？是不是《道德经》本来就是给国家的统治阶层读的书，老子写书时就想规劝他们不要强行妄为呢？是不是老子在前面七十章都是在铺垫理论基础，最后用来支持他的结论，甩出一个令所有君王都无法忽视的重磅论点呢？老子的初衷我们已经无法了解，但如果他有这样的目的，应该说获得了很好的达成。

◎ 家丁标配肌肉男，武圣却是扫地僧

老子的智慧又在于，他不只是吓唬当权派，也讨好他们。吓唬人固然可能让人不做坏事，但想让人做好事，更有效的是告诉他们这样做的好处，就像俗话说的，打一棒子再给个甜枣吃吃。老子马上说了句特别经典的话——

"强大处下，柔弱处上。"

总结一下影视作品里的黑帮人物，会发现那些看上去很厉害的家伙，咋咋呼呼、耀武扬威之辈，往往都是小混混；真正的大boss往往深藏不露，作风朴实，看起来就是个普通人，遇到大事才知道这些人才是真正的高手。

有人可能说这是电影而已，是编剧为了戏剧化效果设计的。那么实际上是不是这样呢？客观讲，其实正是如此。什么时候看到真正的高手在大街上到处吹牛，说自己是高手来着？真的高手一定很谦虚，才能成为高手；骄傲的人很早就故步自封了，怎么可能成为高手？而且高手不会到处寻衅滋事、争强好胜，如果四处树敌，就活不到熬成高手的那一天。好汉难敌四手，饿虎还怕群狼，处处争强，则处处受到挫折；处处柔软，则处处留有余地，一切皆可为我所用，条条大路通罗马，运用之妙存乎一心，岂有不成功之理？所以老子在这里告诉统治者：只有强势的作风，不配当领导；柔软下来，才是领导力。

我们可以思考一下中华文化对强大和柔弱的定义，就会发现不只《道德经》认为真正的强大是柔软的，儒家和佛家也这样认为。《论语》里说孔子的人格魅力在哪里，有这样一段很有意思的对话："子禽问于子贡曰：'夫子至于是邦也，必闻其政。求之与？抑与之与？'子贡曰：'夫子温、良、恭、俭、让以得之。夫子之求之也，其诸异乎人之求之与？'"翻译过来就是：子禽问子贡："我们老师跑到一个国家，国君就让他参政议政，你说咱老师究竟是求人家呢，还是人家主动让咱老师参政的呢？"子贡告诉他："是因为咱老师性格好啊！温良恭俭让，谁能拒绝咱老师这样的好人呢？如果不是老师自己有人格魅力，你觉得他求人家，人家就会让他参政吗？"从这个故事可以知道，真正的领导力不是强硬，而是柔软。

佛家也是一样。释迦牟尼佛是靠什么得到众人的爱戴和信徒的追随呢？靠慈悲为怀，靠众生平等，靠布施行善。那个时代的英雄和国王早已烟消云散，而佛法的教导，至今仍是无数人精神力量的源泉。所以老子说"强大处下，柔弱处上"，这是千真万确的大实话，也是宇宙间的大秘密，只有老子这样智慧的人才说得出来，也只有大智慧的人才真正能够做到。这句话无论用在治国还是企业管理上，都会有非常好的效果，我们不妨深入思考领会，在工作和生活当中灵活运用。

‖提炼要点‖

　　要做到无为而治，内心先要柔软下来。争强斗狠是致死之道，必然导致失败；柔软谦逊则可生生不息，是真正的领导力。

第七十七章
并非《九阴真经》

　　天道循环的基本规律就是均衡，而人类社会的马太效应是打破均衡的。有道之人应该控制自己的欲望，为而不恃，功成而不处，才能使社会恢复均衡的状态。

　　天之道，其犹张弓与？高者抑之，下者举之；有余者损之，不足者补之。天之道，损有余而补不足；人之道，则不然，损不足以奉有余。孰能有余以奉天下？唯有道者。是以圣人为而不恃，功成而不处，其不欲见贤。

‖翻译‖

　　自然的规律，难道不像张着的弓吗？弓举高了就压低一些，位置低了就抬高一些；力道太过了就减少一些，不足了就增加一些。自然之道，是减少多余而补充不足；人类社会的规则不是这样，而是损害不足的来供养有余的。谁能把多余的奉献出来给天下人？只有那些有道的人可以做到。所以圣人有所作为，却不把成果据为己有（也会与社会分享）；圣人成就功业而不居功自傲（也会把功劳归功于民众），因为他们低调谦虚，不愿意被人称赞。

◎ 九阴真经

　　我大二的时候第一次读到这一章，眼珠子差点掉出来：这本《道德经》不就是江湖中传说已久的《九阴真经》吗？金庸先生的书里说：

"郭靖只望了一行，心中便怦地一跳，只见第一行写道：'天之道，损有余而补不足……'"我当年读《射雕英雄传》时，就觉得《九阴真经》文字古朴含意深远，心中着实敬佩金大侠，后来读了《道德经》才知道这源自老子的大手笔。《道德经》不是武林秘籍，读完练不出绝世武功，但对于宇宙人生规律的揭示，恐怕《九阴真经》就远不如《道德经》了。

对于自然界这个大系统，《道德经》在第五章就说过，"天地之间，其犹橐龠乎？虚而不屈，动而愈出"，把天地之间比作一个大风箱，当中的张力使得内外的空气压力达成动态的平衡。本章则把天地之间比作一张拉开的弓，如果想准确射中目标，举弓瞄准的高低必须恰到好处；如果想让箭射出去的力量合适，弓臂和弓弦之间形成的动态平衡必须拿捏适当。在老子《道德经》的系统当中，一切必须达到刚刚好的均衡状态，即使出现短暂的不对称，自然的力量也会使系统回归平衡状态。的确，大自然就是如此，无论日月交替、潮起潮落、四季轮回、五行生克，无不在均衡的系统当中运行。

◎ 基尼系数和马太效应

反观人类社会，则完全不是按照这个逻辑来运行的，所以才会出现很多奇怪现象。比如所谓"马太效应"，出自《圣经·新约·马太福音》的一则寓言。从前，一个国王要出门远行，临行前，交给三个仆人每人一锭银子，吩咐道："你们去做生意，等我回来时再来见我。"国王回来时，第一个仆人说："主人，你交给我的一锭银子，我已赚了10锭。"于是，国王奖励他10座城邑。第二个仆人报告："主人，你给我的一锭银子，我已赚了5锭。"于是，国王奖励他5座城邑。第三仆人报告："主人，你给我的一锭银子，我一直包在手帕里，怕丢失，一直没有拿出来。"于是，国王命令将第三个仆人的一锭银子赏给第一个仆人，说："凡有的，还要加给他，叫他有余。没有的，连他所有的，也要夺过来。"这就是穷者越穷、富者越富的"马太效应"，导致的结果必然是赢家通吃、贫富悬殊。

经济学上把衡量贫富差距的指标叫作"基尼系数"，计算方法就是下页图当中的A/（A+B）的值，基尼系数只能在0—1之间。简单说，如果系数为0，就是绝对的大锅饭，所有人的收入完全相同；如果是1，那就是极端的不平衡，除了一个大富翁赚到所有人的钱以外，剩下的人都血本无归。真实社会里，这两种情况都不可能存在，大多数国家的基尼系数在0.2—0.4之间。低于0.2的社会分配过于均衡，往往激励不够、创新不足；高于0.4的往往贫富悬殊，社会动荡，所以国际上把0.4作为分配不均的警戒线。

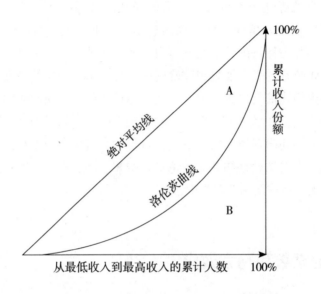

全世界最早关注马太效应和基尼系数问题的是谁呢？当然是老子。老子说的弓，是不是很像基尼系数的那张弓？弓弦的位置应该使A占到整个三角形面积的0.2—0.4才是合宜的区间，这不就是老子说的"高者抑之，下者举之；有余者损之，不足者补之"的均衡态？可见老子多有才，虽然他没有制作数学模型，但在社会生活的很多方面，他都是伟大的开创者。并且他预言了很多社会都会出现的贫富悬殊的问题，因为"人之道，则不然，损不足以奉有余"，那么具体是怎么形成的呢？

人类社会和历史上出现的和其他一切动物群体都不同的地方，就在于人类进化出了非常先进的大脑，从而能够发明和使用工具，利用科技和智慧的力量来积累财富，获得更大的竞争优势，所以能够在下一次竞争中取得更大的优势和财富。这样一来，赢家越赢越多，越来越占据优势；输家越来越穷，越来越难以恢复原态，劣势越来越显著，富人和穷人之间形成了"零和博弈"（一方得到的就是另一方失去的，双方得到的总和为零）。这种富人剥夺穷人财富的现象，就是老子说的"人之道，则不然，损不足以奉有余"。马克思当初提出阶级斗争和剩余价值理论，也是基于这种贫富差距越来越大、社会矛盾越来越激化的现象。如果这个问题解决不了，最后就会像第七十五章说的，底层人民活不下去，也就不怕死了，导致激烈的革命，无论穷人还是富人，生命和财富全都灰飞烟灭——好比社会这张弓，弓弦和弓臂受到太大的力，以致弓弦拉断、弓臂拉折，弓弦和弓臂同归于尽。

那么，这种可怕的结局能否避免呢？看老子的办法。

◎ 从零和游戏到合作共赢

老子的答案是这样的："孰能有余以奉天下？唯有道者。是以圣人为而不恃，功成而不处，其不欲见贤。"翻译过来就是：谁能把多余的奉献出来给天下人？只有那些有道的人可以做到。所以圣人有所作为，却不把成果据为己有（也会与社会分享）；圣人成就功业而不居功自傲（也会把功劳归功于民众），因为他们低调谦虚，不愿意被人称赞。

这一解决方案极其高明，把对立变成了合作：社会上获取更多财富和名誉的人要把财富和名誉拿出来，奉献和分享给全社会。这样一来，社会资源增加，生产力得到长足的发展，科技进步，社会安定，文明程度提高，更多的人生活得到改善，不但穷人的生活变好了，由于生产效率提高、社会环境改善，实际上富人的财富也积累得更多，贫富之间从相互对立的零和游戏变成合作共赢，社会的系统均衡得以维持，岂不是皆大欢喜吗？

这也是今天很多有智慧的富人的选择。比如比尔·盖茨捐献的防治疾病的基金，比如陈嘉庚、邵逸夫捐款搞教育，以及周润发裸捐56亿的慈善基金等等，类似做法越来越多，不能不说是社会进步的标志之一。不仅富人们要为全社会做贡献，现代的国家和政权也要以服务人民为目标，企业也好，政府也好，不是为了给少数人聚敛财富和名誉而存在的，而是全社会有效分工协作的媒介。企业领袖、政府首脑无论怎么成功，也都是代表众多企业员工乃至全体人民团结奋斗的成功，员工和人民分享企业与国家的成果和财富，老子2500多年前的梦想，今天已经在全世界各个地方得到不同程度的实现。

我们还要着重关注和思考两点：

一是"唯有道者"。老子说的道理不算难以想到，但是绝对难以做到。中国人很懂得分享，我们从小的家庭教育，就是有好吃的要和大家一起享用，但是这不是拿出大笔的财富，而且只是对熟人和亲朋好友的；想想一般人真能把大量财富捐献给社会，并且做到不图名、不居功吗？恐怕很难。老子其实在暗示我们，就算真的发财了，只有那些真能做到"有余以奉天下"的人，才配得上这些财富。为什么呢？为富不仁，则"天之道，损有余而补不足"，早晚让你一无所有。记得"天网恢恢，疏而不失"吧？记得"民之轻死，以其求生之厚，是以轻死"吧？所以拥有巨额财富的人，要么主动奉献，要么被动出血，自己看着办吧。

二是"其不欲见贤"。有道之人把一切好事都做了，却做好事不留名，绝不像今天的网红时代，崇尚"出名要趁早"，为什么呢？有三个原因。一来，圣人做好事不是为了出名的，因为如果为了出名才做好事，根本就做不好。二来，名声是双刃剑，怎么出的名，就会怎么身败名裂。还记得第四十四章说过"名与身孰亲"吧？第三，最重要的原因就是，任何社会和国家的栋梁（老子说的有道者和圣人），一定不能把个人名利放在首位，否则怎么做得到"有余以奉天下"呢？如果身居高位的人不能低调谦和、乐于奉献、回馈社会，怎么维持贫富之间的平衡呢？个人修养是日积月累形成的，如果领导阶层不能培养出这种"为而不恃，功成而不处"的习惯和价值观，国家和民族是没有希望的。

∥提炼要点∥

社会群体能够长期稳定运作的关键，在于消除对立，形成共赢，这需要"有道者"认清形势，放弃私利，回馈社会，而且要功成不居，淡泊名利。

第七十八章
至柔领导力

有本事、没脾气的，是上等人。

天下莫柔弱于水，而攻坚强者莫之能胜，以其无以易之。弱之胜强，柔之胜刚，天下莫不知，莫能行。是以圣人云："受国之垢，是谓社稷主；受国不祥，是为天下王。"正言若反。

∥ 翻译 ∥

世界上最柔弱的莫过于水了，可是任何坚强的东西都无法抵抗水的攻击，因为柔软而坚定的水是无法改变的。弱小能够战胜强大，柔软能够战胜刚强，尽管天下人都知道这道理，却没有谁做得到。所以圣人说："能够担负起国家的屈辱的，才称得上社稷的主人；能够承担起国家的灾难的，才是天下真正的君王。"正道听起来像是反话一样。

◎ 《道德经》大总结

第七十八章是《道德经》八十一章中的倒数第四章，于是老子一方面继续教导治国平天下的关键点，一方面开始总结《道德经》全书的精髓和总纲。怎么看出开始总结了呢？还记得第八章的"上善若水"吧？第七十八章一开头就重提，并赋予这一象征更好的立意，同时结合第四十三章的"天下之至柔，驰骋天下之至坚"，再以第三十九章"侯王自谓孤、寡、不谷。此非以贱为本邪？"的含义来结尾，类似于期末考试最后几道综合大题，全面考查前面学会的知识。来看看，老子在洋洋洒洒五千言的《道德经》的最后，想让我们记住什么。

老子在第七十五、七十六、七十七这三章一直讨论一个问题：国家的统治者怎么避免穷奢极欲、横征暴敛、争名夺利，从而避免人民贫困、阶级撕裂、零和博弈，最后与统治者同归于尽的结局？第七十五章给出的办法是节俭，第七十六章给出的方案是柔软，第七十七章给出的办法是奉献，到了第七十八章，老子给出的办法是"向水学习"，又回到第八章的论调。但是本章的立意绝不是第八章可比的，因为除"水"以外，又加上了"坚持"和"忍辱"。

自然界最坚硬的应当是石头了。《三体》中罗辑说，人类能想到的保存信息最久的方法，就是"把字刻在石头上"，可以保存超过一亿年。但是每当我们游览海边、山涧，都能看到被水流冲击而形成的山洞、石梁和被冲刷得圆圆滚滚的鹅卵石，见证自然界中最为神奇的现象——最柔软的水可以雕刻最坚硬的石头。为什么呢？老子说得好，"以其无以易之"：只有柔软的力量才能坚持得久，只有坚持得久才能取得最后的胜利！这就是柔软的力量，这也是坚持的力量。

◎ 一切都是马拉松

前些年教育行业流行一句话，说人生是一场百米赛跑，不要让孩子输在起跑线上；后来有人指出这种说法的错误，说人生不是百米赛，而是马拉松，笑到最后才笑得最好。尽管两种说法都有道理，我个人更倾向于后者，因为按中国人的说法：小时了了，大未必佳。太多人都是《伤仲永》中的主人公，人生高光只是昙花一现，而老子说"大器晚成"（见第四十一章），就像真正有力量的不是岩石短暂的撞击，而是涓涓细流千百万年的作用；真正优秀的人不是灵光一闪就消失的流星，而是老子这样影响人类文明的灯塔。

有人可能说：不对吧？为什么以岩石的短暂撞击与水的千百万年冲刷相比较呢，为什么不以岩石千百万年的撞击和水的千百万年冲刷相比较呢？因为这是不可能的！搞清楚一件事，就是爆发力和持久力的关系。爆发力不可能持久，要想坚持得久必须柔软，这是不可打破的规律。因为任何系统的能量都是有限的，比如同一个人跑一百米和马拉松两种比赛，这个人只有在百米赛中才能高速奔跑和冲刺，而在马拉松赛中必须合理分配体力，有效节约体能，如果开始就一直以百米冲刺的速度来奔跑，恐怕坚持不了多久就垮掉了。我们经常看到"天妒英才"的现象，经常叹息35岁就死掉的天才莫扎特如果活到70岁该有多好，都是因为没有想透这个道理：爆发力不可能持久，再伟大的才华也经不起长时间的燃烧。

因此，要有所成就，就要学习水的柔软和坚持，"以其无以易之"，讲的是水的力量虽然不大，但一直在起作用，永不停歇，这样才能"弱之胜强，柔之胜刚"。

为什么"天下莫不知，莫能行"呢？懂得了柔软和坚持的道理，就很容易解释了。人们做不到的根本原因是，坚持是最难的！这个问题前面谈过几次了，第七十一章还引用了孔子的话："善人吾不得而见之矣！得见有恒者，斯可矣。"坚持需要的是恒心和毅力，这两样正是大多数人的软肋。大多数人不但不能坚持，也做不到柔软。我们已经论证过，只有柔软才能坚持，很多人恰恰缺乏自我约束能力，容易情绪激动、三分钟热血、见异思迁、好逸恶劳、暴饮暴食、自暴自弃、拖延反复、喜怒无常，时间管理、情绪管理、健康管理、精力管理和生活工作的管理都成问题，如果身上有以上的一个或几个问题，又怎么可能做到柔软和坚持呢？

◎ 吃亏是真正的领导力

老子说："是以圣人云：'受国之垢，是谓社稷主；受国不祥，是为天下王。'正言若反。"翻译过来就是：所以圣人说："能够担负起国家的屈辱的，才称得上社稷的主人；能够承担起国家的灾难的，才是天下真正的君王。"正道听起来像是反话一样。

老子刚才说了坚持，现在来说忍辱。

我在第八、十六、十七、四十九、五十一、五十六、六十六、七十六章都谈到了领导力。在《道德经》当中，真正的领导力是谦虚、低调、柔软、无为、不居功、节俭、爱民、勤勉，好的领导者是拥有这些品质、为人民服务的公仆。如果大家知道老子提出的领导人的人力素质模型，估计全世界只有极少数人肯当领导了：这领导怎么一点也不威风啊？岂止不威风，简直亏死了！什么好处都捞不到不说，还得玩命付出，当这个"圣人"或者"领导"有什么好呢?

老子之前说得还算客气，估计他也怕一下全说出来要挨揍，所以留下最过分的话到最后才说。这不，在倒数第四章老子终于憋不住了，说出这样的话：君王就是要替全国人民倒霉，被人家往身上扣屎盆子，才是合格的国家社稷的领袖！老子说完后也不自信了，弱弱地加了一句"正言若反"，说你们别不相信，我说的是大实话，可是大实话都不太好听，要知道真相就是这样。

真相的确就是这样。前面反复说过，领导是一种责任，不是权利。既然是责任，领导不承担责任，又由谁来承担呢？越是困难的局面、越是危险的时候，团队越需要领导站出来主动承担领导责任，带领大家解决问题，即使遇到了严重的挫折和失败，也要百折不回、坚持不懈地奋斗，这才是好的领导应尽的责任和义务。想象一下，这样的领导应该是什么样的呢？是英俊潇洒、杀伐决断、口若悬河、才艺无双、魅力十足的人，还是踏实稳重、谦虚低调、勤恳好学、意志坚定、愈挫愈勇的人呢？所以要做一个优秀的领导，必须通过自我不断的修炼，才能让社会满意，让人民接受。

怎么修炼呢？修炼忍辱。国家这么大，怎会没有恶人恶事？怎会没有天灾人祸？不要讲国家，一个中大型企业每天都会遇到种种问题，越是发展快的企业，往往问题越多；而糟糕的企业，遇到的问题更加不堪。企业领导和国家领导，要在处理和解决这些问题的过程中，不断锻炼能力、磨炼修养，以期本事不断增加，脾气愈加柔软，毅力越来越强，最终一定会做到杜月笙先生说的："头等人，有本事没脾气。"

有人会说：你说得简单，我们单位那些事气死人，我怎么承受得了？累死了、气死了，干脆不当这个领导了。我的确听到一些企业家这样说。的确，柔软、坚持、忍辱都不是那么容易的事，但如果我们做不到，可能是因为道理上没真正想通。

这里的道理有两个。一个道理是对事的，这些问题和困难，我们不要看成是冲着自己来的，也不要看成自己的成功和失败：这些都是过程，是我们成长当中的作业本，是我们健身房里的负重。什么叫柔软和坚持？就是不把这些事当事，一直用力、一直改善，像水那样，"以其无以易之"，用我们的坚持和韧劲来对付它们，问题早晚能解决，难关一定能渡过。如果这样想，还有什么"辱"可"忍"呢？都是锻炼和进步的阶梯啊！

另一个道理是对人的，我们不要自取其辱，努力和周围众人达成和谐共赢的管理。"用合作代替对立"，这个道理从第七十五章说到第七十八章，并在下一章有更为清晰的说明，请大家看第七十九章当中老子令人赞叹的处世之道。

∥提炼要点∥

柔软才能坚持，坚持才能忍辱，担责才是领袖。

第七十九章
以德服人

做领导的人要懂得适当地宽容大度，与群众形成互利互助的心理默契，会得到更好的管理效果。

和大怨，必有余怨，安可以为善？是以圣人执左契，而不责于人。有德司契，无德司彻。天道无亲，常与善人。

〞名词〞
左契：收据的存根，欠条。彻：周时的税法。

〞翻译〞
即使大的仇怨得以和解，仍会有仇恨的种子存在，又怎会有好的结果呢？所以圣人手中留有借据，但不要求别人还债。所以有德的人，就像拿着借据却不逼人还钱的人一样宽厚；无德的人就像征税的人那样严苛。天道没有特别偏爱什么人，一直站在善人这一边。

◎ 管理的艺术

谈到管理科学，我推荐彼得·德鲁克；说起管理艺术，我要推荐老子的《道德经》。科学和艺术有什么差别？我想最关键的就是，能不能把人性与规律性结合起来。我们说一切伟大人物，必然深谙人性，否则身上一点烟火气都没有，连人都算不上，何以称得上伟大的人呢？老子如果只放出"若使民常畏死，而为奇者，吾得执而杀之，孰敢？"这样的狠话，而说不出本章"是以圣人执左契，而不责于人"这样让人心里暖洋洋的话，那他就不是圣人了。罚要与赏相结合，严格要与宽容相结合，才能使管理上升到艺术的层面。

所以一方面管理是学得会的，因为管理有规律；另一方面管理要学到高水平，也是非常难的，因为凡事达到"艺术"的层面，必然有些难以量化和灵活运用的因素，需要靠天分和悟性才能达到。来看老子的管理是如何直击人性、上升为艺术的。

大多数中国人都听过"严以律己，宽以待人"，出自1949年4月22日周恩来总理写的政论文章《团结广大人民群众一道前进》。总理说："青年人一定要非常谦虚，不要骄傲，应该觉得自己差得很，事情还做得很少；同时，我们还要团结所有能够争取的人。这就是说，对自己应该自勉自励，应该严一点，对人家应该宽一点，'严以律己，宽以待人'。当然，这个宽不是没有原则的。"大家可以猜猜，周总理有没有读过《道德经》？他不但读过，还会背；不但会背，还写过论文来评价，而且一生以《道德经》的精神为圭臬，以"为中华之崛起而读书"为初衷，为人民工作和奉献一辈子，身居高位，谦虚低调，廉洁无私，善待他人，难道不是老子"孰能有余以奉天下？唯有道者"的现实写照吗？

为什么要"严以律己，宽以待人"，而不是"宽以待己，严以律人"呢？文字的差异看上去不大，却是"失之毫厘，谬以千里"！前者是圣人，后者是俗人，能做到前者的如凤毛麟角，而像后者一样的，便是芸芸众生。严以律己，像第四十八章要求的"为学日益，为道日损"，每天学问进步、脾气减少，直逼圣人境界；宽以待人，就是本章要求的"是以圣人执左契，而不责于人"。佛家慈悲，儒家爱人，宽以待人是儒释道三家共有的最高要求，千万别觉得"严以律己，宽以待人"很容易，这已是人类最高修养了！

反过来，"宽以待己，严以律人"简直太容易了，是最最最堕落的人的活法。"宽以待己"就是深度自恋和拖延，有错不改，怨天尤人，自己做的一切都是对的，错的也对；"严以律人"就是把一切问题推到别人身上，别人做得再好也有错，吹毛求疵、小肚鸡肠、尖酸刻薄、嫉贤妒能。有人可能会说："严格管理别人也是个优点啊，总比纵容下属的人和溺爱小孩的父母要强得多吧。"这个说法有问题。因为作为一个领导，严格管理下级要在自身起到带头作用的前提下，如果自己做不到却埋怨下级，不是比"宽以待己，宽以待人"的领导更糟糕吗？所以"严以律己"是做人必要的修炼功夫，只有先做到"严以律己"，才有资格讨论"宽以待人"。

◎ 化敌为友

圣人必然是"严以律己"的，圣人容易犯的错误，就是"严以律己，严以待人"。为什么呢？如果圣人只是管理科学的信徒，而不懂管理艺术的话，就会觉得自己可以做到的事情，别人一样可以做到。但是这么想的人并不懂得人性，不知道"人非圣贤，孰能无过"，所以还不是真正的圣人。真正的圣人懂得，能够经得起严格要求的人，除了自己以外少之又少，可遇而不可求，所以怎么最大程度地利用好所有人的力量，像总理文章的题目"团结广大人民群众一道前进"，才是关键所在。怎么做到呢？把对立转化成合作，或者说化敌为友，这也是中华文化的一个关键所在，外国人永远搞不明白。

比如《孙子兵法》的《谋攻篇》开宗明义："孙子曰：凡用兵之法，全国为上，破国次之；全军为上，破军次之；全旅为上，破旅次之；全卒为上，破卒次之；全伍为上，破伍次之。是故百战百胜，非善之善者也；不战而屈人之兵，善之善者也。"杀敌一万自损八千，两败俱伤，有什么价值呢？与其对立、相杀、死磕，为什么不合作、相爱、共赢呢？这是中国人特有的智慧，在中国的《易经》当中，对立的阴阳是可以沟通的，矛盾的双方是可以相互转化的。

因为合作优于对立，所以优势一方就要"宽以待人"，所以"怨气"一定不如"和气"。而圣人的境界更高，老子说"不！"，最好压根不要产生怨气，因为一旦留下心理阴影，后面的合作就不会太顺畅，用老子的话说，就是"安可以为善？"。看，老子是心理学大师吧！那么他给圣人开的药方是什么？"是以圣人执左契，而不责于人"，圣人和别人有合同约定，但是不追债，不去干那种"官逼民反""逼上梁山"的绝户事。为什么呢？"有德司契，无德司彻"，有德的管理是有宽容度的管理，无德的管理就是严刑峻法，像收税那样一是一二是二的僵硬管理。

注意，这里又说到重点了。我们前面提到，中国历史两千年来都是官逼民反的循环，如果管理层和接受管理的阶级有默契约定，彼此有很好的信任和合作态度，那么双方不至于兵戎相见、鱼死网破、两败俱伤。为什么老子最后说"天道无亲，常与善人"呢？因为"善之善者也"是大家利益的总和，如果博弈到最后，结果是全国、全军、全旅、全卒、全伍，一定优于破国、破军、破旅、破卒、破伍，前者才是"善之善者也"，后者"安可以为善"？"天道"是自然的规律，当然是站在宽容合作所达成的利益最大化这一边了。

因此，第七十九、七十八章结合，给出了最佳管理实践的两个方面：圣人治国，对事要柔软、坚持、担责，对人要宽容、合作、共赢。

◎ 不审时则宽严皆误

最后讲一个有关管理的非常细微的道理。刚才提到，领导者只能严格要求自己，不可以严格要求别人，可能有人说这话有漏洞，不是与之前说的要严格管理有矛盾吗？能看出这个问题，应该得到表扬，说明不但善于学习，还善于思考。实际上没有矛盾，因为这里所说的"严"是圣人对自己的标准，这样的高标准，普通人根本受不了，所以圣人要"宽"以待人。而前面说要严格要求别人，用的是普通人的标准，如果按一般标准下属仍做不到，领导却放纵不管，那就是溺爱骄纵了。再多说一点：实际上，对于特别优秀的苗子可以严格一点，尤其管理者在挑选潜在的后备管理者来培养的时候，可以用对待自己的标准来要求，看是不是那块料。学过《道德经》的人，在实践中应懂得灵活应用，所谓"高者抑之，下者举之；有余者损之，不足者补之"，运用之妙，存乎一心。

《道德经》最后几章是总结全书的精华所在。第七十八章是总结柔软如水、坚持忍辱、低调担责，第七十九章是总结与人为善、宽容大度、化敌为友、协作共赢；第七十八章讲对事，第七十九章讲对人。那么来看看第八十章会总结什么，重点处理哪方面问题。

∥提炼要点∥

圣人对人的管理，以宽容、合作、共赢为原则。

第八十章
桃花源记

富裕而无为的社会，是最理想的社会。

小国寡民，使有什伯之器而不用，使民重死而不远徙。虽有舟舆，无所乘之；虽有甲兵，无所陈之。使人复结绳而用之。甘其食，美其服，安其居，乐其俗。邻国相望，鸡犬之声相闻，民至老死不相往来。

∥名词∥

什伯之器：什伯，就是十倍、百倍；什伯之器指能将生产效率提高十倍、百倍的工具或机械。

∥翻译∥

国家要小，人民要少，我们要拥有能将生产效率提高十倍、百倍的工具或机械，但并不使用它们；要使人民珍爱生命而不远距离迁移。我们要有舟船，但没有乘坐它们的需要；我们要有武器装备，但是因为没有战争所以不需要用到它们。让人民回归到结绳记事的淳朴状态。人民认为他们的食物甜美、衣服美观、居所安定、生活美满。邻国之间的距离近到可以互相看见，鸡犬之声可以互相听到，但人民之间几乎从不往来。

∥解释∥

本章老子对理想社会的描述，听上去是对古老乌托邦的幻想，如果不知道老子的真意，现代人读起来会嗤之以鼻，觉得肯定无法实现。但我们知道，古人写东西都是意在言外，那么老子究竟想要表达什么呢？

◎ 幸福是比较出来的

对于老子的理想社会，如果脱离他生活的年代来讨论，或者拿到现在来看，就会难以理解。比如，我们现在经常坐飞机几个小时或者十几个小时，去外地甚至是外国度假，或者坐游轮找个温暖惬意的地方放松一下，当然不能理解老子为什么憧憬"虽有舟舆，无所乘之""民至老死不相往来"；但是如果回到老子生活的时代，参照当时的生活水平和社会状况，就知道老子想表达什么了。老子年代的实际情况不难推测，因为老子说的都是理想，我们很容易反推出当时的情况：

1. 国家大，而且人多（与生产力相比）；

2. 缺乏高效的生产工具和机械；

3. 人民不怕死，经常到处迁移，往往死在路上；

4. 想要乘船渡河的时候，却没有船只；

5. 经常要打仗，各国拼命搞军备竞赛；

6. 文字的使用和文化的传播，导致人们巧诈虚伪、诡计多端；

7. 人民吃不饱，穿不暖，住不上好房子，生活不幸福；

8. 国家之间互相利用、互相提防、互相攻伐，人民流离失所，到处流浪。

当时是这样的吗？老子和孔子是同时代的，老子没有明说当时的社会和政治情况，而孔子在大量作品里描述了那个战乱不休、礼崩乐坏的年代。比如有一次，身为社会精英和上层贵族的孔子及其弟子困于陈蔡之间，都差点饿死，何况普通的老百姓呢？

了解这些背景后，站在老子的时代来看，第八十章的理想社会模型就非常美满了。读到这里，大家一定懂得了"快乐在于比较"的道理。世上没有绝对的好，也没有绝对的坏。绝对的概念在科学上有其研究价值，但在人的心理上远远不如比较更重要。所以老子的社会模型很不错，除了最后那句"老死不相往来"让人觉得不适应以外，其他设定还真能吸引现代人去尝试一番。虽然那时比陶渊明写《桃花源记》时要早800多年，但文明和幸福程度有过之而无不及，其中有些指标，即使今天也很难达到，比如"安其居"，今天在北京、上海这种房价很高的城市，也不是很容易做到吧？

◎ 全书各种无为的总结

关于幸福在于比较，我们在第三章就提出一个幸福公式，在第四十六章、四十八章又反复提过，就是"幸福=效用/欲望"。那么老子在第八十章提出这样一个乌托邦社会，其意义是什么呢？老子在最后几章，一方面总结全书的精华，一方面要给国家的管理阶层提出建议，仔细看老子的每一个要求，其实都在要求效用（utility）最大化、欲望（desire）最小化，从而使幸福最大化。效用最大化怎么做到呢？就是第七十七、七十八、七十九章讲的，统治者努力奉献，承担责任，坚持不懈，勤奋简朴，和人民协作共赢。欲望最小化怎么做到呢？要靠《道德经》从头到尾反复提的无为：不迷恋机械技术（第五十七章：民多利器，国家滋昏；人多伎巧，奇物滋起）、不为了欲望而冒死（第五十章：以其无死地）、不为了利益而发动战争（第三十章：师之所处，荆棘生焉）、不为了财货而滥用智力（第十八章：慧智出，有大伪）、不图好吃的（第十二章：五味令人口爽）、不贪求漂亮衣服（第五十三章：服文彩，带利剑，厌饮食）、不好奇而到处乱跑（第四十七章：不出户，知天下）。

我们可以发现，第八十章几乎所有句子，都包含两部分，前一句要达到一个目标，是用来改善生活的utility，比如"虽有舟舆"；而后一句话则说要无为，来降低desire，比如"无所乘之"——高效用比上低欲望，不就是大幸福吗！这才是老子的真意。

读过《道德经》后，一定要思考这个问题：是什么使自己幸福？当然幸福是奋斗出来的，但要懂得老子的另外一个道理：如果不能做到无为，再多的效用也无法为我们带来幸福。正如"道高一尺，魔高一丈"，再好的条件也会在无穷的欲望下变得一文不值，因为物质是有限的，而欲望是无限的。反过来，如果能够息下狂心，降伏欲望，别说老子第八十章的桃花源了，当下就是幸福，人间就是天堂。

老子的治国理念，至此说得很清楚了。作为《道德经》的总结和总复习，第七十八章讲对事，第七十九章讲对人，第八十章讲对国家的治理，那么作为全经最后一章的第八十一章，又讲了什么呢？

提炼要点

改善条件，放低心态，就会幸福。

第八十一章
大道无形

总结八十一章，呼应第一章，道既无可言说，说起来却滔滔不绝；不在于言辞华美、不在于掷地有声、不在于繁复庞杂，而在于无为、奉献、不争。奉献的越多，拥有的就越多。

信言不美，美言不信。善者不辩，辩者不善。知者不博，博者不知。圣人不积，既以为人，己愈有；既以与人，己愈多。天之道，利而不害；圣人之道，为而不争。

翻译

实话不好听，好听的不真实；善于做事的人不辩论，辩论的人不善于做事；见道的人不一定博学，博学的人不一定懂得大道。圣人不去积累私人财物，他越是为别人奉献，自己拥有的就越多；越是给予他人，自己就更加充裕。大自然的规律，是利益万物而不为害；圣人做事的原则，是有所作为却不与人争利。

解释

很多人觉得这一章和其他章节一样，只是为了说明语言的实质、做事的出发点这样的单一论题，这样想是因为不了解中国文化。《道德经》八十一章是九九归一，九是天数（数术以一、三、五、七、九，五个奇数为天数，另外的偶数为地数）最大值，一是天数的最小值，九九归一在传统文化当中的寓意是数字大到了极处，一定会回到原点，也就是现在人们常说的以终为始、不忘初心。一看到《道德经》有八十一章，我们可能第一个反应就是这个数字有寓意；第二个反应是最后一章，一定是全书从某个角度的总结；第三个反应是最后一章一定与第一章能够呼应。

◎ 老子的自白

还记得第一章开篇是怎么说的吗？"道可道，非常道"，说"大道"之难以表述；而当《道德经》已经写到最后一章，这样难以表达的宏大篇章已经功行圆满，老子又有什么感慨呢？其实他还在说"道可道，非常道"，只不过换了个说法。

老子说："信言不美，美言不信。善者不辩，辩者不善。知者不博，博者不知。"翻译过来就是：实话不好听，好听的不真实；善于做事的人不辩论，辩论的人不善于做事；见道的人不一定博学，博学的人不一定懂得大道。

大家一听到这三句话，哇，太对了！老子怎么这么了解我呢！我就是总说实话伤人、笨嘴拙舌、知识浅陋，原来我这么棒呀！这就想多了，老子才不是说情商低、表达差、学问少是好事呢。也有人看到"信言不美，美言不信"，觉得这话特别经典，和孔子说的"巧言令色，鲜矣仁"是一样的：孔子说的是，特别善于辞令但言行不一致的人没什么好饼；老子说的是，说话好听的人往往说的不是实话，两位圣人都对"好听的话"高度戒备。这种理解虽然没有错，却并不是老子《道德经》大结局说这些话的真正原因。

老子其实还在说"道可道，非常道"。老子写这本书的时候，估计有很多人看过草稿，但可能没几个人读得懂，这让老子十分郁闷，本想这么一本震古烁今的伟大哲学作品，一旦散布天下，还不流行到人人疯狂背诵、事事奉为圭臬的程度啊，哪料到知音寥寥，众生愚痴，老子也无可奈何。《道德经》前前后后抱怨过多少次读者不懂啊！从第一章"道可道，非常道"，到第十五章"古之善为士者，微妙玄通，深不可识"，再到第二十章"俗人昭昭，我独昏昏；俗人察察，我独闷闷"，第四十一章"下士闻道，大笑之，不笑不足以为道"，第五十六章"知者不言，言者不知"，第六十二章"道者万物之奥"，第六十五章"玄德深矣，远矣，与物反矣"，第六十七章"天下皆谓我道大，似不肖"，第七十章"吾言甚易知，甚易行。天下莫能知，莫能行""夫唯无知，是以不我知"，第七十一章"知不知，上；不知知，病"，第七十八章"正言若反"，再算上第八十一章，明说别人不懂的已有12次了，而字里行间暗指知音难觅的更是数不过来。老子的自信心再强大、再恬淡虚无，遇到这么严重的"对牛弹琴"的困境，也忍不住发了这么多牢骚。

这是偶然的吗？其实圣人们都是这样的啊！孔子怎么说？《论语》的《宪问》篇有这么一段：

子曰："莫我知也夫！"子贡曰："何为其莫知子也？"子曰："不怨天，不尤人，下学而上达。知我者其天乎！"译成白话文就是，孔子大声抱怨说（有"夫"的抱怨估计动静不小，孔子好像故意表演给弟子们看）："天下人没有人懂我啊！"子贡一听急了，心想我们跟着你这么久，你怎么还会说不懂你呢？要知道子贡是孔门名列前茅的入室大弟子，听老师这么说，遭到的打击可是不小！当时就问："我们哪里不懂你呢？"孔子说："我不怨天，不尤人，从细微处悟出大道，只有老天算是能懂我吧！"看看，这不是明摆着"无意苦争春，一任群芳妒"吗？

这样我们应该理解老子讲的"信言不美，美言不信。善者不辩，辩者不善。知者不博，博者不知"了。老子最后是在说，大家看不懂没关系，我的语言虽然不华美，却是宇宙人生的真相；而那些华美的语言文字，不可能是真实的。就如历史和小说，历史很少有小说那样的戏剧冲突和完美结局，因为历史是真实的，而小说是虚构的，尽管情节很美，再美也是假的。所以小说读得再多，也比不上从历史中学习的经验真实有用。当然，如果读书的目的是愉悦和娱乐，则另当别论。

既然《道德经》不能尽善尽美，加上绝大多数人也不懂"道""德"的真谛，一定会有很多人批评和指责《道德经》，老子这里明确表态，"善者不辩，辩者不善"，我不和你们辩论谁对谁错。我们知道牛人都不争辩，有两个原因：第一，既没那个必要，也没那个工夫。有人说，不对啊，理越辩越明啊，为什么不争辩呢？这句话用来厘清常识性道理的时候也许是对的，但用在对天道和未知规律的探索上往往是错误的，因为"实践是检验真理的唯一标准"，真理不是辩论出来的，而是在实践当中摸索出来的，因此"善者不辩，辩者不善"。伟人邓小平南巡讲话当中有一段是很好的注解："对社会主义、马克思主义，我看除了实事求是这一条外，我今天还不能讲得很清楚。我看也没有几个人说得清楚。说不清楚就不要去争论，成天去争论姓'资'还是姓'社'就是浪费时间。所以，我说，要把不争论作为一条原则定下来，空谈误国，实干兴邦呀！"所以不争论是明白人的共识，却是愚人的盲区。第二个原因，真理往往掌握在少数人手中，而老子就是少数人中的一员。他知道自己是对的，所以直接把他知道的说出来，就像莫扎特作曲时根本不用构思，只要把脑海里的音乐写出来一样——世上的天才都是这样玩的。

那么"知者不博，博者不知"，又是什么道理呢？我一直说，《道德经》的道理是天下最简单又最深邃的，比如在第二十五章，我说过，"道"听起来如此深奥，"道"的本身却是非常朴实、简单的，合理就是道，平常就是道，因为"道"是规律，规律不就是合理、平常的吗？自然界中每件事都是合理平常的，人类就不然，由于利欲熏心，总是自己搞出很多奇怪的事情来。类似的话说过好几次。大道至简，这本就是《易经》中"易"的本意之一，而《道德经》就是《易经》的通俗版本。懂得"大道"和"易"的道理的人，根本不需要博学且无所不知；而很多看似知识渊博的人，却只是背书的机器，完全谈不上懂得宇宙人生的道理。

不只是道家的"大道"至简，佛家也是一样。比如唐代高僧永嘉玄觉大师在《证道歌》里自己检讨说，年轻的时候博闻广记，到处找佛经来看，在浩如烟海的佛学名相中分辨比较，就好像计算大海里沙子的数量一样庸人自扰。不但没有得道，还被佛祖呵斥，不明白真理的本体和本原，盘点佛教的各种说法又有什么好处呢？一直这样遭受挫折却徒劳无功，多年在博学的道路上满目风尘。悟道后才知道，真正的大道是一法不立、不住于相的，这才是真正的自在无碍。看，大师说的和老子说的多像啊，悟道根本不在于博学，而在于通达"无为而无不为"之道，不能心领神会、灵活应用，记住再多知识又有什么用呢？

◎ "道"既不是积累学问，也不是积累财富

"信言不美，美言不信；善者不辩，辩者不善；知者不博，博者不知"，这话说完，《道德经》的立论逻辑已经非常清楚了，那么老子说完写书的三大原则之后，希望读他的书的人怎样做呢？来看他写在最后

的话：

老子说："圣人不积，既以为人，己愈有；既以与人，己愈多。天之道，利而不害；圣人之道，为而不争。"翻译过来就是：圣人不去积累私人财物，他越是为别人奉献，自己拥有的就越多；越是给予他人，自己就更加充裕。大自然的规律，是利益万物而不为害；圣人做事的原则，是有所作为却不与人争利。

这几句话是老子对《道德经》全书观点的大总结，我们在前面几乎三分之一的章节能找出同样的意思，因为《道德经》本来讲的就是无为、无争，以身为天下，以天下为己任，这需要我们在日常工作和生活中多多体会。

有一个好玩的事，我曾听人说过，圣人这样无私，我们去抢劫圣人吧！反正他不为自己活着，让他奉献一切，我们也不怕搞死他，那不也是他的愿望吗？这么说就错了，学透了《道德经》的人应该明白，一切语言或行为到了极端，就必然犯错。圣人不是要为别人而饿死自己，那不是圣人，那是傻子。这里说圣人不积累财富，圣人乐于奉献，是说圣人做事的出发点不是发财，而是通过服务社会来实现个人价值；但你说让圣人没饭吃，不给他活路，岂不是搞笑吗？别忘了圣人可没那么软弱，对社会上的歹徒，他随时可以"若使民常畏死，而为奇者，吾得执而杀之，孰敢？"记住，在社会上想做一个真正有价值的善人，必要时必须有本事降伏一切恶势力。

所以说，能力越强，责任越大。在古代有机会和条件学习《道德经》的人，一定是国家和民族的精英，一旦国家有需要，就要挺身而出，为国为民奉献自己的力量。所以老子说："修之于身，其德乃真；修之于家，其德乃余；修之于乡，其德乃长；修之于国，其德乃丰；修之于天下，其德乃普。"老子是希望自己的书，能够为中华民族千秋万世的后代培育出一批又一批有能力、有担当的领袖，就是像周恩来总理那样的人，以造福天下苍生，来成就伟人的传奇。这是中华民族的传统，在以老子的道家和孔子的儒家为代表的传统文化的熏陶下，中国历史上从来不缺英雄，鲁迅先生说过："我们从古以来，就有埋头苦干的人，有拼命硬干的人，有为民请命的人，有舍身求法的人，……虽是等于为帝王将相作家谱的所谓'正史'，也往往掩不住他们的光耀，这就是中国的脊梁。"正在读《道德经》的我们，是否也有志于像老子说的那样，做一个通过成就他人来成就自己的人呢？

希望本书的读者能够从《道德经》中得到有益的启示，也希望笔者自身的体会和对这部伟大作品的粗浅解读，能够对大家理解这部千年不朽的著作有一点点帮助，这就是笔者写下几十万字的最大收获了。

〞提炼要点〞

大道玄机何须言，放下妄念见青天。

从来绝学知音少，泽被苍生德万年。

图书在版编目（CIP）数据

学道德经的第一本书 / 杨鹏著 . -- 长沙 : 湖南文艺出版社 , 2023.11
ISBN 978-7-5726-1034-9

Ⅰ . ①学… Ⅱ . ①杨… Ⅲ . ①《道德经》－通俗读物
Ⅳ . ① B223.1-49

中国国家版本馆 CIP 数据核字（2023）第 019907 号

上架建议：大众读物·国学普及

XUE DAODE JING DE DI-YI BEN SHU

学道德经的第一本书

著　　者：	杨　鹏
出 版 人：	陈新文
责任编辑：	刘雪琳
监　　制：	于向勇
策划编辑：	楚　静
营销编辑：	时宇飞　黄璐璐　邱　天
封面设计：	姜利锐
版式设计：	李　洁
出　　版：	湖南文艺出版社
	（长沙市雨花区东二环一段 508 号　邮编：410014）
网　　址：	www.hnwy.net
印　　刷：	三河市兴博印务有限公司
经　　销：	新华书店
开　　本：	700 mm × 980 mm　1/16
字　　数：	400 千字
印　　张：	24.5
版　　次：	2023 年 11 月第 1 版
印　　次：	2023 年 11 月第 1 次印刷
书　　号：	ISBN 978-7-5726-1034-9
定　　价：	68.00 元

若有质量问题，请致电质量监督电话：010-59096394
团购电话：010-59320018